Knaur®

Erweiterte Taschenbuchausgabe 1989

Titel der amerikanischen Ausgabe »Perestroika«

Umschlaggestaltung Wilfried Becker
Umschlagfoto Poly-Press, Bonn
Satzarbeiten: Verlagseigene Produktion auf einem PC mit Satzprogramm »i. O.«
Belichtung bei Compusatz GmbH, München
Druck und Bindung Ebner Ulm
Printed in Germany 5 4
ISBN 3-426-03961-3

Michail Gorbatschow:
Perestroika

Die zweite russische Revolution

Eine neue Politik für Europa und die Welt

Knaur®

Übersetzergruppe
Dr. Ulrich Mihr, Tübingen

Aus dem Amerikanischen von
Gabriele Burkhardt, Reiner Pfleiderer, Wolfram Ströle

Redaktion:
Dr. Brigitta Neumeister-Taroni, Zürich

INHALTSVERZEICHNIS

2. Teil

DAS NEUE DENKEN UND DIE WELT 169

An den Leser

Ich habe dieses Buch geschrieben, weil ich mich direkt an die Bevölkerung in der UdSSR, in den USA und in allen anderen Ländern wenden möchte. Ich habe mich mit Regierungschefs, anderen führenden Politikern und Repräsentanten des öffentlichen Lebens vieler Länder getroffen, aber mit diesem Buch möchte ich direkt und ohne Vermittler zu den Bürgern der ganzen Welt sprechen und Fragen erörtern, die uns alle, ohne Ausnahme, betreffen.
Ich habe dieses Buch geschrieben, weil ich an ihren gesunden Menschenverstand glaube. Ich bin davon überzeugt, daß sie, genau wie ich, um die Zukunft unseres Planeten besorgt sind.
Wir müssen zusammenkommen und miteinander reden. Wir müssen die Probleme im Geist der Bereitschaft zur Zusammenarbeit anpacken, und nicht im Geist der Feindseligkeit. Ich weiß sehr wohl, daß nicht jeder mit mir einer Meinung sein wird. Ebenso steht fest, daß auch ich nicht mit allem einverstanden sein werde, was andere zu bestimmten Themen und Fragen vorzubringen haben. Um so wichtiger ist der Dialog, und dieses Buch ist mein Beitrag dazu.
Perestroika ist weder eine wissenschaftliche Abhandlung noch eine Propagandaschrift, obwohl die Ansichten, Schlußfolgerungen und Analysen, die der Leser darin finden wird, natürlich auf bestimmten Wertvorstellungen und theoretischen Prämissen beruhen. Das Buch ist vielmehr eine Sammlung von Gedanken und Reflexionen über Perestroika, über die Probleme, mit denen wir konfrontiert sind, über das Ausmaß der mit ihr verbundenen Veränderungen und über die Zeit, in der wir leben, ihre Komplexität, die Verantwortung, die sie uns auferlegt, und ihre Einzigartigkeit. Ich habe bewußt vermieden, das Buch mit Fakten, Zahlen und Details zu überladen. Es ist ein Buch über unsere Pläne

und über die Wege, die wir einschlagen, um sie zu verwirklichen. Es ist aber auch – dies möchte ich noch einmal betonen – eine Einladung zum Dialog. Ein umfangreicher Teil ist dem neuen politischen Denken gewidmet, der Grundlage unserer Außenpolitik. Und wenn das Buch dazu beiträgt, das gegenseitige Vertrauen in der Welt zu stärken, dann hat es meiner Meinung nach seinen Zweck erfüllt.

Was bedeutet Perestroika oder Umgestaltung? Warum brauchen wir sie? Was hat sie zum Inhalt, was sind ihre Ziele? Wogegen wendet sie sich, und was bringt sie an Neuem hervor? Wie wird sie sich weiterentwickeln, und welche Konsequenzen könnten sich daraus für die Sowjetunion und die Staatengemeinschaft der ganzen Welt ergeben?

Das alles sind berechtigte Fragen, auf die viele Menschen Antworten suchen: Politiker und Vertreter der Wirtschaft, Wissenschaftler und Journalisten, Lehrer und Ärzte, Geistliche, Schriftsteller und Studenten, Arbeiter und Bauern. Viele Menschen wollen verstehen, was zur Zeit in der Sowjetunion geschieht, insbesondere auch deshalb, weil Presse und Fernsehen im Westen noch immer überschwemmt werden von Wellen der Antipathie gegen mein Land.

Perestroika ist zum Mittelpunkt des geistigen Lebens in unserer Gesellschaft geworden. Das ist nur natürlich, denn schließlich geht es um die Zukunft des Landes. Die Veränderungen betreffen jeden Sowjetbürger und berühren lebenswichtige und entscheidende Fragen. Jeder ist begierig darauf, zu erfahren, wie die Gesellschaft aussehen wird, in der wir, unsere Kinder und unsere Enkel leben werden.

Andere sozialistische Länder zeigen ein verständliches und lebhaftes Interesse an der Umgestaltung in der Sowjetunion. Auch sie durchleben in ihrer Entwicklung eine schwierige, äußerst wichtige Periode des Suchens, auch sie ersinnen und erproben Wege, das ökonomische und gesellschaftliche Wachstum zu beschleunigen. Ob wir Erfolg haben, hängt weitgehend von unserer gegenseitigen Unterstützung, unseren gemeinsamen Unternehmungen und Bemühungen ab.

Von daher ist das gegenwärtige Interesse an unserem Land verständlich, insbesondere wenn man bedenkt, welchen Einfluß es auf die Weltpolitik ausübt.

In Anbetracht all dieser Umstände bin ich den Bitten der amerikanischen Verleger nachgekommen und habe dieses Buch geschrieben. Wir wollen, daß man uns versteht. Die Sowjetunion durchlebt in der Tat eine dramatische Periode. Die Kommunistische Partei der Sowjetunion hat die Situation, die sich bis um die Mitte der achtziger Jahre entwickelt hat, kritisch analysiert und die Politik der Perestroika, oder Umgestaltung, formuliert – eine Politik, durch die der soziale und ökonomische Fortschritt des Landes beschleunigt und unsere Gesellschaft in allen Bereichen erneuert werden soll. Unser Volk hat diese Politik verstanden und akzeptiert. Die Perestroika hat die ganze Gesellschaft in Schwung gebracht. Zugegeben, unser Land ist riesengroß. Eine Fülle von Problemen hat sich aufgetürmt, und es wird nicht leicht sein, sie zu lösen. Aber die Veränderungen sind im Gang. Die Gesellschaft kann nicht zurück.

Im Westen, einschließlich der USA, wird Perestroika unterschiedlich interpretiert. So wird etwa die Ansicht vertreten, Perestroika sei aufgrund des katastrophalen Zustands der sowjetischen Wirtschaft als unumgänglich erkannt worden; es spiegle sich darin die Ernüchterung über den Sozialismus und eine Krise seiner Ideale und höchsten Ziele. Nichts ist von der Wahrheit weiter entfernt als derartige Interpretationen, welche Motive auch immer dahinterstecken mögen.

Natürlich war die Unzufriedenheit darüber, wie sich die Dinge in den letzten Jahren bei uns entwickelt haben, ein wichtiger Grund für uns, die Perestroika in Angriff zu nehmen. Doch in weit größerem Maße war es die Erkenntnis, daß die Möglichkeiten des Sozialismus zu wenig genutzt worden waren. Jetzt, da wir den 70. Geburtstag unserer Revolution feiern, kommt uns das besonders deutlich zu Bewußtsein. Wir verfügen über eine gesunde materielle Basis, über Erfahrungsreichtum und eine klare Weltanschauung. Auf dieser Grundlage können wir unsere Gesellschaft zielgerichtet und kontinuierlich verbessern und uns darum bemühen, aus all unseren Aktivitäten einen immer größeren Nutzen zu ziehen – sowohl in qualitativer als auch in quantitativer Hinsicht.

Ich möchte von vornherein festhalten, daß sich die Perestroika als schwieriger erwiesen hat, als wir uns zunächst vorgestellt hatten. Wir mußten vieles neu überdenken. Doch mit jedem Schritt vorwärts wächst unsere Überzeugung, daß wir den richtigen Weg eingeschlagen haben und das Richtige tun.
Manche Leute behaupten, die ehrgeizigen Ziele, die wir uns mit der Politik der Perestroika gesteckt haben, seien der eigentliche Grund, warum wir in jüngster Zeit mit Friedensinitiativen vor die Weltöffentlichkeit getreten sind. So einfach darf man es sich nicht machen. Es ist bekannt, daß die Sowjetunion sich seit langem um Frieden und Zusammenarbeit bemüht und viele Vorschläge unterbreitet hat, die, wären sie akzeptiert worden, die internationale Lage normalisiert hätten.
Gewiß, wir brauchen für einen Fortschritt im Innern normale internationale Bedingungen. Aber wir wollen darüber hinaus eine Welt ohne Krieg, ohne Rüstungswettlauf, ohne Atomwaffen und Gewalt, und zwar nicht nur deshalb, weil sie eine optimale Voraussetzung für unsere innere Entwicklung wäre, sondern weil sie ein objektives, globales Erfordernis ist, das sich aus den realen Gegebenheiten unserer Gegenwart herleitet.
Aber unser neues Denken geht weiter. Die Welt lebt nicht nur in einem Klima der atomaren Bedrohung. Es kommen drückende soziale Probleme dazu, die noch gelöst werden müssen, und neue Belastungen, zum einen bedingt durch den wissenschaftlich-technischen Fortschritt, zum anderen durch eine Verschärfung der globalen Probleme. Die Menschheit sieht sich heute noch nie dagewesenen Problemen gegenüber, und ihre Zukunft wird so lange in der Schwebe bleiben, wie keine gemeinsamen Lösungen gefunden werden. Die Länder sind heute mehr denn je aufeinander angewiesen, und die Anhäufung von Waffen, insbesondere von Atomraketen, macht den Ausbruch eines Weltkriegs, selbst wenn er ohne Vorsatz oder zufällig ausgelöst wird, immer wahrscheinlicher. Ein simpler technischer Fehler oder menschliches Versagen kann genügen. Und alles Leben auf der ganzen Erde hätte darunter zu leiden.

Ich denke, wir stimmen alle darin überein, daß es in einem solchen Krieg weder Gewinner noch Verlierer gäbe. Es gäbe keine Überlebenden. Er ist eine tödliche Bedrohung für alle.
Obwohl die Aussicht, in einem nuklearen Krieg zu sterben, zweifellos die schrecklichste aller möglichen Zukunftsszenarien ist, geht es bei dieser Frage noch um etwas anderes. Die Rüstungsspirale erschwert im Zusammenhang mit den militärischen und politischen Realitäten in der Welt und den beharrlich aufrechterhaltenen Traditionen voratomaren, politischen Denkens die Zusammenarbeit unter den Ländern und den Völkern. Diese aber – darin sind sich Ost und West einig – ist unverzichtbar, wenn sich die Nationen der Welt eine intakte Umwelt erhalten, die praktische Nutzung und Reproduktion ihrer Ressourcen sichern und, als Folge davon, als menschliche Wesen unter menschenwürdigen Bedingungen überleben wollen.
Die Welt hat sich verändert; sie ist nicht mehr, wie sie einmal war, und ihre neuen Probleme können deshalb nicht mehr auf der Grundlage eines Denkens angepackt werden, das uns aus vergangenen Jahrhunderten überkommen ist. Können wir weiter an der Auffassung festhalten, Krieg sei die Fortsetzung der Politik mit anderen Mitteln?
Kurzum, wir in der sowjetischen Führung sind zu dem Schluß gekommen – und wiederholen es auch noch immer wieder –,daß ein neues politisches Denken vonnöten ist. Darüber hinaus ist die sowjetische Führung mit Nachdruck bestrebt, dieses neue Denken praktisch umzusetzen, insbesondere auf dem Gebiet der Abrüstung. Und hier liegt der Grund, der uns zu den außenpolitischen Initiativen bewogen hat, mit denen wir uns in ehrlicher Absicht an die Welt gewandt haben.
Was das Ausmaß des neuen historischen Denkens betrifft, so umfaßt es in der Tat alle grundlegenden Probleme der Welt.
Trotz aller Gegensätze in der heutigen Welt, trotz der Vielfalt ihrer gesellschaftlichen und politischen Systeme und trotz der unterschiedlichen Wege, die Nationen in ihrer Geschichte

eingeschlagen haben, bleibt diese Welt ein untrennbar Ganzes. Wir alle sind Passagiere an Bord des Schiffes Erde, und wir dürfen nicht zulassen, daß es zerstört wird. Eine zweite Arche Noah wird es nicht geben.
Politik sollte auf Realitäten gründen. Und die gefährlichste Realität der Welt ist heute das riesige Waffenarsenal der Vereinigten Staaten und der Sowjetunion, das konventionelle wie das atomare. Dies bürdet diesen beiden Ländern der übrigen Welt gegenüber eine besondere Verantwortung auf. Im Bewußtsein dieser Tatsache sind wir ernsthaft darum bemüht, die amerikanisch-sowjetischen Beziehungen zu verbessern und wenigstens das Minimum an gegenseitigem Verständnis zu erreichen, ohne das wir die Fragen nicht lösen können, von denen die Zukunft der Welt abhängt.
Wir bekennen ganz offen, daß wir die hegemonialen Bestrebungen und globalen Ansprüche der Vereinigten Staaten ablehnen. Einige Aspekte der amerikanischen Politik und des *American way of life* finden unser Gefallen nicht. Aber wir respektieren das Recht des amerikanischen Volkes, wie auch das aller anderen Völker, nach seinen eigenen Regeln und Gesetzen, seinen Sitten und Neigungen zu leben. Wir wissen und berücksichtigen, daß die Vereinigten Staaten für die moderne Welt eine bedeutende Rolle spielen, und wir wissen zu schätzen, was Amerikaner zur Zivilisation der Welt beigesteuert haben. Wir beziehen die legitimen Interessen der Vereinigten Staaten in unsere Überlegungen mit ein und sind uns darüber im klaren, daß es ohne dieses Land unmöglich ist, die Gefahr eines atomaren Krieges abzuwenden und einen dauerhaften Frieden zu sichern. Wir hegen keinerlei böse Absichten gegen das amerikanische Volk. Wir sind bereit und willens, mit ihm auf allen Gebieten zusammenzuarbeiten.
Aber wir wollen Zusammenarbeit auf der Basis von Gleichheit, Gegenseitigkeit und beiderseitigem Verständnis. Manchmal sind wir mehr als nur enttäuscht, ja wir empfinden ernste Zweifel, wenn unser Land in den Vereinigten Staaten als Aggressor, als »Reich des Bösen« bezeichnet wird. Man verbreitet die unglaublichsten Geschichten und Lügen über

uns, zeigt Mißtrauen und Feindseligkeit gegenüber unserem Volk, erlegt uns alle möglichen Beschränkungen auf und unterstellt uns schlicht unzivilisiertes Verhalten. Dies zeugt von untragbarer Kurzsichtigkeit.
Die Zeit steht nicht still, und wir dürfen sie nicht ungenutzt verstreichen lassen. Wir müssen handeln. Die Weltlage läßt es nicht zu, daß wir auf den günstigsten Moment warten: Wir brauchen einen konstruktiven und umfassenden Dialog, und zwar jetzt. Nichts anderes streben wir an, wenn wir über Fernsehen sowjetische und amerikanische Städte, sowjetische und amerikanische Politiker und Persönlichkeiten des öffentlichen Lebens sowie einfache amerikanische und sowjetische Bürger miteinander verbinden. Wir lassen unsere Medien das breite Spektrum westlicher Positionen darstellen, darunter auch der konservativsten. Wir regen Kontakte zu Menschen an, die andere Weltanschauungen und andere politische Überzeugungen vertreten. Auf diese Weise verleihen wir unserer Auffassung Ausdruck, daß eine solche Praxis ein Schritt ist auf dem Weg zu einer für beide Seiten akzeptablen Welt.
Wir sind weit davon entfernt, unseren Weg für den einzig richtigen zu halten. Wir haben kein Universalrezept, aber wir sind bereit, mit den Vereinigten Staaten und anderen Ländern ernsthaft und ehrlich zusammenzuarbeiten und nach Antworten auf alle Fragen zu suchen, auch auf die schwierigsten.

Vorwort zur ergänzten Auflage

Vorliegendes Buch erschien zum erstenmal im November 1987 in allen wichtigen Sprachen und Ländern der Welt. Im seither vergangenen Jahr ist das in seinem Titel verwendete Wort überall zu einem vertrauten Begriff geworden, und die in diesem Wort zusammengefaßten Vorstellungen sind der Gegenstand täglicher Erörterungen und Polemiken auf fünf Kontinenten gewesen. Diese Erörterungen, so könnte man sagen, kreisen um die folgenden Fragen:

1. *Was bedeutet Perestroika eigentlich?*
2. *Was geht in Wirklichkeit vor?*
3. *Wie sieht die Zukunft aus?*

Ende Juni 1988 trat in Moskau eine Unionsparteikonferenz der Kommunistischen Partei der Sowjetunion zusammen – die erste seit neunundvierzig Jahren –, um diese und andere Fragen zu erörtern und den künftigen Verlauf der Perestroika zu bestimmen. Damit war die Grundlage für einen aktualisierenden Zusatz des Buches geschaffen. Das neue Material ist am Ende des vollständigen, unveränderten Textes der ersten Ausgabe abgedruckt. Es umfaßt im wesentlichen das Schlußwort Michail Gorbatschows auf der Konferenz und die sieben von der Konferenz verabschiedeten Resolutionen. Zusammen geben diese Texte die Antworten auf die obengenannten Fragen.

1. Teil

PERESTROIKA

Kapitel 1

Ursprung, Wesen und revolutionärer Charakter der Perestroika

Was ist Perestroika? Was hat die Idee der Umgestaltung angeregt? Welche Bedeutung hat die Perestroika für die Geschichte des Sozialismus? Was verheißt sie den Völkern in der Sowjetunion? Wie könnte sie die übrige Welt beeinflussen? All diese Fragen beschäftigen die Weltöffentlichkeit und werden gegenwärtig überall lebhaft diskutiert. Lassen Sie mich mit der ersten Frage beginnen.

Perestroika – eine dringende Notwendigkeit

Man sollte einen Punkt festhalten, wenn man Ursprung und Wesen der Perestroika in der Sowjetunion untersucht. Perestroika ist keine Laune einiger ehrgeiziger Leute oder einer Gruppe von führenden Politikern. Wenn dem so wäre, hätten weder Ermahnungen und Plenartagungen und noch nicht einmal ein Parteitag das Volk zu der Arbeit ermuntern können, die es jetzt vollbringt und der sich täglich mehr Sowjetbürger anschließen.

Perestroika ist eine unumgängliche Notwendigkeit, die aus den tiefer liegenden Entwicklungsprozessen in unserer sozialistischen Gesellschaft hervorgegangen ist. Diese Gesellschaft ist reif für eine Veränderung. Sie hat sich lange danach gesehnt. Jeder Aufschub der Perestroika hätte in naher Zukunft zu einer Verschlechterung der Situation im Innern führen können und, um es unverblümt zu sagen, eine ernste soziale, wirtschaftliche und politische Krise heraufbeschworen.

Wir haben diese Schlußfolgerungen auf der Grundlage einer

umfassenden und schonungslosen Analyse der Situation gezogen, die sich bis Mitte der achtziger Jahre in unserer Gesellschaft herausgebildet hat. Mit dieser Situation und den sich daraus ergebenden Problemen muß sich die Führung des Landes, in die seit einigen Jahren nach und nach neue Leute aufgerückt sind, gegenwärtig auseinandersetzen. Ich möchte hier die wichtigsten Ergebnisse unserer Analyse diskutieren, bei der wir viele Dinge neu überdenken und auf unsere jüngste und nicht mehr ganz so junge Geschichte zurückblicken mußten.

Rußland, das vor siebzig Jahren eine große Revolution[1] erlebte, ist ein altes Land mit einer einzigartigen Geschichte, geprägt von der Suche seiner Menschen nach Sicherheit, von ihren Erfolgen, aber auch von tragischen Ereignissen. Es hat der Welt viele Entdeckungen und herausragende Persönlichkeiten geschenkt.

Die Sowjetunion dagegen ist ein junger Staat, der weder in der Geschichte noch in der modernen Welt eine Entsprechung hat. Während der letzten sieben Jahrzehnte – eine kurze Zeitspanne in der Geschichte der menschlichen Zivilisation – hat unser Land einen Weg zurückgelegt, der Jahrhunderten entspricht. Eine gewaltige Kraft, eine der stärksten der Welt, erhob sich, um das rückständige halbkoloniale und halb-feudalistische Russische Reich abzulösen. Riesige Produktivkräfte, ein mächtiges geistiges Potential, eine hoch entwickelte Kultur, eine einzigartige Gemeinschaft von über hundert Nationen und Nationalitäten und stabile soziale Sicherheit für 280 Millionen Menschen auf einem Territorium, das einem Sechstel der Erde entspricht – das sind unsere großen und unbestreitbaren Errungenschaften, auf die das sowjetische Volk zu Recht stolz ist.

Ich sage dies nicht, um das Land besser erscheinen zu lassen, als es tatsächlich ist. Ich möchte nicht den Eindruck eines Apologeten erwecken, für den alles, was »mein« ist, allein deshalb auch schon besser und unbestreitbar überlegen sein muß. Ich habe nur von der aktuellen Wirklichkeit gesprochen, von authentischen Fakten, vom sichtbaren Ergebnis der Arbeit, die mehrere Generationen meines Volkes geleistet

haben. Tatsache ist ferner, daß der Fortschritt meines Landes nur dank der Revolution möglich wurde. Er ist das Ergebnis der Revolution. Er ist die Frucht des Sozialismus, des neuen Gesellschaftssystems, und das Resultat der historischen Entscheidung, die unser Volk getroffen hat. Dahinter stehen die Taten unserer Väter und Großväter und der Millionen von arbeitenden Menschen – Arbeitern, Bauern, Intellektuellen –, die vor siebzig Jahren die direkte Verantwortung für die Zukunft ihres Landes übernommen haben.
Ich möchte, daß sich der Leser das bewußt vor Augen führt, andernfalls wird er schwerlich begreifen können, was in unserer Gesellschaft geschah und zur Zeit geschieht. Ich werde auf die historischen Aspekte unserer Entwicklung später zurückkommen. Lassen Sie mich jedoch zunächst die komplizierte Situation erklären, die während der achtziger Jahre in unserem Land entstanden ist und die Perestroika notwendig und unumgänglich gemacht hat.
Zu einem bestimmten Zeitpunkt – es wurde in der zweiten Hälfte der siebziger Jahre besonders deutlich – geschah etwas, was auf den ersten Blick unerklärlich schien: Die Antriebskraft, der Schwung im Land wurden immer geringer. Ökonomische Mißerfolge nahmen zu. Schwierigkeiten häuften und verschlimmerten sich, ungelöste Probleme nahmen überhand. Anzeichen dessen, was wir Stagnation nennen, und andere Phänomene, die dem Sozialismus wesensfremd sind, tauchten im gesellschaftlichen Leben auf. Eine Art »Bremsmechanismus« lähmte die gesellschaftliche und ökonomische Entwicklung, und das zu einer Zeit, als die wissenschaftlich-technische Revolution dem ökonomischen und sozialen Fortschritt neue Perspektiven eröffnete.
Etwas Seltsames ging vor sich; das riesige Schwungrad einer gewaltigen Maschine drehte sich, doch die Treibriemen zu den Arbeitsplätzen rutschten ab oder drehten durch.
Als wir die Situation analysierten, entdeckten wir als erstes ein rückläufiges ökonomisches Wachstum. In den letzten fünfzehn Jahren war die Wachstumsrate des Nationaleinkommens um mehr als die Hälfte zurückgegangen, und seit Beginn der achtziger Jahre verharrte sie auf einem fast

stagnierenden Niveau. Ein Land, das einst rasch zu den modernen Nationen der Welt aufgeschlossen hatte, begann gegenüber den anderen an Boden zu verlieren. Überdies vergrößerte sich die Kluft bei der Effizienz der Produktion, der Qualität der Produkte, der wissenschaftlichen und technologischen Entwicklung, der Produktion fortschrittlicher Technologien und der Anwendung modernster Techniken, und dies nicht zu unserem Vorteil.

Die Dynamik des Bruttowachstums wurde, vor allem in der Schwerindustrie, zu einer Aufgabe von »höchster Priorität« und zum bloßen Selbstzweck. Dasselbe geschah bei der Investbautätigkeit, wo ein beträchtlicher Teil des nationalen Reichtums als totes Kapital brachlag. Es gab kostspielige Projekte, die nie den höchsten wissenschaftlichen und technologischen Standards gerecht wurden. Der Arbeiter oder der Betrieb, der am meisten Arbeitskraft, Material und Geld verbrauchte, galt einfach als der beste. Dabei ist es nur natürlich, wenn der Produzent den Konsumenten »zufriedenstellen« will, wenn ich einmal so sagen darf. Bei uns jedoch war der Konsument völlig der Gnade des Produzenten ausgeliefert und mußte mit dem zurechtkommen, was letzterer ihm zu liefern beliebte. Auch das war ein Ergebnis dieser Art von Dynamik des Bruttowachstums. Eine typische Haltung bei vielen unserer Verantwortlichen in der Wirtschaft war, daß sie nicht mehr darüber nachdachten, wie das nationale Vermögen vermehrt werden kann, sondern wie man mehr Material, Arbeitskräfte und Arbeitszeit auf einen Posten berechnet, um ihn zu einem höheren Preis zu verkaufen. Als Folge davon kam es zu einer Güterverknappung. Wir verbrauchten und verbrauchen in der Tat noch immer mehr Rohmaterial, Energie und andere Mittel als andere entwickelte Länder für eine Produktionseinheit. Der Reichtum unseres Landes an Rohstoffen und Arbeitskräften hat uns verdorben, manche sagen sogar, er hat uns korrumpiert. Er ist in der Tat der Hauptgrund, warum sich unsere Wirtschaft über Jahrzehnte extensiv entwickelt hat.

Daran gewöhnt, dem quantitativen Wachstum in der Produktion Vorrang einzuräumen, versuchten wir die sinkenden Wachstumsraten aufzuhalten, taten das aber hauptsächlich durch beständig wachsende Aufwendungen. Wir bauten die Treibstoff- und Energieindustrie aus und steigerten den Verbrauch unserer natürlichen Ressourcen in der Produktion.

Mit der Zeit wurde es immer aufwendiger und teurer, Rohstoffe zu gewinnen. Auf der anderen Seite führten die extensiven Methoden der Erweiterung des fixen Kapitals zu einem künstlichen Arbeitskräftemangel. Im Bemühen, die Situation irgendwie zu korrigieren, begann man, großzügige und ungerechtfertigte, d. h. faktisch nicht erarbeitete Sondervergütungen zu zahlen, und führte unter dem Druck dieses Arbeitskräftemangels alle möglichen unverdienten Leistungsprämien ein. Dies wiederum führte in einem späteren Stadium zu der Praxis, Abrechnungen bloß des Gewinns wegen zu frisieren. Schmarotzertum kam auf, das Ansehen gewissenhafter und hochqualifizierter Arbeit sank, und eine Mentalität der »Lohngleichmacherei« machte sich breit. Die Diskrepanz zwischen dem Maß der Arbeit und dem Maß des Konsums, die zu einer Art Stütze des Bremsmechanismus wurde, hemmte nicht nur das Wachstum und die Arbeitsproduktivität, sondern führte auch zu einer Verzerrung des Prinzips der sozialen Gerechtigkeit.

Auf diese Weise führte die Trägheit der extensiven wirtschaftlichen Entwicklung in eine ökonomische Sackgasse und zum Stillstand.

Die Wirtschaft geriet finanziell immer mehr in die Klemme. Der Verkauf großer Mengen von Öl und anderen Brennstoffen, von weiteren Energieträgern und Rohstoffen auf dem Weltmarkt brachte keine Hilfe. Er verschlimmerte nur die Situation. Devisengewinne, die auf diese Weise erwirtschaftet wurden, verwandte man vornehmlich dazu, die Probleme des Augenblicks anzugehen, selten jedoch wurden sie für die Modernisierung der Wirtschaft und für die Schließung der technologischen Lücken eingesetzt.

Rückläufige Zuwachsraten und wirtschaftliche Stagnation wirkten sich zwangsläufig auf andere Lebensbereiche der sowjetischen Gesellschaft aus. Negative Tendenzen zogen die soziale Sphäre in Mitleidenschaft. Dies führte zum Phänomen des sogenannten »Rest-Prinzips«, dem gemäß sozialen und kulturellen Vorhaben nur das zufloß, was im Budget nach den Zuteilungen an die Produktion noch übrigblieb. Sozialen Problemen gegenüber schien man sich manchmal geradezu taub zu stellen. Bald hinkte der soziale Bereich, was technologische Entwicklung, Personal, Know-how und, besonders wichtig, die Arbeitsqualität anging, anderen Bereichen hinterher.

Und damit stoßen wir auf weitere Paradoxien. Unsere Gesellschaftsform hat Vollbeschäftigung garantiert und für fundamentale soziale Sicherheit gesorgt. Gleichzeitig aber hat sie versäumt, die Möglichkeiten des Sozialismus voll auszuschöpfen, um den wachsenden Bedarf an Wohnungen und qualitativ hochstehenden Nahrungsmitteln zu decken; sie hat es versäumt, das Transportwesen zweckmäßig zu organisieren, medizinische Betreuung und Bildung zu verbessern und andere Probleme zu bewältigen, die natürlich in dem Maße entstehen, wie sich die Gesellschaft weiterentwickelt.

Eine absurde Situation trat ein. Die Sowjetunion, der Welt größter Produzent von Stahl, Rohstoffen, Öl und Energie, produziert in diesen Bereichen noch immer nicht genug; Ursache ist die verschwenderische und ineffiziente Nutzung. Obwohl einer der größten Getreideproduzenten, muß unser Land Millionen von Tonnen Futtergetreide pro Jahr importieren. Wir haben die größte Zahl von Ärzten und Krankenhausbetten umgerechnet auf tausend Einwohner, und trotzdem gibt es in unserer medizinischen Betreuung schreiende Unzulänglichkeiten. Mit verblüffender Genauigkeit finden unsere Raketen den Halleyschen Kometen oder fliegen zur Venus, aber neben diesen wissenschaftlichen und technologischen Triumphen verzeichnen wir einen offenkundigen Mangel an Effizienz, wenn es gilt, diese wissenschaftlichen Errungenschaften für den wirtschaftlichen Bedarf nutzbar zu machen. Viele sowjetische Haushaltgeräte sind von armseliger Qualität.

Damit aber leider nicht genug. Allmählich kam es überdies

zu einer Aushöhlung der ideologischen und moralischen Werte unseres Volkes.
Es blieb niemandem verborgen, daß die Zuwachsraten merklich sanken und der gesamte Mechanismus der Qualitätskontrolle nicht funktionierte. Die Fortschritte in Wissenschaft und Technik konnten nicht umgesetzt werden; die Verbesserung des Lebensstandards stagnierte, und bei der Versorgung mit Nahrungsmitteln, Wohnungen, Konsumgütern und Dienstleistungen kam es zu Engpässen.
Auch auf der ideologischen Ebene bewirkte der Bremsmechanismus wachsenden Widerstand gegenüber neuen Ideen und Versuchen, die auftauchenden Probleme konstruktiv zu analysieren. Erfolgsmeldungen – reale oder eingebildete – gewannen die Oberhand; Lobhudelei und Kriecherei wurde Vorschub geleistet; die Bedürfnisse und Meinungen der einfachen Werktätigen, überhaupt der Öffentlichkeit, wurden ignoriert. In den Gesellschaftswissenschaften wurde schablonenhaftes Theoretisieren angeregt und gefördert; kreatives Denken wurde daraus verbannt, und überflüssige und willkürliche Bewertungen und Urteile wurden zu unbestreitbaren Wahrheiten erklärt. Wissenschaftliche, theoretische und andere Diskussionen, die für die Entwicklung des Denkens und für kreative Bestrebungen unverzichtbar sind, wurden verwässert. Ähnliche negative Tendenzen erfaßten auch die Kultur, die Künste und den Journalismus, ebenso den Ausbildungsbereich und die Medizin. Auch dort hielten Mittelmäßigkeit, Formalismus und Lobhudelei Einzug.
Die Vorgaukelung einer »problemfreien Realität« rächte sich: Die Diskrepanz zwischen Worten und Taten erzeugte in der Öffentlichkeit Passivität und Skepsis gegenüber verkündeten Parolen. Es war nur folgerichtig, daß diesem Zustand ein Verlust an Glaubwürdigkeit folgte. Alles, was von Rednertribünen verkündet und in Zeitungen und Broschüren gedruckt wurde, stellte man in Frage. Es kam zu einem Zerfall der öffentlichen Moral; das erhabene Gefühl der Solidarität aus den heroischen Zeiten der Revolution, der ersten Fünfjahrespläne, des Großen Vaterländischen

Krieges und des Wiederaufbaus nach dem Krieg verlor an Bedeutung; Alkoholismus, Drogenmißbrauch und Kriminalität stiegen; das Eindringen von Stereotypen der Massenkultur, die uns fremd sind und die zu Trivialität, primitivem Geschmack und ideologischer Verarmung führen, verstärkte sich.

Die Parteiführung ließ die Zügel schleifen. Bei einigen zentralen sozialen Prozessen ging ihr gar die Initiative verloren. Jedermann bemerkte die Stagnation in der Führung und die Verhinderung und Verletzung des natürlichen Veränderungsprozesses. Es kam der Zeitpunkt, da dies die Handlungsfähigkeit des Politbüros[2] und des Sekretariats[3] des ZK, des Zentralkomitees der KPdSU, und seines Parteiapparats insgesamt sowie der Regierung erheblich schwächte.

Politisches Kokettieren und massenhafte Vergabe von Auszeichnungen, Titeln und Prämien drängten oft die ehrliche Sorge um die Menschen, ihre Lebens- und Arbeitsbedingungen und die Verbesserung des sozialen Klimas in den Hintergrund. Es entstand ein Klima, in dem alles »entschuldigt« wurde und die Anforderungen an Disziplin und Verantwortung sanken. Gleichzeitig unternahm man Versuche, dies alles zu bemänteln: mit pompösen Kampagnen, Veranstaltungen und Feiern anläßlich unzähliger Jubiläen, in der Hauptstadt wie auch draußen im Land. Die Welt des Alltags und die Welt des vorgetäuschten Wohlstands klafften immer weiter auseinander.

Viele Parteiorganisationen in den Regionen waren nicht in der Lage, unsere Prinzipien hochzuhalten und mit Entschlossenheit gegen negative Tendenzen wie Nachlässigkeit, wechselseitige Begünstigungen und lasche Disziplin vorzugehen. Nicht selten wurde das Prinzip der Gleichheit unter Parteimitgliedern verletzt. Viele Parteimitglieder in leitenden Positionen standen außerhalb jeglicher Kontrolle und Kritik, was Einbrüchen in der Arbeit und ernsten Vergehen Vorschub leistete.

Auf Verwaltungsebene kam es in einigen Fällen zu Gesetzesverstößen; Augenwischerei und Korruption, Katzbuckelei und Lobhudelei machten sich breit. Die Werktätigen waren zu Recht empört über das Verhalten von Leuten, die Vertrauen und Vollmachten besaßen und ihre Macht mißbrauchten, Kritik unterdrückten, sich persönlich bereicherten und, in einigen Fällen, als Komplizen, wenn nicht sogar als Drahtzieher, an Verbrechen beteiligt waren.

Aus Gründen der Fairneß muß allerdings gesagt werden, daß über die Jahre hinweg auch viele zentrale Fragen auf die eine oder andere Weise gelöst wurden. Doch erstens waren es nur wenige jener Probleme, die schon seit langem ihrer Lösung harrten, und zweitens wurden die getroffenen Entscheidungen nur teilweise oder gar nicht in die Tat umgesetzt. Außerdem – und das ist bezeichnend – war keine der Maßnahmen umfassend; sie zielten alle immer nur auf wenige Bereiche des gesellschaftlichen Lebens, der eigentliche Bremsmechanismus blieb unangetastet.

Gewiß, die Parteiorganisationen verrichteten ihre Arbeit, und die überwältigende Mehrheit der Kommunisten erfüllte gewissenhaft und selbstlos ihre Pflicht. Und doch muß man sich darüber im klaren sein, daß keine wirkungsvollen Versuche unternommen wurden, den Aktivitäten durchtriebener Streber und Egoisten einen Riegel vorzuschieben. In der Regel blieben praktische Maßnahmen der Partei und der staatlichen Organe hinter den Erfordernissen der Zeit und des realen Lebens zurück. Die Probleme mehrten sich schneller, als sie gelöst werden konnten. Die Gesellschaft als Ganzes geriet immer mehr außer Kontrolle. Wir dachten, wir hätten alles im Griff, während in Wirklichkeit eine Lage entstanden war, vor der Lenin schon gewarnt hatte: Das Auto fuhr gar nicht dorthin, wo der Mann am Steuer dachte, daß es fahre.

Dennoch soll diese Periode nicht nur in düsteren Farben gemalt werden. Die überwältigende Mehrheit des sowjetischen Volkes verrichtete ehrlich ihre Arbeit. Wissenschaft, Wirtschaft und Kultur entwickelten sich kontinuierlich weiter. Um so schmerzlicher aber waren die negativen Erscheinungen, um so weniger durfte man sie hinnehmen.

Ich denke, ich habe nun den Ernst der Lage hinreichend veranschaulicht und gezeigt, wie dringend erforderlich eine grundlegende Veränderung war. Die Partei fand die Kraft und den Mut, die Situation nüchtern zu beurteilen und zu begreifen, daß grundlegende Veränderungen und Wandlungen unumgänglich waren.

Das unvoreingenommene und ehrliche Herangehen führte uns zu dem einzig logischen Schluß: unser Land driftete in eine Krise ab. Diese Schlußfolgerung wurde im April 1985 bei der Plenarsitzung vom Zentralkomitee verkündet, das die neue Strategie der Perestroika einleitete und deren Grundprinzipien formulierte.

Ich möchte an dieser Stelle betonen, daß diese Analyse schon lange vor der April-Plenarsitzung[4] eingesetzt hat und ihre Schlüsse deshalb gut durchdacht waren. Sie kam nicht aus heiterem Himmel, sondern beruhte auf einer eingehenden Beurteilung. Es wäre ein Fehler, anzunehmen, daß ein Monat nach der März-Plenarsitzung des ZK im Jahr 1985, in der ich zum Generalsekretär gewählt wurde, plötzlich eine Gruppe von Leuten die Bühne betrat, die alles verstanden, alles wußten und auf alle Fragen klare Antworten hatten. Derartige Wunder gibt es nicht.

Die Notwendigkeit einer Veränderung reifte nicht nur in den höheren politischen Kreisen, sondern auch im Bewußtsein der Öffentlichkeit immer sichtbarer heran.

Menschen, die über praktische Erfahrung verfügten, einen Sinn für Gerechtigkeit hatten und sich den Idealen des Bolschewismus verpflichtet fühlten, kritisierten die etablierte Praxis und registrierten besorgt Anzeichen des moralischen Zerfalls und der Unterhöhlung revolutionärer Ideale und sozialistischer Werte.

Arbeiter, Bauern und Intellektuelle, Parteifunktionäre in der Hauptstadt und in den verschiedenen Regionen machten sich ihre Gedanken über die Situation im Land. Man wurde sich zunehmend bewußt, daß es auf diese Weise nicht mehr weitergehen konnte. Bestürzung und Unwille nahmen zu, da die geachteten Werte der Oktoberrevolution und des heroischen Kampfes für den Sozialismus mit Füßen getreten wurden.

Alle ehrlichen Menschen sahen mit Verbitterung, wie man

im Volk das Interesse an gesellschaftlichen Angelegenheiten verlor, wie Arbeit nicht mehr die einstige Wertschätzung genoß und wie die Menschen, vor allem junge Menschen, nach Bereicherung um jeden Preis strebten. Unser Volk hatte schon immer ein gutes Gespür dafür, wenn Taten und Worte auseinanderklaffen. Kein Wunder also, daß russische Volksmärchen voller Spott für Leute sind, die eine Schwäche für Schmuck und Pomp haben. Und die Literatur, die im geistigen Leben unseres Landes immer eine herausragende Rolle spielte, geht mit jeder Art von Ungerechtigkeit und Machtmißbrauch schonungslos ins Gericht. In ihren besten Arbeiten versuchten Schriftsteller, Filmemacher, Dramatiker und Schauspieler die Menschen in ihrem Glauben an die ideologischen Errungenschaften des Sozialismus zu stärken und ihre Hoffnung auf eine geistige Wiedergeburt der Gesellschaft zu nähren. Bürokratischer Schikanen und selbst Verfolgungen zum Trotz bereiteten sie das Volk geistig auf die Perestroika vor.
Was ich dem Leser mit all dem verständlich machen will, ist die Tatsache, daß sich die Kraft für revolutionäre Veränderungen bereits seit einiger Zeit im Volk und in der Partei angesammelt hat. Die Ideen der Perestroika verdanken ihr Entstehen nicht nur praktischen Interessen und pragmatischen Überlegungen, sondern auch der mahnenden Stimme unseres Gewissens und unserer unerschütterlichen Bindung an die Ideale, die wir von der Revolution ererbt haben. Sie sind das Resultat einer theoretischen Suche, die unser Wissen von der Gesellschaft vertieft und uns in der Entschlossenheit bestärkt hat, unseren Weg fortzusetzen.

Rückbesinnung auf Lenin als eine ideologische Quelle der Perestroika

Die lebensspendende Kraft unserer großen Revolution war zu gewaltig, als daß Partei und Bevölkerung sich mit Erscheinungen hätten abfinden können, die unsere revolutionären

Gewinne zu vergeuden drohten. Die Werke Lenins und seine sozialistischen Ideale blieben für uns eine unerschöpfliche Quelle kreativen dialektischen Denkens, theoretischen Reichtums und politischen Scharfsinns. Gerade sein Vorbild ist uns ein unsterbliches Beispiel für hohe moralische Stärke, umfassende Bildung und selbstlose Hingabe an die Sache des Volkes und des Sozialismus. Lenin lebt weiter in den Köpfen und Herzen von Millionen von Menschen. Das Interesse an seinem Vermächtnis riß die Barrieren nieder, die Scholastiker und Dogmatiker errichtet hatten, und das Verlangen, aus seinen Originaltexten mehr über ihn zu erfahren, wuchs in dem Maße, wie sich die negativen Phänomene in der Gesellschaft häuften.

Die Rückbesinnung auf Lenin hat Partei und Gesellschaft in ihren Versuchen außerordentlich beflügelt, Erklärungen und Antworten auf die neu aufgeworfenen Fragen zu finden. Dabei haben die Werke Lenins aus seinen letzten Lebensjahren besondere Aufmerksamkeit auf sich gezogen. Ich kann zu diesem Punkt aus eigener Erfahrung berichten. In meinem Bericht vom 22. April 1983, den ich bei einer Feierlichkeit anläßlich des 113. Geburtstages von Lenin vorgetragen habe, bezog ich mich auf einige seiner Lehren. Ich sprach über die Notwendigkeit, die objektiven ökonomischen Gesetzmäßigkeiten zu berücksichtigen, über Planung und wirtschaftliche Rechnungsführung[5], sowie über den vernünftigen Gebrauch der Ware-Geld-Beziehungen und den Einsatz materieller und geistiger Anreize. Die Zuhörer unterstützten begeistert den Hinweis auf Lenins Gedanken. Einmal mehr spürte ich, daß meine Überlegungen sich mit den Gefühlen meiner Parteigenossen und vieler Menschen deckten, die sich über unsere Probleme ernsthaft Sorgen machten und aufrichtig wünschten, die Dinge zu korrigieren. In der Tat waren viele meiner Parteigenossen der Ansicht, unsere Gesellschaft brauche dringend eine Erneuerung und Veränderungen. Allerdings – ich möchte das nicht verschweigen – spürte ich auch, daß einige Zuhörer von meinem Bericht nicht angetan waren. Er war nicht so optimistisch ausgefallen, wie es ihnen die Zeit geraten erscheinen ließ.

Heute haben wir ein tieferes Verständnis für Lenins Spätwerke, die im wesentlichen sein politisches Vermächtnis enthalten, und wir begreifen besser, warum diese Werke erschienen. Lenin, damals ein schwerkranker Mann, war in tiefer Sorge um die Zukunft des Sozialismus. Er sah die lauernden Gefahren, die das neue System bedrohten. Auch wir müssen diese Sorge verstehen lernen. Er sah, daß der Sozialismus auf enorme Probleme stieß und daß er bewältigen und vollenden mußte, was die bürgerliche Revolution versäumt hatte. Vor diesem Hintergrund müssen wir die Anwendung von Methoden sehen, die nicht mit dem Sozialimus vereinbar scheinen oder zumindest in mancher Hinsicht von den klassischen, allgemeingültigen Vorstellungen einer sozialistischen Entwicklung abweichen.
Die Lenin-Ära ist in der Tat sehr wichtig. Sie ist darin besonders lehrreich, daß sie die Stärke der marxistisch-leninistischen Dialektik unter Beweis stellt, deren Schlußfolgerungen immer auf einer Analyse der aktuellen historischen Situation beruhen. Viele von uns hatten schon lange vor der April-Plenarsitzung erkannt, daß alles, was Ökonomie, Kultur, Demokratie, Außenpolitik – alle Bereiche – betraf, neu beurteilt werden mußte. Es war aber wichtig, die neuen Ideen auch in die praktische Sprache des Alltags zu übersetzen.

Ein sorgfältig vorbereitetes Programm, keine pompöse Erklärung

Das Konzept der Umgestaltung mit all den dazugehörigen Problemen war Schritt für Schritt entwickelt worden. Noch vor der April-Sitzung hatte eine Gruppe von führenden Leuten in Staat und Partei mit einer umfassenden Analyse der Wirtschaftslage begonnen. Diese bildete die Basis für die späteren Perestroika-Dokumente. Gestützt auf die Vorschläge von Wissenschaftlern und Experten, gestützt auf das gesamte intellektuelle Potential, auf das Beste, was das

gesellschaftspolitische Denken bei uns hervorgebracht hat, erarbeiteten wir Grundsätze und entwarfen eine Politik, deren Ausführung wir später in Angriff nahmen.
Auf diese Weise trugen wir ein ganzes Arsenal konstruktiver Ideen zusammen. Nur deswegen waren wir bei der Plenartagung im April 1985 in der Lage, ein mehr oder weniger wohldurchdachtes, systematisches Programm vorzulegen sowie eine konkrete Strategie für die weitere Entwicklung unseres Landes und einen Aktionsplan zu umreißen. Es war klar, daß es mit kosmetischen Reparaturen und Flickwerk nicht getan war; eine Generalüberholung war erforderlich. Ebenso klar war, daß wir nicht länger warten konnten, denn zuviel Zeit war schon verloren gegangen.
Die erste Frage, die wir angehen mußten, war, wie man die wirtschaftliche Lage verbessern und die ungünstigen Tendenzen in diesem Bereich stoppen und revidieren konnte. Zuerst mußten wir natürlich unser Hauptaugenmerk darauf richten, mehr Ordnung in die Wirtschaft zu bringen, die Disziplin zu straffen, das Organisationsniveau zu heben, das Verantwortungsbewußtsein zu stärken und in den Bereichen aufzuholen, in denen wir einen Rückstand hatten. Was das betrifft, liegt ein schweres Stück Arbeit hinter uns, aber auch noch vor uns. Wie erwartet, hat sie erste Resultate gebracht. Die wirtschaftlichen Zuwachsraten sind nicht mehr rückläufig und zeigen sogar ansteigende Tendenz. Natürlich waren wir uns darüber im klaren, daß diese Mittel allein der Wirtschaft nicht den großen Aufschwung bringen würden. Wir wußten, daß die eigentlichen Prioritäten woanders lagen: bei der tiefgreifenden strukturellen Reorganisation der Wirtschaft, dem Neuaufbau der materiellen Basis, neuen Technologien, einer Änderung der Investitionspolitik und einer höheren Qualität der Wirtschaftsführung, mit einem Wort: bei der Beschleunigung des wissenschaftlichen und technischen Fortschritts.
Und ganz gewiß war es kein Zufall, daß der erste Schritt der neuen sowjetischen Führung nach der Plenartagung im April war, diese Themen bei einer wichtigen Sitzung des ZK der KPdSU im Juni 1985 zu diskutieren. Es war

nicht die Art von Diskussion, die wir seit Jahren gewohnt waren. Viel Kritik wurde geübt, scharfe und leidenschaftliche Kritik. Aber im wesentlichen ging es bei der Diskussion darum, spezifische und effiziente Mittel und Wege zu finden, um zu einer starken Volkswirtschaft und einer neuen Qualität des wirtschaftlichen Wachstums zu gelangen.

Im selben Jahr wurden in wichtigen Bereichen von Wissenschaft und Technologie fundierte und umfassende Programme ausgearbeitet, die darauf abzielen, den entscheidenden Durchbruch herbeizuführen und bis zum Ende des Jahrhunderts zum Weltniveau aufzuschließen.

In der Tat betreiben wir jetzt eine neue Investitions- und Strukturpolitik. Der Schwerpunkt wurde von der Errichtung neuer Anlagen auf die neue technische Ausrüstung von Betrieben verschoben, um unsere Ressourcen zu schonen und die Qualität unserer Erzeugnisse deutlich zu verbessern. Die Entwicklung im Bergbau verfolgen wir weiterhin mit großer Aufmerksamkeit, aber bei der Versorgung der Wirtschaft mit Rohstoffen, Brennstoffen und Strom wird jetzt dem Einsatz energiesparender Technologien und der vernünftigen Nutzung der Ressourcen Vorrang eingeräumt.

Wir haben ein Sonderprogramm zur Modernisierung des Maschinenbaus entwickelt, der bisher vernachlässigt wurde. Das Programm sieht eine komplette Erneuerung der technischen Erzeugnisse und den Anschluß an das Weltniveau schon zu Beginn der neunziger Jahre vor. Und natürlich hat es auch eine radikale Veränderung des wirtschaftlichen Mechanismus zum Inhalt, der, wie wir jetzt wissen, entscheidend ist im Hinblick auf einen Durchbruch zu technologischem Fortschritt und höherer wirtschaftlicher Effizienz.

Dieses Problem ist so wichtig, daß ich im Verlauf dieses Buches mehr als einmal darauf zurückkommen werde.

Der Wirtschaft galt natürlich unser Hauptaugenmerk, und das wird auch so bleiben. Aber gleichzeitig haben wir uns darangemacht, das geistige und psychologische Klima in unserer Gesellschaft zu verändern. Schon in den siebziger Jahren begriffen viele Menschen, daß es ohne drastische Veränderungen im Denken und im psychologischen Vorge-

hen, in der Organisation der Arbeit, beim Arbeitsstil und bei den Arbeitsmethoden nicht weitergehen konnte – ob nun innerhalb der Partei, im Staatsapparat oder in den Kadern. Und es kam zu Veränderungen: im Zentralkomitee genauso wie in der Regierung oder anderswo. Auf allen Ebenen mußten gewisse personelle Veränderungen vorgenommen werden. Neue Leute übernahmen leitende Funktionen, Leute, die sich der veränderten Lage bewußt waren und Ideen entwickelten, was getan werden sollte und wie.
Verstöße gegen das Prinzip der sozialistischen Gerechtigkeit wurden unerbittlich verfolgt, ohne Rücksicht darauf, wer diese Verstöße begangen hatte. Eine Politik der Offenheit wurde proklamiert. Wer die Partei-, Regierungs- und Wirtschaftsorgane oder öffentliche Organisationen vertrat und seine Tätigkeit in der Öffentlichkeit ausübte, durfte seine Meinung äußern; ungerechtfertigte Restriktionen und Verbote wurden aufgehoben.
Wir sind zu einem wichtigen Schluß gelangt: Wenn wir den Faktor Mensch nicht aktivieren, das heißt, wenn wir die mannigfaltigen Interessen des Menschen, der Arbeitskollektive, der öffentlichen Organe und der diversen sozialen Gruppen nicht berücksichtigen, und wenn wir nicht auf die Menschen bauen und sie zur aktiven, konstruktiven Mitarbeit bewegen, dann wird es uns niemals gelingen, auch nur eine der gestellten Aufgaben zu erfüllen, geschweige denn die Situation im Land zu verändern.
Schon seit langem schätze ich einen Satz Lenins: Sozialismus ist die schöpferische Kraft der Massen. Sozialismus ist kein *apriorisches* theoretisches Schema, nach dem die Gesellschaft in zwei Gruppen eingeteilt wird: in diejenigen, die Befehle geben, und in diejenigen, die sie befolgen. Ich bin völlig gegen eine derartig vergröbernde und schablonenhafte Auffassung von Sozialismus.
Menschen in all ihrer kreativen Unterschiedlichkeit machen die Geschichte. Deshalb ist es die erste Aufgabe der Umgestaltung – eine unverzichtbare Bedingung und ein Pfand auf den Erfolg –, diejenigen Menschen »wachzurütteln«, die »eingeschlafen« sind, sie zu aktivieren, zu interessieren

und dahin zu bringen, daß jeder einzelne das Gefühl hat, er sei der Herr im Haus, in seinem Betrieb, Büro oder Institut. Dies ist ganz wesentlich.

Den einzelnen in alle Prozesse einzubinden ist der wichtigste Aspekt bei dem, was wir tun. Perestroika soll ein »Schmelztiegel« für die Gesellschaft und vor allem für den einzelnen Menschen werden. Sie soll zu einer erneuerten Gesellschaft führen. Deshalb ist die Aufgabe, die wir angepackt haben, so wichtig. Es ist eine sehr schwierige Aufgabe, aber das Ziel ist die Anstrengung wert.

Alles, was wir tun, kann verschieden interpretiert und bewertet werden. Dazu gibt es eine alte Geschichte: Ein Reisender trifft auf ein paar Leute, die ein Bauwerk errichten, und fragt einen nach dem anderen: »Was baut ihr da?« Einer antwortet verärgert: »Siehst du denn nicht, von morgens bis abends schleppen wir diese verdammten Steine...« Ein anderer erhebt sich von den Knien, wirft sich stolz in die Brust und sagt: »Schau, wir bauen einen Tempel!« Wenn man ein großes Ziel vor Augen hat – einen strahlenden Tempel auf einem grünen Hügel –, dann werden die schwersten Steine leicht, die anstrengendste Arbeit wird zum Vergnügen.

Um etwas besser zu machen, muß man immer eine Spur härter arbeiten. Mir gefällt dieser Ausdruck: *eine Spur härter* arbeiten. Für mich ist er nicht ein Schlagwort, sondern eine Grundeinstellung, eine Disposition. Jede Aufgabe, die man angeht, muß man mit dem Herzen erfassen und mit dem Verstand begreifen. Nur dann wird man eine Spur härter arbeiten.

Ein kleinmütiger Mensch wird keine Spur härter arbeiten. Im Gegenteil, er wird vor den Schwierigkeiten kapitulieren, sie werden ihn überwältigen. Doch wenn ein Mensch entschlossen ist in seinen Überzeugungen, gefestigt in seinem Wissen, mit einem Wort: innerlich gestärkt, läßt er sich nicht unterkriegen. Er wird jedem Sturm trotzen. Wir haben das aus unserer Geschichte gelernt.

Unsere Hauptaufgabe besteht heute darin, den einzelnen innerlich aufzurichten, seine Gefühle zu respektieren und ihn moralisch zu stärken. Wir bemühen uns, das gesamte geistige Potential der Gesellschaft und alle Möglichkeiten der Kultur auszuschöpfen, um einen gesellschaftlich aktiven Menschen zu formen, einen gerechten, gewissenhaften und geistig reichen Menschen. Der einzelne muß wissen und spüren, daß sein Beitrag gebraucht wird, daß seine Würde nicht verletzt wird und daß er mit Vertrauen und Respekt behandelt wird. Wenn er das alles erkennt, ist er zu großen Leistungen fähig.

Natürlich wirkt sich Perestroika auf jeden irgendwie aus; sie reißt viele aus den gewohnten Bahnen ihres ruhigen und beschaulichen Lebens. An dieser Stelle, denke ich, ist es angebracht, die Aufmerksamkeit des Lesers auf ein spezifisches Merkmal des Sozialismus zu lenken. Ich spreche von dem hohen Maß an sozialer Sicherheit in unserer Gesellschaft. Einerseits ist sie ohne Zweifel ein Gewinn und eine unserer wichtigsten Errungenschaften. Andererseits aber verführt sie einige Leute zu parasitärem Verhalten.

Es gibt bei uns praktisch keine Erwerbslosigkeit. Es ist Sache des Staates, für Beschäftigung zu sorgen. Auch einer Person, die wegen Faulheit oder Verletzung der Arbeitsdisziplin entlassen wurde, muß man eine neue Arbeit geben. Darüber hinaus ist die Lohn-Gleichmacherei ein durchgehendes Merkmal unseres Alltags. Selbst ein schlechter Arbeiter verdient genug, um völlig sorgenfrei zu leben. Die Kinder eines ausgesprochenen Schmarotzers werden nicht ihrem Schicksal überlassen. Wir haben enorme Summen für Sozialfonds abgezweigt, aus denen Menschen finanzielle Unterstützung erhalten. Aus denselben Fonds werden die Unterhaltskosten für Kindergärten, Waisenhäuser, Häuser der Jungen Pioniere[6] und andere Institutionen bestritten, die Kindern Möglichkeiten bieten, Sport zu treiben oder sich kreativ zu betätigen. Medizinische Betreuung ist kostenlos, Ausbildung ebenfalls. Die Menschen sind vor den Wechselfällen des Lebens geschützt, und darauf sind wir stolz.

Wir sehen aber auch, daß unredliche Leute versuchen, diese Vorteile des Sozialismus auszunutzen; sie kennen nur ihre Rechte, doch von ihren Pflichten wollen sie nichts wissen.

Sie sind schlechte Arbeiter, Drückeberger und Trinker. Eine kleine Minderheit legt die geltenden Gesetze und Praktiken nur zu ihrem eigennützigen Vorteil aus. Diese Leute geben der Gesellschaft wenig, und trotzdem bringen sie es fertig, alles Mögliche und selbst das scheinbar Unmögliche von ihr zu bekommen; sie leben von Einkünften, die nicht aus ihrer Arbeit stammen.

Die Politik der Umgestaltung rückt die Dinge zurecht. Wir bringen das Prinzip des Sozialismus wieder voll zur Geltung: »Jedem gemäß seinen Fähigkeiten, jedem gemäß seiner Arbeit.« Und wir bemühen uns um soziale Sicherheit für alle, gleiche Rechte für alle, ein Gesetz für alle, eine Disziplin für alle und hohe Eigenverantwortung für jeden einzelnen. Perestroika hebt den Grad der sozialen Verantwortung und des Anspruchs an den einzelnen. Die einzigen, die sich über diese Veränderungen ärgern, sind diejenigen, die meinen, sie hätten schon, was sie brauchen. Warum also sollten sie umdenken? Wer aber ein Gewissen hat und am Wohl seines Volkes interessiert ist, der kann nicht – und darf nicht – in dieser Weise argumentieren. Schon gar nicht, wenn durch Glasnost, oder Offenheit, ans Licht kommt, daß jemand verbotene Privilegien genießt. Wir können Stagnation nicht länger dulden.

Halten wir das Problem folgendermaßen fest: Arbeiter und Betriebsleiter, Traktorfahrer und Direktor, Journalist und Politiker – jeder hat Grund, seinen Arbeitsstil und seine Arbeitsmethoden zu überdenken, und jeder sollte seine eigene Haltung kritisch beurteilen. Wir haben die Aufgabe gestellt, Trägheit und Konservatismus zu überwinden – um jedermann über sein Selbstgefühl anzuspornen. Bei vielen haben wir den zentralen Nerv getroffen – sie bilden die Mehrheit. Doch einige Leute reagierten auch negativ, insbesondere diejenigen, die genau wußten, daß sie sich an das alte Schema klammerten. Wir müssen uns selbst auch daraufhin überprüfen, ob wir unserem Gewissen entsprechend leben und handeln. In einigen Punkten sind wir vom Weg abgekommen und haben Normen übernommen, die uns fremd sind; unsere spießbürgerliche Konsummentalität ist nur ein Beispiel.

Wenn wir lernen, besser zu arbeiten und ehrlicher und anständiger zu werden, können wir zu einer wahrhaft sozialistischen Lebensweise finden.
Es ist wichtig, daß wir nach vorn blicken. Wir verfügen über genug politische Erfahrung, theoretischen Horizont und Zivilcourage, um Erfolge zu erzielen und zu garantieren, daß die Perestroika den hohen moralischen Maßstäben des Sozialismus gerecht wird.
Wir brauchen ein gesundes, lebendiges Funktionieren aller öffentlichen Organisationen, aller Produktionsteams und Künstlerverbände, neue Formen der Aktivität von seiten der Bevölkerung und die Reaktivierung all derjenigen, die vergessen wurden. Kurz gesagt, *wir brauchen eine umfassende Demokratisierung aller Bereiche der Gesellschaft*. Diese Demokratisierung ist auch der wichtigste Garant dafür, daß die gegenwärtigen Prozesse weitergehen.
Heute wissen wir, daß wir viele dieser Schwierigkeiten hätten vermeiden können, wenn der demokratische Prozeß sich in unserem Land normal entwickelt hätte.
Wir haben diese Lektion aus unserer Geschichte gut gelernt und werden sie nie vergessen. Wir werden jetzt strikte jener Linie folgen, denn nur durch die konsequente Entwicklung der demokratischen Formen, die dem Sozialismus innewohnen, und durch die Ausweitung der Selbstverwaltung können wir Fortschritte in der Produktion, in Wissenschaft und Technologie sowie in Kunst und Kultur und in allen gesellschaftlichen Bereichen erzielen. Nur auf diese Weise können wir für bewußte Disziplin sorgen. Perestroika selbst ist nur auf der Grundlage von Demokratie möglich. Weil wir unsere Aufgabe darin sehen, die Möglichkeiten des Sozialismus zu entfalten und zu nutzen, indem wir den Faktor Mensch aktivieren, kann es keinen anderen Weg als den der Demokratisierung geben, in Verbindung mit einer Reform des Wirtschaftsmechanismus und der Wirtschaftsführung, deren Hauptelement die Förderung der Rolle der Arbeitskollektive ist.
Und weil wir den Schwerpunkt auf die Entwicklung der sozialistischen Demokratie legen, schenken wir auch der

geistigen Sphäre, dem öffentlichen Bewußtsein und einer aktiven Sozialpolitik soviel Aufmerksamkeit. Dadurch wollen wir den Faktor Mensch stärken.

Im Westen wird Lenin oft als Verfechter autoritärer Verwaltungsmethoden dargestellt. Diese Betrachtungsweise ist ein Zeichen völliger Unkenntnis der Leninschen Ideen und nicht selten sogar ihrer bewußten Verzerrung. In Wahrheit sind Sozialismus und Demokratie nach Lenin untrennbar. Durch Erlangung demokratischer Freiheiten kommen die werktätigen Massen an die Macht. Und nur unter der Bedingung, daß die Demokratie ausgebaut wird, können sie diese Macht auch festigen und verwirklichen. Lenin hat dazu noch einen weiteren bemerkenswerten Gedanken geäußert: Je umfangreicher die Aufgabe und je tiefer die Umgestaltung, die wir vollbringen wollen, desto mehr muß man Interesse und bewußte Einstellung zu ihr wecken, muß man immer neue und neue Millionen und Abermillionen von dieser Einstellung überzeugen. Mit anderen Worten: Wenn wir eine radikale und umfassende Umgestaltung in Angriff nehmen, müssen wir das gesamte Potential der Demokratie entfalten.

Ganz wesentlich ist, daß wir die Politik danach ausrichten, wie sie von den Massen aufgenommen wird, und daß wir für eine Rückkopplung sorgen, indem wir Ideen, Meinungen und Ratschläge aus dem Volk aufgreifen. Die Massen weisen auf eine Menge nützlicher und interessanter Dinge hin, die »von oben« nicht immer deutlich wahrgenommen werden. Deshalb müssen wir uns um jeden Preis davor hüten, auf das, was die Menschen sagen, mit Arroganz zu reagieren. Letzten Endes hängt der Erfolg der Perestroika ganz entscheidend davon ab, welche Haltung die Menschen zu ihr beziehen.

So war es nicht nur die Theorie, sondern auch die Realität der gegenwärtigen Prozesse, die uns dazu veranlaßten, das Programm zu umfassenden demokratischen Veränderungen im öffentlichen Leben in Angriff zu nehmen, das wir im Januar 1987 bei der Plenarsitzung des ZK der KPdSU vorgestellt haben.

Das Plenum regte extensive Anstrengungen an, die darauf abzielen sollten, die demokratische Basis der Sowjetunion zu stärken, Selbstverwaltung zu entwickeln und Glasnost, Offenheit, auf das gesamte Verwaltungsnetz auszudehnen. Jetzt sehen wir, wie stimulierend sich dieser Impuls auf die Nation ausgewirkt hat. In jedem Kollektiv, in jeder staatlichen und öffentlichen Organisation und innerhalb der Partei haben Veränderungen stattgefunden. Mehr Offenheit, echte Kontrolle von »unten« sowie größere Initiative und Unternehmungsgeist bei der Arbeit sind jetzt Teil unseres Lebens.

Der Demokratisierungsprozeß hat die gesamte Perestroika und ihre Ziele gefördert und unsere Gesellschaft zu einem besseren Verständnis ihrer Probleme geführt. Dieser Prozeß erlaubt uns, die ökonomischen Fragen breiter anzugehen und ein Programm für radikale ökonomische Reformen voranzutreiben. Der Wirtschaftsmechanismus fügt sich jetzt gut in das gesamtgesellschaftliche Gefüge ein, das auf erneuerten demokratischen Prinzipien beruht.

Wir haben dies im Juni 1987 bei der Plenarsitzung des ZK der KPdSU ins Werk gesetzt, als wir die »Hauptbestimmungen der grundlegenden Umgestaltung der Wirtschaftsführung« beschlossen, das vielleicht wichtigste und radikalste Wirtschaftsreformprogramm in unserem Land seit Lenins Einführung der Neuen Ökonomischen Politik 1921. Die jetzige Wirtschaftsreform sieht eine Verlagerung des Schwerpunkts von vorwiegend administrativen auf vorwiegend wirtschaftliche Führungsmethoden auf allen Ebenen vor. Ferner fordert sie eine umfassende Demokratisierung der Wirtschaftsführung und eine Aktivierung des menschlichen Faktors in allen Bereichen.

Die Reform basiert auf einer drastisch erweiterten Unabhängigkeit der Betriebe und Genossenschaften sowie auf deren Umstellung auf umfassende wirtschaftliche Rechnungsführung und Eigenfinanzierung. Außerdem werden den Arbeitskollektiven angemessene Rechte eingeräumt. Sie werden jetzt für eine effiziente Betriebsführung und ihre Endresultate die volle Verantwortung tragen. Die Gewinne eines Kollektivs werden im richtigen Verhältnis zu seiner Effizienz stehen.

In diesem Zusammenhang wird im Interesse der Betriebe eine radikale Reorganisation der zentralen Wirtschaftsführung in Angriff genommen. Wir werden die zentrale Leitung von betrieblichen Aufgaben bei der Führung des Betriebs entbinden und sie dadurch in die Lage versetzen, sich auf Prozesse zu konzentrieren, die für die Strategie des wirtschaftlichen Wachstums von entscheidender Bedeutung sind. Um das in die Praxis umzusetzen, nahmen wir eine ernsthafte, radikale Reform in Angriff, die folgende Bereiche erfaßt: Planung, Preisbildung, Finanzierungs- und Kreditmechanismus, das Versorgungsnetz der Grundstoff- und technischen Produktion, Steuerung des wissenschaftlichen und technologischen Fortschritts, Arbeit und sozialer Bereich. Das Ziel dieser Reform ist, innerhalb der nächsten zwei bis drei Jahre den Übergang von einem übertrieben zentralistischen Führungssystem, das auf Befehlsbasis funktioniert, auf ein demokratisches zu vollziehen, das in einer Kombination aus demokratischem Zentralismus und Selbstverwaltung besteht.

Die Verabschiedung grundlegender Prinzipien für eine radikale Veränderung in der Wirtschaftsführung war ein großer Schritt nach vorn im Programm der Perestroika. Die Perestroika erfaßt mittlerweile praktisch jeden Bereich des öffentlichen Lebens. Natürlich werden unsere Vorstellungen über Inhalt, Methoden und Formen der Perestroika laufend weiterentwickelt, geklärt und später korrigiert. Das ist unvermeidlich und liegt in der Natur der Sache. Wir haben es mit einem lebendigen Prozeß zu tun. Und ohne Zweifel werden die Veränderungen neue schwierige Probleme aufwerfen, die ihrerseits unorthodoxe Lösungen verlangen. Aber das Gesamtkonzept, der Gesamtplan der Perestroika, ist uns klar, nicht nur in seinem Kern, sondern auch seinen einzelnen Teilen.

Perestroika bedeutet, die stagnierenden Prozesse zu überwinden, alles zu beseitigen, was bremst, einen zuverlässigen und wirksamen Mechanismus zur Beschleunigung der sozialökonomischen Entwicklung zu schaffen und diesem eine größere Dynamik zu verleihen.

Perestroika bedeutet Initiative der Massen; Entwicklung der Demokratie auf breiter Basis, sozialistische Selbstverwaltung, Förderung von Initiative und schöpferischer Arbeit, Stärkung von Ordnung und Disziplin, mehr Offenheit, Kritik und Selbstkritik in allen Bereichen unserer Gesellschaft; ein Höchstmaß an Achtung des Individuums und Wahrung seiner persönlichen Würde.

Perestroika bedeutet Intensivierung der gesamten sowjetischen Wirtschaft, Wiedereinführung und Entwicklung der Prinzipien des demokratischen Zentralismus bei der Führung der Volkswirtschaft, generelle Einführung ökonomischer Methoden, Verzicht auf ein Management des Kommandierens und administrativer Methoden sowie Ermutigung zu Innovation und sozialistischem Unternehmungsgeist auf allen Ebenen.

Perestroika bedeutet entschiedene Hinwendung zu wissenschaftlichen Methoden sowie die Fähigkeit, jeder neuen Initiative eine solide wissenschaftliche Basis zu geben. Sie bedeutet ferner Kopplung der Errungenschaften der wissenschaftlich-technischen Revolution mit der Planwirtschaft.

Perestroika bedeutet vorrangige Entwicklung des sozialen Bereichs mit dem Ziel, die Bedürfnisse des sowjetischen Volkes nach guten Lebens- und Arbeitsbedingungen, nach Erholung, Bildung und medizinischer Versorgung immer besser zu befriedigen; ständiges Ringen um kulturellen und geistigen Reichtum, um die Bildung des Individuums und der ganzen Gesellschaft.

Perestroika bedeutet Befreiung der Gesellschaft von Verzerrungen der sozialistischen Ethik und konsequente Verwirklichung der Prinzipien sozialistischer Gerechtigkeit. Sie bedeutet ferner Einheit von Wort und Tat, von Rechten und Pflichten. Sie bedeutet Wertschätzung ehrlicher, in guter Qualität ausgeführter Arbeit sowie die Überwindung gleichmacherischer Tendenzen in Entlohnung und Konsum.

So sehen wir die Perestroika heute. Darin sehen wir unsere Aufgaben, das Wesen und den Inhalt unserer Arbeit in der kommenden Periode. Es ist schwierig, jetzt schon zu sagen, wie lange diese Periode dauern wird. Natürlich wird dies viel länger als zwei oder drei Jahre sein. Wir sind bereit, ernsthaft, eifrig und ausdauernd zu arbeiten, um unser Land bis zum Ende des 20. Jahrhunderts zu neuen Höhen zu führen.

Oft werden wir gefragt, was wir mit der Perestroika erreichen wollen, was unsere Endziele seien. Es fällt uns schwer, darauf eine detaillierte und genaue Antwort zu geben. Es entspricht nicht unserer Art, Prophezeiungen abzugeben. Wir können nicht alle architektonischen Elemente des Gesellschaftsgebäudes vorherbestimmen, das wir im Verlauf der Perestroika errichten werden.

Aber im Prinzip, soviel kann ich sagen, ist uns das Endziel der Perestroika klar: Sie ist die tiefgreifende Erneuerung aller Bereiche des sowjetischen Lebens, die Schaffung modernster Organisationsformen in der sozialistischen Gesellschaft, die volle Ausschöpfung des humanistischen Charakters unserer gesellschaftlichen Ordnung in all ihren entscheidenden Aspekten – den ökonomischen, sozialen, politischen und moralischen.

Ich betone noch einmal: Perestroika ist keine plötzliche Erleuchtung oder Offenbarung. Unser Leben umgestalten heißt, die objektive Notwendigkeit der Erneuerung und Beschleunigung der Entwicklung zu verstehen. Und das Bewußtsein dieser Notwendigkeit trat im Herzen unserer Gesellschaft in Erscheinung. Das Wesen der Perestroika liegt in der Tatsache, daß sie *Sozialismus und Demokratie miteinander verbindet* und das Leninsche Konzept des sozialistischen Aufbaus sowohl in der Theorie als auch in der Praxis wiedereinführt. Das ist das Wesen der Perestroika, in dem ihr echter revolutionärer Geist und allumfassender Charakter gründet.

Das Ziel lohnt die Anstrengung. Und wir sind davon überzeugt, daß wir mit unseren Bemühungen einen wertvollen Beitrag zum sozialen Fortschritt der Menschheit leisten.

Perestroika ist eng mit dem Sozialismus als einem System verknüpft. Diese Seite des Problems wird ausgiebig diskutiert, insbesondere im Ausland. Unsere Ausführungen zur Perestroika können nicht völlig klar werden, wenn wir auf diesen Aspekt nicht eingehen.

Bedeutet Perestroika, daß wir den Sozialismus oder zumindest einige seiner Grundlagen aufgeben? Manche stellen diese Frage voller Hoffnung, andere voller Befürchtung.

Es gibt Leute im Westen, die uns beibringen möchten, der Sozialismus stecke in einer tiefen Krise und habe unsere Gesellschaft in eine Sackgasse geführt. So wenigstens interpretieren sie unsere kritische Analyse der Situation am Ende der siebziger Jahre und am Beginn der achtziger Jahre. Sie sagen, uns bleibe nur ein Ausweg: kapitalistische Methoden der Wirtschaftsführung und gesellschaftliche Muster zu übernehmen und sich dem Kapitalismus anzunähern.

Sie sagen uns, im Rahmen unseres Systems führe die Perestroika zu nichts. Sie sagen, wir sollten dieses System ändern und bei einem anderen gesellschaftspolitischen System Anleihen machen. Und sie fügen hinzu, daß es voraussichtlich zu engen Beziehungen zum Westen kommen würde, sollte die Sowjetunion diesen Weg einschlagen und sich vom sozialistischen Weg abwenden. Sie gehen sogar so weit zu behaupten, die Oktoberrevolution von 1917 sei ein Fehler gewesen, der unser Land weitgehend vom sozialen Fortschritt der Welt abgeschnitten habe.

Um allen Gerüchten und Spekulationen ein Ende zu setzen, die im Westen über uns kursieren, möchte ich noch einmal ausdrücklich betonen, daß alle Reformen, die wir durchführen, in Übereinstimmung stehen mit unserem sozialistischen Weg. Nicht außerhalb, sondern innerhalb des Sozialismus suchen wir nach Antworten auf die Fragen, die sich uns stellen. Wir beurteilen unsere Erfolge wie auch unsere Fehler nach sozialistischen Maßstäben. Diejenigen, die hoffen, daß wir von unserem sozialistischen Weg abweichen, werden bitter enttäuscht sein. Jeder Teil unseres Perestroika-Programms – und natürlich auch das Programm als Ganzes – gründet sich auf das Prinzip von mehr Sozialismus und mehr Demokratie.

Mehr Sozialismus bedeutet mehr Dynamik, Elan und schöpferische Anstrengung, mehr Organisation, Gesetz und Ordnung, mehr wissenschaftliche Methodik und Initiative in der Wirtschaftsführung und Effizienz in der Administration sowie ein besseres und reicheres Leben für das Volk.

Mehr Sozialismus bedeutet mehr Demokratie, Offenheit und Kollektivismus im Alltag, mehr Kultur und Humanität in der Produktion, soziale und persönliche Beziehungen zwischen den Menschen, mehr Würde und Selbstachtung für das Individuum.

Mehr Sozialismus bedeutet mehr Patriotismus und Streben nach hohen Idealen, mehr aktives Interesse der Bürger an den inneren Angelegenheiten des Landes und deren positiven Einfluß auf die internationalen Angelegenheiten.

Mit anderen Worten: Es bedeutet mehr von all dem, was das Wesen des Sozialismus ausmacht und seinen theoretischen Grundsätzen innewohnt, die ihn als ein klares sozialökonomisches Gefüge charakterisieren.

Wir werden uns weiter auf einen besseren Sozialismus zu bewegen, und nicht von ihm weg. Wir sagen das in aller Aufrichtigkeit und nicht, um unser Volk oder die Welt zu täuschen. Jede Hoffnung, wir würden eine andere, nichtsozialistische Gesellschaft anstreben und ins andere Lager umschwenken, ist unrealistisch und zwecklos. Die Leute im Westen, die von uns eine Abkehr vom Sozialismus erwarten, werden enttäuscht sein. Es ist höchste Zeit, daß sie das einsehen. Noch wichtiger ist, daß sie die praktischen Beziehungen zur Sowjetunion auf dieser Grundlage ausbauen.

Ich möchte aber nicht falsch verstanden werden: Wenn wir, das sowjetische Volk, für den Sozialismus sind (ich habe oben erklärt warum), dann heißt das nicht, daß wir unseren Standpunkt irgendeinem anderen aufzwingen wollen. Jeder soll sich für seinen Weg selbst entscheiden; die Geschichte wird alles zurechtrücken. Verschiedenen Persön-

lichkeiten der amerikanischen Öffentlichkeit – Cyrus Vance, Henry Kissinger und anderen – habe ich erklärt, daß wir heute stärker denn je davon überzeugt sind, daß wir uns – dank des sozialistischen Systems und der Planwirtschaft – mit Veränderungen in unserer Strukturpolitik viel leichter tun, als das unter den Bedingungen der Privatwirtschaft der Fall wäre, was allerdings nicht heißt, daß wir keine Schwierigkeiten hätten.
Wir wollen mehr Sozialismus und deshalb mehr Demokratie. Nach unserem Verständnis läßt sich aus den Schwierigkeiten und Problemen der siebziger und achtziger Jahre in keiner Weise eine Krise des Sozialismus als gesellschaftliches und politisches System ablesen. Die Gründe für die Krise waren vielmehr fehlende Konsequenz bei der Anwendung der Prinzipien des Sozialismus, die Abkehr von diesen Prinzipien und ihre Entstellung sowie das beharrliche Festhalten an Methoden und Formen der gesellschaftlichen Führung, die unter spezifischen historischen Bedingungen in einem frühen Stadium der sozialistischen Entwicklung entstanden sind.
Im Gegenteil: der Sozialismus besitzt als ein junges Gesellschaftssystem, als eine Lebensweise unermeßliche Möglichkeiten, die noch nicht entfaltet sind, um sich weiterzuentwickeln und zu perfektionieren und die grundlegenden Fragen der gegenwärtigen Gesellschaft hinsichtlich des wissenschaftlichen, technologischen, wirtschaftlichen, kulturellen und geistigen Fortschritts und der Entwicklung des menschlichen Individuums zu lösen. Das zeigt sich an dem Weg, den unser Land seit Oktober 1917 zurückgelegt hat. Unzählige Schwierigkeiten, dramatische Entwicklungen und mühsame Arbeit säumen ihn, aber auch viele große Triumphe und Errungenschaften.

Lehren aus der Geschichte

Es entspricht der Wahrheit, wenn gesagt wird, daß die nachrevolutionäre Entwicklung schwierige Phasen durchlebte, die zum großen Teil durch die grobe Einmischung imperialistischer Kräfte in unsere inneren Angelegenheiten mitverursacht wurden. Hinzu kamen politische Irrtümer und Fehleinschätzungen. Und dennoch: die Sowjetunion machte Fortschritte, und es wurde eine Gesellschaft geschaffen, in der die Menschen vertrauensvoll in die Zukunft blicken. Ein objektiver Beobachter muß, sofern er es mit der Wahrheit genau nimmt, zugeben, daß die sowjetische Geschichte im großen und ganzen die Geschichte eines unbestreitbaren Fortschritts ist, trotz aller Verluste, Rückschläge und Fehler. Wir marschierten voran, auch wenn es keine geebneten Straßen gab, im wörtlichen wie im bildlichen Sinn. Manchmal kamen wir vom Weg ab und irrten umher, und mehr als genug Blut und Schweiß wurden am Weg vergossen. Aber wir marschierten unbeirrt weiter und dachten nie daran, zurückzuweichen, gewonnenes Terrain aufzugeben oder unsere Entscheidung für den Sozialismus in Frage zu stellen.

Und ist es so verwunderlich, daß wir auf unserem Marsch in eine unbekannte Zukunft, auf dem wir in einem kurzen Zeitraum ehrgeizige Vorhaben bewältigten, Rückschläge einstecken mußten? Unsere Geschichte war alles andere als ein beschaulicher Spaziergang auf dem Gehweg des Newskij-Prospekt[7]. Nehmen wir als Beispiel die Industrialisierung. Unter welchen Bedingungen wurde sie durchgeführt? Der Bürgerkrieg und die Intervention von vierzehn ausländischen Mächten[8] hatten ein völlig verwüstetes Land zurückgelassen. Es gab eine Wirtschaftsblockade und einen »cordon sanitaire«, weder Akkumulation noch Kolonien, im Gegenteil: die verfügbaren Geldmittel mußten vordringlich für die Erschließung des Hinterlandes verwendet werden, das vom Zarismus unterdrückt worden war. Um die Errungenschaften der Revolution zu sichern, mußten wir – und zwar schnell – aus eigenen Ressourcen die Grundlage für eine nationale Industrie schaffen, indem wir den Konsum niedrig hielten und auf ein Minimum beschränkten. Die materielle Last dieses Neuaufbaus mußte das Volk tragen, das zum Großteil aus Bauern bestand.

In der Tat mußten wir, ganz von vorn beginnend, eine Industrie erst aufbauen, insbesondere die Bereiche Schwerindustrie, Energieindustrie und Maschinenbau. Und wir machten uns beherzt an diese Aufgabe. Die Durchführbarkeit der Parteipläne, die von den Massen verstanden und akzeptiert wurden, und die Überzeugungskraft der Parolen und Projekte, die von der ideologischen Kraft unserer Revolution durchdrungen waren, schlugen sich in der Begeisterung nieder, mit der Millionen von Sowjetbürgern gemeinsam die schwierige Aufgabe anpackten, eine nationale Industrie zu errichten. Unter unglaublich schwierigen Bedingungen, oft weit weg von zu Hause, halb verhungert und in der Regel ohne die Hilfe von Maschinen, vollbrachten sie wahre Wunder, sozusagen aus dem Nichts. Ihre innere Kraft bezogen sie aus dem Bewußtsein, einer großen Sache von historischer Tragweite zu dienen. Obwohl sie nicht sehr gebildet waren, begriffen sie die Größe und Einmaligkeit ihrer Aufgabe. Es war eine echte Großtat, die die Menschen für die Zukunft ihres Vaterlandes vollbrachten, aber auch ein Beweis ihrer Loyalität gegenüber der Entscheidung, die sie 1917 aus freiem Entschluß getroffen hatten.
Unsere Väter und Großväter meisterten alle Schwierigkeiten, die sich ihnen in den Weg stellten, und leisteten einen wichtigen Beitrag zur Entwicklung und Stärkung unserer Gesellschaft in einer Zeit, als die entscheidenden Weichen für die Zukunft gestellt werden mußten.
Die Industrialisierung war ein äußerst schwieriges Unterfangen. Aber lassen Sie uns jetzt, mit unserem heutigen Wissensstand, die Frage beantworten: War sie notwendig? Hätte ein so riesiges Land wie das unsere im 20. Jahrhundert als industriell unterentwickelter Staat denn überleben können? Aber es gab noch einen weiteren Grund, der schon sehr bald deutlich machte, daß uns gar keine andere Wahl blieb, als die Industrialisierung voranzutreiben. Schon ab 1933 wuchs die Bedrohung durch den Faschismus. Wir müssen uns fragen, wo die Welt heute stehen würde, wenn die Sowjetunion sich Hitlers Kriegsmaschinerie nicht in den Weg gestellt hätte. Unser Volk hat den Faschismus mit

den Mitteln zurückgeschlagen, die es sich in den zwanziger und dreißiger Jahren erarbeitet hat. Hätte es keine Industrialisierung gegeben, wären wir dem Faschismus wehrlos ausgeliefert gewesen.

Aber die Panzerketten des Faschismus haben uns nicht überrollt. Ganz Europa war nicht imstande, Hitler aufzuhalten, aber wir haben ihn zerschmettert. Wir haben den Faschismus nicht nur dank dem Heldentum und der Selbstaufopferung unserer Soldaten besiegt, sondern auch durch unseren besseren Stahl, unsere besseren Panzer und Flugzeuge. Und alle diese Waffen wurden während unserer, der sowjetischen Periode geschmiedet.

Nehmen wir als anderes Beispiel die Kollektivierung. Ich weiß, wie viele Märchen, Spekulationen und böswillige Kritik über uns allein schon in bezug auf den Ausdruck kursieren, ganz zu schweigen von der Sache selbst. Und sogar viele Menschen, die die entsprechende Periode unserer Geschichte unvoreingenommen studieren, scheinen nicht in der Lage, die Wichtigkeit, Notwendigkeit und Unumgänglichkeit der Kollektivierung zu begreifen.

Wenn wir die Zeitumstände und die spezifischen Merkmale der Entwicklung unserer Gesellschaft – der sowjetischen Gesellschaft – gewissenhaft und wissenschaftlich untersuchen, wenn wir vor der extremen Rückständigkeit der Landwirtschaft nicht die Augen verschließen, einer Rückständigkeit, die nicht zu überwinden war, solange auf kleinen Parzellen produziert wurde, und wenn wir schließlich den Versuch unternehmen, die heutigen Resultate der Kollektivierung zu bewerten, dann bleibt nur der simple Schluß: Die Kollektivierung war ein bedeutender historischer Akt, die wichtigste gesellschaftliche Veränderung seit 1917. Gewiß, der Weg war dornenreich, es kam zu schweren Exzessen und groben methodischen Fehlern, manches war überhastet. Aber ohne sie wären unserem Land weitere Fortschritte verbaut gewesen. Die Kollektivierung schuf die soziale Voraussetzung, den landwirtschaftlichen Sektor auf den neuesten Stand zu bringen, und ermöglichte die Einführung moderner landwirtschaftlicher Methoden. Sie sicherte eine Steigerung der Produktivität und ein enormes Anwachsen der Erträge, das wir nie hätten erreichen können, wenn wir das Land in seinem bisherigen, praktisch mittelalterlichen Zustand belassen hätten. Darüber hinaus setzte die Kollektivierung beträchtliche Ressourcen und Arbeitskräfte frei, die für die Entwicklung in anderen Bereichen unserer Gesellschaft, vor allem in der Industrie, gebraucht wurden.

Die Kollektivierung veränderte, wenn auch nicht ohne Schwierigkeiten und nicht von heute auf morgen, das Leben der Bauern grundlegend und ermöglichte es ihnen, sich zu einer modernen, zivilisierten Klasse der Gesellschaft zu entwickeln. Wenn die Kollektivierung nicht stattgefunden hätte, könnten wir heute nicht einmal daran denken, 200 Millionen Tonnen Getreide zu produzieren, und schon gar nicht die 250 Millionen Tonnen, die unsere Pläne für die nahe Zukunft vorsehen. Wir haben sogar schon den Gesamtertrag an Weizen aller EG-Länder übertroffen, und das, obwohl unsere Bevölkerungszahl kleiner ist.

Gewiß, bei vielen Lebensmitteln, vor allem bei Fleischprodukten, kommt es noch immer zu Engpässen. Aber ohne die Kollektivierung hätten wir nicht den Pro-Kopf-Ertrag von heute, mit dem wir den größten Teil unserer Grundbedürfnisse befriedigen können. Und was von besonderer Wichtigkeit ist: Hunger und Unterernährung, jahrhundertelang Rußlands Geißeln, wurden in diesem Land für immer ausgemerzt. Am Kaloriengehalt der Nahrung gemessen, rangiert die Sowjetunion unter den Nationen mit dem höchsten Entwicklungsstand. Am entscheidendsten aber ist, daß wir dank der Kollektivierung und ihrer über fünfzigjährigen Geschichte die Möglichkeit geschaffen haben, im Rahmen der Umgestaltung den gesamten landwirtschaftlichen Sektor auf einen qualitativ neuen Stand zu heben.

Ja, Industrialisierung und Kollektivierung in der Landwirtschaft waren unverzichtbar. Ohne sie wäre das Land nicht auf die Beine gekommen. Aber die Methoden und Formen, mit denen diese Reformen durchgeführt wurden, stimmten nicht immer mit den sozialistischen Prinzipien, mit der sozialistischen Ideologie und Philosophie überein. Äußere

Bedingungen spielten eine dominierende Rolle – das Land war ständig militärischer Bedrohung ausgesetzt. Aber darüber hinaus kam es zu Ausschreitungen, der administrative Druck nahm Überhand, und das Volk litt. So war es in der Tat. Das war das Schicksal der Nation mit allen seinen Widersprüchen: auf der einen Seite großartige Errungenschaften, auf der anderen drastische Fehler und tragische Ereignisse.

Ja, wir haben manche schweren Zeiten, ja sogar sehr schweren Zeiten durchgemacht, so etwa nach unserem Sieg im Krieg. Ich erinnere mich, wie ich in den späten vierziger Jahren von Südrußland mit der Eisenbahn nach Moskau zum Studium fuhr. Mit eigenen Augen habe ich die Ruinen von Stalingrad, Rostow, Charkow, Orel, Kursk und Woronesch gesehen. Und wie viele andere zerstörte Städte gab es noch: Leningrad, Kiew, Minsk, Odessa, Sewastopol ... Alles lag in Trümmern: Hunderte und Tausende von Großstädten, Städten und Dörfern, Fabriken und Betrieben, geplündert und zerstört unsere wertvollsten Kulturdenkmäler – Kunstgalerien und Schlösser, Kathedralen und Kirchen. Im Westen sagte man damals, Rußland werde selbst in hundert Jahren nicht wieder auf die Beine kommen. Für lange Zeit werde das Land in der internationalen Politik keine Rolle mehr spielen, weil es sich darauf konzentrieren müsse, seine Wunden zu kurieren. Und heute sagen sie – die einen bewundernd, andere mit unverhohlener Feindseligkeit –, wir seien eine Supermacht! Wir haben uns erholt und unter Ausschöpfung der immensen Möglichkeiten des sozialistischen Systems das Land aus eigener Kraft wieder aufgebaut.

Und wir können nicht umhin, einen weiteren Aspekt des ganzen Themenkomplexes anzusprechen, der im Westen häufig ignoriert oder unter den Teppich gekehrt wird. Tun wir es nicht, dürfte es kaum möglich sein, uns, das sowjetische Volk, zu verstehen. Zusammen mit den produktiven und den sozialen Errungenschaften entstand ein neues Leben. Wir waren begeistert davon, eine neue Welt aufzubauen. Das Neue, Ungewohnte inspirierte uns, ein Gefühl des

Stolzes erfüllte uns, weil wir allein und ohne fremde Hilfe das Land mit unserer Kraft wiederaufrichteten. Die Menschen dürsteten nach Wissen und Kultur, und sie lernten. Sie freuten sich am Leben, zogen ihre Kinder groß und gingen ihrer täglichen Arbeit nach. All das vollzog sich in einer ganz neuen Atmosphäre, die sich grundlegend von der vor der Revolution unterschied, in einer Atmosphäre, die geprägt war von Gelassenheit, Gleichheit und vielfältigen Chancen für die arbeitenden Menschen. Wir wissen sehr gut, was wir dem Sozialismus zu verdanken haben. Kurz gesagt, die Menschen lebten und arbeiteten schöpferisch in allen Etappen der friedlichen Entwicklung unseres Landes. In Briefen, die ich erhalte, heißt es stolz: Sicher, wir waren ärmer als andere, aber unser Leben war erfüllter und interessanter.

Vierzehn von fünfzehn Bürgern, die heute in der UdSSR leben, wurden nach der Revolution geboren. Und noch immer bedrängt man uns, den Sozialismus aufzugeben. Warum sollte das sowjetische Volk, das unter dem Sozialismus gewachsen und stark geworden ist, dieses System aufgeben? Wir werden keine Anstrengung scheuen, den Sozialismus weiterzuentwickeln und zu stärken. Ich denke, daß wir bis heute nur ein Minimum seiner Möglichkeiten ausgeschöpft haben.

Deshalb finden wir Vorschläge befremdend – manche sind sogar aufrichtig gemeint –, die dahin gehen, unser System zu ändern und uns auf Methoden und Formen zu besinnen, die charakteristisch sind für eine andere Gesellschaftsform. Leute, die uns solche Vorschläge machen, sind sich nicht im klaren darüber, daß dies schlicht unmöglich ist und selbst dann unmöglich wäre, wenn tatsächlich jemand wünschen sollte, die Sowjetunion dem Kapitalismus zuzuführen. Wie könnten wir denn der Ansicht zustimmen, 1917 sei ein Fehler gewesen? Und die ganzen siebzig Jahre unseres Lebens, unsere Arbeit und Anstrengung, unsere Kämpfe ein einziger Irrtum? Wir hätten die »falsche Richtung« eingeschlagen? Nein, eine genaue und unvoreingenommene Betrachtung der Fakten unserer Geschichte läßt nur einen

Schluß zu: Die Entscheidung für den Sozialismus hat das einst so rückständige Rußland auf den »richtigen Platz« gebracht – auf den Platz, den die Sowjetunion jetzt auf der Linie des menschlichen Fortschritts einnimmt.
Wir haben keinen Grund, über Oktoberrevolution und Sozialismus hinter vorgehaltener Hand zu reden, als ob wir uns ihrer schämten. Unsere Erfolge sind immens und unbestreitbar. Aber wir sehen die Geschichte in ihrer Ganzheit und Komplexität. Unsere gewaltigsten Errungenschaften hindern uns nicht daran, auch die Widersprüche in der Entwicklung unserer Gesellschaft, unsere Fehler und Versäumnisse zu sehen. Zum Wesen unserer Ideologie gehört, daß sie kritisch und revolutionär ist.
Und wenn wir nach den Wurzeln unserer heutigen Schwierigkeiten und Probleme suchen, dann deshalb, weil wir wissen wollen, wo sie herrühren, und Lehren für das gegenwärtige Leben daraus ziehen wollen, auch wenn wir dabei auf Ereignisse zurückgreifen müssen, die weit in die dreißiger Jahre zurückreichen.
Die Vergangenheit ist für uns deshalb von solch großer Bedeutung, weil wir dadurch, daß wir sie begreifen, die Ursprünge der Perestroika erkennen lernen. Unsere Geschichte wurde von äußeren Faktoren stark mitgeprägt. Dennoch ist es unsere eigene Geschichte, und die Quellen der Perestroika gründen in ihr.
Aber warum ist all das geschehen, was die Perestroika notwendig macht? Warum wurde die Umgestaltung aufgeschoben? Warum haben sich veraltete Arbeitsmethoden so lange gehalten? Wie konnte es zu einer Dogmatisierung des gesellschaftlichen Bewußtseins und der Theorie kommen? Das alles bedarf der Erklärung. Und wenn wir analysieren und nach einer Erklärung suchen, stoßen wir auf viele Dinge, die beweisen, daß Partei und Gesellschaft ein Anwachsen von negativen Prozessen durchaus registrierten. Mehr als nur einmal manifestierte sich das Bewußtsein für die Notwendigkeit von Veränderungen. Aber die Veränderungen gingen nicht weit genug und zerbröckelten unter dem erdrükkenden »Vermächtnis der Vergangenheit« mit all seinen beherrschenden Merkmalen.

Ein wichtiger Meilenstein in unserer Entwicklung war der XX. Parteitag der KPdSU[9]. Er leistete einen bedeutenden Beitrag zur Theorie und Praxis des sozialistischen Aufbaus. Während des Parteitags und danach wurden beträchtliche Anstrengungen unternommem, eine Wende zum Besseren einzuleiten und dem gesellschaftlich-politischen Leben neue Impulse zu geben, um es von den negativen Aspekten zu befreien, die Stalins Personenkult hervorgerufen hatte.
Die Entscheidungen, die vom Parteitag getroffen wurden, bewirkten wichtige politische, wirtschaftliche, soziale und ideologische Maßnahmen und halfen. Aber die sich bietenden Möglichkeiten wurden nicht vollständig ausgeschöpft. Der Grund waren subjektivistische Methoden, deren man sich unter der Führung Chruschtschows bediente. In der Wirtschaftsführung herrschte Improvisation vor. Die eigenwilligen und wechselnden Vorstellungen und Maßnahmen dieser Regierung hielten Gesellschaft und Partei in Atem. Wieder schufen ambitionierte, nicht einhaltbare Versprechen und Prognosen eine Kluft zwischen Worten und Taten.
Deshalb war der erste Schritt der nächsten Etappe, deren Höhepunkt die Plenarsitzung des ZK der KPdSU vom Oktober 1964[10] war, diese Extreme zu bekämpfen und zu überwinden. Ein Stabilisierungskurs wurde eingeschlagen. Dieser Kurs war voll berechtigt und fand die Unterstützung von Volk und Partei. Er führte zu einigen positiven Resultaten. Die Beschlüsse, die ausgearbeitet und verabschiedet wurden, waren sorgfältiger durchdacht und besser begründet. Der Beginn der Wirtschaftsreform von 1965[11] und die Plenarsitzung des ZK im März 1965, die sich mit der Landwirtschaft beschäftigte, waren wichtige Initiativen mit dem Ziel, Verbesserungen in der Wirtschaft herbeizuführen. Doch sie verpufften, nachdem sie vorübergehend greifbare Erfolge gebracht hatten.
Ein Klima der Selbstzufriedenheit und die Unterbrechung des natürlichen Prozesses von Wachablösungen an der Regierungsspitze führten zu Stagnation. Die Weiterentwicklung des Landes war blockiert. Ich habe das schon weiter oben beschrieben. Immer dringlicher verlangte die Situation nach

tiefgreifenden Entscheidungen, den Wirtschaftsmechanismus und die gesellschaftliche Führung zu verbessern.

Welche Schlußfolgerungen haben wir aus den Lehren der Geschichte gezogen?

Erstens, daß der Sozialismus als Gesellschaftssystem bewiesen hat, daß er über immense Möglichkeiten verfügt, auch die kompliziertesten Probleme des sozialen Fortschritts zu lösen. Wir sind davon überzeugt, daß das sozialistische System in sich die Fähigkeit trägt, sich immer mehr zu vervollkommnen, immer mehr der ihm innewohnenden Möglichkeiten zu verwirklichen und mit den großen Problemen des sozialen Fortschritts in der Gegenwart fertigzuwerden, die uns auf dem Weg ins nächste Jahrhundert begleiten.

Gleichzeitig sind wir uns darüber im klaren, daß die Weiterentwicklung des Sozialismus kein spontaner Prozeß ist, sondern eine Aufgabe, die all unsere Aufmerksamkeit, eine genaue und unvoreingenommene Analyse der Probleme und eine entschiedene Ablehnung alles Veralteten erfordert. Wir haben erkennen müssen, daß halbherzige Maßnahmen hier nicht greifen. Wir müssen auf breiter Front handeln, konsequent und energisch, und dürfen auch vor den kühnsten Schritten nicht zurückschrecken.

Eine weitere Schlußfolgerung – ich würde sagen die wichtigste – ist, daß wir auf die Initiative und Kreativität der Massen bauen sollten, auf die aktive Mitarbeit weiter Teile der Bevölkerung bei der Durchführung unserer geplanten Reformen. Das heißt auf Demokratisierung und immer wieder auf Demokratisierung.

Was uns veranlaßte, die Perestroika einzuleiten

Es ist falsch und sogar schädlich, die sozialistische Gesellschaft als etwas Starres und Unveränderliches zu betrachten und ihre Verbesserung in dem Versuch zu sehen, die komplizierte Realität in ein für allemal entworfene Schablonen und Konzepte zu pressen. Die Konzepte des Sozialismus entwickeln sich weiter und werden in dem Maße reicher, wie historische Erfahrungen und objektive Bedingungen berücksichtigt werden.

Wir haben von Lenin gelernt, schöpferisch an Theorie und Praxis des Sozialismus heranzugehen, und tun es auch weiterhin. Wir bedienen uns seiner wissenschaftlichen Methoden und lernen von ihm die Kunst, die Analyse konkreter Situationen zu beherrschen.

In dem Maße, wie sich die Perestroika weiterentwickelt, werden wir auch immer aufs neue Lenins Werke studieren, vor allem sein Spätwerk.

Die Klassiker des Marxismus-Leninismus hinterließen uns eine Definition der wesentlichsten Merkmale des Sozialismus, jedoch kein detailliertes Gemälde des Sozialismus. Bei ihnen ging es um die theoretisch vorhersagbaren Phasen des Sozialismus. Unsere Aufgabe ist es nun, zu zeigen, wie die gegenwärtige Phase aussehen sollte. Es ist an uns, sie wirklich zu durchschreiten. Die Klassiker haben uns zwar eine Methode vorgegeben, aber kein praktisches Rezept zu deren Ausführung in die Hand gegeben.

Diese neue Phase konfrontiert uns mit der Notwendigkeit, von Lenins Lehre und seinen Methoden ausgehend über zahlreiche theoretische Fragen nachzudenken und uns über etablierte Vorstellungen des Sozialismus klar zu werden. Eine solche Klärung ist um so wichtiger, als man sich nach Lenins Tod nicht immer an seine Grundsätze gehalten hat. Die besondere Situation des Landes ließ uns zu Formen und Methoden des sozialistischen Aufbaus greifen, die den historischen Bedingungen angemessen waren. Diese Formen wurden jedoch kanonisiert, idealisiert und zu Dogmen erklärt. Von daher rührt das verwässerte Bild des Sozialismus, seine übertrieben zentralistische Führung, die Mißachtung der Vielfalt menschlicher Interessen, die Unterschätzung der aktiven Rolle, die das Volk im öffentlichen Leben spielt, und die erklärten gleichmacherischen Tendenzen.

Nehmen wir nur die Struktur der Wirtschaftsführung. Die besondere historische Situation, in der sich die Sowjetunion unter extremen Bedingungen entwickelte, mußte sich in dieser Struktur niederschlagen. Da war zunächst die militärische Bedrohung, dann folgten die blutigsten und verheerendsten Kriege in einer Geschichte, die auch ohne Krieg schon schwierig genug gewesen wäre, und schließlich zwei kräftezehrende Wiederaufbauphasen – das alles hat natürlich einem strikten Zentralismus Vorschub geleistet. Das Resultat war, daß die demokratische Basis unseres Führungssystems schrumpfte.

Aber zurück zu der Frage, wie sich dieser Widerspruch entwickeln konnte. Warum kam es dazu? Als sich das junge Sowjetrußland anschickte, eine neue Gesellschaft zu errichten, stand es völlig allein gegen eine kapitalistische Welt. Vor die Notwendigkeit gestellt, rasch die wirtschaftliche und technische Rückständigkeit zu überwinden, schuf das Land praktisch aus dem Nichts eine moderne Industrie. Dies wurde mit beispiellosem Eifer vollbracht.

Um diese Aufgabe aber lösen zu können, mußten wir den Anteil der Akkumulation am Nationaleinkommen rapide erhöhen. Der Löwenanteil dieser Geldmittel wurde in den Aufbau der Schwerindustrie, inklusive Rüstungsindustrie, gesteckt. Die Frage, welchen Preis wir für das Setzen dieser Priorität bezahlen mußten, wurde nie gestellt oder blieb im besten Fall im Hintergrund. Der Staat scheute keine Kosten, und das Volk war im Interesse des raschen Fortschritts des Landes, um seiner Verteidigungsfähigkeit, Unabhängigkeit und seines sozialistischen Weges willen bereit, Opfer zu bringen.

Das Führungssystem, das sich herausbildete, war darauf ausgerichtet, diese Ziele zu verwirklichen. Es war streng zentralisiert, jede Weisung war bis ins kleinste reglementiert. Es stellte klar umrissene Aufgaben und verteilte die entsprechenden Summen des Staatshaushalts. Und es erfüllte seinen Zweck.

Dennoch läßt sich diese Art der Führung nicht ausschließlich mit objektiven Ursachen erklären. Man ging von falschen Voraussetzungen aus, und es wurden subjektivistische Entscheidungen getroffen. Und dies dürfen wir nicht vergessen, wenn wir über die Probleme von heute nachdenken. Aber wie auch immer: Das Führungssystem, das in den dreißiger und vierziger Jahren geschaffen worden war, entfernte sich immer mehr von den Erfordernissen und Bedingungen der ökonomischen Entwicklung. Seine positiven Möglichkeiten waren ausgeschöpft. Es entpuppte sich zunehmend als Hindernis und verursachte den Bremsmechanismus, der uns später so zu schaffen machen sollte. Noch immer bediente man sich der Methoden, die auf Extremsituationen zugeschnitten waren.

Der Dogmatismus stimulierte die Entwicklung einer »extensiven« Wirtschaft[12], die an Boden gewann und bis Mitte der achtziger Jahre durchgehalten wurde. In ihr liegen die Wurzeln der berüchtigten »Methode des Bruttoausstoßes«[13], die bis in die jüngste Zeit hinein unsere Wirtschaft beherrschte.

Unter diesen Bedingungen entwickelten sich die Vorurteile gegen die Rolle der Ware-Geld-Beziehungen und gegen die Wirkung des Wertgesetzes im Sozialismus, die in der Folge oft als dem Sozialismus widersprechend und wesensfremd hingestellt wurden. Dazu kam eine Unterschätzung der wirtschaftlichen Rechnungsführung. All das verursachte Unordnung bei der Preisbildung und Vernachlässigung der Geldzirkulation.

Die schmale demokratische Basis wirkte sich unter den neuen Bedingungen des etablierten Führungssystems höchst negativ aus. Für Lenins Vorstellung einer Selbstbestimmung der Werktätigen blieb nur noch wenig Raum. Das Volkseigentum wurde schrittweise von seinen wahren Eigentümern, den Werktätigen, abgetrennt. Diesem Eigentum wurde nicht selten durch Ressortdenken und Lokalpatriotismus Schaden zugefügt, es wurde herrenlos und kostenlos und hatte keinen realen Besitzer mehr. Die Folge war zunehmende Entfremdung des Menschen vom Kollektiveigentum; das gesellschaftliche Interesse und das individuelle Interesse des Werktätigen waren mangelhaft aufeinander abgestimmt. Darin lag die Hauptursache für das, was dann eintrat: statt die Entwicklung in der neuen Phase zu stimulieren, verwandelte sich das alte System der Wirtschaftsführung in einen Bremsfaktor, der den sozialistischen Fortschritt aufhielt.

Auf der politischen Seite führte dieser Bremsmechanismus zu einer paradoxen Situation. Ein gebildetes und begabtes Volk, das sich dem Sozialismus verschrieben hatte, war weder in der Lage, die dem Sozialismus innewohnenden Möglichkeiten voll zu nutzen, noch von seinem Recht Gebrauch zu machen, bei der Abwicklung der gesellschaftlichen Angelegenheiten die ihm zustehende Rolle zu spielen. Natürlich waren Arbeiter, Bauern und Intellektuelle immer in allen Führungsorganen vertreten, aber bei den Entscheidungsprozessen waren sie nicht immer in dem Maße beteiligt, wie es für eine gesunde Entwicklung der sozialistischen Gesellschaft erforderlich gewesen wäre. Die Massen waren darauf vorbereitet worden, eine aktive Rolle im politischen Leben zu spielen. Doch dafür war kein Platz. Dabei wird der Sozialismus nur dadurch stärker, daß eine wachsende Zahl von Menschen in die politischen Aktivitäten mit einbezogen wird.

Der Bremsmechanismus in der Wirtschaft, mit all seinen sozialen und ideologischen Folgen, führte zu bürokratisch verhärteten Strukturen und zu einer Aufblähung der Bürokratie auf allen Ebenen. Und diese Bürokratie gewann einen zu großen Einfluß auf die staatlichen, administrativen, ja selbst auf die gesellschaftlichen Angelegenheiten.

Es versteht sich eigentlich von selbst, daß unter diesen Bedingungen Lenins Vorstellungen von Führung und Selbstbestimmung, von Gewinn- und Verlustrechnung und von der Verknüpfung der gesellschaftlichen mit individuellen Interessen nicht umgesetzt und zweckmäßig entwickelt wurden. Dies ist nur ein Beispiel für verknöchertes, realitätsfremdes gesellschaftliches Denken.

Die Perestroika stellte unsere Politik und unser gesellschaftliches Denken vor neue Aufgaben. Sie mußte die Erstarrung in Konventionen aufbrechen und dem gesellschaftlichen Denken ein breiteres Spektrum erschließen sowie das Monopol auf die Theorie überwinden, das charakteristisch war für die Phase des Personenkults. In jener Phase waren die Entwicklungsformen der sozialistischen Gesellschaft, die unter extremen Bedingungen entstanden waren, von Stalin

absolut gesetzt und als die einzig mögliche Form des Sozialismus betrachtet worden.
Wir müssen gesellschaftlich und politisch völlig umdenken. Und dabei müssen wir von Lenin lernen. Er hatte die seltene Fähigkeit, zum richtigen Zeitpunkt die Notwendigkeit für radikale Veränderungen, für eine Neubeurteilung der Werte und für eine Revision der theoretischen Vorgaben und politischen Parolen zu erkennen.
Hier das dafür schlagendste Beispiel: Als Lenin im April 1917 nach Rußland zurückkehrte, verbrachte er viel Zeit damit, die Lage im Land sowie die Tendenzen und Perspektiven der Entwicklung nach der Februarrevolution[14] sorgfältig zu studieren. Er legte nicht nur völlig richtig die einzig mögliche Taktik der Partei und der Sowjets fest, sondern kündigte auch die neue strategische Aufgabe an, die darin bestand, die Partei und die Massen auf eine sozialistische Revolution vorzubereiten. Hätte er das nicht getan, so hätte man die Erfolge, die man durch den Sturz der Autokratie errungen hatte, möglicherweise wieder eingebüßt. Diese Änderung der Taktik kam für viele gestandene Bolschewisten überraschend. Dies ist die Art dialektischen politischen Denkens, die wir uns aneignen, während wir die Perestroika durchführen.
Nicht nur damals, sondern auch später kam es oft vor, daß die Partei zu schwerfällig war, um neue Gedanken zu begreifen. Selbst Leute, die sich der Sache der Revolution verschrieben hatten, taten sich gelegentlich schwer. Es kam zu Mißverständnissen. Aber Lenin und seine Genossen hatten die Fähigkeit, Menschen zu überzeugen, die Dinge zu erklären und immer wieder auf dieselben Fragen zurückzukommen, um die anderen zu beflügeln und diejenigen für sich zu gewinnen, die zögerten und zweifelten. Lenin selbst fand es manchmal mühsam. Einmal schrieb er einen bitteren Brief, in dem er jene Leute erwähnte, die den Druck nicht aushielten und die Revolution mit einem bequemen Leben verbinden wollten: »Wir machten schwere Zeiten durch, manchmal sehr schwere Zeiten, aber nicht für alles in der Welt würde ich auch nur einen Tag davon gegen ein ganzes

Leben mit oberflächlichen Leuten und Spießern eintauschen wollen.«

Bei meinen Verweisen auf Lenin habe ich mehrmals erwähnt, daß man bei der Beschäftigung mit Detailproblemen niemals die Gesamtperspektive aus den Augen verlieren sollte. Tut man das, wird es immer wieder zu Kollisionen mit dieser Gesamtperspektive kommen. Schon als wir die Perestroika einleiteten, speziell auch bei der Plenarsitzung des ZK der KPdSU im Juni 1987, haben wir uns das zur Richtlinie gesetzt und einer methodischen Konzeption vorrangige Bedeutung eingeräumt. Natürlich versuchten wir, das Chaos der herrschenden Methoden abzubauen. Doch um etwas Wesentliches zu erreichen, muß man nicht notwendigerweise zuerst alles auf den Kopf stellen, um sich dann an die Korrektur der Fehler zu machen.

Neue Aufgaben müssen angepackt werden, ohne daß man Patentlösungen bereit hat. Wir haben sie auch heute noch nicht. Die Gesellschaftswissenschaftler haben uns noch nichts Zusammenhängendes geliefert. Die politische Ökonomie des Sozialismus ist überfrachtet mit alten Konzepten und steht nicht mehr im Einklang mit der Dialektik des wirklichen Lebens. Auch Philosophie und Psychologie hinken den Erfordernissen der Praxis weit hinterher. Die Geschichtswissenschaft muß sich einer gründlichen Revision unterziehen.

Der XXVII. Parteitag und die Plenarsitzung des ZK haben den Weg zu neuem kreativem Denken geebnet und seiner Entwicklung kräftige Impulse gegeben. Es gibt keine revolutionäre Bewegung ohne revolutionäre Theorie – die marxistische Lehre ist heute relevanter denn je.

Perestroika ist eine Revolution

Perestroika ist ein Wort mit vielen Bedeutungen. Doch wenn wir aus den vielen möglichen Synonymen das wichtigste herausgreifen wollen, das gleichzeitig ihr Wesen am treffendsten zum Ausdruck bringt, sagen wir: Perestroika

ist eine Revolution. Und zweifellos ist eine entscheidende Beschleunigung der sozialökonomischen und kulturellen Entwicklung der sowjetischen Gesellschaft, die mit einschneidenden Veränderungen auf einen qualitativ neuen Staat hinzielt, in der Tat eine revolutionäre Aufgabe.
Ich denke, wir hatten allen Grund, bei der Plenarsitzung im Januar 1987 zu erklären, daß der augenblickliche Kurs in seinem Wesen, seinem bolschewistischen Wagemut und seiner auf den Menschen bezogenen sozialen Zielsetzung eine direkte Fortsetzung der großen Errungenschaften ist, die unsere leninistische Partei in den Oktobertagen des Jahres 1917 in Angriff genommen hat. Und nicht nur eine Fortsetzung, sondern auch eine Vertiefung und Weiterentwicklung der wichtigsten Ideen der Revolution. Wir müssen dem historischen Impuls der Oktoberrevolution eine neue Dynamik verleihen und das vorantreiben, was unsere Gesellschaft mit ihr begonnen hat.
Das bedeutet natürlich nicht, daß wir die Perestroika mit der Oktoberrevolution gleichsetzen, einem Ereignis, das einen Wendepunkt in der tausendjährigen Geschichte unseres Staates markierte und in seinem Einfluß auf die Entwicklung der Menschheit einmalig ist.
Und dennoch: Warum sprechen wir siebzig Jahre nach der Oktoberrevolution von einer neuen Revolution?
Historische Analogien mögen bei der Beantwortung dieser Frage hilfreich sein. Lenin schrieb einmal, daß es in Frankreich, dem Land der klassischen bürgerlichen Revolution, nach der großen Revolution von 1789-1793 dreier weiterer Revolutionen (1830, 1848 und 1871) bedurfte, um ihre Ziele zu verwirklichen. Dasselbe gilt für England, wo nach Cromwells Revolution von 1649 die »Glorious Revolution« von 1688-1689 und die Reform von 1832 notwendig waren, um die neue Klasse – das Bürgertum – endgültig an der Macht zu etablieren. In Deutschland gab es zwei bürgerlich-demokratische Revolutionen (1848 und 1918) und dazwischen die einschneidenden Reformen der sechziger Jahre, die Bismarck mit »Eisen und Blut« ins Werk setzte.
»Niemals in der Geschichte«, schrieb Lenin, »gab es eine

Revolution, nach deren Sieg man die Waffen niederlegen und sich auf seinen Lorbeeren ausruhen konnte.« Warum also sollte der Sozialismus, dem man nachsagt, er nehme noch einschneidendere sozialpolitische und kulturelle Veränderungen in der gesellschaftlichen Entwicklung vor als der Kapitalismus, nicht auch mehrere revolutionäre Etappen durchlaufen, um sein Potential voll auszuschöpfen und sich schließlich als radikal neues Gefüge herauszukristallisieren? Lenin wiederholte den folgenden Gedanken mehr als einmal: Sozialismus bestehe aus vielen Anläufen. Jeder Anlauf sei in gewisser Hinsicht einseitig, jeder habe seine Besonderheiten. Diese These läßt sich auf alle Länder anwenden.

Die geschichtliche Erfahrung hat gezeigt, daß die sozialistische Gesellschaft nicht gefeit ist gegen das Entstehen und auch die Häufung stagnierender Tendenzen, nicht einmal gegen ernsthafte sozialpolitische Krisen. Aber gerade dann sind Maßnahmen von revolutionärem Zuschnitt notwendig, um Krisen- oder Vorkrisensituationen zu überwinden. Ganz entscheidend dabei ist, daß der Sozialismus aufgrund der ihm eigenen inneren Dynamik in der Lage ist, revolutionäre Veränderungen vorzunehmen.

Im Frühjahr 1985 setzte die Partei diese Aufgabe auf die Tagesordnung. Ausmaß und Häufung der Probleme sowie der Umstand, daß man ihre Analyse und Lösung hinausgeschoben hatte, ließen uns keine Wahl: Wir mußten revolutionär handeln und eine revolutionäre Umgestaltung der Gesellschaft verkünden.

Die Perestroika ist ein revolutionärer Prozeß, denn sie ist ein Sprung nach vorn in der Entwicklung des Sozialismus, in der Verwirklichung seiner wesentlichen Merkmale. Von Anfang an waren wir uns darüber im klaren, daß wir keine Zeit zu verlieren hatten. Es ist sehr wichtig, nicht zu lange auf der Startlinie zu verharren, sondern den Rückstand aufzuholen, dem konservativen Morast zu entsteigen und die Trägheit der Stagnation abzuschütteln. Auf dem Weg der Evolution, durch zaghafte, schleppende Reformen ist das nicht zu schaffen. Wir haben einfach nicht das Recht, uns auch nur einen Tag auszuruhen. Im Gegenteil, mit jedem Tag müssen wir uns mehr anstrengen, das Tempo erhöhen und unsere Arbeit intensivieren. In der Startphase der Umgestaltung müssen wir dieser Belastung standhalten. Eine Revolution sollte sich unentwegt weiterentwickeln. Sie darf nicht auf der Stelle treten. Das veranschaulicht unsere eigene Vergangenheit. Noch immer spüren wir die Nachwirkungen der Bummelei. Sollten wir erneut steckenbleiben, geraten wir in ernsthafte Schwierigkeiten. Deshalb – immer nur vorwärts!

Natürlich heißt revolutionäres Handeln nicht, mit dem Kopf durch die Wand zu gehen. Kavallerie-Attacken sind alles andere als ein probates Mittel. Eine Revolution unterliegt den Gesetzen der Politik, der Kunst des Machbaren also. Deshalb sollten wir eins nach dem anderen anpacken und uns nicht selbst überholen wollen. Unsere Hauptaufgabe besteht jetzt darin, eine Basis zu schaffen, von der wir dann zu qualitativ neuen Grenzen vorstoßen können. Tun wir das nicht, erzeugen wir nur ein Durcheinander und bringen die große Sache in Mißkredit.

Gemäß unserer Theorie bedeutet Revolution Aufbau, aber sie impliziert immer auch Zerstörung. Revolution erfordert die Zerstörung all dessen, was veraltet ist, stagniert und den schnellen Fortschritt behindert. Ohne Zerstörung schafft man keinen Platz für Neues. Perestroika ist also auch die entschiedene und radikale Beseitigung der Hindernisse, die der gesellschaftlichen und ökonomischen Entwicklung im Weg stehen, die Beseitigung der veralteten Methoden der Wirtschaftsführung, des Schablonendenkens und des Dogmatismus. Perestroika berührt die Interessen vieler Menschen, die der ganzen Gesellschaft. Und natürlich beschwört Zerstörung Konflikte herauf und provoziert mitunter heftige Zusammenstöße zwischen alt und neu. Zwar explodieren keine Bomben, und natürlich fliegen auch keine Kugeln, aber diejenigen, die im Weg stehen, leisten Widerstand. Und auch Inaktivität, Gleichgültigkeit, Verantwortungslosigkeit und Mißwirtschaft sind als Widerstand einzustufen.

Die begreifliche Folge ist, daß das Klima in unserer Gesellschaft in dem Maße gespannter wurde, je tiefer die Perestroika in das Leben eingriff. Manche Leute hörten wir sagen: War es wirklich nötig, mit all dem überhaupt anzufangen? Einige Leute akzeptieren nicht einmal die Verwendung des Wortes »Revolution« für unsere Bemühungen. Manche versetzt schon der Begriff »Reform« in Panik. Lenin indes fürchtete sich nicht davor, dieses Wort in den Mund zu nehmen, und lehrte sogar die Bolschewisten, sich für den »Reformismus« einzusetzen, wann immer dies erforderlich war, um die Sache der Revolution unter veränderten Bedingungen voranzutreiben. Heute brauchen wir radikale Reformen für eine revolutionäre Veränderung.

Eines der Symptome einer revolutionären Phase ist die mehr oder weniger ausgeprägte Diskrepanz zwischen den grundlegenden Interessen einer Gesellschaft, deren Führungsspitzen zu einschneidenden Veränderungen bereit sind, und den unmittelbaren, alltäglichen Interessen des Volkes. Die Perestroika trifft diejenigen am härtesten, die sich daran gewöhnt haben, in alter Manier weiterzuarbeiten. Wir haben keine politische Opposition, doch das bedeutet nicht, daß es nicht zu Konfrontationen mit denen kommt, die, aus verschiedenen Gründen, nicht für die Perestroika sind. Wahrscheinlich wird jeder im ersten Stadium der Perestroika Opfer zu bringen haben, aber einige werden für immer Privilegien und Sonderrechte aufgeben müssen, auf die sie keinen Anspruch haben und in deren Genuß sie widerrechtlich gekommen sind, aber auch Rechte, die unseren Fortschritt behindert haben.

Die Frage der Abwägung der Interessen gegeneinander war für die Partei in entscheidenden Momenten immer die Schlüsselfrage. Es scheint mir deshalb angebracht, daran zu erinnern, wie Lenin sich im turbulenten Jahr 1918 für den Vertrag von Brest-Litowsk[15] eingesetzt hat. Der Bürgerkrieg tobte, und gleichzeitig sah sich das Land einer sehr ernsthaften Bedrohung durch Deutschland ausgesetzt. Lenin empfahl deshalb, einen Friedensvertrag mit Deutschland abzuschließen.

Die Friedensbedingungen, die Deutschland uns diktierte, waren, wie Lenin es ausdrückte, »schändlich und schmutzig«. Sie bedeuteten die Annexion eines großen Gebietsstreifens mit sechsundfünfzig Millionen Einwohnern. Sie zu akzeptieren schien unmöglich. Doch Lenin pochte auf einen Friedensvertrag. Sogar einige Mitglieder des Zentralkomitees waren dagegen und sagten, auch die Arbeiter forderten, die deutschen Eindringlinge zurückzuschlagen. Lenin jedoch drängte weiter auf Frieden, weil er nicht von den nächstliegenden, sondern von den grundlegenden Interessen, den Interessen der Arbeiterklasse als ganzer ausging. Um die Revolution und die Zukunft des Sozialismus zu sichern, brauchte das Land eine Atempause, bevor es weitermachen konnte. Nur wenige sahen das damals ein. Erst später gab man im vertrauten Kreis offen zu, daß Lenin recht gehabt hatte. Und recht hatte er gehabt, weil er nach vorn blickte; er stellte nicht das Flüchtige über das Wesentliche. Die Revolution war gerettet.

Genauso verhält es sich mit der Perestroika. Sie zielt auf die grundlegenden Bedürfnisse des Sowjetvolkes. Sie soll die Gesellschaft zu neuen Höhen führen und auf ein qualitativ neues Niveau heben. Wir werden Opfer bringen müssen, was uns nicht immer leichtfallen wird. Die etablierten Gewohnheiten und Vorstellungen zerfallen vor unseren Augen. Wenn Vertrautes verschwindet, erhebt sich Protest. Der Konservatismus will nicht weichen, aber er kann und muß überwunden werden, wenn wir langfristige Interessen der Gesellschaft und jedes einzelnen verwirklichen wollen.

Wir wurden mit der problematischen Beziehung von unmittelbaren und langfristigen Interessen konfrontiert, als wir begannen, staatliche Qualitätskontrollen einzuführen.[16] Um die Qualität der Produkte zu verbessern, schufen wir ein unabhängiges Organ, das darüber wachen sollte, daß Produkte den geltenden Qualitätsansprüchen gerecht waren. Zu Beginn sank der Lohn manch eines Arbeiters, aber die Gesellschaft brauchte die verbesserte Qualität, und die Arbeiter hatten Verständnis für die neue Maßnahme. Von ihrer Seite kam kein Protest. Im Gegenteil, jetzt sagen sie: »Es ist unanständig, etwas zu bekommen, was man nicht verdient hat.« Gleichzeitig wollen sie, daß Betriebsleiter, Ingenieure und technische Angestellte sich ihrer Meinung anschließen. So wurde die staatliche Qualitätskontrolle ein gutes Testfeld für die Perestroika. Sie zeigt die Einstellung des Volks zur Arbeit und legt menschliche Reserven frei, die für die Perestroika nutzbar gemacht werden könnten. Die staatliche Qualitätskontrolle wurde zum Test, der wieder einmal bewies, daß die sowjetische Arbeiterklasse in ihrer Gesamtheit die Umgestaltung unterstützt und bereit ist, sie zu fördern, indem sie in der Praxis ihre Rolle als herrschende Klasse der sozialistischen Gesellschaft ausfüllt.

Ebensowenig wie mit der Revolution darf man mit der Perestroika spielen. Man muß die Dinge konsequent zu Ende führen und jeden Tag Fortschritte erzielen, damit die Massen die Ergebnisse spüren können und der Fortschritt sowohl materiell als auch geistig an Wirkung gewinnt.

Wenn wir unsere Maßnahmen revolutionär nennen, meinen wir, daß sie weitreichend, radikal und kompromißlos sind und die gesamte Gesellschaft von oben bis unten betreffen. Sie erfassen alle Bereiche des Lebens auf breiter Front. Sie geben unserer Gesellschaft keinen neuen Anstrich, noch überschminken sie ihre Blessuren, sondern führen zu ihrer vollständigen Erneuerung und Genesung.

Politische Maßnahmen sind zweifellos der wichtigste Punkt in jedem revolutionären Prozeß. Diese Wahrheit gilt gleichermaßen für die Perestroika. Daher räumen wir politischen Maßnahmen, der breiten und echten Demokratisierung, dem entschlossenen Kampf gegen schleppende Bürokratie und Gesetzesverstöße sowie der aktiven Beteiligung der Massen an der Verwaltung der nationalen Angelegenheiten Priorität ein. Dies alles hängt mit der zentralen Frage jeder Revolution zusammen, mit der Machtfrage.

Natürlich werden wir weder die Sowjetmacht ändern, noch werden wir ihre fundamentalen Prinzipien aufgeben. Aber wir anerkennen die Notwendigkeit von Veränderungen, die den Sozialismus stärken, ihn dynamischer und politisch bedeutsamer machen. Deshalb haben wir allen Grund, unsere Pläne für eine umfassende Demokratisierung der sowjetischen Gesellschaft als ein Programm zu charakterisieren,

das unserem politischen System Veränderungen bringen wird.
Daher müssen wir – wenn die Perestroika Erfolge bringen soll – unsere ganze Arbeit auf die politischen Aufgaben und Führungsmethoden abstimmen. Das wichtigste Element bei den Aktivitäten der Parteiorganisationen und ihrer Mitglieder ist die politische Arbeit unter den Massen, die politische Erziehung der Werktätigen und die Verstärkung der politischen Aktivitäten des Volkes. Die ursprüngliche Bedeutung des Begriffs »Sozialismus«, als einer ideologischen und politischen Bewegung der Massen, einer Bewegung der Basis, deren Stärke in erster Linie im Bewußtsein und in der Aktivität der Menschen liegt, tritt damit wieder in den Vordergrund.
Revolution ist ein einmaliges Phänomen. Und wie eine Revolution müssen auch unsere täglichen Aktivitäten einmalig, revolutionär sein. Die Perestroika verlangt Parteiführer, die sich Lenins Ideal der bolschewistischen Revolution eng verbunden fühlen. Amtsschimmel, Schlendrian, gönnerhafte Haltung und Karrierismus sind mit diesem Ideal nicht vereinbar. Demgegenüber sind Mut, Initiative, hohes ideologisches Niveau und moralische Integrität, die Bereitschaft, mit den Menschen über die Dinge zu diskutieren, und die Fähigkeit, die menschlichen Werte des Sozialismus standhaft hochzuhalten, sehr willkommen. Die revolutionäre Situation erfordert Begeisterung, Hingabe und Selbstaufopferung. Dies gilt insbesondere für die Führungsspitze. Wir haben noch einen weiten Weg vor uns, bis wir dieses Ideal erreichen. Zu viele Leute verharren noch immer im »Zustand der Evolution«, oder, um es prosaischer zu sagen: Sie sehen erst mal zu und warten ab.

Eine »Revolution von oben«? Die Partei und Perestroika

In der Geschichtswissenschaft und im politischen Wortschatz gibt es den Begriff der »Revolution von oben«. Es gab einige solcher Revolutionen in der Geschichte. Sie sollten jedoch nicht mit Staatsstreichen oder Palastrevolutionen verwechselt werden. Gemeint sind vielmehr tiefgreifende und wesentliche Veränderungen, die zwar durch die Regierungen selbst vorgenommen wurden, jedoch durch einen objektiven Wandel der Situation und des sozialen Klimas notwendig geworden waren.

Es sieht ganz so aus, als sei die angelaufene Perestroika ebenfalls eine »Revolution von oben«. Und es stimmt durchaus, daß sie auf Initiative der Kommunistischen Partei hin ausging, so wie es auch die Partei ist, die sie leitet. Die Partei ist stark und mutig genug, um eine neue Politik in Angriff zunehmen. Sie hat bewiesen, daß sie in der Lage ist, den Prozeß der Erneuerung in Gang zu setzen. Die Partei begann die Arbeit durch Verbesserungen in den eigenen Reihen. Ich sprach darüber ganz offen bei einem Treffen mit Partei-Aktivisten in Chabarowsk im Sommer 1986. Wir müßten bei uns selbst anfangen, sagte ich. Jeder müsse Verantwortung übernehmen: im Politbüro, in örtlichen Organen und in den Basis-Organisationen der Partei. Wir müßten besser werden und sollten denen helfen, die es nicht von sich aus schaffen. Das wichtigste sei Gewissenhaftigkeit. Wir hätten uns an viele Praktiken aus der Zeit gewöhnt, als es noch keine Offenheit gab. Dies gelte für die breite Masse ebenso wie für hohe Funktionäre.

Diese Worte sollten aber keine Aufforderung sein, die Leute zu beschwatzen, wie es in einigen Ländern die Kandidaten in Wahlkämpfen tun. Unser Volk mag das nicht. Die Menschen müssen die Wahrheit erfahren. Man darf keine Angst vor dem eigenen Volk haben. Offenheit ist ein wesentliches Merkmal des Sozialismus. Und doch gibt es immer noch einige Leute, auch in höheren Führungskadern, die zwar von einer sozialistischen Ethik im allgemeinen reden, dann aber auch von einer Ethik im besonderen, und damit eine Ethik meinen, die ihren eigennützigen Zwecken dient. Das geht nicht an.

Die Arbeit der Umgestaltung begann also in der Tat bei der Partei und ihrer Führung. Sie fing an der Spitze an und ging von dort weiter bis hinunter zur Basis. Trotzdem läßt sich die Auffassung von der »Revolution von oben« auf unsere Perestroika nicht anwenden, zumindest bedarf sie einiger Einschränkungen. Gewiß, die Initiative ging von der Partei aus. Die höchsten Partei- und Staatsorgane erarbeiteten das Programm und verabschiedeten es. Ebenso wahr ist, daß es kein spontaner, sondern ein gelenkter Prozeß war. Aber das ist nur die eine Seite.

Die Perestroika wäre kein wirklich revolutionäres Unternehmen und sie hätte weder ihr jetziges Ausmaß erreicht, noch hätte sie eine sichere Erfolgschance gehabt, wenn sich die Initiative von »oben« nicht mit der Bewegung an der Basis verschmolzen hätte; wenn sie nicht die fundamentalen, langfristigen Interessen der Werktätigen zum Ausdruck gebracht hätte; wenn die Massen sie nicht als ihr Programm betrachtet hätten, als Antwort auf ihre eigenen Gedanken und als Anerkennung ihrer eigenen Forderungen. Kurz, wenn das Volk sie nicht so vehement und wirksam unterstützt hätte.

Zum eigentlichen Wesen der Umgestaltung gehört, daß sie an jedem Arbeitsplatz, in jedem Arbeitskollektiv, im gesamten Führungssystem sowie in den Partei- und Staatsorganen, Politbüro und Regierung eingeschlossen, fortgesetzt werden muß. Die Umgestaltung betrifft alle, vom Kommunisten an der Basis bis zum Sekretär des Zentralkomitees, vom Arbeiter bis zum Minister, vom Mechaniker bis zum Akademiker. Sie wird nur dann zu einem erfolgreichen Ende führen, wenn sich wirklich die gesamte Nation daran beteiligt. Und in jedem Fall gilt, daß jeder einzelne ehrlich und gewissenhaft arbeiten muß, ohne eine Mühe zu scheuen. Einem solchen Aufbruch werden sich allmählich immer mehr Menschen anschließen.

Wenn der Vorschlag, wie an eine Sache heranzugehen ist, ernsthaft und durchdacht ist, wird er immer die Unterstützung und Zustimmung der Werktätigen finden. Genau darum haben wir uns in den vergangenen zweieinhalb Jahren bemüht. Vielleicht sind wir uns selbst noch nicht über alles im klaren, und vielleicht haben wir dem Volk noch nicht ganz begreiflich machen können, wie schwierig die Situation ist, in der sich das Land befindet, und was wir tun müssen. Aber wir haben das Wesentliche gesagt und dafür Unterstützung und Zustimmung geerntet.

Die Schwäche und Widersprüchlichkeit aller bekannter »Revolutionen von oben« erklärt sich exakt aus der mangelnden Unterstützung von unten, aus dem Fehlen eines Konsenses und eines auf die Massen abgestimmten Handelns. Und weil dies alles fehlte, wurde ein mehr oder weniger starker Druck von oben notwendig. Dies wiederum führte zu Auswüchsen im Verlauf der Veränderungen und als Folge davon zu ihrem hohen sozialpolitischen und moralischen »Preis«.

Das besondere Merkmal und die Stärke der Perestroika ist, daß sie gleichzeitig eine Revolution von oben und von unten ist. Darin liegt eine der verläßlichsten Garantien für ihren Erfolg und ihre Unwiderrufbarkeit. Wir werden uns beharrlich dafür einsetzen, daß die Massen, die Menschen an der Basis, ihre demokratischen Rechte erlangen und lernen, sie gewohnheitsmäßig, sachgemäß und verantwortungsbewußt zu nutzen. Im Leben bestätigt sich immer wieder auf überzeugende Weise, daß die Menschen immer dann, wenn die Geschichte scharfe Wendungen macht, wie in revolutionären Situationen, eine bemerkenswerte Fähigkeit entwickeln, zuzuhören, zu verstehen und zu reagieren, sofern man ihnen die Wahrheit sagt. Genau das hat Lenin in einem der kritischsten Momente nach der Oktoberrevolution und während des Bürgerkriegs getan, als er vor das Volk trat und ihm reinen Wein einschenkte. Deshalb ist es so wichtig, daß die Perestroika unter den Massen einen hohen Grad an politischer Kraft und Arbeitseifer aufrechterhält.

Im Westen hört man oft, die Perestroika werde nur Probleme schaffen, und unseren Werktätigen werde das nicht gefallen. Was soll ich darauf erwidern? Natürlich, bei einem Unternehmen solcher Größenordnung wird es Schwierigkeiten geben. Und wenn wir auf berechtigte Unzufriedenheit und Protest stoßen, werden wir uns ernsthaft darum bemühen, zuerst einmal herauszufinden, wo die Gründe dafür liegen. Administrativer Eifer schafft in solchen Fällen keine Abhilfe. Die Organe der Staatsmacht sowie die gesellschaftlichen und wirtschaftlichen Organisationen müssen lernen, so zu arbeiten, daß kein Anlaß besteht für solche Protestaktionen. Sie müssen lernen, die Probleme, die solche Reaktionen hervorrufen könnten, innerhalb nützlicher Frist zu lösen. Wenn die Staatsorgane Probleme von allgemeinem Interesse nicht anpacken, wird das Volk versuchen, sie selbst in die Hand zu nehmen. Wenn das Volk bei Versammlungen immer wieder an die staatlichen Stellen appelliert, von letzteren aber beharrlich ignoriert wird, dann kommt es zu ungewohnten Aktionen an der Basis. Sie sind das unmittelbare Resultat von Versäumnissen in unserer Arbeit.

Hier gibt es nur eine Richtschnur: Wir werden zuhören und alles berücksichtigen, was den Sozialismus stärkt, wohingegen wir alle Tendenzen bekämpfen werden, die dem Sozialismus wesensfremd sind. Aber, ich wiederhole, all das tun wir im Rahmen des demokratischen Prozesses. Es ist eines der Prinzipien des wahren, revolutionären leninistischen Geistes, den revolutionären Prozeß nicht auf die leichte Schulter zu nehmen und nicht die Kontrolle zu verlieren, sich weder in umständlichen bürokratischen Methoden zu verzetteln noch zuviel durchgehen zu lassen.

Gefragt, ob wir nicht zu überstürzt vorgehen, antworten wir, nein. Es gibt keine vernünftige Alternative zu einer dynamischen, revolutionären Perestroika. Die Alternative wäre dauerhafte Stagnation. Vom Erfolg der Perestroika hängt die Zukunft des Sozialismus und des Friedens ab. Das Risiko ist zu hoch. Die Zeit diktierte uns den revolutionären Weg, und wir haben ihn eingeschlagen. Es gibt kein Zurück, wir werden die Perestroika durchführen.

Als mich Jimmy Carter bei einem Gespräch in diesem Sommer fragte: »Sind Sie sicher, daß Ihre wirtschaftlichen und politischen Reformbemühungen in der Sowjetunion Erfolg haben werden?«, antwortete ich:

»Wir haben ein wichtiges und schwieriges Unternehmen in Angriff genommen, das sowohl den politischen, wirtschaftlichen und sozialen als auch den geistigen Bereich erfaßt. Die Umgestaltung betrifft alle gesellschaftlichen Gruppen. Das ist keine leichte Aufgabe. Wir haben einige und möglicherweise sogar die wichtigsten Phasen der Umgestaltung hinter uns gebracht. Wir haben eine Politik des Umbruchs vorgeschlagen, und wir sehen, daß sie von der Gesellschaft gebilligt wird. Die Arbeit geht weiter, und natürlich werden noch viele Probleme auftauchen.

Im Westen hat man sofort davon gesprochen, wir seien auf einen gewissen Widerstand gestoßen, doch das ist nicht ernst zu nehmen. Wir haben mit einer tiefgreifenden Umgestaltung begonnen. Wir formen unsere Einstellung, unser Denken und unsere gesamte Lebensweise um und brechen festgefahrene Positionen auf. Die Atmosphäre in unserer Gesellschaft hat sich grundlegend verändert. Die Gesellschaft ist in Bewegung geraten. Wir bekommen große Unterstützung. Darauf bauen wir und treiben die Dinge voran. Wenn wir von der Richtigkeit unserer Politik nicht überzeugt wären, hätten wir, meine Kollegen und ich, sie nicht vorgeschlagen.

Wir können jetzt auf die Erfahrung der ersten zwei Jahre zurückblicken, auf Erfahrungen, die wir mit der praktischen Umsetzung dieser Politik gemacht haben. Mehr denn je sind wir von der Richtigkeit unseres Handelns überzeugt. Wir werden den eingeschlagenen Weg fortsetzen, gleichgültig, wie mühsam es werden wird. Natürlich werden wir dabei verschiedene Etappen zurücklegen müssen. Einige Ziele werden wir innerhalb kurzer Zeit erreichen. Andere werden mehrere Jahre erfordern. Manche liegen in noch fernerer Zukunft. Aber wir werden weitermachen.«

Das sowjetische Volk ist überzeugt, daß unser Land aus der Perestroika reicher und stärker hervorgehen wird. Wir werden ein besseres Leben haben. Wir wollen in keiner Weise verhehlen, daß es Schwierigkeiten gibt, manchmal sogar beträchtliche. Und es wird sie auch in Zukunft geben. Aber wir werden sie bewältigen. Davon sind wir überzeugt.

Kapitel 2

Die Perestroika kommt in Gang. Die ersten Erfolge

Zweieinhalb Jahre sind vergangen, seit wir die Politik der Perestroika eingeleitet haben. Wir verfügen über ein theoretisches Konzept und ein spezifisches Programm. Beide werden ständig weiterentwickelt, vertieft und mit neuen Methoden und Ideen bereichert. Dies erfordert große schöpferische Anstrengungen von seiten der Parteiführung und des Staates und bringt Diskussionen mit sich. Nach dem XXVII. Parteitag der KPdSU[17] und mehreren Plenarsitzungen des Zentralkomitees wurden die Probleme und der Verlauf der Perestroika in allen Teilen der sowjetischen Gesellschaft leidenschaftlich diskutiert. Das Programm der Perestroika hat sich bereits in einer Reihe von gesetzgeberischen Maßnahmen des Staates niedergeschlagen, die vom Parlament – dem Obersten Sowjet der UdSSR – verabschiedet wurden.

Parallel dazu ging die praktische Umsetzung der Strategie der Perestroika in der täglichen Arbeit weiter. Wir haben einige, wenn auch begrenzte Erfahrung gesammelt. Es gab ermutigende Resultate, aber auch Irrtümer und Fehleinschätzungen. Heute sehen wir unsere Möglichkeiten und Schwachpunkte bereits deutlicher. Noch immer sind wir davon überzeugt, daß wir erst am Anfang stehen. Dennoch ist die Perestroika bereits Teil unseres Lebens geworden und bezieht die Massen mit ein. In diesem Sinn ist sie schon Realität geworden.

I. Die Gesellschaft kommt in Bewegung

Wie alles begann

Wenn wir darüber sprechen, was in den vergangenen zweieinhalb Jahren getan wurde, beziehen wir uns gewöhnlich auf die Zeit vor und nach dem Parteitag.

Die Parteitage der KPdSU nehmen in unserer Geschichte einen besonderen Rang ein. Schon immer setzten sie Meilensteine an unserem Weg. Aus vielen Gründen mußte der XXVII. Parteitag Antworten auf die dringlichsten Fragen des Lebens in der sowjetischen Gesellschaft geben. Sein Termin wurde durch die Parteistatuten[18] festgesetzt. Die Vorbereitungen für eine Neufassung des Parteiprogramms[19] waren im Gange, und die Pläne für das zwölfte Planjahrfünft und die Periode bis zum Jahr 2000 waren in Arbeit. Das Problem bestand darin, daß die politischen Richtlinien für den Parteitag unter Bedingungen abgefaßt worden waren, die sich nach den Plenarsitzungen des ZK der KPdSU von März[20] und April 1985 dramatisch verändert hatten. Sowohl in der Partei selbst als auch in der gesamten Gesellschaft waren neue Prozesse in Gang gekommen.

Der Prozeß, die Ideen aus diesen Plenarsitzungen zu begreifen und zu verstehen, verlief nicht ohne Schwierigkeiten. Diskussionen, die auf allen Ebenen geführt wurden – im Politbüro, im Zentralkomitee, in örtlichen Parteiorganisationen, in wissenschaftlichen und wirtschaftlichen Kreisen wie auch in den Arbeitskollektiven –, brachten neue Ideen hervor. In den Medien wurden lebhafte Debatten geführt, mitunter kam es zu polemischen Auseinandersetzungen. Und allmählich begann man auch die Vergangenheit des Landes kritisch zu durchleuchten. Tausende von Menschen – Arbeiter, Bauern und Intellektuelle – beteiligten sich engagiert an diesen Debatten – bei Versammlungen ihrer Arbeitskollektive, in der Presse und in Briefen an die höchsten Partei- und Regierungsorgane. Die Briefe enthielten Kritik, aber

auch Anregungen. Unterschiedliche, mitunter direkt entgegengesetzte Standpunkte zu vielen speziellen Problemen kamen darin zum Ausdruck. Eine offen ausgetragene und eifrige Suche nach einem Ausweg aus der aktuellen Situation hatte begonnen. Wir halten eine solche Pluralität der Meinungen für natürlich und nützlich. Es wurde deutlich, daß die Vorbereitung des XXVII. Parteitags von neuen Ansätzen ausgehen mußte, obwohl es nur noch ein Jahr war bis zum festgesetzten Termin.
Natürlich hätte der Parteitag verschoben werden können. Immer wieder wurde diese Ansicht vorgebracht und mit stichhaltigen Argumenten begründet. Aber man wurde das Gefühl nicht los, daß dahinter die Art des Vorgehens, die während der stagnierenden Periode üblich geworden war, steckte, von der wir alle mehr oder weniger geprägt waren. Der Standpunkt, der meiner Meinung nach der Situation am ehesten gerecht wurde – den Parteitag termingerecht abzuhalten und alle gesunden Kräfte der Gesellschaft für seine Vorbereitung zu mobilisieren –, setzte sich schließlich durch.
Der XXVII. Parteitag verabschiedete wichtige Resolutionen, die für die Zukunft der UdSSR von enormer Bedeutung sind. Er formulierte die Leitlinien für die Parteiarbeit und für die Durchführung des Konzepts zur Beschleunigung der sozialen und ökonomischen Entwicklung, das vom Plenum des Zentralkomitees im April vorbereitet worden war. Die Delegierten brachten zu diesem Parteitag nicht nur ihre Anliegen und ihre Aufrichtigkeit mit, sondern auch Überlegungen, Pläne und Entschlossenheit, um der Entwicklung des Sozialismus frische und kräftige Impulse zu verleihen.
Es war ein mutiger Parteitag. Wir sprachen offen über Unzulänglichkeiten, Fehler und Schwierigkeiten. Besonders zur Sprache kam das ungenutzte Potential des Sozialismus, und der Parteitag verabschiedete einen detaillierten, langfristigen Aktionsplan. Es wurde ein Parteitag der strategischen Entscheidungen.
Dennoch gelang es uns zu jener Zeit noch nicht, den vollen

Umfang und den einschneidenden Charakter der in Gang gekommenen Prozesse zu begreifen. Jetzt sehen wir klarer, und es versteht sich von selbst, daß wir die Arbeit entschlossen fortsetzen müssen, die vor und während des Parteitags begonnen wurde, und daß wir die Gesellschaft, in der wir leben, noch gründlicher analysieren müssen. Um in dieser Hinsicht voranzukommen, mußten wir zurückgehen zu unseren Ursprüngen, unseren Wurzeln. Nur so konnten wir die Vergangenheit besser begreifen, Prioritäten setzen und Methoden festlegen, um sie auch zu erfüllen. Ohne diese Einsicht könnten wir von unserem Kurs abkommen.
Noch fast ein Jahr nach dem XXVII. Parteitag dachten einige Leute verschiedener Gesellschaftsschichten und selbst Parteigenossen, die Perestroika sei keine langfristige Politik, sondern lediglich eine Kampagne wie andere auch. Viele örtliche Funktionäre hielten die aktiven Befürworter der Perestroika in Schach und warnten diejenigen, die allzu fordernd auftraten: Abwarten, Genossen, keine Hektik, in ein, zwei Jahren wird alles vorbei sein. Sie waren tatsächlich davon überzeugt, alles würde wieder in die gewohnten Bahnen kommen, wie es schon mehr als einmal der Fall gewesen war. Es gab auch chronische Skeptiker, die auf den Gängen der Behörden in sich hineinlachten: Wir haben schon verschiedene Perioden durchgemacht und werden auch diese überstehen. Die Sorge um das Schicksal der Perestroika in der Gesellschaft wuchs: Würde man wieder in den alten Trott verfallen?
An der Januar-Plenarsitzung analysierten wir selbstkritisch die Gründe für die komplexe und widersprüchliche Situation. Es war uns nicht darum getan, nur die Vergangenheit zu kritisieren und den einen oder anderen Funktionär beim Namen zu nennen. Lag denn der Kern der Sache darin, einen als Sündenbock hinzustellen? Was wir brauchten, war eine Bewertung des Phänomens und eine Analyse der Vorgänge und Tendenzen. Und genau darum bemühten wir uns. Ich bin sicher, daß die Plenarsitzung im Januar ihre Mission nicht erfüllt hätte, wenn sie sich damit begnügt hätte, lediglich Vergangenes zu kritisieren. Lehren aus der

Vergangenheit zu ziehen und Kritik sind nicht dazu da, um mit jemandem abzurechnen. Wir brauchen sie für unsere Gegenwart und unsere Zukunft.

Wenn wir an der Januar-Plenarsitzung kein konstruktives Aktionsprogramm vorgeschlagen hätten, wenn wir nicht das Wichtigste gesagt hätten – nämlich was zu tun ist, welche zusätzlichen Kräfte mobilisiert werden müssen, um den Bremsmechanismus zu überwinden, und wie ein effektiver Beschleunigungsmechanismus in Gang gesetzt wird –, dann wäre ein totaler Stillstand eingetreten. Hätte die Plenarsitzung nicht die Richtung vorgegeben und hätte sie nicht die Demokratisierung zur wichtigsten Triebkraft der Perestroika erklärt, dann wäre von ihr überhaupt keine Wirkung ausgegangen.

Der Kerngedanke der Plenarsitzung im Januar war – was die Verwirklichung der Ziele der Perestroika und die Bewahrung der Gesellschaft vor einem Rückfall in die Fehler der Vergangenheit angeht – die Entwicklung der Demokratie. Sie ist die wichtigste Gewähr dafür, daß die Perestroika nicht rückgängig gemacht werden kann. Je mehr sozialistische Demokratie wir haben, desto mehr Sozialismus. Das ist unsere feste Überzeugung. Davon werden wir nicht abrükken. Wir werden die Demokratie in der Wirtschaft, in der Politik und in der Partei selbst fördern. Die Kreativität der Massen ist die entscheidende Kraft der Perestroika. Es gibt keine Kraft, die mächtiger wäre.

Die Monate, die seit der Plenarsitzung verstrichen sind, haben bestätigt, daß wir richtig gehandelt haben. Unsere Generation hat sich der enormen Aufgabe gestellt, das ganze Land umzugestalten. Vielleicht werden wir nicht alles bewältigen, aber uns bleibt genügend Zeit, den Beschleunigungsprozeß voranzutreiben. Wir werden das Fundament legen, und ich bin sicher, daß die ganze Gesellschaft sich dem Prozeß der Perestroika anschließen wird.

Doch auch wenn sich die neuesten demokratischen Mechanismen eingespielt haben und die moralischen Hebel allseitig genutzt werden, wird die Aufgabe nicht einfacher werden. Ich bin in der Tat der Meinung, daß unsere Arbeit dann noch umfangreicher und schwieriger wird; es liegt auf der Hand, daß wir unseren Arbeitsstil und unsere Methoden mehr als nur einmal werden ändern müssen, weil sich die politischen, ökonomischen, moralischen und kulturellen Bedingungen ändern werden.

Die Perestroika kommt in Schwung

Ich hoffe, ich habe bis hierhin anschaulich machen können, daß sich in der sowjetischen Gesellschaft etwas bewegt und daß es jetzt kein Halten mehr gibt. Doch wir schüren keine unrealistischen Erwartungen. Es gibt Leute, die hoffen, daß sich alles auf der Stelle und ganz von selbst ändert, ohne daß es einer besonderen Anstrengung bedarf. Viele denken etwa: Wir haben jetzt neue Leute an der Spitze, also wird sich alles zum Besseren wenden. Doch es ist ein Irrtum, anzunehmen, daß von jetzt an alles ein leichter Spaziergang sein wird. Im Gegenteil, wir klettern noch immer den Berg hinauf, und wir haben noch eine gute Strecke Weges vor uns, bis die Perestroika in Schwung kommt.

Die Perestroika hat gerade erst begonnen. Bis jetzt haben wir lediglich den Beschleunigungsmechanismus in Gang gesetzt. Noch bis vor kurzem waren wir vorrangig damit beschäftigt, die Lage zu sondieren, Methoden zu entwickeln und Ideen und Vorschläge zusammenzutragen Jetzt haben wir alles, um uns langsam und gemeinsam voranzukämpfen. Ein ganz anderes Problem ist, daß verschiedene Leute völlig unterschiedliche Vorstellungen davon haben, was Perestroika ist und welche Aufgabe ihnen dabei zufällt. Es gibt nicht viele ausgesprochene Gegner der Perestroika, dafür gibt es etliche, die unsere Neuerungen zwar unterstützen, jedoch der Ansicht sind, es gehe sie persönlich nichts an, sondern nur die Leute an der Spitze, die Partei-, Staats- und Wirtschaftsorgane, oder andere Bereiche, die Fabrik nebenan, die Arbeitskollegen in der Werkhalle, im Landwirtschaftsbetrieb oder auf der Baustelle – kurz gesagt alle anderen, nur nicht sie selbst. In einem Gespräch, das ich mit Arbeitern der großen VEF-Radiogerätefabrik[21] in Riga anläßlich meines Besuchs in der Sozialistischen Sowjetrepublik Lettland führte, hielt ich es für notwendig, zu sagen, daß Schwierigkeiten zwar eine Sache seien, doch wenn sie nur darauf schielten, was »die da oben« trieben, und keinen Gebrauch von ihren eigenen Möglichkeiten machten, die Perestroika an Schwung verlieren, allmählich hohldrehen und als halbherzige Maßnahme steckenbleiben würde.

Dann gibt es wieder Leute, die überhaupt nicht wissen, wie sie ihre Arbeit auf neue Weise, im Kontext der Perestroika, verrichten könnten. Ihnen muß man Ratschläge geben und helfen.

Darüber hinaus existiert auch das Problem der Schwerfälligkeit und Trägheit. Einige Leute haben die Gewohnheit, bei allem, was sie tun, auf Befehle von oben zu warten, sich auf die Entscheidungen von höherer Stelle zu verlassen, noch nicht abgelegt. Nicht, daß dies überraschen würde, war es doch die bisher übliche Praxis, ob in den Werkstätten oder in den Ministerien. Und sie ist noch heute zu beobachten, sogar in den oberen Etagen der Administration. Der springende Punkt ist, daß es den Leuten abgewöhnt wurde, verantwortungsbewußt und selbständig zu denken und zu handeln. Darin liegt ein weiteres großes Problem.

Unsere Hauptaufgabe besteht darin, die ganze Gesellschaft in den Prozeß der Umgestaltung mit einzubeziehen. Der Sozialismus entwickelt sich in unserer Gesellschaft auf seiner eigenen Basis. Wir sind nicht der Meinung, daß man die Perestroika im Grunde mit einem anderen Volk, einer anderen Partei, Wissenschaft, Literatur usw. durchführen sollte. Ganz und gar nicht. Wir verwirklichen sie gemeinsam, durch die Anstrengung der ganzen Nation. Das gesamte intellektuelle Potential muß mobilisiert werden. Ich weiß aus eigener Erfahrung, daß sich jeder von uns im Verlauf der Perestroika verändern wird. Es wäre nicht fair, jemandem das Recht zu verweigern, seine eigenen Erfahrungen mit der Perestroika zu machen, heute anders zu arbeiten als gestern und einen Neuanfang zu machen, getragen von der Einsicht in die neue Situation und in die Ziele, die durch unsere gegenwärtige Zeit gesetzt worden sind.

Wir haben kein Patentrezept

Politik ist die Kunst des Machbaren. Jenseits der Grenzen des Machbaren beginnt das Abenteurertum. Aus diesem Grund loten wir unsere Möglichkeiten sorgfältig und nüchtern aus und stecken unsere Aufgaben dementsprechend ab. Durch bittere Erfahrungen belehrt, wollen wir uns auf dem eingeschlagenen Weg nicht selbst überholen. Wir setzen uns nicht über die offenkundigen Realitäten unseres Landes hinweg.

Die größte Schwierigkeit bei unseren Umgestaltungsbemühungen liegt darin, daß unser Denken durch die vergangenen Jahre geprägt wurde. Jeder, vom Generalsekretär bis zum Arbeiter, muß umdenken. Das ist einleuchtend, wenn man bedenkt, daß wir unter den Bedingungen der alten Ordnung gelebt haben und daß sie uns als Individuen geformt hat. Wir müssen unseren inneren Konservatismus überwinden. Viele von uns haben richtige politische und ideologische Prinzipien. Aber es besteht ein wesentlicher Unterschied zwischen einem richtigen Standpunkt und der Realisierung dessen, was er zum Inhalt hat.

Gelegentlich kommt es sogar vor, daß wir bei Diskussionen im Politbüro zu bestimmten Fragen wichtige Schlüsse zu ziehen und innovative Entscheidungen zu treffen scheinen. Doch wenn es darum geht, sie praktisch umzusetzen, fallen wir ins alte Gleis zurück und greifen nach den alten Mitteln, um die neuen Aufgaben zu bewältigen.

Wir versuchen, unsere Politik und Ideologie wieder mit dem lebendigen Geist des Leninismus zu erfüllen. Jahrzehntelang war er durch Dogmen und schematische Methoden lahmgelegt. Das hat Spuren hinterlassen. Heute wollen wir unserer theoretischen Arbeit echten schöpferischen Geist

einhauchen. Dies ist schwierig, aber es muß sein. Schöpferisches Denken scheint sich heute wieder zu verstärken.
Wir sind uns darüber im klaren, daß es keine Garantie gegen Fehler gibt. Das schlimmste wäre allerdings, wenn wir die Hände in den Schoß legten aus lauter Angst, wir könnten welche machen. Hier liegt die Ursache vieler Schwierigkeiten. Unsere Kritiker im Westen haben diese Schwäche bemerkt, die besonders in den siebziger und frühen achtziger Jahren zutage trat. Am liebsten hätten sie die Sowjetunion zum »Müll der Geschichte« geworfen. Aber ihr Nachruf war verfrüht.
Ich freue mich, daß die Einsicht sowohl in der Partei als auch in der gesamten Gesellschaft wächst, daß wir eine *beispiellose* politische, ökonomische, soziale und ideologische Aufgabe in Angriff genommen haben. Wenn wir all das durchführen wollen, was wir uns vorgenommen haben, müssen wir auch eine *beispiellose* politische, ökonomische, soziale und ideologische Arbeit sowohl in den internen als auch in den externen Bereichen verrichten. Vor allem tragen wir eine *beispiellose* Verantwortung. Und wir sind uns bewußt, daß es allseitiger und kühner Anstrengungen bedarf, insbesondere während der ersten Etappe.
Viele Dinge sind jetzt neu und ungewohnt in unserem Land: die Wahl von Leitern von Betrieben und Ämtern; mehrere Kandidaten bei den Wahlen zu den Bezirks-Sowjets; Joint Ventures mit ausländischen Firmen; Eigenfinanzierung bei Betrieben und Fabriken, Sowchosen und Kolchosen; Aufhebung der Beschränkungen für Landwirtschaftsbetriebe, die Nahrungsmittel für Unternehmen produzieren und von diesen geleitet werden; verstärkte kooperative Anstrengungen; Ermutigung zu privater Eigeninitiative im Kleingewerbe und Kleinhandel; Schließung von nicht rentablen Betrieben und Fabriken, die mit Verlust arbeiten, und von Forschungsinstituten und höheren Ausbildungseinrichtungen, die keine effektive Arbeit leisten. Eine schärfere Presse, die »Tabus« aufgreift, das breite Meinungsspektrum in der Öffentlichkeit wiedergibt und über alle zentralen Fragen, die unseren Fortschritt und die Perestroika betreffen, eine

offene Diskussion entfacht. All das ist natürlich und notwendig, doch es entsteht nicht von allein und wird weder von der breiten Öffentlichkeit noch von den Parteimitgliedern ohne weiteres verstanden.

Ich denke nicht, daß die vergangenen zweieinhalb Jahre die schwierigste Periode der KPdSU waren. Sie waren jedoch mit Sicherheit eine der bedeutendsten, denn sie erforderten einen hohen Grad an Verantwortungsgefühl, Reife und Prinzipientreue. Gewisse Tendenzen mögen uns passen oder auch nicht, doch wir versuchen, die Dinge nüchtern und realistisch zu sehen. Nur so können wir dem Volk eine Politik unterbreiten und Ziele abstecken, die die Menschen verstehen und von denen sie sich leiten lassen.

Sicherlich ist es auch innerhalb der Führung zu Meinungsverschiedenheiten darüber gekommen, wie die Stagnation überwunden und die Dinge in Zukunft angepackt werden sollten. Daran ist nichts Überraschendes. Ganz im Gegenteil, es wäre eigenartig, um es einmal milde auszudrücken, wenn es keine solchen Differenzen gäbe und alle dasselbe dächten und sagten. Meinungskonflikte regen zum Nachdenken an. Aber was den Kern der Sache angeht, sind wir uns einig in der Überzeugung, daß die Perestroika unverzichtbar und in der Tat unumgänglich ist und daß uns keine andere Wahl bleibt.

Das gesamte Sowjetvolk, die Partei – Zentralkomitee und Politbüro eingeschlossen – und die Regierung befinden sich im Prozeß der Umgestaltung. Bei dieser revolutionären Arbeit gewinnen wir, die Mitglieder des Politbüros, Erfahrung bei der Lösung der Probleme, denen sich unser Land gegenübersieht. Das gleiche gilt für die Republiken, Regionen und Arbeitskollektive, die sich an der Perestroika beteiligen. Wenn wir jetzt die neuen Aufgaben anpacken, wird die ganze Nation zu einem Testfall für die Perestroika. Von entscheidender Bedeutung ist, daß sich das Klima in unserer Gesellschaft verändert hat. Die Freisetzung gesellschaftlicher und politischer Aktivitäten des sowjetischen Volkes ist im Gang. Die Menschen sind mutiger geworden und legen ein stärkeres Gefühl für ihre staatsbürgerlichen Pflichten

an den Tag. In den vorangegangenen Jahren hat sich vieles angestaut, was sie jetzt offen aussprechen wollen.
Der Reiz des Neuen hat zugenommen. Wenn uns jemand im April 1985 erzählt hätte, daß wir in zwei Jahren das erleben würden, was wir heute tatsächlich erleben, so hätten wir ihm höchstwahrscheinlich nicht geglaubt. Oder wir hätten es sogar als nicht erstrebenswert abgelehnt. Doch wie kam es tatsächlich? Was noch vor einem Jahr unseren Widerstand oder wenigstens unsere Zurückhaltung ausgelöst hätte, ist mittlerweile nicht nur Gegenstand alltäglicher Diskussionen, sondern ein ganz selbstverständlicher Teil unseres täglichen Lebens. Die Gesellschaft verändert sich, alles ist in Bewegung.
Wir durchleben eine ungewöhnliche Etappe. Menschen der älteren Generation vergleichen die gegenwärtige revolutionäre Atmosphäre mit der der ersten Jahre nach der Oktoberrevolution oder mit der Zeit des Großen Vaterländischen Kriegs. Doch meine Generation kann eine Parallele ziehen zu der Aufbauphase nach dem Krieg. Heute sind wir weitaus nüchterner und realistischer. Deshalb sind die Begeisterung und die revolutionäre Aufopferung, die zunehmend die politische Stimmung im Sowjetvolk kennzeichnen, um so wertvoller und fruchtbarer.
Bei der Plenarsitzung des ZK im Juni 1987 sprach ich über die Gefahr einer Diskrepanz zwischen der wachsenden Aktivität der Massen und den überkommenen veralteten Methoden und Arbeitsstilen in den staatlichen Behörden, Führungs- und Parteiorganisationen. Wir werden entschiedene Schritte unternehmen, um diese Diskrepanz zu beseitigen.
Dennoch kann man diese Situation auch aus anderem Blickwinkel betrachten. Weitaus schlimmer wäre gewesen, wenn Passivität von seiten des Volkes zum Haupthindernis geworden wäre und die Menschen sich als unfähig erwiesen hätten, die Anforderungen der Perestroika zu erfüllen. Glücklicherweise ist es nicht so gekommen. Der Druck der Werktätigen wächst, sie werden immer freimütiger und gehen sogar über den aktuellen Stand der Umgestaltung hinaus.

Persönliche Gespräche und Briefe sind die wichtigste Rückkopplung zwischen der sowjetischen Führung und den Massen. Briefe erreichen die Redaktionen von Tageszeitungen und Magazinen (viele werden veröffentlicht) oder werden an die Regierung, den Obersten Sowjet und, vor allem, an das Zentralkomitee der Partei geschickt.
Doch einen Punkt sollte man dabei festhalten. Auch schon früher erhielten alle möglichen Institutionen eine Vielzahl von Briefen. Was sich aber heute verändert hat, ist der Charakter der Briefe. Seltener vertreten sind die sogenannten »persönlichen Bittschreiben«, die um Hilfe wegen einer Wohnung oder Pension nachsuchen, um die Freilassung eines zu Unrecht Verurteilten oder um die Wiedereinsetzung am alten Arbeitsplatz. Zwar gibt es noch immer solche Briefe, doch heute herrscht ein anderer Tenor vor. Die meisten Briefschreiber machen sich Gedanken über die Zukunft unseres Landes oder drücken ihre diesbezüglichen Sorgen aus. Man gewinnt den Eindruck, als habe etwas, das in den langen Jahren des Schweigens und der Entfremdung mühsam unterdrückt wurde, plötzlich ein Ventil gefunden. Die neue Situation ermutigt die Menschen, frei zu sprechen. Und sie wollen ihre Gedanken, ihre Ideen und ihre Besorgnis mitteilen, und zwar nicht nur einem Freund, sondern auch Leuten an der Spitze der Nation. Manche Briefe sind geradezu herzlich.
Nachdem mein Herausgeber das Manuskript zu diesem Buch gelesen hatte, bat er mich, aus einem typischen Brief zu zitieren. Die folgenden Zeilen stammen aus einem Brief, den mir A. Zernow, ein Arbeiter aus der Autonomen Republik Jakutien im Fernen Osten, geschrieben hat:
»Obwohl ich nicht der Partei angehöre, betrachte ich es als meine Pflicht, Ihnen zu schreiben und dafür zu danken, daß Sie in uns gewöhnlichen Arbeitern ein Gefühl staatsbürgerlicher Verantwortlichkeit geweckt haben. Die Menschen haben lange auf diese Veränderungen gewartet ... Ich möchte ganz offen zu Ihnen sprechen. Anfangs reagierten viele Leute auf den Gesamtkurs der Perestroika mit Mißtrauen. Nicht daß er unseren Wünschen zuwidergelaufen wäre

– überhaupt nicht. Die Menschen wußten nur aus bitterer Erfahrung, daß Parolen allzu oft nicht mit der Realität übereinstimmen. Dann aber begriffen wir, daß die Perestroika keine kurzlebige Kampagne war, sondern ein historisch notwendiger Prozeß. Und das wichtigste war, daß wir miterleben konnten, wie er alle Bereiche unserer Gesellschaft erfaßte.
Unser Leben ist viel bedeutsamer geworden. Die Menschen haben begonnen, sich ernsthaft für die Situation im Land zu interessieren, Vorschläge zu machen, wie man die Arbeit verbessern könnte, und Kritik zu üben. Sie selbst sind es jetzt, die in den Arbeitskollektiven Diskussionen über die leidigen Probleme in der Produktion anregen. Es ist peinlich, daß unsere Produkte von derart schlechter Qualität sind. Wir berauben uns selbst...
Ich möchte Ihnen danken. Es ist schwierig, jemandem zu schreiben und ihm seine Dankbarkeit auszusprechen, wenn man ihn nicht kennt, aber andererseits scheuen wir uns nicht, einem Arzt zu danken, der uns von einer schweren Krankheit geheilt hat. Sie haben uns von unserer Passivität und Gleichgültigkeit kuriert und haben uns gelehrt, an unsere eigene Kraft zu glauben, an Gerechtigkeit und Demokratie ... Viele Leute pflegten die Plenarsitzungen des Zentralkomitees oder sogar die Parteitage nicht ernst zu nehmen. Jetzt schreit sogar mein siebenjähriger Sohn, wenn immer Sie im Fernsehen sprechen: ›Pappa, komm, Gorbatschow spricht!‹
Die Zukunft gehört uns. Und gegen Fehler ist niemand gefeit. Wir sind Pioniere. Wir haben niemanden, von dem wir lernen können, also lernen wir aus unseren Fehlern.«
Der nächste Brief stammt aus Litauen. V. A. Brikowskis schrieb ihn nach der Plenarsitzung des Zentralkomitees im Januar 1987.
»Ich bin so voller Eindrücke, daß ich nicht anders kann, als sie jemandem mitzuteilen. Zum ersten Mal seit vielen, vielen Jahren sehen wir in Partei und Regierung Leute mit menschlichen anstatt Sphinxen mit versteinerten Gesichtern. Allein das ist schon ein großer Fortschritt.
Was halten die Menschen von Ihrer Politik?

Ich möchte Sie nicht belügen, sehr verehrter Michail Gorbatschow, denn das könnte unserer gemeinsamen Sache schaden. Ich werde Ihnen die reine Wahrheit sagen.
Ich werde nicht über den privilegierten Teil der Gesellschaft sprechen. Hier ist ohnehin alles klar. Viele würden gern so weiterleben wie bisher, wie von Drogen berauscht in einem Land, wo Milch und Honig fließen.
Ich möchte vielmehr von den Proletariern reden, von den Leuten also, für die man die Perestroika in Angriff nahm. Unglücklicherweise sind sie nicht von Einsicht in Ihre Politik durchdrungen und setzen in sie noch immer wenig Vertrauen. Aber das sollte einen nicht überraschen. Die Gehirne tauen nicht so schnell auf nach einem langen und schrecklichen ›Winter‹. Es wird ein langer, schmerzvoller Prozeß.
Aber alles wird zu einem guten Ende kommen.
Ich bin ein gläubiger Katholik. Jeden Sonntag gehe ich zur Kirche und bete zu Gott, daß er die Welt nicht für unsere Sünden bestraft. Ich weiß, daß Sie Atheist sind, aber durch Ihr Engagement haben Sie bewiesen, daß so mancher Gläubige noch von Ihnen lernen kann. Sie sollen wissen, daß ich jeden Sonntag in der Kirche von 9 bis 13 Uhr für Sie und Ihre Familie bete.«
Der folgende Brief ist von B. Dobrowolskij, einem Lehrer aus Kischinew in der Moldauischen Sozialistischen Sowjetrepublik:
»Wir jungen Menschen sollten Lenins Sache fortsetzen, die große Sache des sowjetischen Volkes. Sie vollbringen eine große Aufgabe, deshalb wollen wir dafür sorgen, daß es keine Sisyphusarbeit wird. Fühlen Sie sich durch den Ton meines Briefes nicht verletzt: Ich bin nur tief betroffen darüber, daß einige Leute die jüngsten Entscheidungen der Partei und Ihre persönlichen Kontakte zum Volk nicht begreifen. Ich möchte Ihnen gleich sagen, daß ich es tue. Ich finde es gut, daß Sie sich mit den Werktätigen treffen und offen und ehrlich über unsere Probleme und Schwierigkeiten diskutieren. Ich wünsche mir nur, daß diese Diskussionen auch zu Resultaten führen. Nicht jedermann versteht und akzeptiert Ihren leninistischen Arbeitsstil: mit dem Volk

arbeiten, für das Volk arbeiten, arbeiten im Namen des Volkes. Mitunter streite ich darüber so lange, bis ich heiser bin.
Viele Menschen – ich meine die Generation, die in den dreißiger, vierziger und fünfziger Jahren geboren ist – sind verknöchert. Ich habe keine Scheu davor, dieses Wort zu gebrauchen. Manche haben es inzwischen zu leitenden Positionen gebracht, manche sind sogar wichtige Chefs. Bei Versammlungen geben sie ihr Ja. Aber wozu? Zu allem. Sie sagen ja zur Erneuerung. Sie sagen ja zur Perestroika. Immer sagen sie ›ja‹ und ›wir wollen‹. Sie legen den glühendsten Eifer an den Tag. Aber was steckt in Wirklichkeit dahinter? Heuchelei. Ich habe versucht, den Grund dafür herauszufinden. Warum glaubt man einem Mann nicht, der sein Leben, seine Gesundheit und seine Nerven nicht schont, um uns zu helfen? Glaubt man denn, es sei einfach, ein Volk von vielen Millionen Menschen wachzurütteln, das über Jahrzehnte hinweg eingelullt wurde? Glaubt man denn, es sei einfach, Initiative zu fördern, wenn viele Leute erst einmal im Lexikon nachschauen müssen, was dieses Wort bedeutet. Glaubt man denn, es sei einfach, alles in Gang zu bringen?
Ich spreche mit Ihnen in aller Offenheit über prinzipielle Fragen. Ich spreche im Namen einer ganzen Generation von jungen Sowjetbürgern, die eine höhere Schulbildung genossen haben.«
Der nächste Brief ist von G. Wardanian aus Georgien:
»Vielleicht erinnern Sie sich an mich. Einmal, als Sie noch in der Region Stawropol arbeiteten, hatten Sie eine Besprechung mit denjenigen, die als erste das leistungsbezogene Bonussystem und Gruppenverträge zwischen Benutzern von Landmaschinen einführten. Zu jener Zeit arbeitete ich als Leiter auf der Kolchose ›Der Weg zum Kommunismus‹ im Distrikt Alexandrowskij. Sie haben lange mit mir gesprochen, mir viele Fragen über unser Leben gestellt, über die allgemeine Stimmung auf der Kolchose und über die Arbeit...
Alle Ihre Initiativen in der Außen- und Innenpolitik beflügeln

mich und alle ehrlichen Leute, weil sie sich mit unseren Zielen und Interessen decken. Um so schmerzlicher ist es für mich, Ihnen sagen zu müssen, daß nicht alle Leute Ihre Ansichten teilen.
Ich kann sie deswegen nicht tadeln. Ich will Ihnen geradeheraus sagen, so wie Sie es auch tun würden, daß das Problem bei den örtlichen Funktionären liegt: Sie wurden nach dem Ebenbild früherer Funktionäre geformt, und es ist schwierig, sie zu ändern.
Wir wissen, daß Ihre Aufgabe schwierig ist. Aber wir flehen Sie an: Weichen Sie nicht einen Schritt zurück. Es darf keinen Sinneswandel oder auch nur den kleinsten Rückzieher geben. Kümmern Sie sich nicht um diejenigen, die nicht mit Ihnen einverstanden sind. Die Nation lebt auf und ist bereit, für die Ziele, die Sie vorgegeben haben, Opfer zu bringen. Das ist es, was ich Ihnen sagen wollte.«
Zum Schluß noch einen Brief von Frau K. Lasta aus Leningrad:
»Wir alle, die wir Sie unterstützen, müssen gegen alle Erscheinungen der verhaßten alten Praktiken ankämpfen, gegen Amtsschimmel, Korruption, Konformismus, Kriecherei und Obrigkeitsangst. Hier sind jetzt alle in die Pflicht genommen, die keinen Rückfall in die Vergangenheit wünschen. Und jeder hat jetzt die Pflicht, an seinem Platz so zu arbeiten, wie Sie es an Ihrem tun. Wir dürfen keine Mühen scheuen, denn jeder kann sehen, wieviel Energie, Zeit, innere Kraft und Gesundheit die kolossale, übermenschliche Last, die Sie auf Ihre Schultern geladen haben, Ihnen abverlangt. Aufbauen ist immer schwierig, aber noch schwieriger ist es, auf einem Grund zu bauen, der erst noch vom Schmutz befreit werden muß. Ich hoffe, ich kann Ihnen die Aufgabe ein klein wenig erleichtern, wenn ich Ihnen sage, daß eine riesige Zahl einfacher Leute hinter Ihnen stehen, Sie lieben und an Sie denken.«
Ich könnte endlos aus solchen Briefen zitieren. Sie würden den Rahmen dieses Buches sprengen. In vielen Briefen berichten die Menschen davon, wie die Perestroika in ihrer Fabrik, auf ihrer Kolchose, Baustelle oder in ihrem Büro

begann – oder auch nicht begann. Sie erzählen mir, wie sie es anstellten, um sich aktiv daran zu beteiligen, und sie analysieren die besonderen und allgemeinen Ursachen für die Schwierigkeiten, die dabei auftraten.
Diese Briefe – und es gibt Tausende und Abertausende davon – zeugen von großem Vertrauen in die Partei und die Regierung. Von wiedergewonnenem Vertrauen! Und darin liegt eine große Kraft, ein unschätzbares Plus. Was bei den Briefen auffällt, ist das befreite Denken, der hohe Grad an politischer Kultur und der Drang, so zu leben und zu arbeiten, wie es das Gewissen gebietet.
Wir im Politbüro diskutieren über diese Briefe und fassen sie in regelmäßigen Abständen zusammen. Das hilft der Führung des Landes, mit dem Gang der Ereignisse Schritt zu halten, ihre Maßnahmen einzuschätzen und zu korrigieren und moderne Methoden für die Praxis zu entwickeln.
Alle diese Briefe haben eines gemeinsam. Sie treten rückhaltlos und leidenschaftlich für die Perestroika ein. Selbst scharfe und äußerst kritische Urteile sind von dem Wunsch durchdrungen, sie voranzubringen. Doch der Leser wird dem, was ich zitiert habe, auch entnommen haben, daß auch Angst anklingt, der Perestroika könnte es ebenso ergehen wie den Reformen der fünfziger und sechziger Jahre, sie könnte allmählich absterben. Die Menschen bedrängen uns, nicht zurückzuweichen! Nicht einen Schritt! Wir sollen weitermachen, noch beherzter und entschlossener als bisher!
Wir müssen also nicht nur in der Lage sein, unsere Maßnahmen gegebenenfalls zu korrigieren und darauf abzustimmen, wie die Massen reagieren und wie sie im Bewußtsein der Öffentlichkeit reflektiert werden, sondern wir müssen auch dafür sorgen, daß wir eine Rückmeldung bekommen, das heißt, wir müssen die Menschen dazu ermutigen, uns ihre Vorstellungen mitzuteilen, Anregungen zu geben, Vorschläge zu machen, und zwar auch im direkten Gespräch mit ihnen.
Langsam gewöhnen sich die Leute daran. Doch anfangs meldeten sich einige »mitfühlende« Zeitgenossen zu Wort, die davor warnten, Gorbatschow könnte sich bei einem

Plausch mit Leuten an der frischen Luft eine »Sauerstoffvergiftung« holen, er könnte etwas Unliebsames erfahren, was nicht für die Ohren der Männer im Kreml bestimmt sei. Es gab kritische Kommentare, und vielleicht gibt es noch immer welche, des Inhalts, direkte Informationsgespräche seien nichts anderes als eine Buhlerei um die Sympathie der Leute. Ich bin in diesem Punkt in der Tat ganz anderer Meinung. Keine Hinweise, Empfehlungen und Warnungen sind wertvoller als die, die direkt aus dem Volk kommen.
Ganz grundsätzlich läßt sich sagen, daß die Menschen bei solchen Gesprächen mitteilsamer geworden sind. Wie war es früher? Man stellte jemandem eine Frage, aber er blieb stumm, vielleicht aus Angst, vielleicht aus Mißtrauen. Gewiß, mitunter war es reine Demagogie: Wie denken die in Moskau darüber? Das ist schlecht, das ist nicht gut. Aber es wurden keine Vorschläge gemacht. Jetzt kommt es immer zu interessanten und ernsthaften Gesprächen. Arbeiter und Bauern werden optimistischer; Intellektuelle und Akademiker melden sich fordernd und selbstbewußt zu Wort. Aber die Großmäuler sind schweigsamer geworden und hüten sich davor, sich in ernsthafte und konstruktive Diskussionen einzumischen. Und wenn sie es doch tun, werden sie vom Volk selbst in die Schranken verwiesen.
Ich habe schon von meinem Eindruck erzählt, den ich bei einem Gespräch mit Leuten gewann, das ich im Sommer 1986 auf dem Platz des Oktobers in Krasnodar führte. Es war eine wirklich gehaltvolle Diskussion. Und was für Probleme die Leute zur Sprache brachten! Ich freute mich sehr darüber, wie eifrig sie den Kurs des Zentralkomitees unterstützten. Ich bemerkte aber auch, wie verbittert sie waren und wie viele Anregungen und Vorschläge sie ihren Politikern zu machen hatten.
Ich hatte nicht die Absicht, in der Region Kuban (dessen Hauptstadt Krasnodar ist)[22] eine Rede zu halten. Ich fuhr nur dorthin, um mir ein Bild zu machen, wie die Dinge dort vorankamen, und um mit eigenen Augen zu sehen, wie sich ein ökonomisches Experiment von nationaler Bedeutung anließ – ein ganzer Distrikt hatte begonnen, nach

dem Prinzip der Eigenfinanzierung und Kostendeckung zu arbeiten. Und nach zahlreichen Gesprächen hielt ich es für notwendig, eine öffentliche Rede zu halten. Ich denke, daß das, was ich sagte, auch für andere Regionen unseres Landes wichtig war, weil es der direkten Begegnung mit den Bedingungen des wirklichen Lebens entsprang. Beratungen und Gespräche mit den Menschen sind in der Tat unverzichtbar. Durch Befehle kann man nicht viel erreichen. Die Erfahrungen, die wir schon bei der Durchsetzung der Perestroika gewonnen haben, bestätigen einmal mehr Lenins Gedanken, daß Revolutionen eine großartige und sehr effektive Schule für die politische Erziehung und Aufklärung der Massen sind.

Die Perestroika ist eine Revolution, und eine sehr friedliche und demokratische obendrein. In diesen Grenzen des demokratischen Prozesses werden wir auch weiterhin falsche Positionen, mit denen wir es heute und im weiteren Verlauf der gesellschaftlichen Erneuerung zu tun haben werden, überwinden, auch den heftigsten Widerstand. Es gibt in unserer Gesellschaft keine bedeutende Bevölkerungsgruppe, deren langfristige Interessen mit der Perestroika nicht vereinbar wären.

Die Schwierigkeiten, die wir im Demokratisierungsprozeß erfahren, gehen weitgehend auf unser eigenes Tun zurück. Wir alle sind das Produkt unserer Zeit, das Produkt gewisser Denkschablonen und Gewohnheiten. Deswegen sagen wir, daß wir alle uns ändern müssen, auch die Leute im Politbüro, in der Regierung und anderen hohen Führungsgremien. Die einen schaffen es leichter und schneller, andere tun sich schwerer, reichen gar ihren Rücktritt ein oder bitten um Versetzung.

Die Menschen schütteln ihre anfängliche Apathie ab und beteiligen sich engagiert am öffentlichen Leben. Sie tun das auf unterschiedliche Weise. Die einen halten bei Versammlungen bissige Reden, andere veranstalten Kundgebungen oder Demonstrationen. Grundsätzlich schließt der Demokratisierungsprozeß die Möglichkeit solcher Aktivitäten an der Basis nicht aus. Wir haben schon einen beträchtlichen

Weg zurückgelegt seit der Zeit, als derartige Vorkommnisse den Funktionären Angst einjagten und administrative Verbote nach sich zogen. Unsere Diskussionskultur läßt aber noch zu wünschen übrig, mitunter werden Redner von Leuten unterbrochen, die auf dem Podium sitzen, und manche Artikelschreiber neigen dazu, alte Rechnungen zu begleichen oder andere zu diffamieren. Aber die Einsicht reift, daß Demokratie mit übertriebener bürokratischer Reglementierung nicht vereinbar ist. Natürlich kann keine Gesellschaft mit Selbstachtung Anarchie, Zügellosigkeit und Chaos dulden. Auch wir nicht. Demokratie verlangt auch Gesetz und Ordnung, und die strikteste Einhaltung der Gesetze, von seiten der Behörden und Organisationen ebenso wie von seiten aller Bürger.

Mehr Licht für Glasnost!

Die neue Atmosphäre kommt vielleicht am deutlichsten in Glasnost zum Ausdruck. Wir wollen Offenheit in allen öffentlichen Angelegenheiten und in allen Bereichen des Lebens. Das Volk muß wissen, was gut und was schlecht ist, um das Gute zu mehren und das Schlechte zu bekämpfen. So sollten die Dinge im Sozialismus sein.

Es ist wichtig, alles Positive und Konstruktive zu erkennen, es zu übernehmen, zum Gemeingut des gesamten Volkes und der gesamten Partei zu machen und die ersten Keime des Neuen unter den Bedingungen der Perestroika zu nutzen. Wahrheit ist die Hauptsache. Lenin sagte: Mehr Licht! Die Partei soll alles wissen! Weniger denn je brauchen wir heute dunkle Nischen, in denen sich wieder Schimmel bilden und all das anhäufen könnte, dem wir jetzt entschlossen den Kampf angesagt haben. Deshalb mehr Licht!

Glasnost ist heute ein lebendiges Beispiel für eine gesunde, positive geistige und moralische Atmosphäre in der Gesellschaft, die es dem Volk leichter macht, zu verstehen, was bei uns geschieht, was vor sich geht, was wir anstreben

und planen, und, auf der Grundlage dieses Verstehens, bewußt an der Umgestaltung mitzuwirken.
Die Demokratisierung der Atmosphäre in der Gesellschaft und die sozialen und ökonomischen Veränderungen bekommen neue Impulse, vor allem dank der zunehmenden Offenheit. Es versteht sich von selbst, daß die Politik der Partei die Grundlage dieses Prozesses ist. Doch die Dinge werden sich nicht verändern, wenn der politische Kurs, den wir einschlagen, von den Massen nicht verstanden wird. Das Volk sollte das Leben kennen, in all seiner Vielschichtigkeit, mit all seinen Widersprüchen. Die Werktätigen brauchen umfassende und wahrheitsgemäße Informationen über unsere Leistungen und Probleme; sie müssen erfahren, was den Fortschritt bremst und was ihn hintertreibt.
Man könnte sagen, daß die Menschen an Glasnost Geschmack gefunden haben. Nicht nur, weil sie verständlicherweise wissen wollen, was vor sich geht und wer wie arbeitet. Im Volk reift auch die Überzeugung, daß Glasnost eine effektive Form ist, die Aktivitäten aller, und zwar ausnahmslos aller Regierungsorgane zu kontrollieren, ein mächtiger Hebel, mit dem Fehler korrigiert werden können. Als Folge davon ist das moralische Potential unserer Gesellschaft in Bewegung geraten. Vernunft und Bewußtsein gewinnen gegenüber Passivität und Gleichgültigkeit, die die Herzen austrocknen, allmählich an Boden. Natürlich ist es nicht damit getan, die Wahrheit zu kennen und weiterzugeben. In erster Linie kommt es darauf an, seinem Wissen und seiner Einsicht entsprechend zu handeln.
Uns ist klar geworden, daß wir lernen müssen, die chronische Diskrepanz zwischen der Wirklichkeit und politischen Erklärungen zu beseitigen. Dieser Wandel im moralischen Bereich macht das Wesen und den emotionalen Gehalt der gegenwärtigen sozialistischen Revolution in unserer Gesellschaft aus.
Wir haben damit begonnen, Gesetzesvorlagen zu entwerfen, die Glasnost verankern sollen. Diese Entwürfe sollen bei der Arbeit der Regierung und der Massenorganisationen für größtmögliche Offenheit sorgen und den Werktätigen ermöglichen, ihre Meinung zu allen Fragen des gesellschaft-

lichen Lebens und der Tätigkeit der Regierung ohne Angst zum Ausdruck zu bringen.
Bei der Einleitung des Umgestaltungsprozesses baute das Zentralkomitee der KPdSU auf zwei starke reale Kräfte – die Parteikomitees und die Massenmedien. Ich kann sogar sagen, daß die Partei niemals den gegenwärtigen Stand der Diskussion über den ganzen Fragenkatalog zur Perestroika erreicht hätte – und der Prozeß der Perestroika ist umfassend, vielgestaltig und voller Widersprüche –, wenn die Massenmedien sich nicht gleich nach der April-Plenarsitzung des ZK der KPdSU aktiv und konstruktiv beteiligt hätten.
Das Zentralkomitee schätzt den Beitrag, den die Medien zur Perestroika geleistet haben, hoch ein. Warum? Weil alles vom Volk abhängt. Das Volk steht bei dem Kampf an vorderster Front, und nur durch das Volk entwickelt sich die Perestroika. Was es denkt, wie es um sein staatsbürgerliches Bewußtsein bestellt ist und wie es zur Gesellschaft steht ist daher von entscheidender Bedeutung.
Unsere sozialistische Gesellschaft, die entschlossen den Weg zu einer demokratischen Erneuerung eingeschlagen hat, hat ein zentrales Interesse daran, daß jeder Bürger – ob Arbeiter, Kolchosebauer, Wissenschaftler oder Akademiker – aktiv an der Diskussion und auch an der Durchführung unserer Pläne mitwirkt. Und dabei spielen die Massenmedien nicht nur jetzt, sondern auch in Zukunft eine enorm wichtige Rolle. Natürlich sind sie nicht das einzige Sprachrohr, das den Willen des Volkes zum Ausdruck bringt, seine Ansichten und Stimmung widerspiegelt. Aber sie sind die repräsentativste und mächtigste Bühne für Glasnost. Die Partei will, daß jeder Sowjetbürger auf dieser Bühne selbstbewußt seine Meinung vorträgt; die Stimmen der Sowjetbürger sollen nicht nur über die Diskussionen Aufschluß geben, die im Land stattfinden, sondern auch für eine demokratische Kontrolle sorgen, was die Richtigkeit von Entscheidungen, ihre Übereinstimmung mit den Interessen und Forderungen der Massen und, in der nächsten Phase, die Ausführung dieser Entscheidungen anbelangt.
Der gegenwärtige Demokratisierungsprozeß spiegelt sich

nicht nur in Publikationen wider. Er übt auch immer stärkeren Einfluß auf die Aktivitäten der Massenmedien aus. Als ob sie aus einem Dämmerschlaf erwachten, beginnen Tageszeitungen, Zeitschriften, Rundfunk und Fernsehen nach und nach neue Themen zu entdecken und zu behandeln. Geradezu symptomatisch ist, daß unsere Presse dem Dialog immer mehr Raum gegenüber dem Monolog einräumt. An die Stelle trockener Berichte rücken jetzt Interviews, Gespräche, Diskussionsrunden und Debatten über Leserbriefe. Gewiß, es gibt Tendenzen, die Zahl der beteiligten Autoren auf drei bis fünf zu beschränken. Der Grund ist schlicht professionelle Arroganz. Viel nützlicher wäre es, die Zahl der Autoren zu erweitern, damit alle Sowjetbürger zu Wort kommen und der sozialistische Pluralismus, so wie er ist, in jeder Publikation in seiner ganzen Breite repräsentiert würden.

Sicherlich ist es begrüßenswert, wenn ein professioneller Autor seinen Standpunkt darlegt. Eine weit interessantere Lektüre bieten jedoch Gespräche und Interviews mit Arbeitern, Parteisekretären der Distriktkomitees, Vorstehern von Kolchosen, Wissenschaftlern und Kulturschaffenden. Sie können aus dem vollen Leben schöpfen. Oder denken wir nur an die Briefe – welch wunderbare, bewegende Zeugnisse des Lebens.

Und dennoch: Nicht jedem behagt der neue Stil. Dies gilt besonders für diejenigen, die es nicht gewohnt sind, unter den Bedingungen von Glasnost und allseitiger Kritik zu leben und zu arbeiten, die es nicht können oder nicht wollen. Sie sind es auch, die sich unzufrieden mit den Massenmedien zeigen und mitunter sogar fordern, man solle Glasnost an die Kandare nehmen.

Wir betrachten es nicht als negativ, wenn Debatten darüber geführt werden, ob nicht vielleicht zuviel Kritik geäußert werde, ob eine so weitgehende Offenheit tatsächlich not tut und ob die Demokratisierung nicht unerwünschte Konsequenzen zeitigen könnte. Diese Debatten demonstrieren auf ihre Weise die Sorge um die Stabilität unseres Landes. Demokratie und Glasnost könnten in einem Wortschwall ersticken, und ihr eigentlicher Sinn könnte entstellt werden. Dann gibt es auch Leute, die scheinbar für Demokratie, Kritik und Glasnost offen sind, doch wenn sie tatsächlich Wirklichkeit werden, knüpfen sie alle nur erdenklichen Bedingungen und Vorbehalte an die Neuerungen.

Es steht heute außer Frage, daß die Politik des ZK der KPdSU weiter auf Glasnost in der Presse und in den anderen Massenmedien sowie auf die aktive Mitwirkung der Sowjetbürger bauen wird. Wir brauchen Glasnost wie die Luft zum Atmen.

Ich möchte noch einmal betonen, daß die Politik der größeren Offenheit und der Förderung von Kritik und Selbstkritik für unsere Partei kein demokratisches Sandkastenspiel ist, sondern eine Angelegenheit von prinzipieller Bedeutung. In der Förderung von Glasnost sehen wir einen Weg, die Vielfalt unterschiedlicher Meinungen und Vorstellungen einzuholen, in denen sich die Interessen aller Schichten, Gewerbe und Berufsgruppen der sowjetischen Gesellschaft widerspiegeln. Wir können nur dann Fortschritte machen, wenn wir prüfen, wie unsere Politik auf Kritik, insbesondere auf Kritik von unten eingeht, und wenn wir negative Tendenzen bekämpfen, ihnen vorbeugen und auf Informationen von unten reagieren. Eine Demokratie ohne dies alles kann ich mir nicht vorstellen.

Andererseits ändern sich die Kriterien und der Charakter der Kritik unter den Bedingungen der Umgestaltung und Demokratisierung. Kritik ist, erstens und vor allem, Verantwortungsbewußtsein, und je schärfer die Kritik, desto verantwortungsbewußter sollte sie sein, denn kein Artikel über ein relevantes Thema ist nur Ausdruck der persönlichen Meinung einer Person oder das Spiegelbild der Komplexe oder Ambitionen des Schreibers, sondern eine Angelegenheit von öffentlichem Interesse. Mit der Demokratisierung ändern sich die Beziehungen zwischen denen, die kritisieren, und denen, die kritisiert werden, grundlegend. Es sollten partnerschaftliche Beziehungen sein, die auf wechselseitigem Interesse beruhen. Ein Dialog ist in solchen Fällen zweckmäßiger, während jede Art von herablassender Belehrung und gönnerhafter Schulmeisterei und besonders Abkanzelei absolut fehl am Platz ist. Letzteres findet man in Artikeln guter und angesehener Verfasser. Niemand hat das Recht zu einem endgültigen Urteil.

Eines ist klar: Kritik sollte immer auf Wahrheit beruhen, und das hängt vom Gewissen des Verfassers und des Herausgebers ab, von ihrem Verantwortungsgefühl dem Volk gegenüber.

Die Presse muß noch effektiver werden. Sie sollte die Faulenzer, Profiteure, Opportunisten, Demagogen und diejenigen, die Kritik unterdrücken, nicht in Ruhe lassen; sie sollte verstärkt jene unterstützen, die sich uneigennützig für die Perestroika stark machen. Viel hängt hier von den örtlichen Parteikomitees ab. Wenn das Parteikomitee seine Arbeit neu organisiert, tut es auch die Presse.

Ich möchte betonen, daß die Presse die Menschen einen und mobilisieren soll. Sie soll keine Keile zwischen sie treiben, Aggressionen schüren oder Mißtrauen säen. Zur Erneuerung der Gesellschaft gehört auch das Bemühen, die Würde des Menschen, seine Wertschätzung und seine Ehre zu verteidigen. Kritik kann nur zu einem wirksamen Instrument der Perestroika werden, wenn sie auf absoluter Wahrheit beruht und aus ehrlicher Sorge um die Gerechtigkeit vorgetragen wird.

Es gehört zur Tradition unserer Presse, die fundamentalen Werte des Sozialismus hochzuhalten. Alles, ob es sich nun um eine brennend aktuelle Frage oder um bedauerliche Ereignisse der Vergangenheit handelt, kann Gegenstand der Analyse durch die Presse werden. Der entscheidende Punkt ist, welche Werte verteidigt werden, und ob das Anliegen dem Schicksal und der Zukunft des Volkes gilt. So kommt es mitunter vor, daß ein Journalist von einem aufsehenerregenden lokalen Ereignis in seiner Zeitung berichtet, es breitwalzt und den anderen seine Vorstellungen und die von ihm bevorzugte Ansicht aufdrängt. Meiner Ansicht nach sollte jedes ehrliche offene Wort, selbst wenn es Zweifel weckt, willkommen sein. Aber wenn jemand versucht, uns anderer Leute Schuhe anzuziehen, dann Vorsicht! Glasnost zielt darauf ab, unsere Gesellschaft zu stärken. Wir haben viel zu verteidigen. Das kann nur derjenige bezweifeln, den die sozialistische Demokratie und unsere Forderung nach verantwortlichem Handeln an der Verwirklichung seiner persönlichen Ambitionen hindert, die sich jedenfalls weit von den Interessen des Volkes entfernt haben.

Natürlich ist das kein Aufruf, Kritik zu verbieten, sich auf Halbwahrheiten zu verlegen oder auf kritische Analysen zu verzichten. Das Interesse, die sozialistische Demokratie zu vertiefen und das Volk zu größerer politischer Reife zu erziehen, erfordert den vollen Einsatz der Massenmedien für die Diskussion gesellschaftlicher und staatlicher Fragen, um eine breitere Kontrolle durch das Volk, aktives Eintreten für mehr Verantwortung, größere Disziplin bei der Arbeit, Einhaltung von Gesetz und Ordnung im Sozialismus und den Kampf gegen Verletzungen der sozialistischen Prinzipien und ethischen Grundsätze der sowjetischen Lebensweise zu fördern. Wir versuchen, diese Aufgabe in einer Weise zu erfüllen, daß die Massenmedien im ganzen Land als freie, unerläßliche und flexible Kraft wirken können, als eine Kraft, die fähig ist, schnell die aktuellen Ereignisse und Probleme aufzugreifen.

Glasnost, Kritik und Selbstkritik sind nicht nur eine neue Kampagne. Sie wurden öffentlich verkündet und müssen einen festen Platz im sowjetischen Leben finden. Ein tiefgreifender Wandel ist ohne sie nicht möglich. Es gibt keine Demokratie ohne Glasnost, heute nicht und in der Zukunft nicht. Und es gibt keinen modernen Sozialismus ohne Demokratie, noch wird es je einen geben.

Es gibt immer noch etliche Funktionäre, die nach wie vor auf Kritik in den Medien übertrieben reagieren und Artikel oder Sendungen vom Standpunkt ihres persönlichen Geschmacks, einer überholten Praxis oder einer falschen Auffassung von den Interessen der Gesellschaft her beurteilen oder auch einfach die Rolle der Presse in der sozialistischen Gesellschaft von heute nicht begreifen. Manchmal versuchen sie, die Kritiker durch Warnungen vor möglichen Reaktionen im Westen auf einen kritischen Artikel einzuschüchtern.

Der Westen, sagen sie, wartet nur auf unsere Selbstkritik, um sie gegen uns zu verwenden und das Leben im Sozialismus zu diskreditieren. Ich kann nicht für andere sprechen, aber ich für meinen Teil fürchte mich nicht vor Kritik. Ein kritischer Rückblick auf unsere eigene Praxis ist ein Zeichen von Stärke, nicht von Schwäche. Auf eine solche Art an die Dinge heranzugehen entspricht den Grundsätzen der sozialistischen Ideologie.

Es gibt noch eine andere, »geräuschlose« Methode, Kritik auszuräumen oder zu unterdrücken, nämlich indem Funktionäre zwar zugeben, daß die Kritik gerechtfertigt sei, sogar noch applaudieren und versprechen, wirksame Maßnahmen einzuleiten, es in Wahrheit aber absolut nicht eilig haben, praktische Konsequenzen daraus zu ziehen. Sie hoffen, daß alles nur Gerede bleibt, im Sande verläuft, und sich bald niemand mehr ihrer Sünden erinnert. Für solche Leute besteht die Hauptsache darin, zur rechten Zeit Einsicht zu demonstrieren.

Lassen Sie mich wiederholen, was ich bei der Plenarsitzung im Januar sagte: Die Haltung gegenüber der Kritik ist ein wichtiger Gradmesser dafür, wie jemand zur Perestroika und zu allem Neuen in unserer Gesellschaft steht.

Wir werden alles in unsere Macht Stehende tun, um zu verhindern, daß jemand Kritik unterdrückt oder ihr ausweicht. Kritik ist eine bittere Medizin. Aber die Krankheiten, die die Gesellschaft heimsuchen, machen sie notwendig. Man verzieht das Gesicht, aber man schluckt sie. Und diejenigen, die meinen, Kritik müsse nur in Dosen und in bestimmten Intervallen verabreicht werden, irren. Leute, die zu dem Glauben neigen, die Stagnation sei vollständig überwunden und es sei an der Zeit, den Dingen ihren Lauf zu lassen, irren nicht minder. Ein Nachlassen der Kritik ginge unvermeidlich zu Lasten der Perestroika.

Die Intellektuellen haben die Perestroika begeistert unterstützt. Ich möchte mir an dieser Stelle deshalb die Freiheit für einen Exkurs nehmen. Den sozialistischen Werten verpflichtet und erfüllt von tief empfundenem Patriotismus ist unsere Intelligenzija als organischer Teil der sowjetischen Gesellschaft eine große, vielleicht unsere einzigartigste Errungenschaft, unser unschätzbares geistiges Kapital. Die hat eine schwierige Geschichte hinter sich. Viele Intellektuelle, auch demokratisch gesinnte, die das zaristische Regime brandmarkten oder sogar bekämpften, schreckten vor der Revolution zurück und wurden mit der Weißen Auswanderungswelle[23] ins Ausland geschwemmt, wo sie ihr Talent und ihr Wissen in den Dienst anderer Völker stellten. Für unsere junge sowjetische Gesellschaft war das ein herber Verlust.

Es gab Zeiten, in denen die Intelligenzija, darunter auch Intellektuelle der Bolschewistischen Partei, Verluste erlitten, die nie wieder gutzumachen sind, so etwa aufgrund der Verletzung der sozialistischen Gesetzlichkeit und der Repressionen in den dreißiger Jahren. Auch das war ein schwerer Schlag gegen das intellektuelle Potential unseres Landes.

Trotzdem hörte die Intelligenz nicht auf, sich zu formen, zu wachsen und die objektiven Gesetze, die die Entwicklung des Sozialismus und seine zentralen Bedürfnisse bestimmen, widerzuspiegeln. Die Leninsche Kulturrevolution[24] verwandelte unser halbgebildetes und praktisch des Lesens und Schreiben unkundiges Land in eines der Länder mit dem höchsten Bildungsstand.

Doch in der Periode der Stagnation entstand eine paradoxe Situation: Unsere Gesellschaft war unfähig geworden, ihr enormes kulturelles und schöpferisches Potential zu nutzen. Wieder lag der Grund darin, daß die Entfaltung der Demokratie künstlich gebremst wurde. Die verschiedensten Verbote und die Scheu vor neuen, kreativen Methoden konnten ihre Wirkung nicht verfehlen.

Ich erinnere mich an eine Sitzung mit dem Personal des

Verwaltungsapparates des Zentralkomitees der KPdSU im Juni 1986. Es ging um die Perestroika. Ich mußte die Leute auffordern, sich beim Umgang mit den Intellektuellen eines neuen Arbeitsstils zu bedienen. Man muß endlich damit aufhören, die Intellektuellen herumzukommandieren; dies ist schädlich und unstatthaft. Sie haben das Programm der demokratischen Erneuerung der Gesellschaft rückhaltlos begrüßt.

Die Künstlerverbände[25] von Filmemachern, Schriftstellern, Künstlern, Komponisten, Architekten, Theaterleuten und Journalisten haben Kongresse veranstaltet, die von hitzigen Debatten geprägt waren. All diese Kongresse unterstützten aufrichtig die Perestroika. Die Teilnehmer übten scharfe Kritik untereinander; viele frühere Spitzenfunktionäre wurden nicht in die leitenden Organe gewählt; auch die Demagogen fielen durch. Statt dessen stiegen hervorragende, maßgebliche Leute in die Verbandsspitzen auf.

Einige fanden die Debatten zu hitzig. Ich sagte ihnen, sie sollten darüber nicht überrascht oder ungehalten sein. Vielmehr sollten sie diese Kongresse als etwas Normales betrachten, auch wenn sie ungewohnt seien. Demokratisierung finde eben überall statt und nehme bisweilen scharfe Formen an. Manche hatten Einwände und behaupteten, es sei schwierig, in einer Atmosphäre zu arbeiten, in der jeder Einzelne sich zu seinem eigenen Philosophen mache, zu seiner Autoritätsinstanz, und glaube, er habe das Recht gepachtet. Ich antwortete, es sei weitaus schwerer, mit passiven, gleichgültigen und zynischen Intellektuellen auszukommen.

Emotionale Ausbrüche sind unvermeidlich in einer Situation mit solch komplizierten Aufgaben wie der unseren. In revolutionären Zeiten war das nie anders. Wir befinden uns in einem Lernprozeß. Noch mangelt es uns an politischer Kultur. Wir haben nicht einmal die Geduld, unsere Freunde ausreden zu lassen. Das wird sich ändern. Wir werden auch diese Wissenschaft beherrschen lernen. Die heikelsten Fragen müssen diskutiert werden können, ohne daß man es am nötigen Respekt für den anderen fehlen läßt. Selbst die extremsten Standpunkte enthalten Nützliches und Vernünftiges, denn ein Mensch, der die gemeinsame Sache hochhält und sich für sie einsetzt, reflektiert auf die ihm eigene Weise reale Aspekte des Lebens. Wir haben es hier nicht mit einem antagonistischen Klassenkampf zu tun. Es ist eine Suche, eine Debatte darüber, wie wir die Umgestaltung vorantreiben und sie auf eine solide und unwiderrufliche Basis stellen können. Deshalb ist es für mich kein Drama, wenn es zu Polemik kommt. Wenn Standpunkte aufeinanderprallen, ist das normal.

Tatsächlich sind im Zuge der neuen Offenheit unter den Schriftstellern auch Vorurteile und Intoleranz gegenüber Gruppen zutagegetreten. Es gab eine Zeit, da die Emotionen bei den Literaten hohe Wellen geschlagen haben. Wir haben ihnen den Standpunkt des Zentralkomitees klargemacht, daß es nämlich sehr traurig sei, wenn die schöpferische und künstlerische Intelligenzija sich zerstreite, anstatt sich zusammenzuraufen, und ihre Mitglieder Offenheit, Freimütigkeit und Demokratie dazu mißbrauchten, alte Rechnungen zu begleichen und sich für Kritik zu rächen. Das Schlimmste, was uns in diesen revolutionären Zeiten passieren könnte, ist, daß die schöpferische Intelligenzija aus eigenem Verschulden in einem Sumpf von Bagatellen versinkt, persönlichen Ambitionen freien Lauf läßt und ihre Energie auf scharfe Wortgefechte verschwendet, anstatt schöpferisch zu arbeiten. Das Zentralkomitee fordert die Schriftsteller daher auf, Emotionen, Bequemlichkeit und Schablonendenken zu überwinden. Läutern Sie sich und denken Sie an das Volk und an die Gesellschaft, sagten wir. Zeigen Sie auch in den Verbänden, daß die Intelligenzija Verantwortungsgefühl besitzt, und sorgen Sie vor allem für einen geistigen Aufschwung in der Gesellschaft.

Die Intellektuellen sind durchdrungen von staatsbürgerlichem Verantwortungsgefühl und haben bereitwillig einen großen Teil der Umgestaltungsarbeit auf ihre Schultern genommen. Zusammen mit der Partei haben sie die Veränderung in Angriff genommen. Ihr gesellschaftsbezogener Standpunkt trat immer deutlicher zutage, und wir haben lebhaftes Interesse an diesen Aktivitäten; wir schätzen sie

– die Art, wie sie sich unserer Arbeit nach dem April 1985 anschlossen, ihre Begeisterung und ihren Wunsch, bei der Umgestaltung der Gesellschaft zu helfen. Wir hoffen, daß sich das Engagement der Intellektuellen noch weiter verstärkt. Sie werden neue Höhen des Denkens und der Verantwortung erreichen. Ihre Leitlinien stimmen mit dem politischen Kurs der KPdSU und den Interessen des Volkes überein.

II. Eine neue Sozial- und Wirtschaftspolitik

Wie hat sich die Perestroika auf die Wirtschaft ausgewirkt? Ich muß offen sagen, daß unsere Bemühungen, die Struktur der Volkswirtschaft zu verändern, eine intensive Entwicklung einzuleiten und den wissenschaftlich-technischen Fortschritt zu beschleunigen nur noch dringlicher vor Augen geführt haben, daß wir den ökonomischen Mechanismus grundlegend reformieren und das Gesamtsystem der Wirtschaftsführung umgestalten müssen.
Der Sozialismus und das gesellschaftliche Eigentum, auf dem er beruht, bergen praktisch unbegrenzte Möglichkeiten für fortschrittliche ökonomische Prozesse. Doch um solche Prozesse in Gang zu setzen, müssen wir immer die effektivsten Formen des sozialistischen Eigentums und der Organisation der Wirtschaft finden. In dieser Hinsicht ist von primärer Bedeutung, daß sich das Volk als wirklicher Herr der Produktion fühlt und es nicht nur dem Namen nach ist. Ist das nicht der Fall, hat der einzelne Arbeiter oder das Kollektiv kein Interesse an den Endergebnissen seiner Arbeit, und kann es auch nicht haben.
Lenins Gedanke, die wirksamste und modernste Form zu finden, das gesellschaftliche Eigentum und das individuelle

Interesse miteinander zu verschmelzen, ist das Fundament unserer Versuche und unseres Konzepts für eine grundlegende Umwandlung der Wirtschaftsführung.

Wirtschaftsreform. Die Plenarsitzung des Zentralkomitees der KPdSU im Juni 1987

Für die Durchführung einer einschneidenden Wirtschaftsreform war es wichtig, eine Wiederholung der alten Fehler, die unsere Versuche, das System der Wirtschaftsführung zu ändern, in den fünfziger, sechziger und siebziger Jahren zum Scheitern verurteilt hatten, auszuschließen. Gleichzeitig erwiesen sich diese Versuche als unvollständig und widersprüchlich, denn sie überbetonten gewisse Punkte, während sie andere gänzlich ignorierten. Um es deutlich zu sagen: Die Lösungen, die man anbot, gingen nicht weit genug; es waren halbherzige Maßnahmen, die nicht selten am Kern des Problems vorbeizielten.

Das Reformkonzept, das wir bei der Juni-Plenarsitzung unterbreitet haben, ist dagegen von umfassendem und allgemeinem Charakter. Es sieht fundamentale Veränderungen in allen Bereichen vor: die Umstellung der Betriebe auf vollständige wirtschaftliche Rechnungsführung, die grundlegende Umstrukturierung der zentralistischen Wirtschaftsführung, einschneidende Veränderungen bei der Planung, eine Reform des Preisbildungssystems und des Finanzierungs- und Kreditmechanismus sowie die Neuordnung der Außenwirtschaftsbeziehungen. Es sorgt ferner für die Schaffung neuer Organisationsstrukturen in der Verwaltung, für den umfassenden Ausbau ihrer demokratischen Grundlagen und für die Einführung der Prinzipien der Selbstverwaltung auf breiter Ebene.

Jeder vielschichtige Prozeß hat eine innere Logik, die die Wechselbeziehungen zwischen bestimmten Maßnahmen, zwischen konkreten Schritten widerspiegelt. Wir standen also vor der natürlichen Frage: Wo anfangen? Wo sollten wir mit der Umgestaltung der Wirtschaftsführung beginnen? Auf den ersten Blick mag es logisch erscheinen, daß man in einer Planwirtschaft wie der unseren mit der Umgestaltung im Zentrum beginnt, zunächst den Aufbau und die Funktionen der zentralen Wirtschaftsorgane regelt, dann zur mittleren Verwaltungsebene übergeht und schließlich zu den Betrieben und Vereinigungen (mehrere zusammengeschlossene staatliche Betriebe), den Grundeinheiten der Wirtschaft. Vom Standpunkt abstrakter Logik mag das richtig erscheinen, aber die Realität und zahlreiche Erfahrungen diktierten eine andere Logik und ein anderes Vorgehen: Wir hatten bei den Betrieben und Vereinigungen zu beginnen, dem wichtigsten Glied der Kette. Zunächst galt es, die effektivste Art des Wirtschaftens für sie zu finden, dann optimale wirtschaftliche Bedingungen zu schaffen, ihre Rechte zu erweitern und zu verankern und auf dieser Grundlage tiefgreifende Veränderungen in der Tätigkeit aller übergeordneten Organe der Wirtschaftsführung vorzunehmen.

Als wir diese Reihenfolge der Umgestaltungsmaßnahmen festlegten, gingen wir von der Überlegung aus, daß bei Unternehmen und Vereinigungen die wichtigen ökonomischen Prozesse ablaufen, daß gerade dort materielle Werte geschaffen werden und sich das wissenschaftlich-technische Denken materialisiert. Gerade im Arbeitskollektiv gestalten sich die ökonomischen und sozialen Beziehungen real, verflechten sich die individuellen, kollektiven und gesellschaftlichen Interessen der Menschen. Im Grunde genommen prägt das Arbeitskollektiv die soziale und politische Atmosphäre im Land.

Wir berücksichtigten also Erfahrungen aus unserer Vergangenheit, in der Versuche, die oberen Verwaltungsebenen ohne Unterstützung von unten zu reformieren, wiederholt fehlschlugen, weil sie auf hartnäckigen Widerstand des Verwaltungsapparats trafen, der keines seiner Befugnisse und Vorrechte aufgeben wollte. Wir haben in letzter Zeit diesen Widerstand zu spüren bekommen und spüren ihn auch jetzt. Auch hier, wie in allen Bereichen der Umgestaltung, müssen wir das, was von oben kommt, mit der Bewegung von unten verbinden, das heißt, wir müssen unseren Umgestaltungsbemühungen einen wirklich demokratischen Charakter verleihen.

Worin bestehen nun die hauptsächlichen Mängel der alten Wirtschaftsmaschinerie?

Vor allem darin, daß der innere Antrieb für eine eigene Entwicklung zu schwach ist. Der Betrieb erhält ja durch das System der Plankennziffern Auflagen und Ressourcen. Praktisch alle Kosten werden gedeckt, und der Absatz der Produktion ist weitgehend garantiert. Und was am wichtigsten ist: Die Einkommen der Werktätigen hängen nicht von den Endresultaten der Arbeit des Kollektivs ab – weder von der Erfüllung der Vertragsverpflichtungen, der Qualität der Erzeugnisse noch vom Gewinn. Ein solcher Mechanismus erbringt mit großer Wahrscheinlichkeit Arbeit von mittelmäßiger oder schlechter Qualität. Wie kann es mit der Wirtschaft bergauf gehen, wenn sie für rückständige Unternehmen Vorzugsbedingungen schafft und die führenden benachteiligt?

So können wir nicht länger wirtschaften. Die Neustrukturierung der Wirtschaft muß die Dinge zurechtrücken. Sie muß zu einem starken Hebel, zu einer motivierenden Kraft für gute, schöpferische und initiative Arbeit werden. Ausgehend von den realen gesellschaftlichen Bedürfnissen muß der Betrieb selbst den Plan für die Produktion und den Verkauf der Erzeugnisse aufstellen. Diese Pläne dürfen nicht auf einer Vielzahl detaillierter Planvorgaben basieren, die von übergeordneten Organen angewiesen werden, sondern auf direkten Aufträgen von staatlichen Organisationen, Betrieben mit wirtschaftlicher Rechnungsführung und Handelsorganisationen, und zwar für bestimmte Erzeugnisse in entsprechender Menge und Qualität. Den Betrieben müssen Bedingungen geschaffen werden, durch die sie zu einem ökonomischen Wettstreit angeregt werden, wer die Bedürfnisse der Konsumenten am besten befriedigt, und die bestimmen, daß die Einkommen der Werktätigen strikt von den Endresultaten der Produktion, dem Gewinn, abhängen.

Wir faßten all diese Prinzipien der Wirtschaftsführung und ihre spezifischen Formen in dem Gesetzentwurf über den staatlichen Betrieb (Vereinigung) zusammen, der landesweit in den Arbeitskollektiven, bei Versammlungen von Arbeitern und Gewerkschaftsgruppen sowie in den Medien diskutiert wurde. Der Gesetzentwurf erregte das Interesse der gesamten Nation. Das Volk spürte, daß man auf seine Meinung Wert legte. Eine speziell eingerichtete Gruppe von Regierungsfunktionären, Wissenschaftlern und Vertretern verschiedener staatlicher Behörden sichtete die eingereichten Vorschläge, Ergänzungen und Nachträge. Alles, was vernünftig und zweckmäßig war, wurde in den Entwurf eingebaut und trug beträchtlich zu seiner Verbesserung bei.

Die meisten Korrekturen zielten auf eine Ausweitung der Rechte der Arbeitskollektive. Die allgemeine Forderung war, nicht wieder in die Trägheit zu verfallen, sondern entschlossen voranzuschreiten. Man spürte, daß das neue Gesetz nicht mit zahllosen Bestimmungen überfrachtet werden durfte, die es seines Zwecks berauben und die Umgestaltung bremsen würden. Der Oberste Sowjet der UdSSR verabschiedete das Gesetz, das im Januar 1988 in Kraft treten wird.

Die Presse unterbreitete einige Vorschläge, die unser System sprengten. Da war etwa die Meinung zu hören, wir sollten die Planwirtschaft aufgeben und Arbeitslosigkeit in Kauf nehmen. Das können wir allerdings nicht zulassen, weil wir den Sozialismus stärken und nicht durch ein anderes System ersetzen wollen. Was uns vom Westen angeboten wird, von einem anderen Wirtschaftssystem, ist für uns unakzeptabel. Wir sind davon überzeugt, daß der Sozialismus weit mehr erreichen kann als der Kapitalismus, wenn wir tatsächlich das Potential des Sozialismus mobilisieren und seinen Grundprinzipien treu bleiben, die menschlichen Interessen voll berücksichtigen und die Vorteile unserer Planwirtschaft nutzen.

Dem Gesetz für den staatlichen Betrieb räumen wir bei unserer Wirtschaftsreform vorrangige Bedeutung ein. Wir wollen es zum Maßstab für unsere nächsten Schritte und

Maßnahmen machen. Diese werden wir nach dem Kriterium beurteilen, ob sie dieses Gesetz flankieren und zu seiner praktischen Umsetzung beitragen.
Bei der Vorbereitung der Plenarsitzung verbrachte das Politbüro mehrere Monate damit, die Resultate einer umfassenden und streng objektiven Analyse der Tätigkeit des Ministerrats der UdSSR, von Gosplan[26], Gossnab[27], Minfin[28], Gosbank[29], von Wirtschaftsministerien, Abteilungen und Leitungsorganen der Industrie zu prüfen. Direktiven wurden ausgearbeitet, welche die Arbeitsweise der zentralen Wirtschaftsorgane (und ihre offiziellen Funktionen) dahingehend regeln sollten, daß sie mit dem Gesetz über den staatlichen Betrieb im Einklang standen und ihm in keiner Weise zuwiderliefen. Sie wurden bei der Plenarsitzung diskutiert, in die endgültige Form gebracht, verabschiedet und in Kraft gesetzt.
Die Plenarsitzung des ZK der KPdSU im Juni, die gefaßten Beschlüsse und schließlich die »Hauptbestimmungen der grundlegenden Umgestaltung der Wirtschaftsführung« vollenden in der Tat die Schaffung eines modernen *Modells* der sozialistischen Wirtschaft, um den Herausforderungen der gegenwärtigen Etappe der nationalen Entwicklung zu begegnen.
Die Plenarsitzung und die sich anschließende Sitzung des Obersten Sowjet der UdSSR entwickelten diese Politik der aktiven Einbindung des Volkes in die Wirtschafts- und Produktionsprozesse weiter und verankerten sie, indem sie die Interessen des Staates mit denen der Einzelpersonen und der Arbeitskollektive eng verflochten. Es ist eine Politik, deren Ziel es ist, die sowjetischen Werktätigen zu den wirklichen Herren zu machen.
Natürlich müssen wir manches noch ergänzen oder vielleicht nochmals tun. Keine Gesellschaft hat ein System der Wirtschaftsführung, das über Nacht durch ein anderes, und sei es auch ein moderneres, ersetzt werden kann, als handle es sich um eine Art von technischer Vorrichtung. Wir müssen einen dynamischen und flexiblen Mechanismus einrichten, der auf Veränderungen in der Produktion reagiert, modernisiert werden kann und das integriert, was fortschrittlich

ist, jedoch das verwirft, was sich überlebt hat. Hier liegt die Hauptgefahr in dem Glauben, die Arbeit sei getan, weil man davon ausgeht, daß die einmal getroffenen Beschlüsse einfach in ihrer jetzigen Form anwendbar seien.
Mit dem Programm für eine tiefgreifende Wirtschaftsreform haben wir die Grundlagen für eine umfassende Offensive geschaffen, die den Prozeß der Umgestaltung an allen Fronten beschleunigt und erweitert. Die Beschlüsse, die wir gefaßt haben, liefern die organisatorischen und ökonomischen Grundvoraussetzungen, um die Vorgaben des laufenden Fünfjahresplans und die langfristigen Ziele bis zum Jahr 2000 erfüllen zu können. Unsere praktische Aufgabe besteht jetzt darin, die Neustrukturierung in der Wirtschaftsführung ohne Aufschub und sachkundig in Betrieb zu setzen.
Dies ist vielleicht der entscheidendste Moment bei der Umgestaltung der Wirtschaft und der Verwaltung. Die Etappe der konstruktiven Arbeit hat begonnen. Jetzt gilt es, alles in die Tat umzusetzen. Jetzt geht es darum, wirklich all das zu tun, worauf wir unsere Bemühungen konzentriert haben – das ist die Nagelprobe.

Umstellung auf volle wirtschaftliche Rechnungsführung

Was wir planen und überall im Land durchführen wollen, zielt im wesentlichen darauf ab, vorrangig administrative Methoden durch vorrangig ökonomische Methoden zu ersetzen. Daß wir volle wirtschaftliche Rechnungsführung brauchen, ist der sowjetischen Führung ganz klar.
Gewiß, es gibt noch einige Hindernisse. Mindestens zwei davon sind nicht leicht zu nehmen. Das erste besteht darin, daß wir die Umstellung im Rahmen des gebilligten Fünfjahresplans durchführen müssen, das heißt, wir müssen sie integrieren. Dieser besondere Aspekt hat ernsthafte Auswirkungen auf den Prozeß der Übergangszeit. Was also sollen wir tun? Am Fünfjahresplan festhalten oder ihn fallenlassen? Darauf gibt es nur eine Antwort: Wir müssen die Ziele

des Fünfjahresplans erfüllen! Wir haben ein extrem schwieriges Planjahrfünft vor uns. Ausgedehnte, zukunftsweisende Forschungen sollen betrieben, große strukturelle Veränderungen vorgenommen und viele soziale Fragen gelöst werden; und parallel dazu sollen im Verlauf dieser Etappe noch zahlreiche Neuerungen eingeführt werden. Schwere Zeiten für die Fabrikleiter. Sie tragen ohnehin schon eine Last von Problemen, die bewältigt sein wollen, und jetzt müssen sie gleichzeitig auch noch auf Eigenfinanzierung umstellen.
Das zweite Hindernis: Einige wichtige Teile der Neuorganisation der Wirtschaftsführung sind noch nicht einsatzbereit und können folglich nicht sofort wirksam werden. Wir werden zwei bis drei Jahre brauchen, um eine Reform der Preisbildung und des Finanzierungs- und Kreditmechanismus vorzubereiten, und fünf bis sechs Jahre für die Umstellung auf den Großhandel mit Produktionsmitteln. Und viele Entscheidungen stehen noch aus, so etwa, was die zukünftigen Aufgaben der Ministerien, die Reorganisation der Gebietsverwaltung und die Reduzierung des Personals angeht.
Deshalb stehen wir vor einer komplizierten Übergangsperiode, in der der alte und der neu eingeführte Mechanismus nebeneinander existieren werden. Doch die volle wirtschaftliche Rechnungsführung wird unverzüglich eingeführt. Wir werden energisch auf diesem Weg voranschreiten und bei diesem Prozeß Erfahrungen sammeln. Wir werden alles versuchen und ausprobieren.
Wenn immer ich mit Leuten rede, die in der Industrie beschäftigt sind, oder auch mit einem Minister, sage ich: Nur nicht verzagen; suchen Sie nach einem Weg und probieren Sie ihn aus! Die Leute sind klug und verantwortungsbewußt genug, um mutig und zuversichtlich ans Werk zu gehen. Es bleibt uns keine Wahl. Aber angenommen, wir machen Fehler? Was dann? Es ist besser, sie zu korrigieren, als nur dazusitzen und abzuwarten.

Im Verlauf der Perestroika wird eine neue Konzeption des demokratischen Zentralismus Gestalt annehmen. Wichtig ist, daß wir seine beiden Seiten richtig ausbalancieren, wobei wir nicht vergessen sollten, daß in verschiedenen Stadien der einen oder anderen Seite mehr Gewicht zukommen kann.

Die jetzige Situation stellt sich wie folgt dar: Viele Leute rufen nach einem verstärkten Zentralismus. Bilanzierung, Proportionen, die Notwendigkeit, die Einkommen der Warenmenge und dem Dienstleistungsvolumen anzupassen, strukturelle Maßnahmen, Staatsfinanzen, Verteidigung – all dies erfordert ein stark zentralistisches Prinzip. Und alle unsere Republiken und Völker sollten das Gefühl haben, daß sie gleiche Bedingungen und gleiche Entwicklungschancen haben. Darin liegt die Garantie für die Stabilität der sowjetischen Gesellschaft. Und deshalb wollen wir die Rolle des Zentrums auch nicht schwächen. Andernfalls würden wir die Vorteile der Planwirtschaft einbüßen.

Gleichzeitig muß man aber auch sehen, daß die zentralen Organe mit untergeordneter Arbeit überladen sind. Wir werden sie von laufenden Pflichten entbinden, denn wenn sie diese auch noch erledigen müssen, verlieren sie entwicklungsperspektivische Fragen aus den Augen.

Vieles, was wir bei den Plenarsitzungen im Januar und im Juni kritisiert haben, geht in erster Linie auf Unterlassungen in der Führung zurück. Man erkannte gefährliche Tendenzen zu spät; man erwies sich als unfähig, Lösungen für neue Probleme zu finden usw. Die gesamte Reorganisation des zentralen Apparates und seiner Funktionen wird, ich wiederhole dies, streng im Einklang stehen mit dem Gesetz über den staatlichen Betrieb. Zentralismus unter den Bedingungen der Perestroika hat nichts gemein mit bürokratischer Reglementierung des facettenreichen Lebens der Produktions-, Wissenschafts- und technischen Kollektive. Doch wir müssen die Funktionen des Zentrums und der örtlichen Betriebe klar voneinander abgrenzen sowie den Schwerpunkt der Arbeit in den Ministerien und ihren vorrangigen Zweck neu definieren.

Wir haben vor, die Planung zu demokratisieren. Das bedeutet, daß die Planaufstellung – nicht nur formal, sondern tatsächlich – innerhalb der Betriebe und Arbeitskollektive beginnen wird. Sie planen selbst ihr Produktionsvolumen, ausgehend von den gesellschaftlichen Erfordernissen, die aus den Kontrollziffern und Verträgen mit staatlichen Organen zu ersehen sind, und ausgehend von direkten Handelsverträgen mit Konsumenten.

Das Staatliche Planungskomitee wird die detaillierte Reglementierung und die tägliche Überwachung der Arbeit in den Ministerien und Abteilungen aufgeben müssen, und letztere werden es mit den Betrieben genauso halten. Die Tätigkeit der Betriebe (Bildung von Lohnfonds, Gewinnverteilung, Zahlungen an den Staatshaushalt) wird durch stabile, langfristige Normative geregelt. Das wird letztlich zur Selbstregulierung führen.

Wir wollen für mehr Offenheit in allen Stadien der Planung sorgen und eine breite Diskussion über staatliche und regionale soziale, ökonomische, wissenschaftliche, technologische und ökologische Probleme anregen. Im Interesse optimaler Problemlösungen wird das Prinzip der Variabilität in das Planungssystem eingeführt.

Im Unterschied zur früheren Praxis werden die zentralen Organe die Betriebe nur noch in einer begrenzten Zahl von Bereichen kontrollieren, nämlich dann, wenn es um die Erfüllung der staatlichen Aufträge, um Gewinne, Arbeitsproduktivität, allgemeine Indikatoren für den wissenschaftlich-technischen Fortschritt und den sozialen Bereich geht. Die Erfüllung vertraglicher Verpflichtungen und staatlicher Aufträge durch die Betriebe bei wichtigen Erzeugnissen, Arbeiten und Dienstleistungen wird die Hauptrichtlinie für die Tätigkeit der Betriebe sein. Die Zusammensetzung und das Volumen der staatlichen Aufträge wird mit zunehmender Sättigung des Marktes reduziert werden, um verstärkt direkte Bindungen zwischen Herstellern und Konsumenten zu fördern. Wenn wir die nötige Erfahrung gesammelt haben, werden wir staatliche Aufträge auf der Basis von Ausschreibungen vergeben, wobei wir nach dem Prinzip des Wettstreits oder des sozialistischen Wettbewerbs vorgehen.

Das System der materiellen und technischen Versorgung wird grundlegende Veränderungen erfahren. Wichtigstes Merkmal wird die Umstellung von der zentralen Versorgung auf den Großhandel mit Produktionsmitteln sein.

Kurz gesagt, die Vorteile der Planung werden zunehmend mit den stimulierenden Faktoren des sozialistischen Marktes kombiniert. Aber all dies wird im Rahmen der sozialistischen Ziele und Prinzipien der Wirtschaftsführung stattfinden.

Die Erweiterung der Rechte und der wirtschaftlichen Selbständigkeit der Betriebe, die Veränderung der Aufgaben der zentralen Organe und der Zweigleitungen und die Umstellung von vorrangig administrativen auf vorrangig ökonomische Methoden der Wirtschaftsführung verlangen grundlegende Änderungen in der Leitungsstruktur.

Früher gingen Reformen der Wirtschaftsführung oft mit der Einrichtung neuer Organisationselemente einher, was zu einer Aufblähung des Apparates führte. Er wurde schwerfällig, umständlich und bürokratisch. Wir sind uns darüber im klaren, daß die Umgestaltung im Bereich der Wirtschaft nicht unerheblich durch die Schwerfälligkeit und Ineffizienz des Apparates aufgehalten wird. Deshalb haben wir die Absicht, im Verwaltungsapparat tiefgreifende Einschnitte vorzunehmen und wenn nötig seine Struktur zu vereinfachen und einzelne Ministerien zu vergrößern. Damit haben wir schon einige Erfahrungen gesammelt. Zum Beispiel wurden die Landwirtschaft und die Weiterverarbeitung ihrer Erzeugnisse in unserem Land von sieben Ministerien und Zweigleitungen auf Unionsebene geleitet. Wir haben alle diese Organe im Gosagroprom[30] zusammengefaßt und gleichzeitig den Verwaltungsstab um fast die Hälfte reduziert. In einem anderen Fall haben wir einige Ministerien vergrößert, indem wir sie zusammenlegten. So werden wir auch in Zukunft verfahren: Jeder Fall benötigt eine individuelle Lösung.

Jedermann dürfte mittlerweile klar sein, daß angesichts des

gegenwärtigen Niveaus der Wirtschaft weder ein Apparat von Ministerien und Zweigleitungen, so qualifiziert sie auch sein mögen, in der Lage ist, alle Fragen selbst zu lösen oder noch die Ideen und Initiativen der Arbeitskollektive zu ersetzen. Die Umverteilung von Rechten von den zentralen Organen zu den Betrieben verläuft nicht reibungslos. Der Apparat der Ministerien und sogar die Minister sind nicht gerade willens, ihre Gewohnheit aufzugeben, selbst auch über untergeordnete Angelegenheiten zu entscheiden. Sie haben sich an diese Praxis gewöhnt, die ihnen die Arbeit um vieles erleichtert. Jede Umverteilung von Rechten vom Zentrum zu den örtlichen Einrichtungen ist im allgemeinen mühsam, obwohl, um es noch einmal zu wiederholen, jeder die Notwendigkeit einsieht, sowohl der Minister als auch der Stab. Sie wissen, daß diese Maßnahme der Sache zugute kommt, und dennoch werden oft engstirniges Ressortdenken und manchmal sogar Gruppeninteressen über die Interessen der Gesellschaft und des Volkes gestellt.
Es gibt noch eine andere Möglichkeit, die Wirtschaftsführung zu perfektionieren. Aus Erfahrung wissen wir, daß an den Berührungspunkten verschiedener Industriezweige große Reserven zur Verbesserung der Effizienz bestehen. Es wäre allerdings illusorisch anzunehmen, daß das Staatliche Plankomitee in der Lage sei, alle ressortübergreifenden Verbindungen aufzuspüren und die optimale Variante auszuwählen. Die Ministerien sind noch weniger dazu in der Lage. Dies warf die Frage auf, möglicherweise staatliche Organe zu schaffen, die große Wirtschaftskomplexe verwalten sollten. Auch daran zeigt sich, daß das System der Wirtschaftsführung großen Veränderungen unterliegt. Wir werden entschlossen, aber mit Bedacht vorgehen und nichts überstürzen.

Während wir unsere Planungs- und Wirtschaftsaktivitäten umgestalteten und die Rechte der Betriebe ausbauten, haben wir auch die Frage des wissenschaftlich-technischen Fortschritts angepackt. Den Wirtschaftszweigen, die bei diesem Fortschritt an vorderster Front stehen, wird zusätzliche Finanz- und Materialunterstützung zufließen. Zu diesem Zweck wurde ein zielorientiertes nationales Programm ausgearbeitet, und Fonds wurden eingerichtet.

Während des zwölften Planjahrfünfts[31] werden wir den überwiegenden Teil des fixen Kapitals im Maschinenbau modernisieren. Die für diesen Zweck bereitgestellte Summe ist fast doppelt so groß wie in den vorausgegangenen fünf Jahren.

Die Analyse der industriellen Leistungsfähigkeit hat Fehler in der Investitionspolitik ans Licht gebracht. Seit Jahren hatte unsere Politik darin bestanden, immer neue Betriebe zu bauen. Der Bau von Produktionsstätten und Verwaltungsgebäuden verschlang riesige Summen. Die bereits bestehenden Betriebe indes blieben auf einem gleichbleibenden technischen Niveau. Natürlich kann man, wenn alle Maschinen in zwei oder drei Arbeitsschichten gut ausgelastet sind, mit der existierenden Ausrüstung die Vorgaben des Zwölften Fünfjahresplans erfüllen. Aber veraltete Anlagen würden uns so oder so zurückwerfen, weil wir nicht in der Lage wären, moderne Produkte herzustellen. Alte Maschinen müssen ausrangiert werden. Deswegen nehmen wir in unserer Struktur- und Investitionspolitik so einschneidende Veränderungen vor.

Im Jahr 1983 besuchte ich die SIL[32]. Damals waren gerade Vorbereitungen zur Modernisierung dieser Fabrik im Gang. Es war eines der ersten Projekte dieser Art in der sowjetischen Automobilindustrie. 1985 machte ich einen zweiten Besuch bei der SIL und fragte, wie die Modernisierung vorangekommen sei. Es stellte sich heraus, daß man sich am technischen Durchschnittsniveau orientiert hatte und auf Maschinen vertraute, die fünf bis sieben Jahre alt waren. Außerdem wurden mehr Arbeitskräfte angefordert. Die Konzentration auf veraltete Techniken führt nicht zu einer nennenswerten Intensivierung der Produktion; sie zementiert nur den zeitlichen Rückstand. Als das deutlich geworden war, hatte das Kollektiv eine andere, modernere Version auf den Tisch gebracht, aber dafür keine Unterstützung erhalten. Die Planung war nicht fortgesetzt worden. Wir bekräftigten die Entscheidung des Fabrikkollektivs, auf diesen Modernisierungsplan zurückzugeifen. Ein neuer Plan für die Ausrüstung der Fabrik mit modernen Maschinen wurde ausgearbeitet und erfolgreich durchgeführt. Die SIL wird sich zu einem modernen Betrieb entwickeln.

Allgemein läßt sich sagen, daß einschneidende Veränderungen bei der technischen Ausrüstung Zeit brauchen. Wie heißt es bei uns: »Moskau wurde nicht an einem Tag erbaut.« Wenn wir uns vorgenommen hätten, alles auf einen Schlag zu machen, wären wir gezwungen gewesen, die Modernisierung unserer Produktion mit veralteten, überholten Maschinen durchzuführen. Das wäre gleichbedeutend mit Stillstand gewesen.

Wir nahmen unsere Ausrüstungen unter die Lupe und verglichen ihren Standard mit den Weltstandards. Wir mußten feststellen, daß nur ein kleiner Teil diesem Niveau entsprach. Daraus ließ sich nur ein Schluß ziehen: Wenn wir unsere technologische Rückständigkeit nicht auf Jahre hinaus festschreiben wollten, war es besser, jetzt die Mühe auf uns zu nehmen, neue Anlagen zu entwickeln, um dann, durch Fortschritte im Maschinenbau, den Durchbruch zu den neuesten Technologien zu schaffen. Dieses »dann« bedeutet nicht zwangsläufig in ferner Zukunft. Nein, die strukturelle Verbesserung des sowjetischen Maschinenbaus muß mit großen Anstrengungen kombiniert werden, um größeren Nutzen aus dem wissenschaftlichen Potential zu ziehen. Dies ist eine zentrale, vielleicht unsere dringlichste Aufgabe. Sie hat absolute Priorität. Auf dem Gebiet der Technologie sind wir deshalb in diese Situation geraten, weil wir unser wissenschaftliches Potential unterschätzt und zu sehr auf Verbindungen zum Ausland gebaut haben.

Meiner Meinung nach haben wir zu große Hoffnungen an die Entspannungspolitik geknüpft; ich würde sogar sagen, wir waren zu vertrauensvoll. Viele dachten, sie sei unwiderruflich und eröffne unbegrenzte Möglichkeiten, besonders für die Ausweitung der Handels- und Wirtschaftsbeziehungen mit dem Westen. Wir setzten sogar einige unserer Forschungs- und Technikprojekte aus, weil wir auf internationale Arbeitsteilung hofften und dachten, es sei günstiger, einige Maschinen zu kaufen, als sie selbst herzustellen. Was aber geschah in Wirklichkeit? Wir wurden für unsere Naivität schwer bestraft. Eine Zeit der Embargos, Boykotte, Verbote, Restriktionen brach an; wer mit uns Handel trieb, wurde eingeschüchtert usw. Einige westliche Politiker sagten sogar den Kollaps unseres Sowjetsystems voraus. Ihre Phrasen haben nichts genützt.

Natürlich zogen wir daraus die notwendigen Schlüsse und begannen mit der notwendigen Forschung, Entwicklung und Produktion dessen, was wir uns einst zum Ziel gesetzt hatten, so daß letztlich westliche Firmen die Verlierer sein werden. Nebenbei bemerkt: Ich denke, daß all der Rummel um Verbote und Handelsbeschränkungen nicht nur gegen die UdSSR gerichtet war, sondern auch, und zwar in sehr erheblichem Maß, gegen alle möglichen Konkurrenten der amerikanischen Firmen.

Alles in allem halfen uns die diversen »Embargos« und »Sanktionen« der USA dabei, uns über eine wichtige Sache klar zu werden. Wie heißt es so schön: Keine Wolke ohne Silberstreifen. Aus den Entscheidungen der USA und einiger westlicher Länder, der Sowjetunion keine moderne Technologie zu verkaufen, haben wir eine Lehre gezogen. Vielleicht erleben wir deshalb jetzt einen richtiggehenden Boom auf dem Gebiet der Informatik und Computertechnologie sowie auf anderen Gebieten der Wissenschaft und Technik.

Wir beschlossen, mit der »Import-Geißel«, wie es unsere Wirtschaftsexperten nannten, ein für allemal Schluß zu machen. Zu diesem Zweck mußten wir das große Potential unserer Wissenschaft und Maschinentechnik aktivieren.

Es ist paradox, daß viele Errungenschaften sowjetischer

Wissenschaftler im Westen schneller eingeführt wurden als in unserem eigenen Land. Nur ein Beispiel: Rotorfließbänder. Aber auch in einem anderen Fall haben uns die anderen überholt. Als erste haben wir ein bestimmtes Stahl-Produktionsverfahren erfunden. Wozu hat es geführt? Heute werden achtzig Prozent des Stahls, der in einigen Ländern produziert wird, nach unserem Verfahren gegossen, in unserem Land jedoch viel weniger. Der Weg von der wissenschaftlichen Erfindung bis zu ihrer Anwendung in der Produktion ist in unserem Land zu lang. Das ermöglicht ausländischen Industriellen, aus unseren Ideen Profit zu schlagen. Der Austausch muß auf Wechselseitigkeit beruhen. Diese Situation wird sich jetzt ändern. Der Anfang ist bereits gemacht. Wir leisten beträchtliche Arbeit, um die wissenschaftlich-technische Entwicklung anzukurbeln. Wir setzen zielorientierte Programme in Gang, ermutigen Arbeitskollektive und Wirtschafts- und andere Wissenschaftler zu schöpferischer Arbeit, und wir haben zwanzig ressortübergreifende wissenschaftlich-technische Komplexe organisiert, denen führende Wissenschaftler vorstehen. Unsere Priorität liegt momentan, ich sagte es schon, bei der Entwicklung des sowjetischen Maschinenbaus. Im Juni 1986 hat die Plenarsitzung des ZK der KPdSU ein Programm für die radikale Modernisierung des Maschinenbaus vorgelegt. Es gibt ein in der Geschichte der sowjetischen Industrie noch nie dagewesenes Ziel vor: Erreichen des Weltniveaus innerhalb der nächsten sechs bis sieben Jahre bei Maschinen, Ausrüstungen und Geräten. Der Schwerpunkt, so wurde entschieden, soll auf Werkzeugmaschinen- und Gerätebau, Elektrotechnik und Elektronik gelegt werden. Die Eisen- und Stahlindustrie und die chemische Industrie werden ebenfalls auf breiter Basis modernisiert.

Wunschdenken ist gefährlich. Und doch geben alle in Gang gesetzten Veränderungen zu großen Hoffnungen Anlaß. Neulich besuchte ich Zelinograd. In dieser Stadt, die nicht weit entfernt von Moskau liegt, sind einige Forschungsanstalten und Betriebe der elektronischen Industrie konzentriert. Mit Befriedigung hörte ich von Wissenschaftlern und Spezialisten, daß wir auf zahlreichen Gebieten nicht hinter den USA herhinken oder gerade so den Anschluß halten, sondern daß wir ihnen in mancher Hinsicht voraus sind. So hat sich die Arroganz des Westens in puncto Technologie als Vorteil für uns erwiesen. Jetzt ist es unsere Aufgabe – und sie ist nicht weniger schwierig –, die Resultate in die Praxis umzusetzen.

Das lebendige Netz der Perestroika

Die Perestroika umfaßt eine ganze Reihe unterschiedlicher Probleme und Aufgaben, die entweder aus der Vergangenheit herrühren, jetzt sofort erledigt werden sollten oder noch warten können. Obwohl ich dabei Gefahr laufe, mich zu wiederholen, möchte ich dem Leser die bunte Vielfalt der Perestroika vor Augen führen, ihn einladen, einen Blick in das Kaleidoskop unseres alltäglichen Lebens zu werfen, in dem das lebendige Netz unserer Zukunft geknüpft wird. Wir bereiten die Massen auf tiefgreifende Veränderungen vor. Das setzt voraus, daß die dafür notwendigen ökonomischen und psychologischen Bedingungen geschaffen werden, denn es ist nicht leicht, mit alten Gewohnheiten zu brechen und Konzeptionen gesellschaftlicher Organisationsformen zu beseitigen, die sich unter bestimmten historischen Bedingungen etabliert haben.

Noch immer kommen uns Klagen selbstgerechter Leute zu Ohren. Entrüstet prangern sie Unordnung, Mängel und Fehler an. Aber wenn jemand etwas tut, was die Mühe lohnt, jedoch aus dem gewohnten Rahmen fällt, geht ein Aufschrei durch die Reihen dieser Pseudo-Sozialisten, hier würden die Grundlagen des Sozialismus untergraben. Auch das gehört zur Realität der Perestroika. Gegenüber diesen Verfechtern des »reinen« , in seiner abstrakten Form makellosen und vollkommenen Sozialismus müssen wir geduldig argumentieren, um ihnen zu beweisen, daß ihr Ideal nichts mit dem wirklichen Leben gemein hat.

Lenin hat nie dem Glauben angehangen, der Weg zum

Sozialismus verlaufe schnurgerade. Er wußte, wie man die Parolen ändern mußte, wenn es das Leben erforderte. Nie machte er sich zum Sklaven einmal gefaßter Beschlüsse. Er scheute sich nicht, individuelle Erwerbstätigkeit zu fördern, wenn der staatliche und gesellschaftliche Sektor unterentwickelt war. Doch heute, im Zug unserer Umgestaltung, schrecken manche vor Maßnahmen zurück, die wir ergreifen, um Genossenschaften, individuelle Erwerbstätigkeit, Verträge und Eigenfinanzierung zu fördern; sie machen sich Sorgen, dies könnte die »Grundfesten« des Sozialismus erschüttern und das Kleinunternehmertum wieder aufleben lassen. Sie meinen, die Einführung verschiedener Vertragsformen könnte die Kolchosen zugrunderichten. Aber wie stehen sie zur Tatsache, daß in den Geschäften viele Waren fehlen? Hier sollten sie Alarm schlagen, statt in Panik zu verfallen und zu schreien: »Hilfe, der Sozialismus ist in Gefahr.«

Wir halten die Verschmelzung individueller Interessen mit dem Sozialismus nach wie vor für eine grundlegende Frage. Wenn wir von individuellen Interessen reden, dann natürlich nicht nur im materiellen, sondern in einem umfassenden Sinn. Wir brauchen keinen »reinen«, doktrinären Gelehrtensozialismus, sondern einen realen, Leninschen Sozialismus. Lenin hat sich in diesem Punkt klar ausgedrückt – seit wir über eine enorm entwickelte Industrie und über Macht verfügen, brauchen wir uns vor nichts zu fürchten. Aus dieser Stärke heraus können wir planmäßig Veränderungen im Sozialismus vornehmen. Darin besteht echte sozialistische Arbeit. Was damals schon galt, gilt erst recht heute, da unsere Gesellschaft ökonomisch und politisch gefestigt ist. Lenin verlor nie den wirklichen Stand der Dinge aus den Augen; er ließ sich von den Interessen der Werktätigen leiten.

Ich bin davon überzeugt, daß die effektivsten Formen, die Produktion auf der Basis der vollständigen wirtschaftlichen Rechnungsführung zu organisieren, sich im Agrar-Industrie-Komplex sehr schnell durchsetzen werden. Zum einen blicken unsere Kolchosen auf eine lange Tradition zurück.

Zum anderen besitzt unsere Landbevölkerung Unternehmungsgeist und Erfindungsreichtum. All das sorgt für größere Mobilität und Flexibilität, wenn wirtschaftliche Rechnungsführung, Unabhängigkeit und Eigenfinanzierung angewendet werden.
Der kollektive Leistungsvertrag hat sich, was Arbeitsorganisation und Vergütung in der Landwirtschaft betrifft, gut bewährt. Zur Zeit wird das System der Familienverträge eingerichtet; die ersten Ergebnisse sind ermutigend.[33]
Anfang August 1987 sprach ich im Distrikt Ramenskoje, außerhalb von Moskau, mit Mitgliedern einer Gruppe, die seit fünf Jahren auf der Basis eines Vertrags am intensiven Einsatz von Maschinen arbeiteten. Sie zogen Saatkartoffeln; im letzten Jahr warf die Sowchose enorme Gewinne ab. Erfreuliche Dinge geschehen, wenn Leute für alles selbst die Verantwortung übernehmen. Die Resultate sind sehr unterschiedlich, und manchmal sind die Leute nicht wiederzuerkennen. Die Arbeit ändert sich, und auch die Einstellung zu ihr.
Der einzelne will in unserer Gesellschaft Teil von allem sein, und das ist gut so. Er mag es nicht, wenn man auf seine Meinung keinen Wert legt, wenn man in ihm nur eine Arbeitskraft sieht und seine menschlichen und staatsbürgerlichen Qualitäten nicht schätzt. Der kollektive Leistungsvertrag und die damit verbundene Demokratie bestärken die Menschen in dem Gefühl, Staatsbürger und ihr eigener Herr zu sein.
Wir haben heute große Kolchosen und Sowchosen[34] in vielen landwirtschaftlichen Gebieten. Große Arbeitsgruppen, Sektionen und Komplexe wurden organisiert. Irgendwie fühlen sie sich dem Land nicht verbunden, und das schlägt sich auf die Endergebnisse nieder. Jetzt ist es an der Zeit, im System dieser Kolchosen und Sowchosen durch Kollektiv-, Familien- und Pachtverträge für eine stärkere und direkte Einbindung der Interessen des einzelnen zu sorgen. Nur so werden wir die Vorteile einer weitgehend kollektiven Wirtschaft mit den individuellen Interessen verknüpfen, und das ist es, was wir brauchen. Wenn uns das gelingt,

können wir in den nächsten zwei bis drei Jahren bei der Lösung des Nahrungsmittelproblems beachtliche Schritte nach vorn machen.

Wenn private Interessen jedoch übergangen werden, können unsere Anstrengungen nichts fruchten, und die Gesellschaft wird mit Sicherheit verlieren. Aus diesem Grund ist es dringend erforderlich, einen Interessenausgleich herzustellen. Wir versuchen das durch eine neue Wirtschaftsstruktur, mehr Demokratie, eine Atmosphäre der Offenheit und die Einbeziehung der Öffentlichkeit in alle Bereiche der Umgestaltung.

Zuallererst müssen wir eine Atmosphäre schaffen, die unsere Bemühungen unterstützt und den einzelnen zur aktiven und verantwortungsvollen Mitarbeit ermutigt.

Ich spreche von einer Atmosphäre der Offenheit, in der alle, auch die heikelsten Fragen mit dem Volk diskutiert werden, um sie gemeinsam zu lösen. Zu diesem Zweck brauchen wir eine echte Mitwirkung der Öffentlichkeit in der Verwaltung. Deshalb sagen wir, die Demokratisierung sei ein Eckpfeiler der Umgestaltung. Organisationsformen, wie der neue Wirtschaftsmechanismus, die Wahl von Betriebsleitern und die Einrichtung von Räten in den Arbeitskollektiven auf Brigade-, Abteilungs- und Betriebsebene wurden rechtlich verankert. Die Beispiele von landwirtschaftlichen Betrieben, die bereits auf der Basis von Kollektiv- oder Familienverträgen arbeiten, zeigen deutlich, wie sehr sich unser Volk nach der Rolle des Eigentümers gesehnt hat. Die Menschen wollen nicht einfach nur mehr verdienen, was an sich verständlich ist; sie wollen es auf ehrliche Weise tun. Sie wollen verdienen und nicht den Staat bestehlen. Dieser Wunsch ist ganz im Sinn des Sozialismus, deshalb sollte es keine Restriktionen geben – was immer eine Person auch verdient, sie soll es erhalten. Gleichzeitig sollten wir aber auch nicht zulassen, daß jemand etwas bekommt, was er nicht verdient hat.

Wir gehen von der Voraussetzung aus, daß nur eine aktive Sozialpolitik, wie sie vom XXVII. Parteitag der KPdSU verkündet wurde, den Erfolg der Perestroika garantieren kann. Wir müssen den Lebensstandard anheben und die Wohnungssituation verbessern, mehr Nahrungsmittel produzieren und die Qualität der Waren anheben, das öffentliche Gesundheitswesen ausbauen, die Reform der Hoch- und Fachschulen vervollkommnen und viele andere Probleme im sozialen Bereich lösen.

Als die Plenarsitzung des Zentralkomitees der KPdSU sich im Juni 1987 mit aktuellen und langfristigen Aufgaben beschäftigte, widmete man den Fragen der Produktionssteigerung von Nahrungsmitteln und Konsumgütern sowie der Intensivierung des Wohnungsbaus besondere Aufmerksamkeit.

Umfassende Maßnahmen wurden durchgeführt. Wir bauen jetzt mehr Wohnungen. Für uns ist das eine Aufgabe, die die gesamte Nation betrifft. Zu ihrer Bewältigung werden wir zusätzliche Mittel aufbringen. Wir müssen dafür sorgen, daß die Menschen mehr und bessere Wohnungen bekommen. Dies gilt für städtische wie für ländliche Gebiete.

Wir müssen dem Volk zu einem guten Lebensstandard verhelfen. Wenn dieses Problem gelöst ist, werden sich die Arbeitskollektive stabilisieren. Den Menschen sind Veränderungen in ihrer Stadt oder in ihrem Dorf, in der Produktion, bei den Arbeitsbedingungen und im Wesen der Arbeit wichtiger als die Frage, wie schnell ihr Einkommen steigt.

Die gegenwärtige Passivität derjenigen Leiter, die die sich bietenden neuen Möglichkeiten nicht zur Lösung sozialer Probleme nutzen, ist besonders unerträglich. Hier wirkt einerseits die alte Gewohnheit, an die Lösung sozialer Probleme auf der Basis des sogenannten Restprinzips heranzugehen, demzufolge für soziale Zwecke nur das vorgesehen ist, was nach Befriedigung der Bedürfnisse der Produktion übrigbleibt. Darüber hinaus wirkt sich hier das Gefühl der Abhängigkeit aus, das tief verwurzelt ist. Wirtschaftliche

Rechnungsführung und Eigenfinanzierung werden dem ein Ende machen. Der ökonomische Mechanismus selbst verlangt, daß man energisch, klug und initiativ an die Probleme herangeht und als Eigentümer handelt.
Unsere Leistungen im Ausbildungswesen sind allgemein bekannt. Verglichen mit anderen modernen Staaten sind sie beeindruckend. Trotzdem führen wir eine Bildungsreform durch. Was veranlaßte uns dazu? Erst einmal stellt die moderne Gesellschaft neue Anforderungen an das Volk. Außerdem hat sich das Phänomen der Stagnation in unserer Gesellschaft auch auf unser Ausbildungssystem niedergeschlagen. Auch in der Ausbildung kam es angesichts des Erreichten zu Anzeichen von Selbstzufriedenheit, die sich sofort auf alles andere übertrug.
Jetzt haben wir nach einer Diskussion im ganzen Land Programme zur grundlegenden Umgestaltung der Hoch- und Fachschulen verabschiedet, die mit Blick auf die Erfordernisse der wissenschaftlich-technischen Entwicklung vor allem darauf abzielen, die Jugend auf die Aufgaben der Zukunft vorzubereiten und alles, was nur von zweitrangiger Bedeutung ist, auszumisten. Die humanistische Ausbildung der Jugend, deren Ziele eine zweckmäßige Erziehung und der Erwerb eines angemessenen kulturellen Niveaus sind, wird verbessert. Hoch- und Fachschulen legen den Schwerpunkt auf kreative Ausbildungs- und Erziehungsmethoden und auf die Förderung von Eigeninitiative und Selbständigkeit in den Kollektiven der Hoch- und Fachschulen. Die neuen Aufgaben bedürfen der Neugestaltung der materiellen Basis. Sehr wichtig ist, daß die Arbeit der Lehrer ein höheres Niveau erreicht. Wer sich weiterbildet, wird materiell gefördert. Die Programme haben die notwendige finanzielle Dekkung, und ihre Realisierung schreitet voran.
Zur Zeit werden Richtlinien für die Verbesserung des staatlichen Gesundheitswesens im ganzen Land diskutiert. Wenn die Diskussionen abgeschlossen sind, werden sie dem Zentralkomitee der KPdSU und der Regierung und danach dem Obersten Sowjet der UdSSR zur gründlichen Prüfung vorgelegt. Dieses umfassende Projekt wird enorme Geldmit-

tel und allseitige Anstrengungen erfordern. Die materiellen und finanziellen Mittel für die erste Phase, die in den letzten Jahren des Zwölften Fünfjahresplans und im dreizehnten Planjahrfünft durchgeführt wird, haben wir aufgebracht.
Die Intensivierung der Produktion veranlaßt uns, neu an das Problem der effektiven Beschäftigung heranzugehen, und macht eine Umgruppierung der Arbeitskräfte erforderlich. Während der Arbeit an dieser Aufgabe müssen wir sorgfältig prüfen, wie das Prinzip der sozialistischen Gerechtigkeit erfüllt werden kann. Die weitverbreitete Praxis der Gleichmacherei war in den vergangenen Jahrzehnten einer der schlimmsten Auswüchse und führte zu Gleichgültigkeit, Konsumdenken und primitiven Ansichten wie etwa: Das ist nicht mein Bier, sollen sich die Chefs den Kopf darüber zerbrechen.
Der XXVII. Parteitag der KPdSU formulierte das Problem der sozialen Gerechtigkeit folgendermaßen: Im Sozialismus ist die Arbeit die Grundlage für soziale Gerechtigkeit. Nur die Arbeit entscheidet darüber, welchen Platz ein Bürger in der Gesellschaft einnimmt, über seinen sozialen Status. Und das schließt jede Form der Gleichmacherei aus.
Gleichmacherei schießt immer wieder ins Kraut, auch heute noch. Einige Sowjetbürger verstanden die Forderung nach sozialer Gerechtigkeit so, als wolle man alle einander »gleichstellen«. Aber die Gesellschaft verlangt nachdrücklich, daß das Prinzip des Sozialismus entschlossen praktisch umgesetzt wird.
Was wir also am höchsten veranschlagen, ist der Beitrag des Sowjetbürgers zur Bewältigung der Aufgaben im Land. Wir müssen die Effizienz in der Produktion und das Talent eines Schriftstellers ebenso fördern wie den Wissenschaftler und jeden rechtschaffenen, schwer arbeitenden Bürger. In diesem Punkt wollen wir absolute Klarheit: Sozialismus hat mit Gleichmacherei nichts zu tun. Der Sozialismus kann die Lebensbedingungen und den Konsum nicht nach dem Prinzip regeln: Jeder nach seinen Fähigkeiten, jedem nach seinen Bedürfnissen. Das wird im Kommunismus der Fall sein. Doch der Sozialismus richtet sich bei der Verteilung

der gesellschaftlichen Prämien nach einem anderen Kriterium: Jeder nach seinen Fähigkeiten, jedem nach seiner Arbeit. Es gibt keine Ausbeutung des Menschen durch den Menschen, keine Unterscheidung in reich und arm, in Millionäre und Mittellose; alle Völker haben die gleichen Chancen; jeder Mensch hat einen gesicherten Arbeitsplatz; Ausbildung und Gesundheitsversorgung sind frei; die Sowjetbürger sind im Alter gut versorgt. Dies ist die Verkörperung von sozialer Gerechtigkeit im Sozialismus.
Wenn man heute bei uns im Land über das Thema soziale Gerechtigkeit diskutiert, ist oft die Rede von Vergünstigungen und Privilegien für Einzelne oder für Gruppen. Es gibt Vergünstigungen und Privilegien, die vom Staat eingeführt wurden; sie werden auf der Basis quantitativ und qualitativ nützlicher sozialer Arbeit gewährt. Es gibt Vergünstigungen für Menschen, die im Bereich der Produktion und in Bereichen der Wissenschaft und Kultur tätig sind. So nehmen wir uns herausragender Wissenschaftler, Akademiker und Schriftsteller besonders an. Menschen, die einen außergewöhnlichen Beitrag zum sozialistischen Aufbau leisten, erhalten Auszeichnungen. Von daher genießen Helden der Sozialistischen Arbeit und Preisträger unter Wissenschaftlern und Kulturschaffenden gewisse Sonderprivilegien. Es gibt aber auch gewisse Vergünstigungen für Beschäftigte verschiedener Industriezweige und für solche, die in bestimmten Regionen arbeiten (vor allem im Norden und in entlegenen Regionen), für Angehörige des Militärs, für Diplomaten usw. Ich glaube, daß diese Praxis gerechtfertigt ist, denn sie dient dem Interesse der ganzen Gesellschaft. Und außerdem richtet sie sich nach der Bedeutung und der Größe des Beitrags, den der einzelne leistet.
Wenn Privilegien allerdings nicht vom Staat, sondern von einigen Leuten gewährt werden, die sich durch Mißbrauch ihrer amtlichen Vollmachten selbst Privilegien zuschanzen, dann ist das untragbar. Wir verurteilen das.
Es gibt noch einen weiteren Aspekt dieser Frage. Viele unserer Organisationen und Betriebe unterhalten Dienstleistungseinrichtungen. Fast überall wird in großen Betrieben

ein öffentliches Versorgungssystem für Nahrungsmittel betrieben. Außerdem tragen in den meisten Fällen die Betriebe die Kosten für die Aufrechterhaltung öffentlicher Versorgungsorganisationen. Betriebsleitung und Gewerkschaftskomitee arbeiten hier Hand in Hand, mit dem Ergebnis, daß die Mahlzeiten weniger kosten.
Unser Land besitzt ein ausgedehntes Netz von medizinischen Einrichtungen, das die Menschen an ihren Arbeitsplätzen gesundheitlich betreut. Es umfaßt nicht nur Ambulanzen, sondern auch Ferienheime und Erholungszentren in der Nähe der Betriebe oder in Erholungsgebieten und Kurorten. Viele Betriebe unterhalten eigene Läden, Gaststätten, Schneidereien und anderes mehr. Man könnte das als eigenständigen Dienstleistungsbereich bezeichnen.
Dies gilt nicht nur für Industriebetriebe. So haben auch die Akademie der Wissenschaften, der Schriftstellerverband oder andere Organisationen Erholungszentren, Ferienhotels und Feriendörfer. Die Gewerkschaften (nebenbei bemerkt die reichsten Organisationen in unserem Land) und die Organisationen der Partei und der Sowjets besitzen ebenfalls solche Einrichtungen. Dies ist historisch gewachsen.
Natürlich können solche Dienstleistungen problematisch sein, und sie sind es auch, besonders dann, wenn die Qualität der Dienstleistungen, die der Gesamtbevölkerung zuteil werden, weit schlechter ist als in den oben genannten Organisationen und Institutionen. Mit Recht werden solche Erscheinungen von den Werktätigen kritisiert. Diese Fragen sollten im Lauf der Förderung der von uns verabschiedeten Programme gelöst werden.
Wir werden unseren Kampf gegen Trunkenheit und Alkoholismus entschlossen fortsetzen. Dieses soziale Laster ist seit Jahrhunderten bei uns verwurzelt und zu einer schlechten Gewohnheit geworden. Daher ist es nicht leicht zu bekämpfen. Doch die Gesellschaft ist reif für eine radikale Umkehr. Der Alkoholmißbrauch hat besonders in den vergangenen zwei Jahrzehnten alarmierende Ausmaße angenommen und wird zu einer Gefahr für die Nation. Die Werktätigen erinnern uns immer wieder an die Notwendigkeit, unsere An-

strengungen bei der Bekämpfung dieses Übels zu verstärken. Manche fordern sogar ein Alkoholverbot im ganzen Land. Doch wir sind davon überzeugt, daß es unzweckmäßig wäre, auf Staatsebene ein Verbot einzuführen. Deshalb geben wir zur Antwort: Wer will, der kann ein Verbot in seiner Familie, in seinem Gebiet oder Distrikt einführen. In Tausenden von Dörfern und Siedlungen haben die Werktätigen bei Vollversammlungen beschlossen, den Verkauf und Genuß alkoholischer Getränke zu beenden. Die Kampagne geht weiter. Der Pro-Kopf-Verbrauch von Alkohol ist in den letzten beiden Jahren um die Hälfte gesunken. Dafür hat die Schnapsbrennerei zugenommen. Es ist unmöglich, das Problem durch administrative Maßnahmen zu lösen. Der zuverlässigste Weg, ein Übel wie den Alkoholismus zu beseitigen, ist der Ausbau des Freizeitbereichs, die Förderung von körperlicher Betätigung, Sport und breiten kulturellen Aktivitäten sowie die fortschreitende Demokratisierung des gesellschaftlichen Lebens in seiner Gesamtheit.

III. Auf dem Weg zur Demokratisierung

Unsere wichtigste Reserve

Eine der vorrangigen politischen Aufgaben der Umgestaltung, wenn nicht gar die wichtigste, besteht darin, im sowjetischen Volk wieder ein Verantwortungsgefühl für die Belange der Nation zu wecken und zu verankern. Eine gewisse Entfremdung, die durch die brüchigen Bande zwischen Staats- und Wirtschaftsorganen, Arbeitskollektiven und Arbeitern an der Basis sowie durch die Unterschätzung ihrer Rolle bei der Entwicklung der sozialistischen Gesellschaft verursacht wurde, erweist sich noch immer als hinderlich.

Der Faktor Mensch im weitesten Sinn ist unsere wichtigste Reserve. Wir werden alles in unserer Macht Stehende tun, um ihn zu aktivieren, indem wir vor allem die soziale Ausrichtung unserer Pläne verstärken. Ich will nur noch anfügen, daß wir uns um ein Gleichgewicht zweier Bereiche bemühen – des wirtschaftlichen und des sozialen. Wenn die Interessen des sozialen Bereichs zugunsten der wirtschaftlichen Zuwachsraten ignoriert werden, geht das Interesse an den Endergebnissen der Arbeit verloren. Dies schadet der Arbeitsproduktivität und untergräbt unsere Wirtschaft. Umgekehrt darf der soziale Bereich nicht in der Weise ausgebaut werden, daß es zu Lasten der Basis geht, denn dann würden wir die eigentliche Voraussetzung für eine dynamische soziale Entwicklung unterhöhlen. Deshalb müssen wir den goldenen Mittelweg finden, der zu einer harmonischen sozialökonomischen Entwicklung beiträgt. Die Wechselbeziehungen zwischen diesen beiden Bereichen sind nicht statisch; sie verändern sich ständig. Heute steht für uns die Sozialpolitik im Vordergrund.

Der moralische Bereich ist von enormer Bedeutung. Wenn es uns nicht gelingt, in den Arbeitskollektiven und in der gesamten Gesellschaft die sozialistischen Werte neu zu beleben und eine sozialistische Atmosphäre herzustellen, dann werden wir die Umgestaltung nicht durchsetzen können. Wir können zwar die richtigen Maßnahmen und einen effektiven Mechanismus vorschlagen, aber wir werden nichts erreichen, wenn die Gesellschaft keine Fortschritte macht: durch Verankerung der moralischen Werte des Sozialismus, allen voran sozialer Gerechtigkeit, Verteilung nach Leistung, gleiche Disziplin, Gesetze, Regeln und Pflichten für alle.

Wir werden den Faktor Mensch auch dadurch aktivieren, daß wir das System der Wirtschaftsführung verbessern, d.h. ihren Mechanismus. Was bedeutet wirtschaftliche Rechnungsführung in diesem Zusammenhang? Sie bringt den Arbeitskollektiven nicht nur Rechte, sondern auch mehr Verantwortung. Wenn wir sagen, ihr werdet so leben, wie ihr arbeitet, dann bedeutet das, daß wir den Menschen die Verantwortung für ihre Zukunft in die Hände legen.

Ein Arbeitskollektiv entwickelt natürlich in dem Maße den Wunsch, über seine Unternehmungen und Arbeitsprozesse selbst bestimmen zu dürfen, wie die Einkommen und das Leben des Kollektivs von den Arbeitsresultaten abhängen. Auch hier haben wir wieder zwei Seiten eines Prozesses. Mit anderen Worten: Wirtschaftliche Kostenrechnung ist mit der Selbstverwaltung und Selbständigkeit der Arbeitskollektive eng verknüpft.

Wir haben auch die wechselseitigen Beziehungen zwischen der Einmann-Wirtschaftsführung und der Beteiligung der Arbeitskollektive bei der Bewältigung der Aufgaben in der Produktion neu überdacht. Dies ist eine aktuelle Frage. Es wird keinen Fortschritt geben, wenn wir die Arbeiter nicht durch entsprechende Mechanismen in die Wirtschaftsführung mit einbeziehen – auf der Ebene der Brigade, der Werkabteilung, der Fabrik und des Betriebs. Außerdem muß ein Arbeitskollektiv das Recht haben, seinen Leiter zu wählen. Dieser erhält dann das Recht, im Namen des Kollektivs, das er kraft seines Willens zu einer Einheit zusammenschmiedet, eine Einmann-Führung auszuüben.

Die Wahl von Leitern in der Wirtschaft ist direkte, praktische Demokratie. Anfänglich jagte das einigen Leuten einen Schrecken ein. Sie behaupteten, wir seien zu weit gegangen, das werde ein böses Ende nehmen. Aber diejenigen, die so urteilten, vergaßen das Wichtigste, daß nämlich gesunder Menschenverstand immer die Oberhand behält. Gewiß werden irgendwo Gruppeninteressen, wechselseitige Begünstigungen spürbar werden. Aber im Grunde will jeder, daß seiner Brigade, seinem Werkteil und seinem Betrieb, seiner Sowchose oder seiner Kolchose ein zuverlässiger, intelligenter Leiter mit Führungsqualitäten vorsteht, der Perspektiven auf eine Verbesserung der Produktion und des Lebensstandards eröffnet. Unser Volk begreift das. Es braucht keine schwachen Chefs. Es braucht Leute, die begabt und besonnen sind, jedoch auch vertretbare Anforderungen stellen.

Das Volk erwartet von den Betriebsleitern, Werkteilleitern und Brigadieren eine veränderte Einstellung. Die Menschen erwarten ein moralisches Vorbild, gerade auch von ihren

Vorgesetzen. Hier einige Beispiele: Wo ein guter Leiter arbeitet, stellt sich Erfolg ein. Er kümmert sich um seine Leute. Jeder spricht mit ihm. Er braucht nicht zu brüllen, wenn er Anweisungen gibt. Er unterscheidet sich äußerlich nicht von den anderen, aber er sieht alles und kann alles erklären. Gerade jetzt ist es extrem wichtig, daß man die Situation erklären kann. Die Menschen werden einsehen, daß sie sich noch gedulden müssen, wenn sie verstehen, warum einige ihrer Forderungen nicht ganz und nicht sofort erfüllt werden können.

Wir stärken also den Faktor Mensch mit Hilfe verstärkter demokratischer Verfahrensweisen, besserer ideologischer Arbeit und einem gesunderen moralischen Klima in der Gesellschaft. Noch lange nicht jeder hat die kritischen Zeichen unserer Zeit voll erkannt. Es bedarf großer Anstrengungen, um über diejenigen die Oberhand zu gewinnen, die sich noch immer zurückhalten oder denen der Status quo in den Kram paßt.

Das verbreitete Schablonendenken kann nicht mit einem Schlag beseitigt werden. Ebensowenig lassen sich Gewohnheiten, die seit Jahren tief verwurzelt sind, per Erlaß abschaffen, auch wenn ein Erlaß den Menschen noch so sehr Furcht einflößt. Bedauerlicherweise ist es uns noch nicht völlig gelungen, im Umgang mit den Menschen veraltete Verhaltensweisen abzulegen, Verhaltensweisen, die durch unseren Hang zu ideologischen Kampagnen und großspurigem Geschwätz bedingt sind. Ein langwieriger, intensiver Kampf steht uns hier bevor. Ein Kampf gegen Amtsschimmel, Augenwischerei, abstrakte Parolen und gegen das Wiederaufleben pompöser Protzerei. Wir dürfen unter keinen Umständen zulassen, daß falsche Vorstellungen über unser Wohlergehen in die Welt gesetzt werden. Wir dürfen nicht zulassen, daß Bürokratismus und Formalismus die lebensspendenden Initiativen aus dem Volk ersticken.

Bei meinen Gesprächen mit Menschen auf der Straße oder am Arbeitsplatz bekomme ich immer wieder zu hören: »Hier ist jeder für Perestroika.« Ich bin von der Aufrichtigkeit und Ehrlichkeit dieser Aussagen überzeugt, doch ich antworte jedesmal, daß es jetzt vor allem darauf ankomme, weniger über Perestroika zu reden und mehr dafür zu tun. Wir brauchen mehr Ordnung, Gewissenhaftigkeit, gegenseitigen Respekt und Redlichkeit. Wir sollten auf die Stimme unseres Gewissens hören. Es ist gut, daß die Menschen das verstehen. Noch besser ist, daß sie es mit Herz und Verstand akzeptieren. Das ist sehr wichtig. Wir haben eine Politik, und wir haben eine Regierung, die für diese Politik kämpft, und Menschen, die sie unterstützen. Das ist das Allerwichtigste. Mit allem anderen werden wir fertigwerden. Die Kampagne der Umgestaltung wird Fortschritte machen und Früchte bringen. Am meisten hat mich bei meinen persönlichen Gesprächen mit dem sowjetischen Volk beeindruckt, wie tief die Menschen die politische und moralische Bedeutung der Perestroika empfunden haben.

Die Wahrung des Rechts – ein unverzichtbares Element des Sozialismus

Die Wahrung des Rechts ist für uns eine Grundsatzfrage, und wir haben zu dieser Frage ausgiebig und grundsätzlich Stellung bezogen. Es kann keine Wahrung des Rechts ohne Demokratie geben. Ebensowenig kann Demokratie Bestand haben und sich entwickeln ohne die Herrschaft der Gesetze, denn die Gesetze sind dazu da, die Gesellschaft vor Machtmißbrauch zu schützen und die Rechte und Freiheiten der Bürger, ihrer Arbeitskollektive und Organisationen zu garantieren.

Deshalb haben wir zu dieser Frage klar Stellung bezogen. Wir wissen aus eigener Erfahrung, was passiert, wenn man von diesen Prinzipien abweicht.

Schon in den Anfängen der sowjetischen Herrschaft maßen Lenin und die Partei der Aufrechterhaltung und Verankerung des Rechts überragende Bedeutung zu. Dies war nur natürlich, denn die politische Realität in der neu entstehenden Gesellschaft ließ keine andere Wahl: Wir mußten das neue

Regierungssystem festigen, das Privateigentum an Produktionsmitteln abschaffen, den Boden verstaatlichen, die Kontrolle über die Produktion in die Hände der Werktätigen legen und die Interessen der Arbeiter und Bauern gegen die Konterrevolution verteidigen. All das mußte geregelt und gesetzlich verankert werden, andernfalls hätte der revolutionäre Prozeß im Chaos geendet, und es wäre unmöglich geworden, unsere Errungenschaften zu festigen, ein normales Funktionieren des Sowjetsystems zu gewährleisten und dem öffentlichen Leben neue Prinzipien zugrundezulegen.

Diesen Zweck erfüllten die Verordnungen der Sowjetregierung. Von Beginn an erklärten sie die Gesetzlichkeit zu einem fundamentalen Prinzip, welches das gesellschaftliche Leben in der Sowjetunion lenken sollte, und riefen dazu auf, Millionen von Werktätigen für den Aufbau des Landes zu gewinnen und sie zu lehren – wie Lenin es damals ausdrückte –, »für ihre Rechte zu kämpfen«. Diese Idee zieht sich durch die erste Sowjetische Verfassung von 1918 und die darauf folgende Resolution »Über die strikte Einhaltung der Gesetze«, die vom Allrussischen Sowjetkongreß verabschiedet wurde.

Nach dem Bürgerkrieg wurde die gesetzgeberische Arbeit verstärkt. Ihr Ziel war, die sozialistischen Veränderungen gesetzlich festzuschreiben. Die Gesetze und die Tätigkeit der Organe, die über die Einhaltung der Gesetze wachten und Recht sprachen, wurden ein wichtiges Instrument beim Aufbau des neuen Staates und legitimierten alle Ergebnisse ökonomischer, sozialer, kultureller und anderer Aktivitäten. Lenins Forderung, es dürfe nur ein Gesetzeswerk für das gesamte Land geben und man dürfe »kein Jota von den Gesetzen abweichen«, wurde strikt eingehalten.

Dennoch müssen wir in diesem Zusammenhang von der Zeit sprechen, die wir als die Periode des Personenkults bezeichnen. Sie hat sich auf unsere Gesetze, deren Ausrichtung und vor allem deren Einhaltung ausgewirkt. Verstärkter Zentralismus, Administration durch Verbote und die Einführung zahlreicher administrativer Vorschriften und Einschränkungen schmälerten die Rolle des Gesetzes. Dann kam der Zeitpunkt, an dem dies zu Willkürherrschaft und allgemeiner Rechtlosigkeit führte, die mit den Prinzipien des Sozialismus oder den Bestimmungen der Verfassung von 1936 nichts mehr gemein hatten. Stalin und seine engen Vertrauten sind dafür verantwortlich, daß das Land mit solchen Methoden regiert wurde. Alle Versuche, diesen Zustand der Rechtlosigkeit durch politische Notwendigkeiten, internationale Spannungen oder eine angebliche Zuspitzung des Klassenkampfes im Land zu rechtfertigen, sind falsch. Die Vergewaltigung des Rechts hatte tragische Konsequenzen, die wir noch immer nicht vergessen oder vergeben können. Der XX. Parteitag rechnete scharf mit dieser Periode ab.

Dies schlug sich in der Gesetzgebung nieder. Die demokratischen Prinzipien wurden zu neuem Leben erweckt, Gesetz und Ordnung wiederhergestellt und in der Gesetzgebung kodifiziert. Im ganzen Land begann man über Gesetzentwürfe und andere wichtige Fragen zu diskutieren. Im vergangenen Vierteljahrhundert nahmen Millionen von Menschen an der Diskussion über dreißig wichtige Gesetzentwürfe teil. Sie äußerten ihre Meinung zu den Entwürfen und schlugen Verbesserungen und Zusätze vor.

Aber die folgende Periode der Stagnation ging wiederum mit einer Schwächung der Rechtsschutzorgane einher. Wieder kam es zu Willkürmaßnahmen und Gesetzesverstößen, auch von seiten führender Funktionäre. Gerichte, Staatsanwaltschaften und andere Organe, die eigentlich über die öffentliche Ordnung wachen und Amtsmißbrauch bekämpfen sollten, wurden oft zu Opfern der Umstände, gerieten selbst in Abhängigkeit und wichen von ihrer Prinzipienfestigkeit im Kampf gegen Gesetzesübertreter ab. Korruptionsfälle in den Rechtsschutzorganen nahmen zu.

Mit dem Beginn der Perestroika haben wir uns entschlossen, mit diesen Erscheinungen der Vergangenheit aufzuräumen und der Entwicklung der Demokratie neue Impulse zu geben. Wir erkannten die Notwendigkeit umfassender Veränderungen sowohl im Bereich unserer Gesetzgebung als auch bei der Vervollkommnung der sozialistischen Legalität an sich.

Dies wurde um so notwendiger, als wir im Mechanismus der Wirtschaftsführung und der sozialen Entwicklung tiefgreifende Veränderungen vornahmen. Es ist ein unabtrennbarer Teil der Demokratisierung in allen Bereichen unserer Gesellschaft. Die Maßnahmen, die wir auf dem Gebiet der Gesetzgebung und Rechtsprechung getroffen haben, werden den Umgestaltungsprozeß beflügeln. Sie stehen in Zusammenhang mit den Reformen im ökonomischen, sozialen und kulturellen Bereich und berücksichtigen die Wünsche der Werktätigen und die Ergebnisse von öffentlichen Abstimmungen.

Die Perestroika erfordert einen höheren Grad an sozialer Organisation und bewußte Disziplin der Bürger. Ich möchte es so ausdrücken: Je tiefgreifender die Umgestaltung, desto strikter und konsequenter sollten die Prinzipien des Sozialismus umgesetzt und die Regeln der sozialistischen Gesellschaft, die in der Verfassung und in den Gesetzen festgehalten sind, berücksichtigt werden.

Die Perestroika stellt höhere Anforderungen an den eigentlichen Inhalt der gesetzgeberischen Akte. Das Gesetz soll die Interessen der Gesellschaft entschieden schützen und verbieten, was die nationalen Interessen beeinträchtigen könnte. Dies ist ein allgemein anerkannter Grundsatz. Aber auch in diesem strengen Rahmen soll das Gesetz gewährleisten, daß genug Raum für die Initiative von Bürgern, Arbeitskollektiven und deren Organisationen bleibt. Aktivitäten und Initiativen im gesetzlichen Rahmen sollte jede Unterstützung und Förderung zuteil werden. Wir haben zuviel Mühe darauf verwendet, alle Rechte der Betriebe in verschiedenen Dienstanweisungen aufzulisten. Und in der Tat wurde stillschweigend vorausgesetzt, daß jede Aktivität jenseits dieser Instruktionen als unerlaubt betrachtet werden sollte. Inzwischen hat die Erfahrung gezeigt, daß wir keine totale gesetzliche Reglementierung der vielfältigen Erscheinungen des gesellschaftlichen Lebens brauchen, sondern ein gesundes Augenmaß und eine stete Förderung und Unterstützung der Arbeiter, der Belegschaft und aller Formen von Initiativen im Volk. Halten wir uns daher strikt an das Prinzip: Alles ist erlaubt, was das Gesetz nicht verbietet.

Eine ganze Reihe wichtiger Gesetzesmaßnahmen wurde im Verlauf der Perestroika bereits verabschiedet, darunter auch das Gesetz über den staatlichen Betrieb (Vereinigung), Gesetze zur Umgestaltung des Organisationssystems des Agrar-Industrie-Komplexes[35], zur Bildungsreform, zur privaten Erwerbstätigkeit, zur Bekämpfung gesetzwidriger Einkünfte, des Alkoholismus und Drogenmißbrauchs. Außerdem wurden Gesetze zur Verbesserung des Gesundheitswesens und des Umweltschutzes, des Mutterschafts- und Jugendschutzes erlassen.
Besondere Aufmerksamkeit widmen wir der Aufgabe, die Garantien für die Rechte und Freiheiten des sowjetischen Volkes zu festigen. Verordnungen des Präsidiums des Obersten Sowjets der UdSSR stellen die Unterdrückung von Kritik gesetzlich unter Strafe und ermöglichen Schadensersatzklagen, wenn Bürger durch widerrechtliche Handlungen von Organen und Angestellten der Regierung oder öffentlicher Institutionen zu Schaden gekommen sind. Ferner wurde ein Gesetz verabschiedet, das es Bürgern ermöglicht, gegen widerrechtliche Handlungen von Beamten, die gegen die Bürgerrechte verstoßen, bei Gericht Beschwerde einzulegen. Ein Verfahren, wichtige Fragen des politischen Lebens landesweit zur Diskussion zu stellen, wurde ebenfalls rechtlich verankert in einem Gesetz, das vom Obersten Sowjet im Juni 1987 verabschiedet wurde.
Wir sind uns dabei im klaren, daß die Umgestaltung in ihrem weiteren Verlauf noch viele Schritte auf dem Gebiet von Gesetzgebung und Rechtsordnung erfordern wird. Auf der Agenda steht die umfassende Kodifizierung der gesamten Gesetzgebung. Dies soll den Weg freimachen für in der heutigen Zeit entscheidende Aufgaben wie die Steigerung der wirtschaftlichen Effizienz, die Fortsetzung einer energischen Sozialpolitik und die Ausschöpfung des Potentials aller Institutionen in unserer sozialistischen Demokratie. Mit anderen Worten, sie soll den Weg freimachen zur *Selbstverwaltung* durch das Volk.
Beträchtliche Neuerungen wurden im Wahlrecht eingeführt. Die Experimente während der Wahlkampagne im Juni 1987

versetzen uns in die Lage, sorgfältiger und zielstrebiger an dieses ziemlich komplizierte Problem heranzugehen. In Gang gekommen ist jetzt die Arbeit, die mit der Umgestaltung des Führungssystems in der Wirtschaft und einer Verstärkung der Rolle örtlicher Organe der Staatsgewalt und der Verwaltung im Zusammenhang steht. Wir haben einen riesigen Berg Arbeit vor uns, angesichts der Tatsache, daß etwa 30 000 Normative in unserer Wirtschaft wirksam sind. Viele davon muß man grundlegend ändern, recht oft kann man sie einfach aufheben. Tausende davon wurden nach Inkrafttreten des Gesetzes über den staatlichen Betrieb bereits gestrichen.

Nach ihren letzten Kongressen haben die Gewerkschaften und der Komsomol[36] Gesetzentwürfe zur organisierten Arbeit und Jugend vorgeschlagen. Entwürfe für ein Arbeitsgesetz, Gesetzesentwürfe zur Tätigkeit der Kooperativen, zur Erweiterung der Entscheidungsbefugnis von Versammlungen der Arbeitskollektive, zur Höhe der Pensionen von Arbeitern, Verwaltungsbediensteten und Genossenschaftsbauern und für die Qualitätsnormen bei Erzeugnissen sind in Vorbereitung.

Auch die Änderung des Strafrechts wird eine Menge Arbeit mit sich bringen. Es sollte ebenfalls auf den gegenwärtigen Stand der Reife der sowjetischen Gesellschaft ausgerichtet werden. Die Vollendung dieses wichtigen Teils unserer Arbeit auf dem Feld der Gesetzgebung und Rechtsordnung wird sich im Verlauf der gewaltigen Veränderungen einstellen, die Umgestaltung und Demokratisierung mit sich bringen.

Besonders wichtig ist, die Rolle der Gerichte als Wahlorgane, die in engem Kontakt zur Bevölkerung stehen, zu verstärken, die Unabhängigkeit der Richter zu garantieren und bei den rechtlichen Verfahren dafür zu sorgen, daß Objektivität, ein Wahlgang mit mehreren Auswahlkandidaten und Offenheit gewahrt werden. Denselben Zielen dienen Maßnahmen, die kürzlich getroffen wurden. Sie sollen die staatsanwaltschaftliche Überwachung der strikten Befolgung der Gesetze durch alle Bürger verbessern, die Funktionen des Staatlichen

Schiedsgerichts bei der Schlichtung von Streitfällen im Wirtschaftsbereich erweitern, das Gerichtswesen den Bedürfnissen der Volkswirtschaft anpassen und die Rechtserziehung der Öffentlichkeit fördern.
Damit wird klar, daß eine Unmenge von Arbeit auf uns wartet, wenn wir die Grundlagen des Sozialismus gesetzlich verankern wollen. Recht und Gesetz sind nicht nur Begleiterscheinungen bei der Vertiefung unserer Demokratie und der Beschleunigung des sozialen Fortschritts. Sie sind Werkzeuge bei der Umgestaltung und eine verläßliche Garantie dafür, daß die Umgestaltung nicht rückgängig gemacht wird.

Die Perestroika und die Sowjets

Jetzt, da die Perestroika im Gang ist und die Demokratie weiter ausgebaut wird, hat die Frage eine neue Dimension erhalten, wie die politische Führungsrolle der Partei mit der Rolle von Staatsorganen, Gewerkschaften und anderen öffentlichen Organisationen zu verbinden ist.
Nehmen wir als Beispiel die Sowjets. Die Perestroika zwingt uns, uns darüber klarzuwerden, welche Rolle sie bei der laufenden Reform spielen sollen. Es kann keine Demokratisierung der Gesellschaft geben, solange die Sowjets in den Prozeß nicht einbezogen und ihr Status und ihre Tätigkeit nicht Gegenstand revolutionärer Veränderungen werden.
Die Sowjets in Rußland sind ein einmaliges Phänomen in der Geschichte der Weltpolitik. Sie sind aus der unmittelbaren, kreativen Teilnahme der Werktätigen an der Politik hervorgegangen. Wenige Leute im Westen wissen, daß die eigentliche Idee der Sowjets, auf die bald erste Schritte zu ihrer Verwirklichung folgten, lange vor der Oktoberrevolution 1917 geboren wurde – nämlich schon im Jahre 1905. Im Gefolge der Februarrevolution von 1917, die die zaristische Regierung stürzte, entwickelten sich die Sowjets zu Machtorganen in ganz Rußland, allerdings mit begrenzten Machtbefugnissen, da sie mit der Provisorischen Regierung[37]

koexistierten. In logischer Folge bildeten sie die politische Basis für die neue Republik, die im Oktober 1917 entstand. Unser Land hieß fortan Sowjetunion.
Wenn es die Sowjets nicht gegeben hätte, hätten wir den Bürgerkrieg nicht gewonnen. Wenn es die Sowjets nicht gegeben hätte, hätten wir in einem so riesigen Land nicht Millionen von Menschen, vor allem Arbeiter und Bauern, vereinen können. Wenn es die Sowjets nicht gegeben hätte, wäre bei der Neuen Ökonomischen Politik[38] nichts herausgekommen. Einmal von den Massen ins Leben gerufen, lag ihre eigentliche Macht darin, daß sie sich zum Sprachrohr der Werktätigen machten und deren Interessen wahrten. Der eigentliche Grund und das Geheimnis ihrer schnellen, ja sogar spontanen Verbreitung im ganzen Land lag in der Tatsache, daß sie Entscheidungen trafen und sie selbständig umsetzten, und das unter den Augen der Öffentlichkeit und unter der Kontrolle all derer, die davon betroffen waren. Dies war ein einmaliger und effektiver Weg, direkte Demokratie mit repräsentativer Demokratie zu verbinden.
Doch als das System der Wirtschaftsführung, das ganz auf der Basis von Weisungen funktionierte, eingesetzt wurde, wurden die Sowjets irgendwie verdrängt. Eine Menge von Fragen wurde ohne ihre Mitwirkung gelöst oder blieben ganz einfach liegen und wuchsen sich zu Problemen aus. Das schmälerte das Ansehen der Sowjets. Von dem Moment an kam die Entwicklung der sozialistischen Demokratie ins Stocken. Es gab erste Anzeichen dafür, daß die Werktätigen sich von ihrem verfassungsmäßigen Recht, direkt bei den Angelegenheiten des Staates mitzuwirken, entfremdeten, mit dem Ergebnis, daß das Prinzip der sozialistischen Revolution – daß die Macht nicht nur für die Werktätigen da sein muß, sondern auch von ihnen ausgeübt werden muß – grob verletzt wurde.
Wir müssen zugeben, daß unter diesen Bedingungen viele Betriebsleiter begannen, die legitimen Forderungen und Vorschläge der Sowjets nicht mehr mit dem gehörigen Respekt zu behandeln. Jeder schien zwar einzusehen – und niemand hat es offiziell bestritten –, daß die Sowjets in

ihren jeweiligen Zuständigkeitsbereichen in allen Fragen, die die Entwicklung betrafen, Verantwortung trugen und sich um die alltäglichen Bedürfnisse des Volkes zu kümmern hatten. Aber die realen Möglichkeiten der Sowjets, verglichen mit denen der Wirtschaftsorgane, ließen es nicht zu, daß sie diese Funktionen wahrnehmen konnten. Die Direktoren und Betriebsleiter vieler, und vor allem der großen Betriebe konnten es sich leisten, die beharrlichen und berechtigten Forderungen der Sowjets zu ignorieren, ob es nun um Wohnungsbau, die Förderung sozialer und kultureller Programme, die Einrichtung von Anlagen zur Reinerhaltung von Luft und Wasser, den Ausbau des öffentlichen Verkehrsnetzes oder ganz einfach um mehr Komfort irgendwelcher Art in ihrem Zuständigkeitsbereich ging.

Man kann zwar nicht gerade sagen, die Werktätigen und die Parteiorgane hätten jegliches Interesse an ihnen verloren. Es wurden Versuche unternommen, die Situation zu verbessern und die herrschende Praxis zu ändern. Aber diese Versuche waren zu schwach, weniger aus objektiven als aus subjektiven Gründen. In den vergangenen fünfzehn Jahren wurden vierzehn Resolutionen zur Verbesserung der Tätigkeit der Sowjets verabschiedet. So gut diese Resolutionen auch waren, die Angelegenheit kam nicht vom Fleck, weil das wirtschaftliche, politische und ideologische Umfeld des vorhandenen Bremsmechanismus sich einer stärkeren Rolle der Sowjets widersetzte, die ja im Grunde breite Demokratie und Offenheit verkörperten.

Jetzt erkennen wir deutlich, daß die Propagierung einer Wirtschaftsführung, die auf Weisungen und Überwachung beruht, dazu führte, daß wir von den Möglichkeiten der Sowjets, zum Wohl des Volkes beizutragen, zu wenig Gebrauch machten, dagegen Bürokratismus in vielen Bereichen ein Übergewicht bekam. Der schwindende Einfluß der Sowjets leistete der Ersetzung der Funktionen und Tätigkeiten von Exekutiv- und Verwaltungsorganen durch Parteiorgane Vorschub.

Die »Substitution« der Sowjets durch Parteiorgane übte starken Einfluß auf die politische Arbeit der Partei aus.

In dem Maß, wie Parteifunktionäre sich verstärkt mit wirtschaftlichen Angelegenheiten und Wirtschaftsführung befaßten, wurden Kader aus Kreisen fähiger Spezialisten rekrutiert, obwohl diese in Führungsfragen oft weder ausgebildet waren noch über Erfahrung verfügten. Kurz gesagt, es kam Sand ins Getriebe der demokratischen Maschinerie, die ihre Existenz unserer sozialistischen Revolution verdankte.

Deshalb stehen wir bei der gegenwärtigen Kampagne für eine Umgestaltung vor einer gewaltigen Aufgabe. Wir müssen die Rolle der Sowjets als politische Machtorgane und als Grundlage der sozialistischen Demokratie erneuern. Wir sind dabei, das Ansehen und die Macht der Sowjets in vollem Umfang wiederherzustellen, indem wir die notwendigen Voraussetzungen schaffen, damit sie unter den Bedingungen der Perestroika richtig, effektiv und kreativ arbeiten können.

Die Plenarsitzung vom Januar 1987 rief die Parteikomitees dazu auf, sich strikt daran zu halten, den Einfluß der Sowjets zu vergrößern und sich nicht in deren Angelegenheiten einzumischen. Ebenso wichtig ist, daß die Vorsitzenden und Angehörigen der Sowjets ihre ganze Kraft darauf verwenden, die Trägheit und ihre Gewohnheit abzulegen, sich ständig nach anderen zu orientieren und auf Befehle von oben zu warten. Die jüngst verabschiedeten Gesetze über die Rolle der Sowjets in der Phase der Umgestaltung ermutigen die Sowjets und ihre ausführenden Organe zu demokratischem Verhalten. Der Schwerpunkt ihrer Tätigkeit sollte darin liegen, den Kontakt zum Volk enger zu gestalten. Die neuen Beschlüsse geben den Sowjets die Möglichkeit, ihre Arbeit so durchzuführen, daß sie zu echten Organen der Volksmacht werden. Sie sind jetzt mit ausgedehnten Rechten ausgestattet, die es ihnen ermöglichen, die Tätigkeit aller Betriebe und Organisationen in ihrem jeweiligen Zuständigkeitsbereich zu koordinieren und zu kontrollieren.

Dies sind aber nur erste Schritte auf dem Weg zu einer Wiederherstellung des revolutionären demokratischen Charakters der Sowjets. Die bevorstehende Unionsparteikonferenz[39] soll Beschlüsse erwägen und verabschieden, die geeignet sind, das Wahlsystem und die Arbeit der Sowjets auf allen Ebenen zu verbessern. Anträge sind in Vorbereitung. Es ist noch zu früh, sie zu beurteilen, aber ihre Zielrichtung ist klar: sie sollen die sowjetische Demokratie vertiefen.

Die neue Rolle der Gewerkschaften

Was unser Land im Augenblick auf sich nimmt und die Probleme, mit denen es sich beschäftigt, macht auch eine neue Einschätzung der Rolle der Gewerkschaften in unserer Gesellschaft nötig.

Es muß vor allem betont werden, daß unsere Gewerkschaften eine gewaltige Macht darstellen. Ohne die Zustimmung des Unionsparteizentralrats der Gewerkschaften[40] kann kein Arbeitsgesetz entworfen werden. Bei allen Fragen, die Arbeitsgesetze, deren Durchführung und den Rechtsschutz der Werktätigen betreffen, haben die Gewerkschaften das letzte Wort. Wenn ein Betriebsleiter einen Arbeiter ohne Zustimmung der Gewerkschaft entläßt, erklärt ein Gericht die Entscheidung ohne vorherige Beratung automatisch für ungültig, da die Meinung der Gewerkschaft nicht berücksichtigt worden ist. Dem Obersten Sowjet wird kein Entwicklungsplan für die Wirtschaft, ob für ein oder fünf Jahre, vorgelegt ohne die Zustimmung der Gewerkschaften. An der Ausarbeitung der Pläne sind die Gewerkschaften auf allen Ebenen beteiligt.

Im Verantwortungsbereich der Gewerkschaften liegen die Sozialversicherung, die Führung von Sanatorien und Erholungsstätten, der Tourismus, Training und Sport sowie Einrichtungen für Freizeitbeschäftigung und Erholung der Kinder. Sie vereinigen somit entscheidende Macht in ihren Händen. Doch leider haben sie in den letzten paar Jahren ihre Aktivitäten vermindert. In einigen Fällen haben sie ihre Vorrechte einfach an führende Leute der Wirtschaft abgetreten, in anderen einige Rechte nicht effektiv genug genutzt.

Nachdem wir mit der Umgestaltung begonnen hatten, erkannten wir, daß die Arbeit der Gewerkschaften nicht als befriedigend bezeichnet werden konnte. Während meiner Reise in die Region Kuban warf ich Gewerkschaftsführern vor, den Betriebsleitern zu sehr nachzugeben und manchmal sogar nach deren Pfeife zu tanzen. Ich fragte sie, ob es nicht höchste Zeit sei, eine grundsätzliche Haltung einzunehmen und sich für die Werktätigen einzusetzen?
Die neue Rolle der Gewerkschaften unter den Bedingungen der Perestroika sollte in erster Linie darin bestehen, wirtschaftliche Entscheidungen stärker an der Gesellschaft zu orientieren und technokratische Übergriffe, die in den vergangenen Jahren in der Wirtschaft weit verbreitet waren, wettzumachen. Das bedeutet, daß die Gewerkschaften bei der Ausarbeitung von Bereichen, welche die sozialen Anliegen innerhalb der Wirtschaftspläne betreffen, aktiver sein müssen und eigene Alternativvorschläge vorlegen und unterstützen müssen, wenn das erforderlich ist.
Gewerkschaftskomitees sollten Zähne zeigen und keine anpasserischen Partner für die Wirtschaftsführung sein. Schlechte Arbeitsbedingungen in einigen Betrieben, ein mangelhaftes Gesundheitswesen, unzulängliche Umkleideräume – an all das haben sich die Gewerkschaftsorganisationen anscheinend gewöhnt. Doch die sowjetischen Gewerkschaften haben das Recht, die Einhaltung von Arbeitsverträgen von seiten der wirtschaftlichen Leitung zu überwachen und die Leitung zu kritisieren, und sie können sogar verlangen, daß ein Direktor, der den legitimen Interessen der Werktätigen nicht nachkommt, von seinem Posten entfernt wird.
Es wäre falsch, anzunehmen, daß die Werktätigen im Sozialismus keinen Schutz bräuchten. Sie sollten eher noch mehr geschützt werden, denn der Sozialismus ist ein System für die Werktätigen. Daher die ungeheure Verantwortung der Gewerkschaften. Die ganze sowjetische Gesellschaft ist lebhaft daran interessiert, daß die Gewerkschaften dynamischer arbeiten.

Die sowjetische Jugend leistet einen enormen Beitrag zu den Umgestaltungsbemühungen. Es ist gerade die jüngere Generation, die in der neuformierten Gesellschaft leben und arbeiten wird. Aus diesem Grund hat die Organisation von Arbeit, Studium und Freizeit von jungen Leuten Priorität. Junge Leute sind auf der Suche nach ihrem Platz in der Welt. Das ist ein schwieriger Abschnitt im Leben eines Menschen. Es ist eine Entwicklungsphase, in der das familiäre Umfeld, die beruflichen Fähigkeiten sowie politische und staatsbürgerliche Standpunkte geformt werden. Der junge Mensch wird zu einem Individuum mit allen seinen Rechten. Aus diesem Grund muß der Jugend und der Komsomol (Jugendorganisation der KPdSU) ein Höchstmaß an Aufmerksamkeit zuteil werden.

Wir haben es so eingerichtet, daß nicht ein einziges wichtiges Problem, das die Jugend betrifft, aufgegriffen wird, ohne die Ansicht des Komsomol dazu zu berücksichtigen. Das bedeutet jedoch nicht, daß wir dem Komsomol immer nur nachgeben. Ganz und gar nicht. Wir müssen das Verantwortungsbewußtsein beträchtlich steigern. Nichts hat so nachhaltige Auswirkungen auf die Entwicklung der jungen Generation und ihre Fähigkeit, die Gegenwart und die Zukunft des Landes in die Hand zu nehmen, als Vertrauen und die Einbeziehung der Jugend in den realen politischen und wirtschaftlichen Prozeß. Es würde nicht die erwünschten Ergebnisse bringen, wenn man jungen Leuten nur auf die Schulter klopft, von oben herab mit ihnen spricht oder ihnen schöntut. Der Komsomol und die Jungen haben die Möglichkeit, zu zeigen, was sie wirklich wert sind. Die Jungen müssen frei sein von kleinlicher Obhut und Aufsicht; wir sollten ihnen dadurch etwas beibringen, daß wir ihnen Verantwortung auferlegen und ihnen in ganz konkreten Aufgaben Vertrauen schenken.

Auf der Plenarsitzung des Zentralkomitees im Januar 1987 wurde an die Parteiführer appelliert, der Arbeit sowie der ideologischen und moralischen Kraft der jungen Leute mehr

Beachtung zu schenken. Ein schulmeisterlicher Ton und Bevormundung sind bei der Arbeit mit jungen Leuten untragbar. Was auch immer die Gründe dafür sein mögen – mangelndes Vertrauen in die Vernunft und Reife der Bestrebungen und Verhaltensweisen der jungen Leute, übertriebene Vorsicht oder der Wunsch, seinen Kindern die Lasten des Lebens zu erleichtern –, mit solch einer Haltung können wir uns auf keinen Fall einverstanden erklären. Es gibt zwei wesentliche Bereiche im Leben und in der Arbeit der Jugend. Erstens müssen sie das gesamte Arsenal von Demokratie und Autonomie beherrschen und ihre jugendliche Energie auf allen Ebenen der Demokratisierung einbringen, und sie müssen sich sozial engagieren. Eine Beschleunigung des Prozesses und überhaupt jeder Fortschritt sind ohne das nicht möglich. Jeder junge Mensch muß spüren, daß er in alles, was im Land vor sich geht, miteinbezogen ist. Zweitens muß die jüngere Generation bereit sein, sich an der extensiven Modernisierung unserer Wirtschaft, insbesondere durch Computerisierung und die Einführung neuer Technologien und Materialien, zu beteiligen. Wir erwarten von der Jugend eine geistige Erneuerung und Bereicherung der Gesellschaft.

Die Jugend wird mit schwierigen sozialen Problemen konfrontiert. Viele Funktionäre denken nur an sie, wenn es darum geht, ihre Hilfe in Anspruch zu nehmen, etwa auf Baustellen zu arbeiten, vergessen sie aber sofort, wenn soziale Fragen ins Spiel kommen. So kann man nicht handeln. Wir unterstützen die Idee eines Jugendgesetzes, das nicht allgemeine Vorschläge, die alle Sowjetbürger betreffen, wiederholen, sondern sich mit den spezifischen Problemen, Rechten und Pflichten der Jugend befassen würde. Solch ein Gesetz sollte die Bereiche der Interaktion zwischen dem Komsomol und den staatlichen Organen, Gewerkschaften und anderen Organisationen konkreter definieren, die die Arbeit, das Studium, den Alltag und die Freizeit der jungen Leute betrifft. Das Gesetz sollte den Ministerien und den Abteilungen innerhalb der Regierung mehr Verantwortung für die Lösung von Problemen, die die Jugend betreffen, auferlegen.

Der Komsomol-Kongreß, der 1987 stattfand[41], hat landesweit große Resonanz gefunden. Er hat gezeigt, daß sich die Mitglieder des Komsomol ihrer Verantwortung gegenüber unserem Land und den Menschen bewußt sind und daß sie begierig sind, eine aktive Rolle im Prozeß der sozialen Erneuerung zu übernehmen. Mir gefiel die herausfordernde Atmosphäre des Kongresses. Ich habe mir, glaube ich, noch nie so sehr gewünscht, an einer Diskussion teilzunehmen wie auf diesem Kongreß. Es herrschte ein lebhafter Kontakt unter den sympathischen Teilnehmern, die einander mit ihrer Energie ansteckten.

Ich habe allen Grund zu der Annahme, daß unsere jungen Leute die revolutionären Veränderungen, mit denen in unserem Land begonnen wurde, voll und ganz begrüßen und daß sie bereit sind, diese mit ihrer jugendlichen Energie und leidenschaftlichen Hingabe voranzutreiben.

Frauen und die Familie

Unser Land hat heute die Pflicht, die Frauen mehr in die Wirtschaftsführung, in die kulturelle Entwicklung und in das öffentliche Leben einzubeziehen. Zu diesem Zweck haben sich überall im Land Frauenvereinigungen gebildet.

Auf der Plenarsitzung vom Januar wurde auch die Frage diskutiert, mehr Posten in administrativen Bereichen mit Frauen zu besetzen, zumal Millionen von Frauen im Gesundheits- und Bildungswesen, in Kultur und Wissenschaft tätig sind. Viele Frauen arbeiten auch in der Leichtindustrie, im Handel und im Dienstleistungssektor.

Das Ausmaß der Frauenemanzipation wird oft als Maßstab bei der Beurteilung des sozialen und politischen Standards einer Gesellschaft herangezogen. Der sowjetische Staat hat energisch und kompromißlos mit der im zaristischen Reich so typischen Diskriminierung der Frauen Schluß gemacht. Die Frauen erhielten, gesetzlich garantiert, den gleichen sozialen Status wie die Männer. Wir sind stolz auf das, was die sowjetische Regierung den Frauen gegeben hat: das gleiche Recht auf Arbeit wie die Männer, gleichen Lohn für gleiche Arbeit und soziale Sicherheit. Die Frauen haben die Möglichkeit einer Ausbildung bekommen, sie können Karriere machen und sich an sozialen und politischen Aktivitäten beteiligen. Ohne den Beitrag und die selbstlose Arbeit der Frauen hätten wir weder eine neue Gesellschaft aufbauen noch den Kampf gegen den Faschismus gewinnen können.

Doch in den Jahren unserer schwierigen und heroischen Geschichte haben wir es versäumt, den besonderen Rechten und Bedürfnissen der Frauen, die mit ihrer Rolle als Mutter und Hausfrau und ihrer unerläßlichen erzieherischen Funktion zusammenhängen, genügend Beachtung zu schenken. Heute engagieren sich die Frauen in der wissenschaftlichen Forschung, arbeiten auf Baustellen, in der Industrie und im Dienstleistungssektor und sind schöpferisch tätig und haben daher nicht mehr genügend Zeit, um ihren täglichen Pflichten zu Hause nachzukommen – dem Haushalt, der Erziehung der Kinder und der Schaffung einer familiären Atmosphäre. Wir haben erkannt, daß viele unserer Probleme – im Verhalten vieler Kinder und Jugendlicher, in unserer Moral, der Kultur und der Produktion – zum Teil durch die Lockerung der familiären Bindungen und die Vernachlässigung der familiären Verantwortung verursacht werden. Dies ist ein paradoxes Ergebnis unseres ernsthaften und politisch gerechtfertigten Wunsches, die Frau dem Mann in allen Bereichen gleichzustellen. Mit der Perestroika haben wir angefangen, auch diesen Fehler zu überwinden. Aus diesem Grund führen wir jetzt in der Presse, in öffentlichen Organisationen, bei der Arbeit und zu Hause hitzige Debatten über die Frage, was zu tun ist, um es den Frauen zu ermöglichen, zu ihrer eigentlichen weiblichen Lebensaufgabe zurückzukehren.

Ein weiteres Problem ist die Tätigkeit von Frauen in anstrengenden Berufen, die ihrer Gesundheit schaden können. Das ist ein Vermächtnis des Krieges, in dem wir sehr viele Männer verloren haben und der uns in allen Bereichen

der Produktion einen akuten Arbeitskräftemangel bescherte. Wir haben jetzt begonnen, das Problem ernsthaft in Angriff zu nehmen.
Eine der dringendsten sozialen Aufgaben – auch eine Hauptaufgabe in der Kampagne gegen den allgemeinen Alkoholmißbrauch – ist es, das Wohlergehen der Familie zu verbessern und ihrer Rolle in der Gesellschaft breiteren Raum zu geben. Wir erwarten, daß die Frauenvereinigungen aktiv werden und die Initiative ergreifen. Sie können mit ihrer Arbeit, die gerade in Schwung kommt, eine Menge erreichen, denn keine andere Organisation ist so eng mit dem privaten Bereich und den Problemen der Frauen verbunden wie sie.
Eine weitergehende Demokratisierung der Gesellschaft, die Mittelpunkt und Garant der Perestroika ist, ist unmöglich, ohne die Rolle der Frauen zu verbessern, ohne das aktive und besondere Engagement der Frauen und ohne ihre Beteiligung an allen unseren Reformplänen. Ich bin davon überzeugt, daß die Rolle der Frau in unserer Gesellschaft stetig wachsen wird.

Die Union der sozialistischen Völker – ein einzigartiges Gebilde

Wir leben in einem Land mit vielen Nationen. Dies ist eher ein Faktor seiner Stärke als seiner Schwäche oder der Zersplitterung. Man nannte das zaristische Rußland das Gefängnis der Nationen. Die Revolution und der Sozialismus haben Schluß gemacht mit nationaler Unterdrückung und Ungleichheit, und sie haben den wirtschaftlichen, geistigen und kulturellen Fortschritt aller Nationalitäten und Völkerschaften garantiert. Ehemals unterentwickelte Völker verfügen heute über eine fortschrittliche Industrie und eine moderne Gesellschaftsstruktur. Sie haben den Standard der modernen Kultur erreicht, obwohl einige von ihnen früher nicht einmal ein Alphabet kannten. Jeder unvoreingenomene

Mensch muß einfach die Tatsache anerkennen, daß unsere Partei eine Unmenge geleistet und die Lage verändert hat. Was dabei herausgekommen ist, hat die sowjetische Gesellschaft und die Weltbevölkerung allgemein bereichert.
Alle Völker und Nationalitäten, die in unserem Land leben, haben einen Beitrag geleistet zur Gestaltung und Entwicklung unseres sozialistischen Vaterlandes. Gemeinsam verteidigten sie seine Freiheit, seine Unabhängigkeit und seine revolutionären Errungenschaften gegen eindringende Feinde. Wenn das Nationalitätenproblem nicht grundsätzlich gelöst worden wäre, hätte die Sowjetunion nicht das gesellschaftliche, kulturelle, wirtschaftliche und defensive Potential, über das sie heute verfügt. Unser Staat hätte nicht überlebt, wenn die Republiken nicht eine Gemeinschaft gebildet hätten, die auf Brüderlichkeit und Kooperation, Achtung und gegenseitiger Hilfe basiert.
Dies bedeutet noch lange nicht, daß nationale Prozesse problemlos verlaufen. Widersprüche sind für jede Entwicklung typisch, und es gibt sie auch hier. Leider haben wir stets unsere wirklich beachtlichen Erfolge bei der Lösung des Nationalitätenproblems hervorgehoben und die Situation mit hochtrabenden Worten gelobt. Doch wir haben es auch hier mit der Wirklichkeit und all ihren Verwicklungen und Schwierigkeiten zu tun.
Die Dialektik sieht folgendermaßen aus: Wenn der pädagogische und kulturelle Standard zusammen mit der Modernisierung der Wirtschaft wächst, führt dies zur Bildung einer Intelligenz innerhalb eines jeden Volkes, zur Steigerung des nationalen Selbstbewußtseins und des natürlichen Interesses eines Volkes an seinen historischen Wurzeln. Das ist wunderbar. Dies war das Ziel der Revolutionäre unterschiedlicher Nationalitäten, die unsere Revolution vorbereiteten und sich daranmachten, auf den Trümmern des Zarenreichs eine neue Gesellschaft aufzubauen. Es kann im Ablauf dieses Prozesses aber vorkommen, daß eine bestimmte Gruppe von Leuten sich dem Nationalismus zuwendet. Daraus ergeben sich engstirnige nationalistische Standpunkte, nationale Rivalitäten und Arroganz.

Doch das ist nicht alles. Noch wichtiger sind die Veränderungen, die in einer Gesellschaft stattfinden, in der eine Generation durch eine andere ersetzt wird und jede von ihnen lernen sollte, in einem Vielvölkerstaat zu leben. Das ist nicht immer ganz einfach. Der Sozialismus, der es jedem Volk ermöglicht hat, seine Flügel auszubreiten, bietet alle Bedingungen zur Lösung des Nationalitätenproblems auf der Grundlage der Gleichheit und Zusammenarbeit. Es ist wichtig, im Geist des sozialistischen Prinzips zu handeln und daran zu denken, daß die neue Generation oft nicht einmal weiß, wie ihre Völker diese Höhen erreicht haben. Niemand hat ihnen gesagt, was der Internationalismus alles zu ihrem Wohl beigetragen hat und seit wie vielen Jahren.

Vor dem Hintergrund nationaler Konflikte, von denen selbst die fortschrittlichsten Länder der Erde nicht verschont werden, gibt die UdSSR ein wirklich einzigartiges Beispiel in der Geschichte der Menschheit. Dies sind die Früchte der von Lenin begonnenen Nationalitätenpolitik. Doch wie schwer war es am Anfang, wie unglaublich mühsam waren die ersten Schritte beim Aufbau eines harmonischen Vielvölkerstaates. Das russische Volk spielte bei der Lösung der Nationalitätenfrage eine besondere Rolle. Viele Völker erlebten unter der leninistischen Nationalitätenpolitik in sehr kurzer Zeit eine Art Renaissance oder Aufklärung. Und wenn jemand darauf mit nationalistischer Arroganz reagiert, sich in sich selbst zurückzieht und versucht, seine eigenen Wertvorstellungen als absolut hinzustellen, dann ist das unfair und kann nicht akzeptiert werden. Dies ist immer wieder Thema lebhafter und eindringlicher Debatten in der sowjetischen Gesellschaft.

Die Kultur jedes Volkes ist ein Schatz, den man nicht verlieren kann. Doch ein gesundes Interesse an allem Kostbaren, das jede nationale Kultur besitzt, sollte nicht in Versuche ausarten, sich den objektiven Prozessen der Interaktion und der Annäherung zu verschließen.

Es ist ebenfalls gefährlich, wenn die Haltung von Vertretern einer Volksgruppe gegenüber denen einer anderen einen Mangel an Achtung verrät. Ich habe viele Jahre im Norden des Kaukasus verbracht, einer Region, in der viele verschiedene Nationalitäten zusammenleben. Nicht nur in jeder Stadt, in jeder Siedlung oder in jedem Bergdorf leben Menschen verschiedener Nationalitäten, sondern über die gesamte Region verteilt. In der Geschichte des nördlichen Kaukasus gibt es mehrere düstere Abschnitte, doch in den Jahren der Sowjetregierung hat sich die Lage radikal verändert. Ich möchte nichts idealisieren, aber die Beziehungen zwischen den Nationalitäten, die in dieser Vielvölkerregion leben, sind geprägt von einer respektvollen Haltung der Zusammenarbeit, der Annäherung und des Zusammenhalts. Ich weiß aus eigener Erfahrung, daß Bergvölker Freundschaftsbezeugungen gegenüber sehr empfänglich sind, aber gleichzeitig sehr empfindlich auf arrogantes Benehmen reagieren. Ich kann mich erinnern, daß in der autonomen Region Karatschai-Tscherkess – einem Teil des Gebietes von Stawropol – Karatschaier, Tscherkessen, Russen, Abasinzen, Nogaier, Osseten, Griechen und Vertreter weiterer Nationalitäten in bester Eintracht miteinander leben, weil Gleichberechtigung und ein offenes Herangehen an die Lösung aller Probleme die Grundlage ihres Lebens ist. Immer wenn man von diesen Prinzipien abgewichen ist, mußte dafür ein hoher Preis bezahlt werden. In dieser kleinen autonomen Region werden die Kulturen aller Nationalitäten bewahrt und entwickelt. Ihre Traditionen werden gehütet, und ihre Literatur wird in der jeweiligen Muttersprache herausgegeben. Das trennt sie nicht, sondern bringt sie vielmehr näher zusammen. Es reicht nicht aus, die Gleichheit von Völkern zu predigen. Es ist notwendig, sicherzustellen, daß alle ethnischen Gruppen einen angemessenen Lebensstil pflegen können.

Ich möchte nochmals betonen, daß negative Vorkommnisse in diesem empfindlichen Bereich menschlicher Beziehungen nicht von selbst, sondern als Folge von Bürokratismus und aus der Nichtbeachtung der legalen Rechte der Menschen entstehen. Es gibt manchmal hitzige Debatten über die Entwicklung der ethnischen Sprachen in unserem Land. Was soll man dazu sagen? Selbst den kleinsten Volksgruppen kann man doch nicht das Recht auf eine eigene Muttersprache verweigern. Immerhin macht gerade diese Vielfalt die menschliche Kultur aus, mit ihren zahlreichen Sprachen, der Art, sich zu kleiden, den Ritualen und Gebräuchen. Das ist unser gemeinsamer Reichtum. Kann man ihn einfach ignorieren? Darf man zulassen, daß er unterbewertet wird?

Doch gleichzeitig können wir in unserem großen Vielvölkerstaat nicht ohne ein gemeinsames Kommunikationsmittel auskommen. Die russische Sprache hat auf natürliche Weise diese Funktion übernommen. Jeder braucht diese Sprache, und die Geschichte hat gezeigt, daß der Prozeß, zu einer allgemeinen Kommunikation zu gelangen, immer von der Sprache der größten Volksgruppe ausgeht. Obwohl beispielsweise die Vertreter vieler ethnischer Gruppen in den Vereinigten Staaten zusammengekommen sind, wurde Englisch ihre gemeinsame Sprache. Dies war ganz offensichtlich eine natürliche Wahl. Man kann sich vorstellen, was passiert wäre, wenn Angehörige aller Völker, die in die USA eingewandert sind, nur ihre eigene Muttersprache weitergesprochen und sich geweigert hätten, Englisch zu lernen! Dasselbe gilt für unser Land, wo das russische Volk durch seine ganze Geschichte hindurch den Beweis geliefert hat, daß es über ein gewaltiges Potential an Internationalismus, Respekt und gutem Willen gegenüber allen anderen Völkern verfügt. Die Erfahrung hat gezeigt, daß man hier zwei Sprachen lernen sollte (unabhängig von einer Fremdsprache) – seine Muttersprache und Russisch –, damit man sich mit anderen verständigen kann.

Alle Versuche, aufgrund ethnischer Verschiedenheit Emotionen wachzurufen, können die Suche nach vernünftigen Lösungen nur erschweren. Wir werden weder diesem noch anderen Problemen, die auftauchen können, aus dem Weg gehen. Wir werden uns im Rahmen des demokratischen Prozesses auch damit befassen und unsere internationalistische Gemeinschaft von Völkern dadurch festigen.

Lenin hat uns gelehrt, die Nationalitätenfrage mit besonderer Vorsicht und mit Takt zu behandeln. Hierbei kann und sollte es keine stereotypen Muster geben. Eines ist klar:

Wenn sich die fundamentalen Interessen von Völkern einander annähern und wenn das Prinzip der Gleichheit die Grundlage der Beziehungen zwischen den Völkern bildet – und genau dies ist in der sowjetischen Gesellschaft der Fall –, dann können alle auftretenden Probleme und Mißverständnisse sogar in schwierigen Situationen geregelt werden. Selbstverständlich gibt es ein paar Leute im Westen, und sogar im Osten, die die Freundschaft und den Zusammenhalt der Völker in der Sowjetunion gerne untergraben würden. Doch das ist ein ganz anderes Problem, und hier wacht das sowjetische Recht darüber, daß die Errungenschaften der leninistischen Nationalitätenpolitik geschützt werden.
Wir werden von diesem Standpunkt ausgehen und unseren Prinzipien treu bleiben. Nationale Gefühle von Menschen sollten respektiert und dürfen nicht ignoriert werden. Sie gegeneinander auszuspielen, ist jedoch gleichbedeutend mit politischer Verantwortungslosigkeit, wenn nicht sogar ein Verbrechen. Es ist eine Tradition unserer Partei, jeden Ausdruck von nationalistischer Borniertheit und Chauvinismus, Beschränktheit, Zionismus und Antisemitismus, in welcher Form auch immer, zu bekämpfen. Wir bleiben dieser Tradition verhaftet. Unsere ganze Erfahrung zeigt, daß nationalistischem Verhalten durch konsequenten Internationalismus und durch internationalistische Erziehung effektiv entgegengewirkt werden kann.
Wenn ich auf meinen Reisen in die Republiken und nationalen Regionen der Sowjetunion mit Menschen zusammentreffe, dann erkenne ich immer wieder, daß sie es zu schätzen wissen und stolz sind auf die Tatsache, daß ihre Völker zu einer großen internationalen Familie gehören und daß sie ein unabtrennbarer Teil der Großmacht sind, die im Fortschritt der Menschheit eine solch bedeutende Rolle spielt. Das ist *sowjetischer* Patriotismus. Wir werden weiterhin die Einheit und Brüderlichkeit freier Völker in einem freien Land stärken.

Die Perestroika hat alle Bereiche der Gesellschaft erfaßt. Der Prozeß der Perestroika vollzieht sich, indem Probleme gelöst und Schwierigkeiten bewältigt werden. Die Partei regt neue Ideen an, bringt sie hervor, handelt als Organisator und leitende Kraft, und, so möchte ich sagen, garantiert die Perestroika im Interesse der Stärkung des Sozialismus und im Interesse der Werktätigen. Die Partei hat damit eine wahrhaft historische Verantwortung übernommen. Lenin erklärte im Jahre 1917: »Wir haben eine Revolution begonnen, und wir müssen den Weg bis zum Ende gehen.« Dasselbe gilt für die Perestroika. Die Partei wird den Weg bis zum Ende gehen.

Das Ansehen der Partei und das in sie gesetzte Vertrauen sind gewachsen. Obwohl wir uns noch in einem Stadium des Übergangs von einem Status in einen anderen befinden, versuchen die Parteiorgane, nicht einfach die Pflichten der wirtschaftlichen und administrativen Organisationen zu übernehmen. Das ist nicht einfach, denn es wäre der altbekannte Trott – ein wenig Druck von seiten der Partei, und siehe, der Plan wird erfüllt! Doch die Partei hat ein anderes Ziel vor Augen. Es geht jetzt insbesondere darum, Prozesse zu analysieren, kritische Punkte in der Entwicklung, die auf Widerstand stoßen, aufzuspüren, strategische und taktische Korrekturen anzubringen, die Politik zu vervollkommnen und Methoden und Formen für ihre Realisierung zu finden, Personal auszuwählen und einzusetzen und sowohl organisatorisch als auch ideologisch der Perestroika Rechnung zu tragen. Nur die Partei kann das alles tun.

Wirtschaftsführung und wirtschaftliche Angelegenheiten sind Sache der Regierung und anderer Organisationen, die für diese Dinge verantwortlich sind. Diese Einstellung kam nicht aus heiterem Himmel; sie entwickelte sich aus der Erfahrung. Die Partei muß ihre eigene Arbeit tun. Und alle anderen die ihre. Wenn dem nicht so ist, sind die parteiliche Führung sowie die ideologische Arbeit und die Arbeit mit den Kadern unzulänglich.

Unsere Gesellschaft hat sich historisch gesehen so entwickelt, daß alles, was innerhalb der Partei vor sich geht, in den Alltag unseres Landes eingeht. Es gibt keine offizielle Opposition in unserem Land. Damit wird der KPdSU als der herrschenden Partei eine noch größere Verantwortung übertragen. Aus diesem Grund betrachten wir die weitere Entwicklung der innerparteilichen Demokratie, die Stärkung der Prinzipien der Kollektivführung bei der Arbeit und auch die weitergehende Offenheit in der Partei als dringliche Aufgaben. Das Zentralkomitee verlangt, daß Leute in verantwortungsvollen Positionen bescheiden, anständig und ehrlich sind und keine Schmeichelei und Speichelleckerei dulden. In der Partei darf es niemanden geben, der über alle Kritiken erhaben ist, oder jemanden, der keine Kritik üben darf.

Uns war bewußt, daß wir bei der Änderung unserer Denkweise und Mentalität, der Organisation, des Stils und der Arbeitsmethoden beginnen mußten, und zwar vor allem bei Leuten in gehobenen Positionen.

Wir haben mit großer Entschlossenheit einen Kurs eingeschlagen, der zum Ziel hat, einfallsreiche, klar denkende und dynamische Persönlichkeiten zu unterstützen, die imstande sind, eine Situation selbstkritisch einzuschätzen, sich von Formalismus und von dogmatischem Verhalten bei der Arbeit zu lösen und neue unorthodoxe Lösungen zu finden, Menschen, die mutig vorankommen können und wollen und die wissen, wie man Erfolg erringt. Die Perestroika hat solchen Menschen sehr viel Raum für ihre schöpferischen Aktivitäten eingeräumt.

Es besteht natürlich keine Notwendigkeit für eine völlige Umbesetzung. Und das wäre in der Tat auch gar nicht möglich. Aber es kann natürlich zu personellen Veränderungen sowohl an der Spitze und in den mittleren Kadern wie auch in einem einzelnen Betrieb kommen. Wir brauchen frische Kräfte. Tatsächlich ist das alles bereits geschehen. Außerdem gibt es auch einen natürlichen Prozeß, der zum Zug kommt: Viele Menschen haben bereits die Ziellinie in ihrem Arbeitsleben erreicht. Einige sind einfach nicht mehr stark genug, um die Last einer neuen Verantwortung auf ihren Schultern zu tragen. Das ist verständlich, und es besteht kein Grund, die Situation zu dramatisieren.

Jede Zeit hat ihre eigenen Anforderungen, ihre eigenen fortschrittlichen Vertreter und ihre eigene Art, an die Dinge heranzugehen. Diejenigen, die imstande sind, sich umzustellen und bei der politischen, organisatorischen und ideologischen Arbeit neuen Wegen zu folgen, werden es schaffen und die Werktätigen und die Parteiorganisationen unterstützen. Die Mehrheit unserer Kräfte ist dazu bereit, wenn auch auf unterschiedliche Weise. Einige werden die neuen Anforderungen schneller akzeptieren, andere wiederum werden zweimal darüber nachdenken. Im Prinzip gehen wir von der Annahme aus, daß die meisten dazu imstande sind, die Probleme der Perestroika zu lösen. Wir können uns auf jeden Fall nicht mehr mit einer Situation abfinden, in der alles auf die herkömmliche Weise getan wird, ohne Beschleunigung, das heißt, ohne eine schnellere Gangart einzulegen.

Die Perestroika erfordert Kompetenz und höchste Professionalität. Es geht nicht ohne moderne und vielseitige Ausbildung, ohne umfassendes Wissen im Bereich der Produktion, der Wissenschaft und Technologie, in der Organisation der Arbeit und in der Schaffung von Anreizen bei der Arbeit, in der Soziologie und Psychologie. Kurz gesagt: Wir müssen soviel wie möglich an intellektuellem Potential einsetzen und seine kreative Effizienz erheblich steigern.

Ich möchte noch einmal die Bedeutung der Aktivitäten der Partei im theoretischen Bereich betonen. Auch dort wird ungeheuer viel geleistet. Aber auch in diesem Bereich streben wir nach mehr Demokratie, und wir werden es nicht zulassen, daß ein Einzelner oder eine Gruppe von Leuten eine Monopolstellung einnimmt. Das Zentralkomitee der KPdSU fordert alle schöpferischen Kräfte in der Partei und der Gesellschaft auf, sich an dieser Arbeit zu beteiligen. Wenn wir es zulassen, daß alles aus dem Zentrum kommt, oder was noch schlimmer ist, von einem einzelnen oder einer Gruppe von Menschen bestimmt wird, dann ist die

Gefahr groß, in erstarrte Denkformen zu verfallen. Das wäre ein schwerer Schlag für das Programm der Perestroika und für die Entwicklung der Gesellschaft. Die Geschichte der KPdSU weist in dieser Hinsicht einige traurige und bittere Erfahrungen auf. Man darf die Rolle der Gesellschaftswissenschaft und der kreativen Kräfte in der Partei nicht darauf beschränken, Entscheidungen oder Reden von hochrangigen Persönlichkeiten zu kommentieren. Wir haben einen anderen Ansatz gewählt – wir werden nach den Grundsätzen und der Tradition Lenins handeln.

IV. Der Westen und die Umgestaltung

Wir sind immer daran interessiert, zu erfahren, wie die Perestroika außerhalb unseres Landes und besonders im Westen beurteilt wird. Und das nicht einfach aus Neugier, sondern weil wir als Politiker dazu verpflichtet sind. Wir sehen, daß der Prozeß der Umgestaltung auf wachsendes Interesse stößt, nicht nur weil er an sich interessant ist und weil es dabei um das Schicksal eines großen Volkes geht, sondern weil die Umgestaltung in unserem Land mit Recht als ein Ereignis von bedeutsamen internationalen Konsequenzen betrachtet wird. Eine westeuropäische Zeitung schrieb: »Was in der Sowjetunion passiert, geht die ganze Welt an.«

Ich möchte zunächst einmal festhalten, daß das ernsthafte Interesse einer überwältigenden Mehrheit der Menschen aus aller Welt an unserer Perestroika von Optimismus und dem aufrichtigen Wunsch begleitet wird, die in der Sowjetunion eingeleiteten Veränderungen möchten erfolgreich sein. Die Welt erwartet viel von unserer Perestroika, sie hofft, daß von ihr positive Auswirkungen auf die Entwicklung

der Welt und die internationalen Beziehungen insgesamt ausgehen werden.
Offizielle Kreise des Westens und die meisten der westlichen Massenmedien hatten zunächst wenig Vertrauen in die Durchführbarkeit der Reformen, die wir im April 1985 ankündigten. Sarkastische Kommentare überwogen: Die Mannschaft habe gewechselt, war zu hören, und die neue Mannschaft wolle so schnell wie möglich mit ihrem neuen Programm und den neuen Plänen an die Öffentlichkeit. Die Russen seien ein emotionales Volk, sie seien es gewohnt, daß neue Machthaber die Schuld an gegenwärtigen Mißständen ihren Vorgängern zuschieben, während alles beim alten bleibe. Im Lauf der Zeit, so hieß es, werde die Kritik wieder einschlafen und das neue Programm in Vergessenheit geraten.
Dieses Urteil konnte sich allerdings nicht lange halten. Heute ist völlig klar geworden, daß die Umgestaltung eine historische Realität ist und laufend an Kraft gewinnt. Nach der Plenarsitzung des ZK der KPdSU im Januar 1987 konnte keiner mehr die Tatsache bestreiten, daß unser Land tatsächlich in eine Periode kühner und weitreichender Reformen eingetreten ist.
Der neue Ton der Kritik wurde noch deutlicher in den Kommentaren zur Plenarsitzung des ZK vom Juni 1987. Man begann zuzugeben, daß das Ausmaß und der Umfang der angekündigten Reformen in der Wirtschaftsführung die Prognosen der meisten Sowjetexperten übertrafen. Wir konnten beobachten, daß im Westen viele eine so offene und eingehende Diskussion und so umfassende konstruktive Maßnahmen nicht erwartet hatten. Die Bezeichnung »auf halbem Weg«, mit der man unsere Aktivitäten noch bis Juni charakterisiert hatte, war jetzt, als man über die auf der Plenarsitzung im Juni und auf der Sitzung des Obersten Sowjets der UdSSR getroffenen Entscheidungen berichtete, offensichtlich überholt. Wir gingen weit über den »Kreidekreis« hinaus, den der Westen unseren Möglichkeiten und Absichten gezogen hatte. Aber noch vor der Plenarsitzung gab es jede Menge von Bemerkungen dazu, daß »Gorbatschows Reformkampagne« an Schwung verliere.

Jetzt ist von einer »zweiten Revolution« die Rede, vom irreversiblen Prozeß der Umgestaltung und einem »Sprung nach vorn« auf der Grundlage neuer ökonomischer und rechtlicher Reformen. Man kann im Westen die Bedeutung der Juni-Sitzung für den Umgestaltungsprozeß jetzt besser einschätzen. Daraus ergab sich in erhöhtem Maße die Notwendigkeit, Stellung zur Umgestaltung zu beziehen. Wir werden etwa für das Tempo der Umgestaltung kritisiert. Für die »Linken« sind wir zu langsam, für die »Rechten« sind unsere Sprünge zu groß. Alle aber stimmen offensichtlich darin überein, daß die sowjetische Führung es mit der Durchführung ihrer Reformen ernst meint.
Westliche Beobachter wollen wissen, welche Folgen die Umgestaltung für die Sowjetunion und die Welt haben wird, wenn sie fortgesetzt wird. Sie wollen wissen, was für den Westen besser ist: der Erfolg oder das Scheitern der Perestroika.
Auf diese Fragen gibt es offensichtlich eine Reihe von Antworten. Viele kompetente Spezialisten geben zu, daß die soziale und wirtschaftliche Entwicklung in der Sowjetgesellschaft beschleunigt werden kann und daß ein Erfolg der gegenwärtigen Bemühungen um die Umgestaltung positive internationale Auswirkungen haben wird. Mit Recht argumentieren sie, daß die Weltgemeinschaft vom zunehmenden Wohlstand des sowjetischen Volkes und von einem weiteren Fortschritt der Demokratie nur profitieren kann. Ausmaß und Umfang der sozialen und wirtschaftlichen Vorhaben der Sowjetunion seien Beleg und materielle Garantie für eine friedliche Außenpolitik. Die Botschaft an die Führung der westlichen Mächte laute deshalb: Habt keine Angst vor der Perestroika, macht sie nicht zum Thema einer psychologischen Kriegführung, sondern fördert sie über den Mechanismus wirtschaftlicher Verbindungen und den kulturellen und humanitären Austausch; nehmt die sowjetischen Initiativen zur Abrüstung und für die Verbesserung der internationalen Situation ernst und sucht in diesen Fragen Übereinstimmung zu erzielen.
Ohne im Detail auf Stellungnahmen und Prognosen einzu-

gehen, die wir für strittig halten, betrachten wir diese Position insgesamt als realistisch und begrüßen ihre überwiegend konstruktive Orientierung. Sie fügt sich ein in das Bestreben, die internationalen Beziehungen zu verbessern, und sie spiegelt die Meinung der Öffentlichkeit.

Es gibt Politiker, die Weitblick zeigen: Sie erkennen, daß der Westen einen Irrtum historischen Ausmaßes begehen würde, würde er versäumen, auf die positive Botschaft Moskaus zu reagieren und sich von falschen Meinungen über die Sowjetunion und von selbstgeschaffenen Fiktionen zu befreien.

In den Medien und politischen Diskussionen des Westens wird allerdings auch für einen ganz anderen Standpunkt Werbung gemacht. Es wird immer noch der Versuch unternommen, die Ziele unserer Politik in Verruf zu bringen. Im Zusammenhang mit der Dynamik unserer Innen- und Außenpolitik werden düstere Prognosen abgegeben und Schreckgespenster an die Wand gemalt. Hier zeigt sich einmal mehr, wie zäh das Denken des Kalten Krieges sich behaupten kann und wie tief die Wurzeln des antisowjetischen Denkens in gewissen Kreisen gehen. Handelte es sich dabei nur um akademische Debatten und Pflichtübungen der Propaganda, man würde es einfach ignorieren. Die Erfahrung wird letzten Endes zeigen, wo die Wahrheit liegt. Aber man will den Menschen mit der Behauptung Angst einjagen, die Perestroika könnte womöglich zum Wachstum der ökonomischen und militärischen Macht der Sowjetunion und damit zu einer wachsenden »sowjetischen Gefahr« führen. Man müsse bei den Beziehungen zur Sowjetunion also vom voraussichtlichen Scheitern der Perestroika ausgehen, und allgemeines Ziel müsse sein, die Umgestaltung zu behindern und zu vereiteln, in Übereinstimmung mit dem Prinzip der fanatischen Gegner der Sowjetunion: »Je schlechter für die UdSSR, desto besser für den Westen.«

Kreise der extremen Rechten unternehmen gar nicht erst den Versuch, ihre ablehnende Haltung gegenüber der Perestroika zu verbergen, denn die Perestroika beweist, daß die Meinung dieser Kreise, der Sozialismus habe der »freien

Welt« nichts zu bieten, falsch ist. Für diese Leute kommt die Aufgabe des abgenutzten Dogmas von der Statik der sowjetischen Gesellschaft einer ideologischen Katastrophe gleich. Sie müßten ihre ganze antisowjetische Doktrin und die daraus folgenden politischen Direktiven neu überdenken. In Luft auflösen würde sich das Märchen von der »sowjetischen Gefahr«, die angeblich daher rührt, daß die Sowjetunion die Unfähigkeit, mit inneren Schwierigkeiten fertigzuwerden, durch Expansion auszugleichen sucht.

Man hat sogar versucht, Offenheit und Demokratisierung in Verruf zu bringen. So werden falsche Nachrichten aus der UdSSR veröffentllicht, als deren Quelle man die sowjetische Presse angibt. Bald sickert allerdings durch, daß nichts dergleichen je in der Sowjetunion veröffentlicht wurde. Man will uns damit provozieren, der Offenheit Zügel anzulegen und die Demokratisierung aufzugeben, und man will Unfrieden zwischen uns und unseren Medien stiften. Ziel ist, die Prozesse zu hintertreiben, die zur Perestroika gehören und die ohne Glasnost und Demokratisierung nicht denkbar wären.

Man hat sich bemüht, unter unseren Bürgern Zweifel an der Richtigkeit der Perestroika zu säen, und man hat versucht, unsere Bürger mit den zu erwartenden Schwierigkeiten einzuschüchtern oder unrealistische Erwartungen in ihnen zu wecken. Man hoffte, in unserem Volk Mißtrauen gegenüber seiner Führung wecken zu können, die einen Führer gegen die anderen auszuspielen und Partei und Gesellschaft zu spalten.

Besonders in den Vereinigten Staaten haben einige Politiker und Medien versucht, die Perestroika als auf westlichen Druck zustandegekommenes Bemühen um »Liberalisierung« darzustellen. Man kann natürlich nicht umhin, westlichen Propagandisten, die auf der Klaviatur demokratischer Begriffe so geschickt spielen können, seinen Tribut zu zollen. Aber wir werden erst dann an den demokratischen Charakter der westlichen Gesellschaftsformen glauben, wenn Arbeiter und Angestellte im Westen die Besitzer von Fabriken und Betrieben und die Präsidenten der Banken selber wählen

und wenn die westlichen Medien Aktiengesellschaften, Banken und deren Direktoren mit einem Sperrfeuer der Kritik eindecken und anfangen, über die in den westlichen Ländern wirklich ablaufenden Prozesse zu diskutieren, statt endlose und unnütze Streitgespräche mit Politikern zu führen.
Einige Kritiker unserer Reformen halten schmerzhafte Begleiterscheinungen bei der Durchführung der Perestroika für unvermeidlich. Sie sagen Inflation, Arbeitslosigkeit und eine verstärkte Aufspaltung der Gesellschaft voraus, die Dinge also, an denen der Westen so »reich« ist. Oder sie behaupten, daß das ZK mächtige Gegner in der Partei und unter den Funktionären der Regierung habe. Oder sie behaupten, unsere Armee lehne die Umgestaltung ab und der KGB[42] habe noch nicht sein letztes Wort dazu gesagt. Um ihre Ziele zu erreichen, sind sie bereit, zu allen Mitteln zu greifen.
Leider muß ich unseren Gegnern einige entmutigende Dinge mitteilen: Die Mitglieder des Politbüros und des ZK sind gegenwärtig so einig wie noch nie zuvor, und es gibt nichts, was diese Einigkeit ins Wanken bringen könnte. Sowohl in der Armee als auch im Komitee für Staatssicherheit und in den anderen Abteilungen der Regierung übt die Partei die größte Autorität aus und hat politisch eine entscheidende Stimme. Das Bemühen um die Perestroika hat die Stellung der Partei nur gefestigt und ihrer moralischen und politischen Aufgabe in Gesellschaft und Staat eine neue Dimension hinzugefügt.
Der Gerechtigkeit zuliebe möchte ich allerdings hinzufügen, daß kompetente westliche Beobachter ganz richtig den sozialistischen Charakter unserer Umgestaltung und ihr Ziel der Festigung des Sozialismus erkannt haben. Diejenigen aber, die der westlichen Öffentlichkeit mit der Perestroika Angst einjagen wollen, haben in Wirklichkeit selbst Angst vor deren Erfolg, wenn auch nur deshalb, weil sie dann nicht mehr vom Gespenst der »sowjetischen Gefahr« reden können und weil sie dann das wahre Bild unseres Landes nicht mehr mit einem grotesken und häßlichen »Feindbild« verschleiern und das sinnlose Wettrüsten nicht mehr mit

demagogischen Parolen und zur eigenen Bereicherung fortsetzen können.
Denn wie kann man, wenn unsere Entwicklungspläne erfolgreich sind, dem Volk noch die Lüge auftischen, daß der Sozialismus kein lebensfähiges System sei, das seinen Bürgern zu Nahrung und Kleidern verhilft? Die Vorstellung, unser Land sei ein »Reich des Bösen«, die Oktoberrevolution ein Irrtum der Geschichte und die Zeit nach der Revolution ein »Zickzackkurs der Geschichte«, beginnt an Glaubwürdigkeit zu verlieren. Wirklich, unsere Perestroika paßt einigen Leuten überhaupt nicht.
Man versuche heute hemmungslos, die gegenwärtigen Reformen in der UdSSR zu verleumden und in den Schmutz zu ziehen, schreibt das westdeutsche Magazin *Stern*, und zwar mit der Behauptung, es gehe dabei in Wirklichkeit nur um die Konsolidierung des kommunistischen Systems und der Kreml kenne nur ein Ziel – sein System leistungsfähiger zu machen. »Ja, bei Gott, wenn der Kampf gegen Korruption und schlechte Wirtschaftsführung das kommunistische System konsolidiert, dann wäre nach dieser Logik die Demokratie der beste Nährboden des Marxismus-Leninismus!« Ich möchte diesem beredten Zitat noch einige Worte hinzufügen. Wenn der Sozialismus sich wirklich nicht mit Demokratie und wirtschaftlicher Leistungsfähigkeit verträgt, wie seine Gegner behaupten, dann gäbe es für diese keinen Grund, sich um ihre Zukunft und ihre Profite zu sorgen.
Und wenn wir uns selbst kritisieren, so wie uns noch keiner im Westen, Osten oder sonstwo kritisiert hat, so können wir das nur, weil wir stark sind und uns nicht vor der Zukunft fürchten. Wir werden aller Kritik standhalten; das Volk und die Partei werden ihr standhalten. Aber wenn unsere Reformen die erwarteten Ergebnisse erzielen, dann wird auch die Kritik am Sozialismus sich einer »Perestroika« unterziehen müssen.
Wir haben unsere Gegner in Verlegenheit gebracht, weil wir unsere Fehler viel besser kennen als sie und mit größerer Aufrichtigkeit und Kompetenz darüber sprechen. Die Men-

schen im Westen werden deshalb allmählich aufhören, all den Unsinn zu glauben, der ihnen über die Sowjetunion erzählt wird. Das alles stärkt kaum das Vertrauen in die Politik der westlichen Länder.

In meinen Diskussionen mit Amerikanern und Menschen anderer westlicher Länder frage ich jeweils frei heraus, ob sie der Sowjetunion die Möglichkeit zugestehen wollen, durch Kürzung der Rüstungsausgaben mehr Mittel in die wirtschaftliche und soziale Entwicklung zu stecken. Oder ob der Westen ganz im Gegenteil die Sowjetunion durch die Beschleunigung des Wettrüstens überfordern wolle, damit die ungeheuren von uns in Angriff genommenen Aufgaben scheitern, und ob er die sowjetische Führung zwingen wolle, immer mehr Ressourcen für die unproduktiven Zwekke der Rüstung zu verwenden? Ob es letzten Endes nicht doch nur noch darum gehe, zu erzwingen, daß die Sowjetunion sich ganz auf ihre internen Probleme konzentrieren muß, damit der Westen den Rest der Welt beherrschen kann?

Aber das Problem hat noch eine andere Seite. Diejenigen, die hoffen, die Sowjetunion zu überfordern, sind zu eingebildet auf ihre eigene wirtschaftliche Wohlfahrt. Ganz gleich, wie reich die USA sind, auch sie können es sich schwerlich leisten, jährlich über dreihundertdreißig Milliarden Dollar für die Rüstung auszugeben. Eine Steigerung der Rüstungsausgaben treibt auch das Haushaltsdefizit in die Höhe. Gegenwärtig leihen die USA sich zwei Drittel der Beträge, die sie für die Rüstung ausgeben. Die Schulden der USA auf Bundesebene sind genaugenommen die Schulden des Pentagon, und sie werden von vielen Generationen von Amerikanern zurückgezahlt werden müssen. Einmal muß dieser Faden reißen. Aber das geht eigentlich nur die Amerikaner etwas an.

Manchmal habe ich den Eindruck, daß amerikanische Politiker sich, wenn sie das kapitalistische System und die eigene Demokratie preisen, ihrer Sache in beiden Fällen nicht ganz sicher sind und den Wettbewerb mit der UdSSR unter friedlichen Umständen fürchten. Das treibt sie dazu, ihre Kriegsmaschinerie zu erhalten und Spannungen anzuheizen. Vermutlich werden einige Beobachter nach der Lektüre dieser Zeilen schreiben, Gorbatschow sei nur unzulänglich über die westliche Demokratie informiert. Aber leider weiß ich das eine und das andere, genug auf jeden Fall, um fest auf die sozialistische Demokratie und die sozialistische Humanität zu vertrauen.

Wir werden eine Lösung für die Fragen finden, die wir ernsthaft diskutieren, und wir werden die Ziele erreichen, die wir uns gesteckt haben. Man muß dabei auch die Disposition unseres Volkes berücksichtigen. Sind sein Engagement und seine patriotischen Gefühle einmal geweckt, wird es keine Mühen scheuen, seine Ziele zu erreichen, und es wird dabei Wunder vollbringen. Die Sowjetunion ist ein riesiges Land, reich an Mineralien und Facharbeitern und mit bedeutenden wissenschaftlichen Ressourcen. Fast alle Werktätigen haben eine abgeschlossene höhere Schulbildung. Man werfe uns also nicht vorschnell auf den »Müll der Geschichte«; darüber kann das sowjetische Volk nur lachen.

In meinen Gesprächen mit einer Delegation des Repräsentantenhauses im vergangenen April sagte ich, daß die Durchführung unserer Pläne der Erneuerung weder für das amerikanische Volk noch für ein anderes Land eine politische oder wirtschaftliche Bedrohung darstelle. Dasselbe sagte ich im Kreml in einer Ansprache vor den Teilnehmern des Forums »Für eine Welt ohne Kernwaffen, für das Überleben der Menschheit«: Wir wollen verstanden werden, und wir hoffen, daß die Weltgemeinschaft einsehen wird, daß keiner der Verlierer zu sein braucht und daß die ganze Welt durch unser Streben nach Verbesserungen in unserem Land nur gewinnen kann.

Die Sowjetunion und ihre Perestroika stellen also für niemanden eine Bedrohung dar, es sei denn dadurch, daß sie ein Beispiel geben – wenn jemand sich denn von diesem Beispiel überzeugen läßt. Und doch wird uns immer wieder vorgeworfen, daß wir auf der ganzen Welt den Kommunismus einführen wollten. Was für ein Unsinn! Ich würde diesen Vorwürfen nicht nachgehen, stammten sie von Leuten, die für ihren Lebensunterhalt schreiben und dabei keine Skrupel kennen. Aber bis heute kann man dieselben Anklagen öffentlich aus dem Mund scheinbar verantwortungsbewußter Staatsmänner hören. Ich war wirklich überrascht, als zwei Jahre nach Beginn der Perestroika auch ein Politiker davon sprach, den ich immer geschätzt hatte. Ich versuchte herauszubekommen, warum. Wir kennen die Doktrinen Trumans, Eisenhowers und Reagans. Aber noch keiner hat uns von der »Einführung einer kommunistischen Herrschaft« reden hören. Lenin hat gesagt, daß wir, der sozialistische Staat, die Weltentwicklung hauptsächlich durch unsere wirtschaftlichen Leistungen beeinflussen werden.

Der Erfolg der Perestroika wird zeigen, daß der Sozialismus nicht nur der historischen Aufgabe gewachsen ist, sich an die Spitze des wissenschaftlich-technischen Fortschritts zu setzen. Der Sozialismus wird mit den Methoden der Demokratie ein Höchstmaß an sozialer und moralischer Wirkung für das Volk erreichen. Von entscheidender Hilfe sind dabei die Anstrengungen, der Intellekt, die Sachkenntnis, die Begabung, das Gewissen und das Verantwortungsbewußtsein des sowjetischen Volkes gegenüber anderen Völkern.

Der Erfolg der Perestroika wird die engstirnigen Klasseninteressen und den Egoismus der Kräfte aufdecken, die heute im Westen herrschen, Kräfte, die sich am Militarismus und am Wettrüsten festgehakt haben und auf dem ganzen Globus nach »Feinden« suchen.

Der Erfolg der Perestroika wird den Entwicklungsländern helfen, Wege zur Durchführung der wirtschaftlichen und gesellschaftlichen Modernisierung zu finden, ohne daß sie dabei Zugeständnisse an den Neokolonialismus machen müssen oder in die Fänge des Kapitalismus geraten.

Der Erfolg der Perestroika wird das letzte Argument im historischen Streit sein, welches System den Interessen der Menschen besser diene. Befreit von den Begleiterscheinungen vergangener extremer Bedingungen, wird das Bild der Sowjetunion neue Anziehungskraft gewinnen, und die Sowjetunion wird in lebendiger Weise die dem sozialistischen System innewohnenden Vorteile verkörpern. Die Ideale des Sozialismus werden frisch gestärkt daraus hervorgehen.

Ich habe wiederholt feststellen können, daß auch meine Gesprächspartner im Westen das nur zu gut verstehen. Ein westlicher Politiker, der keineswegs ein Kommunist ist, sagte zu mir: »Wenn Sie tun, was Sie vorhaben, wird das überwältigende und wahrhaft globale Folgen haben.«

Für den ausländischen Leser ist es wahrscheinlich oft nicht leicht, unsere Schwierigkeiten zu verstehen. Das ist nur natürlich. Jedes Volk und jedes Land hat seine eigenen Lebensgewohnheiten, seine eigenen Gesetze, Hoffnungen, Vorurteile und Ideale. Diese Vielfalt ist etwas Wundervolles; sie darf nicht erstickt, sie muß entwickelt werden. Ich für meinen Teil bin der Versuche einiger Politiker überdrüssig, andere darüber zu belehren, wie sie leben und welche Politik sie führen sollen. Sie gehen von der überheblichen Annahme aus, Leben und Politik ihres Landes seien ein mustergültiges Vorbild an Freiheit, Demokratie, wirtschaftlicher Leistung und sozialem Standard. Bei weitem demokratischer wäre meiner Meinung nach die Einsicht, daß andere Völker womöglich nicht mit dieser Perspektive übereinstimmen. In unserer komplizierten und wirren Welt ist es unmöglich, alles mit dem eigenen Maß zu messen. Versuche, eine militärische Diktatur zu errichten und moralischen, politischen und wirtschaftlichen Druck auszuüben, sind heute nicht mehr gefragt. Sie sind außerdem gefährlich; sie irritieren die Weltöffentlichkeit und behindern damit den Fortschritt zu Frieden und Kooperation.

Das richtige Verständnis der Perestroika ist zugleich der Schlüssel zum Verständnis der sowjetischen Außenpolitik. In Wahrheit decken sich die Ziele der Perestroika mit den Interessen des universalen Friedens und der internationalen Sicherheit. Wenn wir den Westen dazu aufrufen, unsere Arbeit einer verantwortlichen, ehrlichen und unparteiischen Überprüfung zu unterziehen, haben wir dabei nicht nur das eigene Interesse im Auge. Die Unfähigkeit oder mangelnde Bereitschaft, das Wesen der Perestroika zu verstehen, führt entweder zu Mißverständnissen bezüglich unserer Absichten auf der Weltbühne oder stellt einen weiteren Versuch dar, das Mißtrauen in den Beziehungen der Länder und Völker zu erhalten und zu vertiefen.

Die organische Verbindung zwischen der Innen- und Außenpolitik eines Staates ist in entscheidenden Momenten besonders eng und in der Praxis bedeutungsvoll. Ein Kurswechsel in der Innenpolitik bewirkt unweigerlich Veränderungen in der Haltung zu internationalen Fragen. Deshalb ist jetzt, unter den Bedingungen der Perestroika, die Einheit unserer Aktivitäten zu Hause und in der internationalen Arena auffälliger und greifbarer als je zuvor. Das neue Konzept der sowjetischen Außenpolitik, seine Richtlinien und die daraus folgenden praktischen Aktionen sind die unmittelbare Umsetzung der Philosophie, des Programms und der Praxis der Umgestaltung.

Der Prozeß der Perestroika in der Sowjetunion eröffnet neue Möglichkeiten für die internationale Zusammenarbeit. Unparteiische Beobachter sagen das Wachstum des sowjetischen Anteils an der Weltwirtschaft und die Belebung der auswärtigen wirtschaftlichen und wissenschaftlich-technischen Beziehungen voraus, darunter der Beziehungen, die von internationalen Wirtschaftsorganisationen wahrgenommen werden.

An die Adresse aller erklären wir offen: Wir brauchen einen dauerhaften Frieden, um uns auf die Entwicklung unserer Gesellschaft konzentrieren und die Aufgaben zur Verbesserung der Lebensqualität des sowjetischen Volkes bewältigen zu können. Unsere Pläne sind langfristig und grundsätzlicher Art. Deshalb müssen alle, auch unsere Partner und Rivalen im Westen, erkennen, daß unsere internationale Politik dazu dient, eine kernwaffenfreie und gewaltlose Welt zu schaffen und zivilisierte Umgangsformen in zwischenstaatlichen Beziehungen durchzusetzen. Diese Politik ist in den ihr zugrundeliegenden Prinzipien gleichermaßen fundamental wie vertrauenswürdig.

2. Teil

DAS NEUE DENKEN UND DIE WELT

Kapitel 3

Wie wir die Welt von heute sehen

Wo wir stehen

Wir haben mit der Perestroika in einer Situation wachsender internationaler Spannungen begonnen. Die Entspannungspolitik der siebziger Jahre war praktisch gestoppt worden. Unser Aufruf zum Frieden fand bei den herrschenden Kreisen des Westens kein Gehör. Die sowjetische Außenpolitik stieß ins Leere vor. Die Rüstungsspirale drehte sich weiter. Die Bedrohung durch einen Krieg nahm zu.

Wer nach Wegen für eine Wende zum Besseren suchte, sah sich vor die folgenden Fragen gestellt: Welche Gründe stehen hinter diesem Geschehen? An welchem entscheidenden Punkt ist die Welt in ihrer Entwicklung angelangt? Um darauf eine Antwort zu erhalten, mußten wir einen nüchternen und realistischen Blick auf das Panorama der Welt werfen und uns von der Macht gewohnter Denkschemata befreien. Oder, wie wir in Rußland sagen, wir mußten die Dinge »mit neuen Augen« betrachten.

Wie sieht die Welt aus, in der wir alle leben, diese Welt der gegenwärtigen Generationen der Menschheit? Die Welt von heute ist kompliziert, vielfältig, dynamisch, von einander bekämpfenden Tendenzen durchsetzt und voller krasser Widersprüche. Es ist eine Welt fundamentaler sozialer Veränderungen, charakterisiert durch die allgegenwärtige wissenschaftlich-technische Revolution, die sich verschlimmernden globalen Probleme – Probleme der Wirtschaft, der Ökologie, der natürlichen Ressourcen usw. – und radikale Veränderungen im Bereich von Information und Kommunikation. Es ist eine Welt, in der beispiellose Möglichkeiten der Entwicklung und des Fortschritts unvermittelt neben tiefster Armut, Rückständigkeit und Mittelalterlichkeit stehen. Es ist eine Welt mit ungeheuren »Spannungsfeldern«.

Vor vielen Jahren war alles viel einfacher. Es gab eine bestimmte Anzahl von Mächten, die ihre Interessen festlegten und untereinander zu einem Interessenausgleich zu kommen versuchten. Scheiterte das, führten sie gegeneinander Krieg. Internationale Beziehungen wurden auf dem Interessenausgleich dieser Mächte aufgebaut. Hier war ein Einflußbereich, dort ein anderer und dort wiederum ein dritter. Aber sehen wir uns an, was in den vierzig Nachkriegsjahren bis heute daraus geworden ist.

Zum politischen Erscheinungsbild unserer Welt gehört die umfangreiche Gruppe der sozialistischen Staaten, die in ihrer vergleichsweise kurzen Geschichte einen langen Weg fortschrittlicher Entwicklung zurückgelegt haben; das riesige Gebiet der entwickelten kapitalistischen Staaten mit ihren eigenen Interessen, ihrer eigenen Geschichte und ihren Sorgen und Problemen; und schließlich die große Zahl der Staaten der Dritten Welt, die sich in den letzten dreißig bis vierzig Jahren gebildet haben, als asiatische, afrikanische und lateinamerikanische Länder zu Dutzenden die Unabhängigkeit erlangten.

Es liegt auf der Hand, daß jedes Land und jede Staatengruppe eigene Interessen hat. Vom Standpunkt der elementaren Logik aus müßten alle diese Interessen in der Weltpolitik einen angemessenen Ausdruck finden. Die Wirklichkeit sieht anders aus. Mehr als einmal habe ich zu meinen Gesprächspartnern aus den kapitalistischen Ländern gesagt: Laßt uns doch die Realitäten in unsere Überlegungen einbeziehen – es gibt die Welt des Kapitalismus und die Welt des Sozialismus, und außerdem gibt es die riesige Welt der Entwicklungsländer. Letztere ist die Heimat von Abermillionen von Menschen. Jedes Land hat seine Probleme. Aber die Entwicklungsländer haben hundertmal mehr Probleme als die anderen Staaten, und daran sollten wir denken. Die Entwicklungsländer haben ihre eigenen nationalen Interessen. Jahrzehntelang waren sie Kolonien, die hartnäckig für ihre Freiheit kämpften. Jetzt, da sie die Unabhängigkeit

erlangt haben, wollen sie das Leben ihrer Bevölkerung verbessern, ihre Ressourcen nach eigenem Ermessen einsetzen und eine unabhängige Wirtschaft und Kultur aufbauen.
Kann denn überhaupt Hoffnung auf normale und gerechte internationale Beziehungen bestehen, wenn diese Beziehungen ausschließlich an den Interessen von beispielsweise der Sowjetunion oder den Vereinigten Staaten, Großbritanniens oder Japans orientiert sind? Nein! Wir brauchen ein Gleichgewicht der Interessen. Ein solches Gleichgewicht existiert gegenwärtig nicht. Denn heute werden die Reichen reicher und die Armen ärmer. In der Dritten Welt sind allerdings Entwicklungen im Gang, die das ganze System internationaler Beziehungen erschüttern könnten.
Keiner kann einfach mit der Welt des Sozialismus, der Welt der Entwicklungsländer oder der Welt des entwickelten Kapitalismus Schluß machen. Zwar existiert die Meinung, daß der Sozialismus ein unglücklicher Zwischenfall in der Geschichte sei und schon lange auf den Müll gehöre. Dann werde die Dritte Welt sich gefügig zeigen, alles werde wieder beim alten sein, und Wohlstand wäre wieder auf Kosten anderer möglich. Die Flucht in die Vergangenheit ist aber keine Antwort auf die Herausforderungen der Zukunft, sondern bloßes auf Furcht und Gleichgültigkeit gegründetes Abenteurertum.
Wir haben nicht nur die Realität einer farbenreichen, mehrdimensionalen Welt neu erkannt. Wir haben nicht nur die Verschiedenheit der Interessen einzelner Staaten festgestellt. Wir haben das Hauptproblem gesehen – die wachsende Tendenz zu wechselseitiger Abhängigkeit der Staaten der Weltgemeinschaft. Dies ist die Dialektik der gegenwärtigen Entwicklung. Die Welt – widersprüchlich, voll sozialer und politischer Unterschiede, aber trotzdem zusammenhängend und in hohem Maße ganzheitlich – formt sich mit großen Schwierigkeiten und geht ihren Weg gleichsam tastend durch einen Wald von einander bekämpfenden Gegensätzen.
Eine andere, nicht weniger offensichtliche Realität unserer Zeit ist das Auftauchen und die Verschärfung der sogenannten globalen Aufgaben und Probleme, die gleichfalls ent-

scheidend für das Schicksal der Zivilisation geworden sind. Ich meine den Schutz der Natur, den kritischen Zustand unserer Umwelt, der Luft und der Meere sowie der traditionellen Ressourcen unseres Planeten, die, wie sich herausgestellt hat, nicht unerschöpflich sind. Ich meine alte und neue schreckliche Krankheiten und die gemeinsame Sorge der Menschheit: Wie können wir dem Hunger und der Armut in weiten Teilen der Erde ein Ende setzen? Ich meine die vernünftigen gemeinsamen Bemühungen um die Erforschung des Weltraums und der Weltmeere und die Nutzung des dabei gewonnenen Wissens zum Wohl der Menschheit.

Ich könnte viel über die Arbeit sagen, die wir in unserem Land auf nationaler Ebene verrichten, um zu einer Lösung dieser Probleme beizutragen. Ich habe einige Aspekte des Themas gestreift, als ich über unsere Perestroika gesprochen habe. Wir werden tun, was in unserer Macht steht.

Aber die Sowjetunion kann allein all diese Probleme nicht lösen. Wir schämen uns nicht, dies zu wiederholen und zu internationaler Kooperation aufzurufen. Im vollen Bewußtsein unserer Verantwortung und ohne jede falsche Rücksichtnahme auf das »Prestige« sagen wir, daß wir alle in der heutigen Welt immer mehr voneinander abhängig und in zunehmendem Maße aufeinander angewiesen sind. Da diese Realitäten in unserer Welt existieren und wir wissen, daß uns auf dieser Welt heute im großen und ganzen dasselbe Schicksal verbindet, daß wir alle auf demselben Planeten leben, seine Ressourcen verwenden und dabei feststellen, daß sie nicht unerschöpflich sind, daß wir sparen und Natur und Umwelt schützen müssen, gelten diese Realitäten für uns alle. Die Notwendigkeit wirksamer und fairer internationaler Regelungen und Mechanismen, die eine rationale Nutzung der natürlichen Reichtümer unseres Planeten als Eigentum der ganzen Menschheit gewährleisten könnten, wird immer dringender.

Hier also erkennen wir unsere wechselseitige Abhängigkeit, die untrennbare Ganzheit der Welt und die dringende Notwendigkeit, alle Kräfte der Menschheit zum Zweck ihrer

Selbsterhaltung zu vereinen, zum Wohle der Menschheit heute, morgen und für alle Zeiten.
Nicht zuletzt müssen wir uns noch über einen weiteren Aspekt der heutigen Wirklichkeit im klaren sein. Mit dem Eintritt ins nukleare Zeitalter und der militärischen Nutzung der Kernenergie hat die Menschheit ihre Unsterblichkeit verloren. In der Vergangenheit hat es Kriege gegeben, fürchterliche Kriege, die Millionen und Abermillionen Opfer unter den Menschen gekostet, Städte und Dörfer in Schutt und Asche gelegt und ganze Nationen und Kulturen zerstört haben. Aber der Fortbestand der Menschheit war dadurch nicht bedroht. Wenn im Gegensatz dazu heute ein nuklearer Krieg ausbricht, wird alles Leben von der Erdoberfläche hinweggefegt werden.
Selbst was in Wirklichkeit unmöglich ist, daß nämlich die Menschheit mehrfach vernichtet werden kann, ist jetzt technisch möglich geworden. Die bestehenden nuklearen Arsenale sind so groß, daß auf jeden Bewohner der Erde eine Sprengladung entfällt, die ein riesiges Areal einäschern kann. Heutzutage führt ein einziges strategisches U-Boot ein Vernichtungspotential mit sich, das dem von mehreren Zweiten Weltkriegen entspricht. Von derartigen U-Booten aber gibt es viele Dutzende!
Das Wettrüsten kennt wie der nukleare Krieg keinen Gewinner. Die Fortsetzung eines solchen Wettlaufs auf der Erde und seine Ausdehnung auf den Weltraum würde nur die Anhäufung und Perfektionierung nuklearer Waffen beschleunigen, die ohnehin bereits mit fieberhafter Geschwindigkeit vor sich geht. Es könnte so weit kommen, daß die Weltlage nicht länger von Politikern abhängig ist, sondern Gefangene des Zufalls wird. Wir alle stehen vor der Notwendigkeit zu lernen, wie man in dieser Welt in Frieden leben kann. Wir müssen uns eine neue Denkweise aneignen, denn die Bedingungen, unter denen wir heute leben, sind völlig verschieden von denen, die dreißig oder vierzig Jahre zurückliegen.
Es ist an der Zeit, damit aufzuhören, die Außenpolitik als Träger einer Politik der Stärke zu betrachten. Weder

die Sowjetunion noch die Vereinigten Staaten sind in der Lage, anderen gewaltsam ihren Willen aufzuzwingen. Zwar ist es möglich, andere zu unterdrücken, in die Knie zu zwingen, sie zu bestechen und ihren Widerstand zu brechen, aber nur für eine begrenzte Zeit. In der Perspektive einer langfristig, in großen Zeiträumen denkenden Politik kann keiner andere unterwerfen. Deshalb gibt es nur eine Alternative – Beziehungen gleichberechtigter Partner. Das müssen wir alle erkennen. Zusammen mit den bereits erwähnten Realitäten der nuklearen Waffen, der Ökologie, der wissenschaftlich-technischen Revolution sowie der Neuerungen auf dem Gebiet von Information und Kommunikation verpflichtet uns auch diese Erkenntnis zu gegenseitigem Respekt. So sieht unsere Welt aus – komplex, aber nicht hoffnungslos. Wir sind der Ansicht, daß es für alles eine Lösung gibt, daß dafür aber jeder neu über seine Rolle in dieser Welt nachdenken und sich verantwortlich verhalten muß.

Das neue politische Denken

In den zweieinhalb Jahren, die seit April 1985 vergangen sind, sind wir unserem Ziel, die Weltlage zu verstehen und Wege der Veränderung zum Besseren zu erkennen, ein gutes Stück näher gekommen. Ich werde auch über die praktischen Schritte schreiben, die wir im Hinblick auf eine radikale Verbesserung der internationalen Atmosphäre unternommen haben. Zunächst aber zum Kern der Sache.

Nachdem wir auf dem XXVII. Parteitag das Konzept einer widersprüchlichen, aber zusammenhängenden, von wechselseitigen Abhängigkeiten geprägten und im wesentlichen ganzheitlichen Welt erstellt hatten, fingen wir an, auf diesem Fundament unsere Außenpolitik aufzubauen. Zwar werden wir uns weiterhin von anderen unterscheiden, was unser soziales System, unsere ideologischen und religiösen Ansichten und unseren Lebensstil betrifft. Solche Unterschiede

werden mit Sicherheit bestehen bleiben. Aber müssen wir uns deswegen gleich duellieren? Wäre es nicht richtiger, daß wir uns über die uns trennenden Dinge erheben, den Interessen der Menschheit insgesamt und dem Leben auf der Erde zuliebe? Wir haben unsere Wahl getroffen und durch verbindliche Aussagen und gezielte Aktionen und Taten eine neue politische Richtung festgelegt.
Die Menschen sind der Spannungen und Konflikte müde. Sie möchten sich lieber auf die Suche machen nach einer sichereren und vertrauenswürdigeren Welt, einer Welt, in der jeder seine philosophischen, politischen und ideologischen Überzeugungen und seine Lebensart beibehalten kann. Wir beobachten die gegenwärtige Entwicklung mit offenen Augen. Wir sehen, daß alte Stereotypen fortbestehen und daß die alten Ansichten tiefe Wurzeln geschlagen haben. Auf diesem Boden gedeihen Militarismus und machtpolitischer Ehrgeiz; andere Länder werden als Ziele der eigenen politischen und sonstigen Aktivitäten betrachtet, das Recht auf souveräne Entscheidungen und eine unabhängige Außenpolitik wird ihnen genommen.
Wir wollen zur Lösung der verschiedenen regionalen Probleme keine ultra-radikalen Methoden vorschlagen, obwohl auch solche Methoden in einigen Fällen notwendig sind. Wir wollen internationale Angelegenheiten nicht in einer Weise behandeln, durch die die Konfrontation verschärft wird. Obwohl wir den gegenwärtigen Charakter der Beziehungen zwischen dem Westen und den Entwicklungsländern nicht billigen, drängen wir nicht auf ihren gewaltsamen Abbruch. Wir glauben vielmehr, daß diese Beziehungen umgeformt werden sollten, indem man sie vom Neokolonialismus befreit, der sich vom alten Kolonialismus nur durch seine raffinierteren Ausbeutungsmechanismen unterscheidet. Es sind Bedingungen erforderlich, unter denen die Entwicklungsländer selbst Herr über ihre natürlichen und menschlichen Ressourcen sind und diese zu ihrem eigenen Nutzen und nicht zu dem eines anderen Landes einsetzen können.
Der Normalisierung der internationalen Beziehungen in den Bereichen Wirtschaft, Kommunikation und Ökologie

sollte eine breite Internationalisierung zugrunde liegen. Es sieht aber so aus, als wollte der Westen lieber alles in der Familie behalten, wie man so sagt, also innerhalb eines Kreises seiner fünf oder sieben wichtigsten Staaten. Das ist wahrscheinlich auch die Erklärung für die Versuche des Westens, die Vereinten Nationen zu diskreditieren. So wird behauptet, die UNO verliere an Bedeutung und stehe kurz vor ihrer Auflösung. Das wird heute gesagt, in einer Welt, in der sich soviel verändert, in einer Welt mit so vielen verschiedenen Interessen zahlreicher Staaten, in der das Finden eines Interessenausgleichs von vordringlicher Wichtigkeit ist. Unter diesen Umständen spielen die Vereinten Nationen mit ihrer Erfahrung in der Koordination internationaler Zusammenarbeit eine wichtigere Rolle als je zuvor.

Es stimmt, daß die Bemühungen der Vereinten Nationen nicht immer erfolgreich waren. Aber meiner Meinung nach ist diese Organisation das am besten geeignete Forum, um nach dem Interessenausgleich zu suchen, der für die Stabilität der Welt so wesentlich ist.

Ich bin mir bewußt, daß sich das alles nicht über Nacht verändern kann. Ich weiß auch, daß der Westen und wir in konkreten Situationen weiterhin auf verschiedene Weise vorgehen werden. Aber wie ich bereits gesagt habe, ähneln die Nationen der Welt heute einer Gruppe von Bergsteigern, die durch ein Kletterseil miteinander verbunden sind. Entweder steigen sie zusammen weiter bis zum Gipfel, oder sie stürzen zusammen in einen Abgrund. Um eine Katastrophe zu verhindern, müssen die führenden Politiker sich über ihre engstirnigen Interessen erheben und die Dramatik der heutigen Situation begreifen. Deshalb ist die Notwendigkeit, die herrschende Lage neu einzuschätzen und ihre einzelnen Faktoren zu verstehen, heute so akut.

Es ist heute nicht mehr möglich, eine Politik nach den Prämissen des Jahres 1947, der Truman-Doktrin und Churchills Rede in Fulton, zu gestalten. Es ist notwendig, auf neue Art zu denken und zu handeln. Und was noch schwerer wiegt: Die Geschichte wartet nicht; die Völker dürfen keine

Zeit verschwenden. Morgen kann es zu spät sein, und ein Übermorgen wird es vielleicht nie geben.

Das grundlegende Prinzip der neuen politischen Perspektive ist sehr einfach: *Der nukleare Krieg kann kein Mittel sein, politische, wirtschaftliche, ideologische und sonstige Ziele zu erreichen.* Diese Schlußfolgerung ist wahrhaft revolutionär, denn sie bedeutet, die herkömmlichen Vorstellungen von Krieg und Frieden über Bord zu werfen. Es ist die politische Funktion des Krieges, die immer als Rechtfertigung, als »rationale« Erklärung eines Krieges herangezogen wurde. Der Atomkrieg ist sinnlos; er ist irrational. In einem weltweiten nuklearen Konflikt gäbe es weder Gewinner noch Verlierer. Der Untergang der Zivilisation wäre die unvermeidliche Folge. Das ist eher eine Art von Selbstmord, und nicht ein Krieg im herkömmlichen Sinn des Wortes.

Aber die Militärtechnologie hat sich inzwischen so weit entwickelt, daß heute sogar ein nichtnuklearer Krieg einem nuklearen Krieg vergleichbar wäre, was die zerstörerischen Folgen betrifft. Deshalb ist es folgerichtig, in unsere Kategorie der nuklearen Kriege auch diese »Variante« eines bewaffneten Zusammenstoßes zwischen Großmächten einzuschließen.

In der Folge dieser Entwicklungen hat sich eine vollkommen neue Situation herausgebildet. Im Verlauf von Jahrhunderten, ja sogar Jahrtausenden hat sich eine bestimmte Art des Denkens und Handelns geformt, die auf der Anwendung von Gewalt in der Weltpolitik beruht. Solches Denken und Handeln scheint fest verwurzelt und unerschütterlich. Heute aber läßt es sich nicht mehr vernünftig rechtfertigen. Clausewitz' Diktum vom Krieg als der Fortsetzung der Politik mit anderen Mitteln, zu seiner Zeit ein Klassiker, ist heute hoffnungslos veraltet. Es gehört jetzt in die Bibliotheken. Zum ersten Mal in der Geschichte sind die Begründung der internationalen Politik auf allgemeinmenschlichen moralischen und ethischen Normen sowie die Humanisierung zwischenstaatlicher Beziehungen zu einer lebenswichtigen Bedingung geworden.

Aus der Unmöglichkeit einer militärischen – das heißt nuklearen – Lösung internationaler Differenzen ergibt sich eine neue Dialektik von Stärke und Sicherheit. Sicherheit kann nicht mehr durch militärische Mittel hergestellt werden – weder durch nukleare Waffen und Abschreckung noch durch die unablässige Perfektionierung von »Schwert« und »Schild«. Versuche, eine militärische Überlegenheit herstellen zu wollen, sind absolut unsinnig. Gegenwärtig werden solche Versuche im Weltraum unternommen. Daß dieser erstaunliche Anachronismus sich behaupten kann, ist eine Folge der aufgeblasenen Rolle der Militaristen in der Politik. Vom Standpunkt der Sicherheit aus ist das Wettrüsten zu einer Absurdität geworden, da es in logischer Konsequenz zur Destabilisierung der internationalen Beziehungen und schließlich zum nuklearen Konflikt führt. Da das Wettrüsten riesige Ressourcen von anderen, vordringlichen Projekten abzieht, wird dadurch der Grad der Sicherheit herabgesetzt und beeinträchtigt. Das Wettrüsten als solches ist ein Feind des Friedens. Der einzige Weg zur Sicherheit ist der der politischen Entscheidungen und der Abrüstung. Wirkliche und für alle gleiche Sicherheit kann in unserem Zeitalter nur durch die kontinuierliche Herabsetzung des Niveaus des strategischen Gleichgewichts garantiert werden, aus dem nukleare und andere Massenvernichtungswaffen völlig verbannt werden sollten.

Vielleicht haben einige davor Angst. Was soll dann aus dem ganzen militärisch-industriellen Komplex werden? fragen sie. Arbeit und Lohn so vieler Menschen hängen davon ab. Diesem Problem hat Nobelpreisträger W. Leontief in einer seiner jüngsten Arbeiten eine eigene Analyse gewidmet, und er hat bewiesen, daß die Argumente der Militaristen vom ökonomischen Standpunkt aus nicht stichhaltig sind. Meine Meinung ist: Zunächst einmal kostet jeder Arbeitsplatz des militärisch-industriellen Komplexes zwei- bis dreimal soviel wie ein Arbeitsplatz der zivilen Industrie. Man könnte daraus drei Arbeitsplätze schaffen. Zweitens sind auch heute Sektoren der Rüstungswirtschaft mit der zivilen Wirtschaft verknüpft, zu der sie einen wichtigen Beitrag leisten. Hier liegt ein Anknüpfungspunkt für die Nutzung dieser Sektoren für friedliche Zwecke. Drittens könnten die UdSSR und die USA gemeinsam große Programme entwickeln, in denen sie ihre Ressourcen und ihr naturwissenschaftliches und intellektuelles Potential zusammenlegen, um das weite Spektrum an Problemen zum Wohl der Menschheit zu lösen.

Die neue politische Perspektive erfordert die Anerkennung eines weiteren einfachen Grundsatzes: Sicherheit ist unteilbar. Entweder es gibt die gleiche Sicherheit für alle oder überhaupt keine. Die einzige stabile Grundlage für die Sicherheit ist die Anerkennung der Interessen aller Völker und Länder und ihrer Gleichberechtigung in internationalen Angelegenheiten. Die Sicherheit jeder einzelnen Nation sollte mit der Sicherheit für alle Mitglieder der Weltgemeinschaft verknüpft sein. Läge es beispielsweise etwa im Interesse der Vereinigten Staaten, wenn sich die Sowjetunion in einer Situation fände, in der sie annehmen müßte, daß ihre Sicherheit geringer ist als die der USA? Oder hätten wir einen Vorteil aus der umgekehrten Situation? Ich kann mit aller Bestimmtheit sagen, daß wir darüber nicht glücklich wären. Aus Gegnern müssen deshalb Partner werden, die gemeinsam nach Wegen suchen, die universale Sicherheit zu gewährleisten.

Wir können bereits die ersten Anzeichen des neuen Denkens in vielen Ländern und in verschiedenen Schichten der Gesellschaft sehen. Das ist nur natürlich, weil es in diesem Denken um wechselseitig vorteilhafte Abkommen und auf Gegenseitigkeit beruhende Kompromisse auf der Grundlage des obersten gemeinsamen Interesses geht – der Verhinderung einer nuklearen Katastrophe. Daraus folgt, daß niemand nach Sicherheit für sich auf Kosten anderer streben sollte.

Gleichermaßen stark ist der Einfluß der neuen Perspektive auf den Charakter von militärischen Doktrinen. Diese sollten ausschließlich Doktrinen der Verteidigung sein. Damit hängen solche neuen oder vergleichsweise neuen Ideen zusammen wie die der Reduzierung der Rüstung auf ein vernünftig hinreichendes Mindestmaß, der nichtaggressiven Verteidigung, der Beseitigung von Ungleichheiten und Asymmetrien unter den verschiedenen Truppengattungen, der Entflech-

tung der Offensivkräfte der beiden Blöcke und so weiter und so fort.[43]
Universale Sicherheit beruht in unserer Zeit auf der Anerkennung des Rechts jeder Nation, den Weg ihrer sozialen Entwicklung selbst zu bestimmen, auf dem Verzicht der Einmischung in die inneren Angelegenheiten anderer Staaten und auf der Achtung anderer Staaten in Verbindung mit einer objektiven, selbstkritischen Einschätzung der eigenen Gesellschaft. Eine Nation mag sich entweder für den Kapitalismus oder für den Sozialismus entscheiden. Das ist ihr souveränes Recht. Nationen können und sollen ihr Leben nicht nach dem Muster der Vereinigten Staaten oder der Sowjetunion ausrichten. Politische Positionen sollten deshalb frei sein von ideologischer Intoleranz.
Ideologische Unterschiede sollten nicht auf die Ebene zwischenstaatlicher Beziehungen getragen werden, und ebensowenig sollte die Außenpolitik ihnen untergeordnet werden, denn Ideologien können durch Welten getrennt sein, wogegen Überlebensinteresse und Verhinderung eines Krieges von universaler Bedeutung sind und an oberster Stelle stehen.
Ebenso wichtig wie die Auseinandersetzung mit der nuklearen Bedrohung ist für das neue politische Denken die Herausforderung, andere globale Probleme zu lösen, darunter jene der wirtschaftlichen Entwicklung und der Ökologie als einer unverzichtbaren Bedingung für die Sicherung eines dauerhaften und gerechten Friedens. Auf eine neue Art zu denken heißt zugleich, eine direkte Verbindung zwischen Abrüstung und Entwicklung zu sehen.
Wir treten für die Internationalisierung der Bemühungen ein, Abrüstung zu einem Faktor der Entwicklung zu machen. In einer Botschaft an die Internationale Konferenz zu diesem Thema Ende August 1987 in New York habe ich geschrieben: »Die Durchführung des Grundprinzips ›Abrüstung zum Wohl von Entwicklung‹ kann und muß die Menschheit aufrütteln und die Bildung eines globalen Bewußtseins erleichtern.«
Die Deklaration von Delhi über Prinzipien einer atomwaffenfreien und gewaltlosen Welt, die von Indiens Premierminister

Rajiv Gandhi und mir im November 1986 unterzeichnet wurde, enthält Worte, die ich hier ebenfalls gern zitieren möchte: »Im nuklearen Zeitalter muß die Menschheit eine neue politische Denkweise entwickeln, ein neues Konzept von der Welt, das verläßliche Garantien für das Überleben der Menschheit bieten kann. Die Menschen wollen in einer sichereren und gerechteren Welt leben. Die Menschheit verdient ein besseres Schicksal als das einer Geisel des nuklearen Terrors und der Verzweiflung. Es ist notwendig, die gegenwärtige Situation der Welt zu verändern und eine kernwaffenfreie Welt aufzubauen, frei von Gewalt und Haß, Furcht und Mißtrauen.«

Es gibt ernst zu nehmende Anzeichen dafür, daß die neue Denkweise Gestalt annimmt, daß die Menschen verstehen lernen, an welchem Abgrund die Welt angelangt ist. Dabei handelt es sich allerdings um einen äußerst schwierigen Prozeß. Der schwierigste Teil dabei ist, sicherzustellen, daß dieses Verständnis auch in den Handlungen und im Denken der Politiker ihren Ausdruck findet. Aber ich glaube, daß die neue politische Mentalität sich ihren Weg erzwingen wird, denn sie ist ein Kind der Realitäten unserer Zeit.

Unser Weg zu einer neuen Perspektive

Wir erheben nicht den Anspruch, andere belehren zu wollen. Wir haben uns von anderen endlose Belehrungen angehört und sind zu dem Schluß gekommen, daß dies eine nutzlose Beschäftigung ist. Es ist in erster Linie das Leben selbst, das die Menschen eine neue Denkweise lehrt. Wir selbst sind dazu allmählich gekommen und haben das neue Denken Stufe für Stufe bewältigt, indem wir unsere herkömmlichen Ansichten über die Probleme von Krieg und Frieden und die Beziehungen zwischen den beiden Systemen überprüft und über globale Probleme nachgedacht haben.

Es war ein langer Weg. Vor gut dreißig Jahren kam der XX. Parteitag zum Schluß, daß ein neuer Weltkrieg nicht

unvermeidlich sei und verhindert werden könne. Damit war auch gemeint, daß ein künftiger Konflikt nicht nur hinausgeschoben und eine »friedliche Frist« verlängert werden könne, sondern daß jede internationale Krise mit friedlichen Mitteln beigelegt werden könne. Unsere Partei verkündete ihre Überzeugung von der Möglichkeit und Notwendigkeit, die Kriegsdrohung als solche zu beseitigen und den Krieg aus dem Leben der Menschen zu verbannen. Damals wurde erklärt, daß der Krieg in keiner Weise eine unverzichtbare Voraussetzung für soziale Revolutionen sei. Das Prinzip der friedlichen Koexistenz wurde weiter ausgebaut, indem die durch den Zweiten Weltkrieg bewirkten Veränderungen berücksichtigt wurden.
In den Jahren der Entspannung haben wir versucht, diesen Grundsatz mit konkretem Inhalt auf der Basis eines offenen internationalen Dialogs und internationaler Kooperation zu beleben. In diese Jahre fallen eine Reihe wichtiger Vertragsabschlüsse, mit denen die »Nachkriegs«-Zeit in Europa abgeschlossen wurde, und eine Verbesserung der sowjetisch-amerikanischen Beziehungen, die die gesamte Weltlage beeinflußte.
Hinter der Entspannungspolitik stand in erster Linie die wachsende Erkenntnis, daß ein nuklearer Krieg nicht gewonnen werden kann. Von dieser Tatsache ausgehend, haben wir vor fünf Jahren der ganzen Welt erklärt, daß wir niemals als erste Kernwaffen einsetzen werden.
Ein weitreichender konzeptioneller Wendepunkt wurde auf der Plenarsitzung des ZK der KPdSU im April 1985 und auf dem XXVII. Parteitag der KPdSU erreicht. Es handelte sich, um es genauer zu sagen, um die Hinwendung zu einer neuen politischen Denkweise, zu neuen Ideen über das Verhältnis zwischen Klassenprinzipien und Prinzipien, die der ganzen Menschheit der modernen Welt gemein sind. Eine neue Denkweise ist keine Improvisation und keine Gedankenspielerei. Sie ist das Ergebnis ernsthaften Nachdenkens über die Realitäten der heutigen Welt und der Einsicht, daß eine verantwortliche Haltung in der Politik nach wissenschaftlicher Begründung verlangt und einige

der bisher unerschütterlich scheinenden Postulate aufgegeben werden müssen. Eine voreingenommene Perspektive, Ad-hoc-Entscheidungen um flüchtiger Ziele willen und Abweichungen von einer streng wissenschaftlichen Situationsanalyse kommen uns teuer zu stehen.

Man kann sagen, daß wir die neue Mentalität unter Schmerzen hervorgebracht haben. Lenin war uns dabei eine Quelle der Inspiration. Nimmt man sich seine Werke vor und liest sie immer wieder »mit neuen Augen«, so staunt man über Lenins Fähigkeit, Dingen auf den Grund zu gehen und die kompliziertesten dialektischen Zusammenhänge der Abläufe im Weltgeschehen zu sehen. Als Führer der Partei des Proletariats und als theoretischer und politischer Gestalter von dessen revolutionären Aufgaben sah Lenin weiter und war in der Lage, über die Grenzen hinauszugehen, in denen das Proletariat noch gefangen war. Mehr als einmal hat er über den Vorrang der allgemeinmenschlichen Interessen vor den Klasseninteressen gesprochen. Erst jetzt sind wir soweit, daß wir die ganze Tiefe und Bedeutung dieser Ideen verstehen können. Sie sind der Nährboden unserer Philosophie in internationalen Beziehungen und der neuen Denkweise.

Man mag einwenden, daß Philosophen und Theologen sich schon immer mit den Modellen »ewiger« menschlicher Werte beschäftigt haben. Das stimmt, aber dabei handelte es sich um »scholastische Spekulationen«, die dazu verurteilt waren, utopische Träume zu bleiben. Heute, am Ende dieses dramatischen Jahrhunderts, sollte die Menschheit die lebenswichtige Notwendigkeit und den absoluten Vorrang der allgemeinmenschlichen Werte anerkennen.

Seit undenklichen Zeiten sind Klasseninteressen der Eckstein von Außen- und Innenpolitik gewesen. Es versteht sich von selbst, daß diese Interessen offiziell in der Regel als Interessen einer Nation, eines Staates oder Bündnisses ausgegeben wurden und ihr wahrer Charakter mit Hinweisen auf das »Wohl der Welt« oder mit religiösen Motiven verschleiert wurde. Marxisten jedoch und viele andere vernünftig denkende Menschen sind davon überzeugt, daß letzten Endes die Politik jedes Staates oder Staatenbündnisses von den Interessen der herrschenden soziopolitischen Kräfte determiniert wird. Akute Zusammenstöße dieser Interessen in der internationalen Arena haben in der Geschichte immer wieder zu bewaffneten Konflikten und Kriegen geführt. Aus diesem Grund ist die politische Geschichte der Menschheit im wesentlichen eine Geschichte der Kriege. Heute führt diese Tradition direkt in den nuklearen Abgrund. Wir – die ganze Menschheit – sitzen in demselben Boot, und wir können nur zusammen untergehen oder schwimmen. Deshalb sind Abrüstungsgespräche kein Spiel, das eine Seite gewinnen kann. Alle müssen gewinnen, oder alle werden unweigerlich verlieren.

Das Rückgrat der neuen Denkweise ist die Erkenntnis der Priorität menschlicher Werte oder, genauer ausgedrückt, des Überlebens der Menschheit schlechthin.

Es mag einigen Leuten seltsam erscheinen, daß gerade die Kommunisten eine so starke Betonung auf menschliche Interessen und Werte legen. Tatsächlich ist eine Beurteilung aller Phänomene des sozialen Lebens nach dem Klassenprinzip das Abc des Marxismus. Auch heute wird dieses Verfahren den Realitäten einer Klassengesellschaft, einer Gesellschaft mit gegensätzlichen Klasseninteressen, vollkommen gerecht. Das gleiche gilt für die Realitäten des internationalen Lebens, die ebenfalls von diesen Gegensätzen geprägt sind. Und bis in die jüngste Vergangenheit ist der Klassenkampf der Angelpunkt der gesellschaftlichen Entwicklung geblieben, und in den in Klassen gespaltenen Ländern ist er das heute noch. Dementsprechend war – was die Hauptfragen des gesellschaftlichen Lebens angeht – in der marxistischen Philosophie der von der Klasse ausgehende Ansatz vorherrschend. Humanitäre Ideen wurden als Funktion und Endergebnis des Kampfes der Arbeiterklasse betrachtet – der letzten Klasse, die, indem sie sich selbst befreit, die ganze Gesellschaft von Klassengegensätzen befreit.

Mit dem Auftauchen von Massenvernichtungswaffen, von Waffen, die die ganze Welt zerstören können, hat sich jetzt eine objektive Grenze für die Konfrontation der Klassen in der internationalen Arena gebildet: die Drohung universaler Vernichtung. Zum ersten Mal überhaupt hat sich ein reales, nicht spekulatives und abwegiges allgemeinmenschliches Interesse gebildet – die Rettung der Menschheit vor der Katastrophe.

Im Geist der neuen Perspektive wurden in die Neufassung des vom XXVII. Parteitag angenommenen Programms der KPdSU Änderungen aufgenommen. Insbesondere hielten wir es nicht länger für möglich, die Definition der friedlichen Koexistenz von Staaten mit unterschiedlichen gesellschaftlichen Systemen als »spezifische Form des Klassenkampfes« beizubehalten.

Es war ein allgemein verbreiteter Glaubenssatz, die Ursache der Weltkriege habe in den Widersprüchen zwischen den beiden gesellschaftlichen Systemen gelegen. Aber vor 1917 gab es nur ein System in der Welt – den Kapitalismus –, und dieses System konnte einen Weltkrieg zwischen Staaten, die alle demselben System angehörten, nicht verhindern. Außerdem kam es zu weiteren Kriegen. Umgekehrt kämpften während des Zweiten Weltkriegs Länder, die verschiedene Systeme repräsentierten, in einer Koalition gegen den Faschismus und zerschlugen ihn schließlich. Das gemeinsame Interesse aller Völker und Staaten gegenüber der faschistischen Bedrohung wog stärker als die sozio-politischen Unterschiede zwischen ihnen und lieferte die Grundlage für eine antifaschistische, »systemübergreifende« Koalition. Dies bedeutet, daß auch heute angesichts einer noch schlimmeren Gefahr Staaten verschiedener gesellschaftlicher Systeme im Namen des Friedens miteinander kooperieren können und müssen.

Um unsere Philosophie des Friedens zu entwickeln, haben wir die wechselseitige Abhängigkeit von Krieg und Revolution neu durchdacht. In der Vergangenheit hat oft ein Krieg dazu gedient, eine Revolution auszulösen. Man mag hier an die Pariser Kommune denken, die als Echo auf den Deutsch-Französischen Krieg folgte, oder an die Russische Revolution von 1905, die durch den Russisch-Japanischen Krieg ausgelöst wurde. Der Erste Weltkrieg provozierte einen wahrhaft revolutionären Sturm, der in der Oktoberrevolution in unserem Land gipfelte. Der Zweite Weltkrieg rief eine neue Welle von Revolutionen in Osteuropa und Asien hervor, desgleichen eine mächtige gegen den Kolonialismus gerichtete Revolution.

All dies diente der Bestätigung der marxistisch-leninistischen Logik, daß der Imperialismus unausweichlich zur großen bewaffneten Konfrontation führt, die wiederum in einer Reihe von Ländern ganz natürlich ein »kritisches Potential« an sozialer Unzufriedenheit und eine revolutionäre Situation schafft. Daraus leitete sich eine Prognose ab, die in unserem Land lange vertreten wurde: ein dritter Weltkrieg würde, vom Imperialismus entfesselt, zu neuen sozialen Umwälzungen führen, die dem kapitalistischen System endgültig den Garaus machen würden, und dies wäre gleichbedeutend mit einem globalen Frieden.

Als dann aber ein radikaler Wandel der Verhältnisse eintrat und als einziges Ergebnis eines nuklearen Krieges die globale Vernichtung denkbar war, schlossen wir daraus, daß es das Verhältnis von Ursache und Wirkung zwischen Krieg und Revolution nicht mehr gab. Die Aussichten auf sozialen Fortschritt fielen zusammen mit den Aussichten, einen nuklearen Krieg zu verhindern. Auf dem XXVII. Parteitag der KPdSU haben wir die Themen Revolution und Krieg denn auch klar voneinander »geschieden« und aus der Neufassung des Parteiprogramms die folgenden zwei Sätze gestrichen: »Sollten die imperialistischen Aggressoren es trotzdem wagen, einen neuen Weltkrieg anzufangen, so werden die Völker nicht länger ein System tolerieren, das sie in verheerende Kriege hineinzieht. Sie werden den Imperialismus hinwegfegen und begraben.« Diese Annahme, die theoretisch die Möglichkeit eines neuen Weltkriegs zuließ, wurde entfernt, da sie nicht mit den Realitäten des nuklearen Zeitalters übereinstimmte.

Der ökonomische, politische und ideologische Wettbewerb zwischen den kapitalistischen und den sozialistischen Ländern ist unvermeidlich. Er kann und muß jedoch im Rahmen des friedlichen Wettbewerbs gehalten werden, der notwendigerweise auf Kooperation zielt. Es ist Aufgabe der Geschichte, ein Urteil über die Verdienste der jeweiligen Systeme zu fällen. Sie wird ihre Wahl treffen. Soll jede Nation für sich entscheiden, welches System und welche Ideologie besser ist. Soll das Problem im friedlichen Wettbewerb entschieden werden, soll jedes System seine Fähigkeit unter Beweis stellen, die Bedürfnisse und Interessen der Menschen befriedigen zu können. Die Staaten und Völker der Erde sind sehr verschieden, und es ist gut, daß es so ist. Es ist ein Ansporn zum Wettbewerb. Versteht man die dialektische Einheit der Gegensätze, so fügt sie sich in das Konzept der friedlichen Koexistenz.

Damit sind in groben Umrissen die wichtigsten Schritte des Weges genannt, der uns zu einer neuen Philosophie des Friedens führte und zur Erkenntnis der neuen Dialektik der allgemeinmenschlichen sowie der klassenspezifischen Interessen und Prinzipien unserer modernen Epoche.

Bedeutet dies nun, daß wir die klassenbezogene Analyse der Ursachen der nuklearen Bedrohung und anderer globaler Probleme aufgegeben haben? Nein. Es wäre falsch, die Kräfte der in der internationalen Arena agierenden heterogenen Klassen zu ignorieren oder den Einfluß von Klassengegensätzen auf internationale Angelegenheiten und Lösungsversuche anderer Aufgaben der Menschheit zu übersehen.

Wir sehen, wie stark in den führenden kapitalistischen Ländern die Stellung des aggressiven und militaristischen Lagers der herrschenden Kreise ist. Seine Hauptstütze hat es im mächtigen militärisch-industriellen Komplex, dessen Interessen in der Natur des Kapitalismus verwurzelt sind und der auf Kosten des Steuerzahlers riesige Gewinne aus der Rüstungsproduktion zieht. Um die Menschen glauben zu machen, daß ihr Geld nicht umsonst ausgegeben wird, müssen sie von der Existenz eines »äußeren Feindes« überzeugt werden, der ihr Wohlbefinden stören und ganz allgemein die »nationalen Interessen« verletzen will. Daher rührt eine rücksichtslose und unverantwortliche Machtpolitik. Wie aber kann dieses blinde Vertrauen in Stärke in unserem nuklearen Zeitalter noch möglich sein, wenn die existierenden Waffenarsenale so riesig sind, daß bereits ein kleiner Teil dieser Waffen mit Leichtigkeit die Menschheit vernichten kann? Genau darin besteht für uns die Mentalität des berüchtigten »Kalten Krieges«. Diese Mentalität ist aber auch noch eingebettet in konkrete ökonomische Interessen der Rüstungsunternehmen und im politischen Einfluß der Armee, die sich weigert, ihre privilegierte Stellung aufzugeben, und der bürokratischen Maschinerie, die dem Militarismus dient. Man könnte fragen, warum dann wir unsere Streitkräfte und Waffensysteme beibehalten und modernisieren. Darauf kann ich eine genaue Antwort geben, da ich Vorsitzender des Verteidigungsrats der Sowjetunion bin. Seit der Oktoberrevolution sind wir ständig von potentieller Aggression bedroht gewesen. Man versetze sich in unsere Lage, um davon einen Eindruck zu bekommen: ein Bürgerkrieg, an dem ausländische Mächte beteiligt waren, Interventionen durch vierzehn Staaten, eine Wirtschaftsblockade und der »cordon sanitaire«, keine diplomatische Anerkennung (die USA entschlossen sich dazu erst 1933), bewaffnete Provokationen im Osten und schließlich ein verheerender und blutiger Krieg gegen den aus dem Westen kommenden Faschismus. Auch die Pläne für einen atomaren Angriff auf die Sowjetunion durch die amerikanischen Militärs und den Nationalen Sicherheitsrat können wir nicht vergessen. Außerdem fragen wir, warum der Westen als erster ein militärisches Bündnis, die NATO, eingerichtet hat und immer als erster neue Waffensysteme entwickelt. Oder warum die amtierende US-Administration keinen Stopp der Atomwaffenversuche will, und warum sie die Amerikaner dazu drängt, gigantische Summen für das »Sternenkriegs«-Programm zu verschwenden? Das sind keine überflüssigen Fragen. Kann man alle diese Tatsachen als friedliche Bestrebungen einstufen? Ich wiederhole: Versetzen Sie sich in unsere Lage, und stellen Sie sich vor, wie Sie darauf reagieren würden.

Trotz alledem sind wir aufrichtig zur Abrüstung bereit, allerdings nur auf der gerechten Grundlage beidseitig gleicher Sicherheit, und zu Kooperation auf breitester Front. Mit den bitteren Lektionen der Vergangenheit im Gedächtnis können wir jedoch nicht einseitig mit großen Schritten vorangehen, da wir fürchten, daß dies den Anwälten »globaler nationaler Interessen« als Versuchung dienen könnte. Unserer Meinung nach ist das Wichtigste, was heute zu tun ist, den Mechanismus der Selbsterhaltung der Menschheit in Gang zu setzen und das Potential an Frieden, Vernunft und gutem Willen zu stärken.

Die »Hand Moskaus«

Wohl kein Zitat eines sowjetischen Regierungschefs ist im Westen so abgedroschen wie der verärgerte Ausruf Nikita Chruschtschows: »Wir werden euch begraben!« Für den ausländischen Leser muß dazu erklärend gesagt werden, daß bei uns in den späten zwanziger und zu Beginn der dreißiger Jahre erhitzte Debatten zwischen Agrarexperten und Wissenschaftlern stattfanden, die man mit bitterer Ironie einen Streit darum genannt hat, »wer wen begraben wird«. Der Ausruf Chruschtschows, aus diesen Debatten entlehnt, war in jeder Beziehung unglücklich gewählt, muß jedoch im Zusammenhang der ganzen Rede Chruschtschows gesehen werden. Man darf ihn nicht im wörtlichen Sinn verstehen. Chruschtschow beschrieb in seiner Rede den Wettbewerb der beiden Systeme, er wollte zeigen, daß der Sozialismus den Vergleich mit dem Kapitalismus nicht fürchtet und daß die Zukunft dem Sozialismus gehört. Chruschtschow war ein impulsiver Mensch und nahm es sich sehr zu Herzen, daß seine aufrichtigen Bemühungen und detaillierten Vorschläge zur Verbesserung der internationalen Lage gegen eine Mauer aus Verständnislosigkeit und Widerstand stießen. Lassen Sie mich Ihnen aus meiner eigenen Erfahrung sagen, daß man für Verhandlungen mit dem Westen über Probleme der Abrüstung unendliche Geduld braucht, weil dabei immer wirtschaftliche Interessen mit im Spiel sind. Und man sollte wohl hinzufügen: Wenn wir in der Sowjetunion die Politik eines anderen Staates nach bestimmten Äußerungen führender Politiker dieses Staates beurteilen würden, wäre es schon längst an der Zeit gewesen, scharf zu schießen. Doch dazu wird es nicht kommen. Die Menschen im Westen müssen deshalb aufhören, einige Worte eines Mannes, der nicht mehr unter den Lebenden weilt, auszuschlachten, und sie dürfen diese Worte nicht zur Darstellung unserer Position benutzen.

Was das mysteriöse Zitatenbuch des Weißen Hauses betrifft, auf das man sich im Westen bezieht, wenn man sich über Lenins »Doktrin« der weltweiten Durchsetzung des Kommunismus und über seine Pläne zur Unterwerfung ganz Europas ausläßt, so muß ich sagen, daß eine solche Doktrin weder von Marx, Lenin noch sonst einem sowjetischen Führer je vertreten wurde. Die sogenannten »Zitate«, die manchmal von hochrangigen Rednern gebraucht werden, sind das Resultat grober Verfälschung oder bestenfalls Ignoranz.

Zur berüchtigten »Hand Moskaus« möchte ich folgendes sagen: In Übereinstimmung mit der marxistischen Theorie gehört die Zukunft einer Gesellschaft, in der es keine Ausbeutung des Menschen durch den Menschen und keine nationale und rassistische Unterdrückung gibt. Die Zukunft gehört einer Gesellschaft, die von den Prinzipien der sozialen Gerechtigkeit, der Freiheit und der harmonischen Entwicklung des Individuums regiert wird. Aber jede Nation hat das Recht zu entscheiden, ob diese Prinzipien gut für sie sind und ob sie bei der Umgestaltung ihres Lebens von ihnen Gebrauch machen will. Wenn ja, so muß diese Nation selbst entscheiden, wie schnell und in welcher Form dies geschehen soll.

»Das siegreiche Proletariat kann sein Ideal eines glücklichen Lebens nicht einer anderen Nation aufzwingen, ohne dabei dem eigenen Sieg Schaden anzutun.« Dieser Ausspruch von Marx beschreibt genau unsere Haltung gegenüber allen möglichen Arten des »Exports der Revolution«. Revolutionen, sagt Lenin, »reifen heran, wenn Millionen von Menschen erkennen, daß sie nicht länger nach der alten Art leben können«. Sie »reifen im Prozeß der geschichtlichen

Entwicklung heran und brechen aus, wenn eine bestimmte Kombination innerer und äußerer Bedingungen eintritt«. Versuche jeder Art, eine Revolution »auf Kommando« herbeiführen oder einen genauen Zeitpunkt für sie festlegen zu wollen, wurden von Lenin als »Scharlatanerie« verdammt. Die Theorie, die wir wissenschaftlichen Sozialismus nennen, besagt, daß die menschliche Gesellschaft in ihrer Entwicklung bestimmte Stadien durchläuft. Es gab die primitive Gesellschaft, die Sklavenhaltergesellschaft und dann den Feudalismus. Der Feudalismus machte dem Kapitalismus Platz, und im 20. Jahrhundert wurde die sozialistische Gesellschaft geboren. Wir sind der Überzeugung, daß es sich dabei um natürliche Sprossen auf der Leiter der Geschichte handelt.

Dies ist die unvermeidliche Evolution der Welt. Mag der Westen denken, daß der Kapitalismus die höchste Errungenschaft der Zivilisation sei. Es ist sein Privileg, so zu denken. Wir sind einfach anderer Meinung. Soll die Geschichte entscheiden, wer recht hat.

Revolutionen und Befreiungsbewegungen gedeihen auf nationalem Boden. Sie entstehen, wenn Armut und Unterdrükkung der Massen unerträglich werden, wenn das nationale Ehrgefühl gedemütigt wird und wenn einer Nation das Recht vorenthalten wird, ihr Schicksal selbst zu bestimmen. Wenn die Massen sich zum Kampf erheben, bedeutet das, daß ihre Grundrechte unterdrückt werden. Die Ambitionen einer anderen Person oder einer »Hand Moskaus« haben damit nichts zu tun. Dieser Mythos ist, mit einem Wort, eine böswillige Lüge.

Internationale Auswirkungen des neuen Denkens

Wir sind nicht der Meinung, daß das neue Denken etwas ein für allemal Feststehendes ist. Wir glauben nicht, daß wir der Weisheit letzten Schluß gefunden haben, den die anderen nur noch anzunehmen oder zurückzuweisen brauchen, wobei Zurückweisung für uns die Einnahme einer irrigen Position bedeuten würde. So verhält es sich nicht. Auch für uns ist das neue Denken ein Prozeß, in dessen Verlauf wir weiterhin lernen und neue Erfahrungen machen. Lenin hat gesagt, daß selbst siebzig Leute wie Marx nicht imstande wären, die Summe der weltwirtschaftlichen Prozesse in all ihren Wechselbeziehungen zu analysieren. Und seit damals hat die Welt an Komplexität noch erheblich zugenommen. Die Entwicklung der neuen Denkweise erfordert den Dialog nicht nur mit den Menschen, die dieselben Ansichten haben, sondern auch mit denen, die verschieden denken und für ein philosophisches und politisches System stehen, das sich von unserem unterscheidet.

Denn auch diese Menschen verkörpern historische Erfahrung, die Kultur und die Traditionen ihrer Völker; auch sie sind alle ein Teil der Entwicklung der Welt und haben ein Recht auf ihre eigene Meinung und eine aktive Rolle in der Weltpolitik. Ich bin davon überzeugt, daß der Politiker von heute das intellektuelle Potential anderer Länder und Völker kennen muß, da andernfalls seine Tätigkeit zu Provinzialismus und einer engstirnigen nationalistischen Sicht, wenn nicht zu Schlimmerem, verkommen muß.

Aus diesem Grund setzen wir uns für einen umfassenden Dialog ein, für den Vergleich von Ansichten, für Meinungsaustausch und Diskussion. Das regt die Gedanken an und verhindert, daß die Menschen wieder in die gewohnten Gleise des Denkens zurückfallen. Die Hauptsache aber ist, daß es hilft, die neue Denkweise zu internationalisieren.

Der Dialog zwischen den Menschen »verschiedener Welten«, zwischen Menschen mit verschiedenen Lebensanschauungen und verschiedenen Meinungen, ist von besonderer Bedeutung.

Menschen, die die gemeinsame Sorge um die Zukunft der Menschheit einigt, werden durch Streitigkeiten und noch so viele Kontroversen untereinander nicht daran gehindert, Berührungspunkte zu finden und in den Hauptproblemen zu einer Einigung zu kommen. Dadurch wird der ganzen Welt ein gutes Beispiel gegeben.

Besonders deutlich läßt sich das auf Tagungen von Wissenschaftlern, Schriftstellern und Kulturschaffenden beobachten. Offenheit und Kompetenz sind charakteristisch für ihre teilnehmende Sorge um die Zukunft der Welt und das Schicksal und die Entwicklungsmöglichkeiten des Menschen, desgleichen moralische Stärke und Mitleiden mit all denen, die immer noch unter menschenunwürdigen Bedingungen leben. So etwas ist von größter Wichtigkeit in einer Zeit, in der Wissenschaft und menschlicher Geist an der Aufschlüsselung der innersten Geheimnisse der Natur und des Lebens arbeiten und buchstäblich den Lauf der Geschichte bestimmen. Ich glaube deshalb, daß der zwanglose und lebhafte Dialog von Politikern, Wissenschaftlern und Kulturschaffenden ein Imperativ unserer Zeit ist.

Das Zusammentreffen mit solchen Leuten stellt nicht nur eine Bereicherung der eigenen Theorie und Philosophie dar, es hat auch die politischen Schritte und Entscheidungen der letzten Jahre beeinflußt.

Ich erinnere mich gut an das Treffen mit der Delegation eines Kongresses von Nobelpreisträgern im November 1985 – mit George Walden (USA), Teo Knippenberg und Susan Gabrielle (Holland), Alois Anglaender (Österreich) und Alexander Prochorow (UdSSR). Bei dem Treffen waren außerdem anwesend die Akademiemitglieder Anatolij Alexandrow und Jewgenij Welichow. Unsere Diskussion fand kurz vor meiner Abreise nach Genf zu meinem ersten Treffen mit Präsident Reagan statt. Die Wissenschaftler überreichten mir einen Appell der Teilnehmer ihres Kongresses, und wir führten eine sehr ernsthafte Diskussion über die möglichen Konsequenzen eines Einsatzes nuklearer Waffen, die Wichtigkeit eines Verbots nuklearer Versuche und die Gefahr einer Militarisierung des Weltraums. Wir stimmten darin überein, daß die Bemühungen um Sicherheit durch Abrüstung mit Bemühungen, dem Menschen hinreichende Existenzgrundlagen zu garantieren, kombiniert werden sollten. Ich erinnere mich, daß die Nobelpreisträger sagten, es erfordere heute mehr Mut, den Frieden zu sichern, als Vorbereitungen für einen Krieg zu treffen. Das Gespräch gab uns die moralische Unterstützung für die Haltung, die wir auf dem Treffen mit dem US-Präsidenten einnehmen wollten.

Ein weiteres Beispiel: Auf dem internationalen Moskauer Forum »Für eine Welt ohne Kernwaffen, für das Überleben der Menschheit« vom Februar 1987 – einer Tagung, die an Zahl und Autorität der Teilnehmer alles Bisherige übertraf – hatte ich die Gelegenheit, Stimmung, Gedanken und Ideen einer internationalen intellektuellen Elite kennenzulernen. Die Diskussionen, die ich führte, haben mich tief beeindruckt. Ich habe über die Ergebnisse des Kongresses mit meinen Kollegen vom Politbüro gesprochen, und wir haben beschlossen, einen neuen wichtigen Kompromiß zu machen: das Paket von Reykjavik aufzuschnüren und das Problem der Mittelstreckenraketen in Europa von den anderen Problemen zu trennen.
Und noch ein Beispiel: Die Sowjetunion hat wiederholt ihr einseitiges Moratorium für Kernversuche verlängert. Ich muß dazu sagen, daß dies das Ergebnis einer eingehenden Prüfung zahlreicher Appelle verschiedener Intellektueller anderer Länder an die sowjetische Führung war. Wir haben ihre Sorgen und Argumente ernst genommen, weil wir erkannten, daß eine verantwortliche Politik die Meinung derer berücksichtigen muß, die der maßgeblichste Teil der Öffentlichkeit genannt werden können. Ich glaube, daß eine Politik, die sich keine Sorgen um die Zukunft der Menschheit macht – und diese Sorge sollte Kennzeichen jedes wahren Intellektuellen sein –, unmoralisch ist und keinen Respekt verdient.
Einen tiefen Eindruck im Hinblick auf die neuen Perspektiven hinterließ das Forum vom Issyk-kul, das auf Einladung des sowjetischen Schriftstellers Tschingis Aitmatow von weltbekannten Persönlichkeiten des kulturellen Lebens besucht wurde. Ich habe mich mit ihnen getroffen. Hauptthema unserer Diskussion waren Humanismus und Politik und die moralischen und intellektuellen Aspekte einer Politik im nuklearen Zeitalter. Ich sagte auf dem Treffen, daß die Nationen aus den Tragödien der Vergangenheit gelernt hätten, als sie ihre ganze Kraft aufbieten und sich auf ihre geistige Kultur besinnen mußten, daß sie Not und Elend, Schwierigkeiten und Verluste überstanden, sich wieder auf-

gerichtet hätten und in ihrer Entwicklung fortgeschritten seien, jede auf dem von ihr erwählten Weg. Was wird geschehen, wenn wir die nukleare Bedrohung nicht abwehren können, die über unserer gemeinsamen Heimat hängt? Ich fürchte, daß wir nicht in der Lage sein werden, einen solchen Fehler zu korrigieren. Hier liegt unsere wichtigste Aufgabe. Aus diesem Grund muß das intellektuelle und moralische Potential der Weltkultur in den Dienst der Politik gestellt werden.

Die internationale Vereinigung »Ärzte für die Verhinderung eines Atomkriegs« hat innerhalb einer kurzen Zeitspanne immensen Einfluß auf die Meinung der Weltöffentlichkeit erlangt. Begründet wurde sie durch den amerikanischen Professor Bernard Lown und unser sowjetisches Akademiemitglied Jewgenij Tschasow. Zehntausende von Ärzten aus den beiden Amerika, Europa, Asien, Afrika und Australien haben sich ihr angeschlossen. Ich habe Professor Lown schon früher kennengelernt, aber diesmal, nach dem Kongreß in Moskau, traf ich alle Führer der Bewegung. Man kann nicht ignorieren, was diese Leute sagen. Was sie tun, erheischt großen Respekt. Denn ihre Worte und Taten sind von fundiertem Wissen und dem leidenschaftlichen Verlangen bestimmt, die Menschheit vor der ihr drohenden Gefahr zu warnen.

Im Licht ihrer Argumente und der streng wissenschaftlichen Daten, über die sie verfügen, scheint kein Raum mehr für müßiges Politisieren. Und kein Politiker, der es ernst meint, hat das Recht, ihre Schlüsse zu mißachten oder sich nicht um die Ideen zu kümmern, mit denen sie die Meinung der Weltöffentlichkeit einen Schritt nach vorn bringen.

Was die sowjetische Führung betrifft, so muß ich sagen, daß wir sehr bestrebt sind, die Meinung (und auch die Kritik) all der verschiedenen Völker in unserer heutigen Welt zu erfahren. Im Kontakt mit ihnen erproben wir die Möglichkeiten der neuen Denkweise und den Realitätsgehalt unserer Politik. Wenn wir dabei entdecken, daß Ansichten sich ähneln und manchmal sogar übereinstimmen, ist das

für uns ein Beweis, daß unsere neuen Perspektiven demselben Kurs folgen wie das Streben des ehrlich denkenden Teils der Menschheit.
Für mich als Kommunisten ist es eine natürliche Sache, ständig in Kontakt mit den Vertretern der kommunistischen Bewegung im Ausland zu stehen. An diesen Kontakten hat sich in den vergangenen Jahren jedoch viel verändert. Wir bewegen uns weg von der Diplomatie der Parteien untereinander, die oft zur Beschönigung der Wahrheit führte oder, schlimmer noch, nichts als Äsopische Fabeln verbreitete.
Ganz gleich, was die Gegner des Kommunismus denken, der Kommunismus wurzelt in den Interessen und der Freiheit des Menschen, sein Ziel ist es, die angestammten Rechte des Menschen und die Gerechtigkeit auf Erden zu verteidigen. Der Kommunismus verfügt über ein gewaltiges Potential humanitärer Ideen. Aus diesem Grund sind unsere gemeinsame Weltanschauung und die Ideen, Einschätzungen, Überlegungen und die wohlwollende gegenseitige Kritik, die wir mit unseren Freunden im Geiste austauschen, unverzichtbar. Sie helfen uns, eine neue Denkweise zu entwickeln und die reiche internationale Erfahrung, die die Interessen und Gefühle der werktätigen Bevölkerung reflektiert, in der politischen Praxis anzuwenden.
Wir sehen in den intensivierten internationalen Kontakten zwischen Wissenschaftlern, Kulturschaffenden und Intellektuellen allgemein und zwischen den Initiativen der jeweiligen Gruppierungen einen Versuch, die besten Kräfte der Nationen und Völker auf den Stand dieser Elite zu bringen und ihnen zu helfen, die gegenwärtige Welt zu verstehen und ihrer Meinung über die Zukunft der Welt Ausdruck zu verschaffen, damit die letzte Katastrophe verhindert werden kann.
Dabei geht es nicht nur um Abrüstung und Entmilitarisierung der Geisteshaltung von Einzelnen oder der Gesellschaft, sondern auch um solche Probleme von allgemeinmenschlicher Bedeutung wie die ökologische Gefahr, die Zukunft der Energieressourcen, medizinische Versorgung, Erziehung,

Ernährung, Bevölkerungswachstum, aggressive Informationspolitik usw. In all diesen Fragen können wir im Austausch mit Wissenschaftlern, Kulturschaffenden und maßgeblichen Persönlichkeiten des öffentlichen Lebens viele Berührungspunkte und anderes Nützliche finden.

Ich will damit sagen, daß für Politiker und Repräsentanten aus Wissenschaft und Kultur Gespräch und Meinungsaustausch zu einer unumgänglichen Pflicht geworden sind – im Grunde müßte diese Praxis unter den gegenwärtigen Umständen zu einem natürlichen und selbstverständlichen Ziel werden.

Vor kurzem habe ich mit einem der besten lateinamerikanischen Schriftsteller gesprochen, mit Gabriel García Márquez. Ein wahrhaft großer Geist. Die Spannweite seines Denkens ist global. Man braucht nur eines seiner Bücher zu lesen, um das zu erkennen. Und es stellte sich heraus, daß man in einem Gespräch über die Umgestaltung in der Sowjetunion auf alle internationalen und sozialen Probleme unserer Zeit zu sprechen kommen kann. Denn die ganze Welt muß umgestaltet werden durch qualitative Veränderungen und fortschrittliche Entwicklung. Die Meinung eines solchen Mannes hat großes Gewicht. Und eben weil sie die Gedanken, Sorgen und Gefühle von Millionen spiegelt – weißer, schwarzer und gelber Menschen, aller Völker der Erde –, ist sie so inspirierend. Das bedeutet, daß das Unternehmen, mit dem wir in unserem Land angefangen haben, auch zum Wohle anderer Völker beitragen kann.

Wir begrüßen den direkten Einfluß zahlreicher öffentlicher Bewegungen unterschiedlichen Charakters – Bewegungen der Gewerkschaften, der Frauen, der Jugend, der Kriegsgegner und der Ökologen – auf die internationale Politik. Ihr Einfluß hat in den letzten Jahren stark zugenommen. Mit ihren dringenden Forderungen und ihrem Verantwortungsbewußtsein stoßen diese Bewegungen in Bereiche vor, die bisher ausschließlich Domäne der Diplomatie waren.

Es ist nur recht und billig, daß die Menschen Informationen aus erster Hand über die Absichten der Politiker erhalten, von denen der Gang der Ereignisse in den Schlüsselbereichen des internationalen Lebens faktisch abhängt. Ich habe mich mit einer Delegation des Weltgewerkschaftsbundes getroffen. Dabei handelt es sich um das größte gewerkschaftliche Zentrum, hinter dem Hunderte von Millionen Werktätiger aus vielen Nationen der Welt stehen. Die Delegation überreichte mir ein Dokument des Elften Kongresses des Weltgewerkschaftsbundes mit einem Appell an den US-Präsidenten und mich. Die Bedeutung des Dokuments liegt meiner Meinung nach darin, daß es zunächst einmal den Willen der Arbeiterklasse ausdrückt, der seinerseits aber wiederum das gemeinsame Interesse der Menschheit an einem sicheren Frieden spiegelt. Das Dokument und das offene Gespräch, das ich mit Gewerkschaftsführern hatte, haben mich überzeugt, daß die geschichtliche Mission der Arbeiterklasse – aufgrund ihrer eigenen Interessen –, für die Interessen der sozialen Entwicklung der Menschheit insgesamt zu sprechen, noch lebendig ist, selbst heute unter Umständen, die sich so radikal verändert haben, seit die Arbeiterklasse sich zum ersten Mal an die Verwirklichung dieser Mission machte.

Tief bewegt hat mich der Weltkongreß der Frauen, der im Juni 1987 in Moskau tagte. Ich wurde gebeten, dort zu sprechen. Ein repräsentatives Forum hatte sich versammelt – Frauen aus über 150 Ländern. Mein Eindruck, als ich die Delegierten sprechen hörte und dann selbst mit ihnen redete, war der eines eindrucksvollen persönlichen Engagements gegenüber dem Geschehen der Welt. Die Frauen, deren natürliche Bestimmung es ist, die menschliche Rasse zu erhalten und fortzusetzen, sind in größter Zahl und in höchstem Maße selbstlose und selbstaufopfernde Fürsprecher für die Idee des Friedens. Ich habe von diesem Kongreß viel mitgenommen, sowohl an persönlichen Eindrücken wie an politischen Anstößen.

Ich bekomme täglich Dutzende von Briefen, Botschaften und Telegrammen aus der ganzen Welt – von Politikern und Persönlichkeiten des öffentlichen Lebens, von Bürgermeistern, Parlamentsmitgliedern, Geschäftsleuten und vor allem von gewöhnlichen Menschen, von Ehepaaren, Familien und Kindern; dazu kommen noch viele kollektive Appelle. Einige von ihnen sind geradezu bewegend, sie enthalten Verse, ganze Gedichte, Zeichnungen, kleine, von Hand gefertigte Souvenirs, Diplome von Schulen, Clubs und anderen Gruppen und sogar Gebete. Und hinter all diesen menschlichen Gefühlen und Gedanken steht die Sorge um eine friedliche Zukunft und die Hoffnung, daß die Menschheit ein besseres Los verdient hat als ein Leben unter der Drohung des nuklearen Holocaust.

Ganz gleich, wie beschäftigt ich bin, ich versuche, diese Briefe nach Möglichkeit zu beantworten. Der wichtigste Eindruck, der aus den Botschaften und Appellen hervorgeht, ist das Vertrauen in die Sowjetunion und unsere gegenwärtige Politik. Wir hüten dieses Vertrauen wie einen Schatz, und wir werden tun, was wir können, es durch unsere Aktionen sowohl in unserem Land wie in internationalen Angelegenheiten zu rechtfertigen.

Der Kontakt mit Menschen aus aller Welt bestärkt mich in meiner Überzeugung, daß die Aussichten für die Zivilisation nicht hoffnungslos sind, da die besten Geister und die aufrichtigsten Menschen über ihre Gegenwart und Zukunft nachdenken und bereit sind, ihre Begabung, ihr Wissen, ihre Zeit und ihre emotionale Energie der Erhaltung der Welt und dem Aufbau einer besseren und gerechteren Welt zu widmen.

Wenn wir daher unsere Politik auf einer neuen Denkweise begründen, beabsichtigen wir damit nicht, uns auf die Ideen zu beschränken, an die wir gewöhnt sind, und auf die für uns typische politische Sprache. Wir haben nicht die geringste Absicht, jedermann zum Marxismus zu bekehren. Das neue politische Denken kann und muß sich die Erfahrungen aller Völker zu eigen machen und die wechselseitige Bereicherung und das Zusammenfließen der verschiedenen kulturellen Traditionen sicherstellen.

Die sowjetische Führung ist bestrebt, in außenpolitischen Angelegenheiten einen neuen Weg zu gehen. In diesem Zusammenhang muß ich in erster Linie vom *Dialog* sprechen. Ohne ihn läßt sich kaum daran denken, gegenseitiges Verständnis zu erzielen. Als wir uns die Prinzipien der neuen Denkweise zu eigen gemacht hatten, machten wir den Dialog zum grundlegenden Instrument, sie in der internationalen Praxis zu erproben. Außerdem überprüfen wir mit Hilfe des Dialogs, wie realistisch unsere Ideen, Initiativen und internationalen Aktionen sind. Und wir stellen mit Befriedigung fest, daß dieses Wort, obwohl es im Unterschied zu Perestroika nicht russischen Ursprungs ist, im diplomatischen Vokabular der letzten Jahre tiefe Wurzeln geschlagen hat. Und der politische Dialog selbst spielt heute in internationalen Beziehungen eine wichtigere Rolle als je zuvor.
Während der zweieinhalb Jahre meiner Amtszeit als Generalsekretär habe ich nicht weniger als hundertfünfzig Begegnungen und Gespräche mit Staatsoberhäuptern und Regierungschefs absolviert, mit Parlamentspräsidenten und Parteivorsitzenden – darunter Kommunisten, Sozialdemokraten, Liberalen und Konservativen – und auf den verschiedensten Ebenen mit Politikern und Persönlichkeiten des öffentlichen Lebens aus Europa, den beiden Amerika, Asien und Afrika. Dasselbe ist auch für viele meiner Kollegen von der sowjetischen Führung zu einer selbstverständlichen Praxis geworden. Für uns ist das eine hilfreiche Schule. Ich glaube, daß ein solcher Dialog auch für die meisten unserer Gesprächspartner nützlich ist. Er hilft, die für die Welt von heute so wesentlichen internationalen Beziehungen der Zivilisation zu gestalten und zu stärken.
Wir wollen darüber hinaus zur wahren, ursprünglichen Bedeutung der Wörter zurückkehren, die wir bei internationalen Kontakten verwenden. Wenn wir erklären, daß wir einer offenen und ehrlichen Politik verpflichtet sind, dann meinen wir damit auch Aufrichtigkeit, Anständigkeit und Ehrlichkeit und halten uns in unserem Handeln an diese

Prinzipien. Für sich genommen sind diese Prinzipien nicht neu – wir haben sie von Lenin geerbt. Neu ist, daß wir versuchen, sie von den in der Welt von heute so verbreiteten Zweideutigkeiten zu befreien. Ebenfalls neu ist, daß die gegenwärtige Lage diese Prinzipien für alle zwingend notwendig macht.
Wir haben alle Unstimmigkeiten zwischen dem, was wir unseren ausländischen Gesprächspartnern hinter verschlossenen Türen mitteilen, und dem, was wir in der Öffentlichkeit erklären und tun, beseitigt. Ich muß gestehen, daß ich kein Freund verwickelter diplomatischer Schachzüge bin, bei denen man zuletzt nicht einmal verstanden hat, was der Partner während eines Treffens oder Austausches von Botschaften sagen wollte. Ich bin für eine offene und auch tatsächlich funktionierende Politik. Es darf auch keine doppelgesichtige Politik sein, denn die Berechenbarkeit der Politik ist eine unabdingbare Voraussetzung der internationalen Stabilität. Wir brauchen in internationalen Angelegenheiten mehr Licht und mehr Offenheit und weniger taktische Manöver und verbale Rhetorik. Keiner kann den anderen damit noch zum Narren halten. Ich wiederhole das immer wieder gegenüber meinen Gesprächspartnern aus dem Westen. Die Anforderungen an einen Führer von heute sind eine richtige Einschätzung der Realitäten, ein klarer Verstand und ein gesteigertes Verantwortungsbewußtsein. In anderen Worten: Wir brauchen eine ernstzunehmende Politik, kein politisches Theater.
Ich glaube, daß der neue Stil in internationalen Beziehungen es erforderlich macht, den Rahmen ihrer Abwicklung weit über die Grenzen des diplomatischen Verkehrs im engeren Sinn hinaus auszudehnen. Neben Regierungen werden in zunehmendem Maße Parlamente zu aktiven Mitgestaltern internationaler Kontakte. Das ist eine ermutigende Entwicklung, die auf eine Tendenz zu verstärkter Demokratie in internationalen Beziehungen hindeutet. Das Eindringen der öffentlichen Meinung und internationaler und nationaler öffentlicher Organisationen auf breiter Front in diese Domäne ist ein Zeichen unserer Zeit. Öffentliche, offene Diplomatie,

die Methode, die Völker direkt anzusprechen, wird zum üblichen Mittel zwischenstaatlicher Kontakte.
Die Methoden der offenen Diplomatie anzuwenden ist keine List. Wir gehen dabei von der Erkenntnis aus, daß die Kosten des Wettrüstens, ganz zu schweigen von den möglichen Folgen internationaler Konflikte, zu Lasten des Volkes gehen. Wir wollen den Völkern der Welt die Position der Sowjetunion vor Augen führen.
An diesem Punkt muß ich auf das kritische und aktuelle Problem der Beziehung zwischen Politik und Propaganda eingehen. Als Antwort auf unsere außenpolitischen Initiativen bekommen wir oft zu hören: »Das ist Propaganda!« Man muß erkennen, daß außenpolitische Vorschläge im Zeitalter der Masseninformation und des Masseninteresses an internationalen Problemen immer von Propaganda begleitet sind. Sie müssen »beeindrucken«. Amerikanische Regierungschefs machen schon lange vor der offiziellen Bekanntgabe ihrer beabsichtigten internationalen Schritte Reklame dafür und präsentieren sie immer als »bedeutend«, »historisch«, »entscheidend« usw. Entscheidend aber ist nur der wahre Charakter und Zweck der Vorschläge: ob sie dazu gedacht sind, wirklich in die Tat umgesetzt zu werden, ob sie realistisch sind, ob sie die Interessen aller beteiligten Parteien berücksichtigen oder ob sie nur gemacht werden, um Aufregung zu stiften. Ich kann also mit vollem Verantwortungsbewußtsein erklären, daß alle unsere Initiativen ernst gemeint sind, daß sie, um Lenin zu zitieren, »Slogans der Tat« und nicht »Slogans der Propaganda« sind.
Hier kann ich mit gutem Gewissen wiederholen, was ich im August 1985 dem *Time*-Magazin gegenüber gesagt habe: Wenn die Amerikaner in allem, was wir tun, wirklich nichts als Propaganda sehen, warum antworten sie darauf nicht nach dem Prinzip »wie du mir, so ich dir«? Wir haben die Kernversuche ausgesetzt. Warum konnten die Amerikaner also nicht als Gegenleistung dasselbe tun und dann mit einem weiteren »Propagandaschlag« nachziehen, indem sie etwa die Entwicklung einer ihrer neuen strategischen Raketen einstellen? Und wir würden darauf mit derselben

Art von »Propaganda« antworten, und so weiter und so fort. Wer, so mag man sich fragen, könnte bei einer solchen Art von »Propaganda«-Wettbewerb verlieren?

Zweieinhalb Jahre ist keine besonders lange Zeit. Allen Anzeichen nach haben sich in dem Zeitraum, über den wir reden, wesentliche Dinge ereignet. Was ist dabei die Hauptsache? Einige werden sagen, daß das neue politische Denken immer noch mit Schwierigkeiten kämpft, sich in der Welt der Politik zu etablieren. Das stimmt. Andere werden sagen, daß die Trägheit der alten Denkweise immer noch stärker ist als die neuen Tendenzen. Auch das stimmt. Und doch ist die Hauptsache, daß die schwierige Aufgabe, den Grund für eine Neugestaltung der internationalen Beziehungen zu legen, durchgeführt wurde. Und wir glauben, daß eine Veränderung der Welt zum Besseren bevorsteht. Daß die Veränderung sogar bereits im Gang ist.

Kapitel 4

Umgestaltung in der UdSSR und der sozialistischen Welt

Der Kern unseres internationalistischen Prinzips ist es, wichtige, bedeutungsvolle Entscheidungen im eigenen Land zu treffen und dann sorgfältig abzuwägen, was diese für den Sozialismus als Ganzes bedeuten. Es versteht sich von selbst, daß kein sozialistisches Land in seiner Entwicklung mit Erfolg und in einem gesunden Rhythmus fortschreiten kann ohne das Verständnis, die Solidarität, die auf wechselseitigem Nutzen beruhende Kooperation oder überhaupt die Hilfe der anderen Bruderstaaten.

Über den realen Sozialismus

Als wir den Weg der Perestroika einschlugen, gingen wir von der Annahme aus, daß eine Umgestaltung machbar sei und auch in Zukunft erfolgreich sein würde. Anliegen des ganzen sowjetischen Volkes bei dieser Umgestaltung ist die Stärkung des Sozialismus insgesamt, die unsere Gesellschaft auf eine qualitativ neue Ebene bringen soll. Das ist der erste Aspekt.

Der zweite Aspekt ist, daß der von uns gewählte Kurs und die Notwendigkeit, unser Entwicklungstempo zu beschleunigen, uns zu der Überlegung geführt haben, wie die Kooperation mit anderen sozialistischen Ländern auf breiter historischer Basis entwickelt werden kann. Wir sind zu dem Schluß gekommen – und unsere Schwesterparteien sind alle zu demselben Schluß gekommen –, daß unsere Kooperation eine größere Dynamik erhalten muß, daß auch in diesem Bereich eine Art Umgestaltung fällig ist. Unsere

Überlegungen und später unsere Initiativen gingen von den folgenden Voraussetzungen aus:
In den Jahrzehnten nach dem Krieg ist der Sozialismus zu einer starken internationalen Formation und einem wichtigen Faktor der Weltpolitik geworden. In einer großen Zahl von Ländern gibt es eine sozialistische Wirtschaftsform. Die Fundamente für eine internationale sozialistische Arbeitsteilung sind gelegt. Multilaterale Organisationen sozialistischer Staaten haben sich reichhaltige praktische Erfahrungen angeeignet. Der wissenschaftliche und kulturelle Austausch hat große Dimensionen angenommen. Das heißt natürlich nicht, daß die Entwicklung des Weltsozialismus immer von Erfolg begleitet war.
Die wirtschaftliche Ausgangslage der Länder, die den Weg der sozialistischen Entwicklung gegangen sind, wies beträchtliche Unterschiede auf. Auch heute herrscht hier keineswegs Gleichheit. Hier liegt eine der Schwierigkeiten bei der Realisierung des Gesamtpotentials des Sozialismus und der Perfektionierung der Integrationsmechanismen.
Der Sozialismus hat komplizierte Entwicklungsphasen durchlaufen. In den ersten Jahrzehnten nach dem Krieg hatte nur die Sowjetunion Erfahrung im Aufbau einer neuen Gesellschaft. Bei ihr lag die Verantwortung für alles, was geschah, für Gutes und Schlechtes. Im Fall der wirtschaftlichen Beziehungen zu den anderen sozialistischen Ländern waren die Verhältnisse ähnlich gelagert; bei der Entwicklung dieser Beziehungen spielten sowjetische Rohstoffe und sowjetische Energie und die Hilfe der Sowjetunion beim Aufbau der Basisindustrien eine wichtige Rolle. Auch im Bereich des staatlichen Aufbaus verließen die sozialistischen Bruderstaaten sich überwiegend auf das sowjetische Vorbild. Das war zu einem gewissen Grad unvermeidlich. Behauptungen, die von einem Aufzwingen des »sowjetischen Modells« sprechen, verkennen die zu der damaligen Zeit objektiv gegebene Notwendigkeit. Die Erfahrung und Hilfe des ersten sozialistischen Staates haben insgesamt die Bemühungen anderer Länder um den Aufbau einer neuen Gesellschaft gefördert.

Dabei kam es allerdings auch zu Fehlentwicklungen, zu ernsthaften sogar. Ausschließlich an den sowjetischen Erfahrungen orientiert, hatten einige Länder es versäumt, die eigenen Besonderheiten gebührend zu berücksichtigen. Schlimmer noch, eine zur Formel erstarrte Methode erhielt durch einige unserer Theoretiker und insbesondere politischen Führer, die geradezu als alleinige Hüter der Wahrheit auftraten, eine ideologische Einfärbung. Ohne auf die Neuartigkeit von Problemen und die spezifischen Eigentümlichkeiten der verschiedenen sozialistischen Länder einzugehen, standen sie eigenständigen Methoden dieser Länder manchmal mit Mißtrauen gegenüber.

Andererseits wuchsen in einer Reihe von sozialistischen Staaten Tendenzen zu einer gewissen Introversion, in deren Gefolge es zu subjektivistischen Einschätzungen und Handlungen kam, zumal die sozialistischen Nationen seit ihrer Entstehung immer wieder massivem Druck von seiten des Imperialismus ausgesetzt waren – politischem, militärischem, wirtschaftlichem und ideologischem Druck.

In einigen Fällen führte all dies zu gewissen Prozessen und zur Entstehung von Problemen, die von der herrschenden Partei und der Staatsführung nicht rechtzeitig erkannt wurden. Was unsere Freunde in den sozialistischen Ländern betrifft, so verhielten sie sich meist ruhig, auch wenn sie etwas bemerkten, das Anlaß zur Sorge gab. Offenheit stieß auf Stirnrunzeln und konnte »mißverstanden« werden. Einige sozialistische Länder machten in ihrer Entwicklung ernsthafte Krisen durch. Das war der Fall in Ungarn 1956, in der Tschechoslowakei 1968 und in Polen 1956 und dann Anfang der achtziger Jahre. Jede dieser Krisen hatte ihre spezifischen Eigentümlichkeiten. Ihre Bewältigung erfolgte auf verschiedene Weise. Tatsache ist aber, daß eine Rückkehr zur alten Ordnung in keiner dieser sozialistischen Nationen stattgefunden hat. Ich möchte dazu bemerken, daß nicht der Sozialismus schuld an den Schwierigkeiten und Komplikationen in der Entwicklung der sozialistischen Länder war, sondern in erster Linie die Fehleinschätzungen der herrschenden Parteien. Und natürlich gebührt dem Westen das

»Verdienst«, seinen Teil zu diesen Krisen beigetragen zu haben durch fortgesetzte und hartnäckige Versuche, die Entwicklung der sozialistischen Staaten zu unterminieren und zu Fall zu bringen.

In harten und zeitweise bitteren Prüfungen haben die sozialistischen Länder Erfahrungen bei der Durchführung der sozialistischen Umgestaltung gesammelt. Die praktische und theoretische Arbeit der herrschenden kommunistischen Parteien hat schrittweise zu einer umfassenderen und genaueren Vorstellung von den Methoden, Mitteln und Wegen der sozialistischen Umgestaltung der Gesellschaft geführt. Marx, Engels und Lenin, die die theoretischen Prinzipien begründeten, auf denen das Konzept des Sozialismus beruht, haben nicht versucht, ein detailliertes Bild der zukünftigen Gesellschaft zu entwerfen. Das ist auch kaum möglich. Das Bild erhielt seine Konturen erst aufgrund der revolutionären schöpferischen Arbeit aller sozialistischen Staaten; und es ist immer noch im Entstehen begriffen.

Auch in den Beziehungen der sozialistischen Staaten untereinander kam es zu ernstzunehmenden Stockungen. Besonders schwerwiegend waren der Abbruch der freundschaftlichen Beziehungen der UdSSR mit Jugoslawien, mit der Volksrepublik China und mit Albanien. Es gab genug bittere Lektionen zu lernen. Aber die Kommunisten sind lernfähig. Wir lernen auch heute immer noch dazu.

Lernfähigkeit ist ganz allgemein ein Vorzug des Sozialismus. Zu lernen, wie man die Probleme lösen kann, die das Leben stellt. Zu lernen, wie man Krisensituationen abwehren kann, die unsere Gegner schaffen und gegen uns verwenden wollen. Zu lernen, wie man Versuchen Widerstand leistet, die sozialistische Welt aufzuspalten und die einen Länder gegen die anderen auszuspielen. Zu lernen, wie man Interessenkonflikte sozialistischer Staaten untereinander verhindern kann, indem man die Interessen harmonisiert und gegenseitig akzeptable Lösungen zu den vielschichtigsten Problemen findet.

Was hat der Sozialismus der Welt bis Mitte der achtziger Jahre erreicht? Wir können jetzt mit Sicherheit sagen, daß das sozialistische System bei einer großen Zahl von Nationen fest etabliert ist, daß die Wirtschaftskraft der sozialistischen Länder stetig wächst und daß die kulturellen und geistigen Werte des Sozialismus zutiefst moralisch sind und den Menschen veredeln.

Hier mag nun einer einwenden: Wenn doch alles so gut steht, warum ist die Perestroika dann von solchem Interesse, was die Beziehungen der sozialistischen Staaten untereinander betrifft? Das ist eine berechtigte Frage.

Die Antwort ist, allgemein gesagt, einfach: Die Anfangsphase der Entstehung und Entwicklung des Weltsozialismus ist vorbei, aber die Formen der zu dieser Zeit ausgebildeten Beziehungen haben sich praktisch nicht verändert. Negatives in diesen Beziehungen wurde nicht mit dem nötigen Grad an Offenheit analysiert, was soviel heißt wie, daß alles, was die Entwicklung dieser Beziehungen hemmte und sie daran hinderte, in eine neue, zeitgemäße Phase einzutreten, nicht erkannt wurde. Inzwischen hat jedes sozialistische Land und jede sozialistische Gesellschaft in allen Lebensbereichen eine beträchtliche eigene Leistungsfähigkeit erworben. Ansehen und Möglichkeiten des Sozialismus würden in direkter Weise geschädigt werden, wenn wir uns an die alten Formen der Kooperation klammerten oder uns auf sie beschränkten.

Seit Ende der siebziger Jahre verkamen die Kontakte zwischen den Führern der verbrüderten Länder zunehmend zu bloßer Repräsentation anstelle des ernsthaften politischen Geschäfts. Das Vertrauen in solche Kontakte schwand dahin. Heute hat sich vieles verändert. In den letzten zweieinhalb Jahren hat die Sowjetunion zusammen mit ihren Freunden in der sozialistischen Gemeinschaft bedeutende Arbeit geleistet. Damit müssen und werden wir fortfahren. Das gesamte Spektrum der politischen, ökonomischen und humanitären Beziehungen der sozialistischen Länder wird gegenwärtig neu gestaltet. Die Art der Umgestaltung wird diktiert durch die objektiven Bedürfnisse der Entwicklung eines jeden Landes und der internationalen Situation insgesamt. Sie wird nicht von subjektiven Emotionen bestimmt.

Die Rolle der Sowjetunion innerhalb der sozialistischen Gemeinschaft ist auch unter den Bedingungen der Perestroika durch die rein sachliche Stellung unseres Landes festgelegt. Ob wir in unserem Land Erfolg haben oder aber das Gegenteil, hat unweigerlich Auswirkungen auf alle anderen. Aber die Ebene der Interaktion, die wir jetzt erreichen, ist nicht nur das Ergebnis unserer Arbeit zu Hause. Sie ist zuallererst das Ergebnis gemeinsamen Handelns und gemeinsamer Bemühungen der sozialistischen Bruderstaaten. Wir haben jeden Aspekt unserer Zusammenarbeit mit unseren Freunden und Verbündeten gründlich besprochen.

Wir gehen alle gemeinsam von der Annahme aus, daß der Sozialismus in dieser entscheidenden Phase der Weltgeschichte die gesamte Dynamik seines politischen und ökonomischen Systems entfalten und den Weg zu humanen Lebensbedingungen weisen muß. Wir sind bereits daran, die Beziehungen innerhalb der sozialistischen Gemeinschaft an die Erfordernisse der Zeit anzupassen. Wir sind dabei weit entfernt von jeglicher Euphorie. Die Arbeit kommt gerade erst ein wenig in Schwung. Aber die wichtigsten Ziele sind abgesteckt.

Worin bestehen nun diese Ziele? Wichtigste Rahmenbedingung der politischen Beziehungen zwischen den sozialistischen Staaten muß die absolute Unabhängigkeit dieser Staaten sein.. Diese Ansicht wird von den Führern aller sozialistischer Bruderstaaten geteilt. Die Unabhängigkeit jeder Partei, ihr souveränes Recht, über die Probleme des betreffenden Landes zu entscheiden, und ihre Verantwortung gegenüber der von ihr vertretenen Nation sind Prinzipien, die über jede Diskussion erhaben sind.

Wir sind außerdem der festen Überzeugung, daß die sozialistische Gemeinschaft nur dann Erfolg haben wird, wenn Partei und Staat sowohl die eigenen als auch die gemeinsamen Interessen im Auge behalten, wenn sie Freunde und Verbündete respektieren, deren Interessen berücksichtigen und aufmerksam die Erfahrungen von anderen verfolgen. Das wache

Bewußtsein für den Zusammenhang zwischen innenpolitischen Problemen und den Interessen des Weltsozialismus ist kennzeichnend für die Länder der sozialistischen Gemeinschaft. Wir sind einander verbunden, und in dieser Verbundenheit liegt unsere Stärke. Aus ihr schöpfen wir unser Vertrauen, daß wir die Probleme, vor die unsere Zeit uns stellt, bewältigen werden.
Die Zusammenarbeit der regierenden kommunistischen Parteien ist der Angelpunkt der Kooperation zwischen den sozialistischen Ländern. In den vergangenen Jahren haben wir uns mit den Führungsspitzen aller sozialistischen Bruderstaaten zu ausführlichen Gesprächen getroffen. Auch werden die Formen dieser Kooperation gegenwärtig erneuert. Neu und wahrscheinlich von entscheidender Bedeutung ist die Einrichtung multilateraler Arbeitstagungen der Führer dieser Staaten. Solche Konferenzen ermöglichen uns eine rasche, in kameradschaftlicher Atmosphäre vonstatten gehende Verständigung über das gesamte Spektrum an Problemen der sozialistischen Entwicklung mit ihren innen- und außenpolitischen Aspekten.
Die einstimmig beschlossene Verlängerung des Warschauer Pakts war angesichts der komplizierten internationalen Lage ein entscheidendes Ereignis. Regelmäßige Sitzungen des Politischen Beratenden Ausschusses der Warschauer-Pakt-Staaten geben den Teilnehmern die Möglichkeit, Ideen und Initiativen zusammenzutragen und erlauben ihnen gleichermaßen, »ihre Uhren aufeinander abzustimmen«.
Unser Ziel ist es, die Initiativen der einzelnen sozialistischen Bruderstaaten mit einer gemeinsamen Linie in internationalen Angelegenheiten auf eine Linie zu bringen. Die Erfahrung zeigt, wie wichtig beide Komponenten dieser Formel sind. Kein sozialistischer Staat – und wir beziehen die UdSSR hier in vollem Umfang mit ein – kann seine Aufgaben auf der internationalen Bühne erfüllen, wenn er vom allgemeinen Kurs isoliert ist. Umgekehrt kann eine koordinierte Außenpolitik unserer Staaten nur dann wirksam werden, wenn auf den Beitrag jedes einzelnen Landes zur gemeinsamen Sache gebührend Rücksicht genommen wird.

Was unsere wirtschaftlichen Beziehungen betrifft, so entwikkeln wir sie unter fester Einhaltung der Prinzipien des gegenseitigen Nutzens und der gegenseitigen Hilfe. Wir haben erkannt, daß wir alle den Durchbruch auf wissenschaftlich-technischem Gebiet und in der Wirtschaft brauchen. Wir haben deshalb ein umfassendes Programm für den wissenschaftlich-technischen Fortschritt ausgearbeitet und bereits beschlossen, das eine rasche Produktionssteigerung vorsieht, eine Verdoppelung und sogar Verdreifachung der Produktion bis zum Jahr 2000. Ist das eine Utopie? Nein. Die sozialistische Gemeinschaft verfügt über alle Voraussetzungen zur Bewältigung dieser Aufgabe. Sie verfügt über gewaltige Produktionskapazitäten, betreibt unzählige Forschungs- und ingenieurtechnische Projekte und hat genügend natürliche Ressourcen und Arbeitskräfte. Unsere Planwirtschaft ermöglicht uns, umfangreiche Ressourcen dorthin zu lenken, wo der größte Bedarf besteht.
Die Führer der Mitgliedstaaten des Rats für gegenseitige Wirtschaftshilfe (RGW, COMECON) sind in Gesprächen zu dem Schluß gekommen, daß die Effizienz sämtlicher struktureller Komponenten des sozialistischen Systems erhöht werden muß. Darin stimmen wir alle überein. Aber das bedeutet natürlich nicht, daß der Weg zu diesem Ziel in allen sozialistischen Ländern identisch sein wird. Jede Nation hat ihre eigenen Traditionen, ihre Besonderheiten und unterschiedlich aufgebauten politischen Institutionen. Im Prinzip ist jedes sozialistische Land auf die eine oder andere Weise mitten in einem Prozeß der Suche nach Erneuerung und tiefgreifender Umgestaltung. Aber jedes Land entscheidet durch seine Führung und sein Volk unabhängig, in welchem Grad und Umfang, auf welche Weise, wie schnell und mit welchen Methoden diese Umgestaltung vor sich gehen soll. Darüber bestehen keine Meinungsverschiedenheiten; es gibt nur spezifische Besonderheiten.
Der französische Premierminister Jacques Chirac hat mich gefragt: »Glauben Sie, daß der Geist der Perestroika Auswirkungen auf alle sozialistischen Staaten Osteuropas haben wird?« Ich erwiderte darauf, der Einfluß sei wechselseitig.

Wir lernen von der Erfahrung unserer Freunde, und sie übernehmen von uns, was sie für richtig halten. Es handelt sich, kurz gesagt, um einen Prozeß des Austausches und der gegenseitigen Bereicherung.
Ehrlich gesagt glaube ich, daß hinter der Frage mehr stand als nur die Neugier, zu wissen, wie wir vorankommen. Die Frage zielte bis zu einem gewissen Grad ebensosehr auf Gerüchte über »Meinungsverschiedenheiten« zwischen einigen unserer Freunde und der Linie der sowjetischen Führung in Richtung einer Umgestaltung, zur Perestroika hin. Was soll ich dazu sagen? Wir haben keine ernsthaften Meinungsverschiedenheiten mit unseren Freunden und Verbündeten. Wir sind es gewohnt, offen und sachlich über alles zu sprechen. Meiner Meinung nach gewinnen wir mehr durch eine kritische und ernsthafte Überprüfung unserer Schritte und Initiativen als durch lauten Applaus für alles, was wir getan haben. Das ist der erste Gesichtspunkt. Der zweite, den ich in diesem Zusammenhang wiederholen will, ist, daß wir nicht den Anspruch erheben, als einzige im Besitz der Wahrheit zu sein. Die Wahrheit muß in gemeinsamem Streben und Bemühen gesucht werden.
Ich möchte an dieser Stelle noch einige Worte zu wirtschaftlichen Angelegenheiten sagen. Wir sehen in direkten Verbindungen zwischen Unternehmen und Betrieben und in der Spezialisierung den besten Ansatzpunkt zur Verbesserung der Integration. In genauer Übereinstimmung mit diesem Grundsatz gestalten wir unsere auswärtigen wirtschaftlichen Aktivitäten um und räumen Hindernisse aus dem Weg, die es Betrieben unmöglich machen, in den sozialistischen Bruderstaaten entsprechende Partner zu finden und selbständig über die Form der Zusammenarbeit zu entscheiden. Wir sind dabei, sozialistische Gemeinschaftsunternehmen zu gründen, darunter solche, die den Bedarf unserer Länder an hochentwickelten Erzeugnissen schneller befriedigen sollen. Solche Unternehmen werden gegenwärtig im Bereich der Dienstleistungen, des Bau- und des Transportwesens eingerichtet. Die Sowjetunion ist bereit, ihnen lukrative Aufträge anzubieten. Wir sind auch bereit, die Möglichkeit

einer Teilnahme westlicher Unternehmer an solchen Projekten in Erwägung zu ziehen.

Wir hoffen, den Integrationsprozeß in den kommenden Jahren beschleunigen zu können. Um dieses Ziel zu erreichen, muß sich der RGW verstärkt auf zwei Hauptprobleme konzentrieren.

Der RGW wird erstens wirtschaftliche Maßnahmen koordinieren, langfristige Programme der Kooperation in den wichtigsten Bereichen ausarbeiten und die bedeutsamsten gemeinschaftlichen Forschungs- und ingenieurtechnischen Projekte fördern. Die Kooperation mit nichtsozialistischen Ländern und Organisationen, besonders mit der EG, ist dabei möglich und zweckmäßig.

Zweitens wird der RWG sich mit der Entwicklung und Koordination standardisierter Normen für den Integrationsmechanismus befassen, des weiteren mit den juristischen und ökonomischen Bedingungen für direkte kooperative Verbindungen, darunter natürlich mit der Preisbildung.

Die behördliche Reglementierung durch den RGW muß eingeschränkt, die Zahl seiner Ausschüsse und Kommissionen verringert werden. Der RGW soll wirtschaftlichen Anreizen, Initiativen, dem sozialistischen Unternehmergeist und der gesteigerten Einbeziehung von Arbeitskollektiven in diesen Prozeß größere Aufmerksamkeit schenken. Wir glauben mit unseren Freunden, daß der RGW von einem Übermaß an Papierkrieg und bürokratischem Wust befreit werden muß.

Der RGW wird in keiner Weise die Unabhängigkeit der Mitgliedstaaten und deren souveränes Recht, über die eigenen Ressourcen und Kapazitäten zu bestimmen und alles zum Wohl des eigenen Volkes zu tun, verletzen. Der RGW ist keine überstaatliche Organisation. Bei der Entscheidungsfindung stützt er sich auf das Prinzip der allseitigen Zustimmung und nicht auf Mehrheitsbeschlüsse. Das wichtigste dabei ist, daß mangelndes Verlangen oder Interesse eines Landes an der Teilnahme an einem Projekt andere daran nicht hindern darf. Jeder, der teilnehmen will, ist willkommen; andere mögen abwarten, um zu sehen, wie es ihren

Freunden ergeht. Jedes Land kann frei entscheiden, ob es zu solcher Kooperation bereit ist und wie weit es sich daran beteiligen will. Ich glaube, daß dies die einzig richtige Methode ist.
Auch in intellektuellen Bereichen stehen wir vor umfangreichen Aufgaben, die der Kooperation bedürfen. Die Veränderung ist auch hier notwendig. Jedes sozialistische Land ist im Grunde ein gesellschaftliches Labor, das die verschiedenen Formen und Methoden sozialistischer Aufbaubestrebungen erprobt. Daher wird unserer Meinung nach der Erfahrungsaustausch über den sozialistischen Aufbau und die Auswertung solcher Erfahrungen zunehmend bedeutsamer.
Die sowjetischen Kommunisten gehen bei ihren Überlegungen über die Zukunft des Sozialismus von Lenins Grundsatz aus, daß diese Zukunft durch fortgesetzte Bestrebungen verschiedener Länder geschaffen wird. Wir glauben deshalb, daß man die Ernsthaftigkeit der Bestrebungen einer Partei am besten danach beurteilen kann, wie sie ihre eigenen Erfahrungen sowie die ihrer Freunde und der ganzen Welt nutzt. Um den Wert solcher Erfahrungen zu bestimmen, haben wir hier ein Kriterium: die soziale und politische Praxis – die Ergebnisse der sozialen Entwicklung und des wirtschaflichen Wachstums und die praktische Stärkung des Sozialismus. Unsere Wissenschaftler, Journalisten und Spezialisten analysieren die Erfahrungen unserer sozialistischen Bruderstaaten heute in viel breiterem Umfang und sehr viel intensiver, um sie schöpferisch auch auf sowjetische Verhältnisse anwenden zu können.
Die anderen sozialistischen Länder zeigen ihrerseits ein ungeheueres Interesse an den Vorgängen in der UdSSR. Ich konnte das beobachten, als ich auf meinen Reisen im Ausland mit den Führern der sozialistischen Länder und mit einfachen Bürgern zusammentraf.
Dafür ein kleines Beispiel: Als ich die Tschechoslowakei besuchte, hatte ich Gelegenheit zum Gespräch mit den Menschen auf den Straßen und in den Fabriken von Prag. Sie sagten zu mir: »Was Sie jetzt tun, ist richtig!« Ein

junger Mann meinte: »Es läuft also darauf hinaus: ›Sag die Wahrheit, achte die Wahrheit und wünsche anderen die Wahrheit.‹ Ich fügte hinzu: ›Und handle in Übereinstimmung mit der Wahrheit. Das ist die schwierigste Wissenschaft.« Weiter sagte ich: »Das Leben ist unsere härteste Schule. Nicht alles fällt uns in den Schoß. Manchmal muß man einen Schritt zurückgehen, um dann wieder voranzukommen. Es ist ein mühsamer Prozeß, nachzudenken, zu analysieren und noch einmal zu analysieren, aber man darf davor keine Angst haben.«

Die sowjetische Führung ist alles in allem zu dem Schluß gekommen, daß wir eine neue Ebene der Beziehungen zwischen den sozialistischen Ländern erreichen können, indem durch Erfahrungaustausch enge Verbindungen zwischen Arbeitskollektiven und Einzelpersonen in verschiedenen Ländern hergestellt werden. Unsere Verbindungen werden gegenwärtig auf allen Gebieten stärker. Wir haben einen guten Anfang gemacht. Das solide Netz von Kontakten auf allen Ebenen, der Partei, des Staates und der Öffentlichkeit, spielt bei der Kooperation der sozialistischen Bruderstaaten untereinander eine wichtige, ja entscheidende Rolle. Wir haben die verschiedensten Arten von Kontakten entwikkelt – solche zwischen Unternehmen, genossenschaftlichen Vereinigungen, Familien, Kinder- und Jugendorganisationen, Universitäten und Schulen, Künstlerverbänden, Kulturschaffenden und Einzelpersonen bis zu dauerhaften Geschäftsbeziehungen zwischen Abteilungsfunktionären, Regierungsmitgliedern und Sekretären des Zentralkomitees.

Einige Worte über unsere Beziehungen zur Volksrepublik China, wo gegenwärtig im Zuge der »Vier Modernisierungen« sehr interessante und in vieler Hinsicht fruchtbare Vorstellungen verwirklicht werden. Wir sehen in China eine große sozialistische Macht und setzen uns mit aller Entschiedenheit dafür ein, daß die Entwicklung der chinesisch-sowjetischen Beziehungen in einer Atmosphäre guter Nachbarschaft und Kooperation vonstatten gehen kann. Schon jetzt zeichnet sich eine deutliche Verbesserung ab. Wir glauben, daß die Zeit der Entfremdung vorbei ist.

Wir laden unsere chinesischen Genossen ein, in gemeinsamer Arbeit mit uns gute Beziehungen zwischen unseren beiden Ländern und Völkern zu entwickeln.
Die gegenwärtige Phase der historischen Entwicklung stellt hohe Anforderungen an die sozialistischen Staaten. Sie müssen ihre Gangart beschleunigen, auf wirtschaftlichem und wissenschaftlich-technischem Gebiet in die vordersten Positionen vorrücken und überzeugend die Vorteile des Lebens in der sozialistischen Gesellschaft darstellen.
Wir sind in unserer Einschätzung der zurückliegenden Entwicklung offen und selbstkritisch gewesen, und wir haben uns zu unserem Teil der Schuld an den Mißständen in der sozialistischen Gemeinschaft bekannt. Unsere Freunde haben darauf schnell reagiert. So wurde der Weg frei für eine Umgestaltung der Beziehungen und für ihre Überführung auf eine neue, zeitgemäße Ebene.
Zusammen haben wir in den letzten Jahren in den Bereichen Politik, Wirtschaft und Informationsaustausch viel erreicht. Daß wir noch nicht überall erfolgreich sind, beunruhigt uns nicht. Wir arbeiten beständig an neuen Methoden und Mitteln. Entscheidend dabei ist die Tatsache, daß wir uns bewußt sind, wie wichtig die Zusammenarbeit und wie notwendig ihre Intensivierung ist. In der gegenwärtigen Phase der Geschichte, die in Wirklichkeit ein Wendepunkt ist, sind sich die herrschenden Parteien der sozialistischen Länder ihrer großen nationalen und internationalen Verantwortung voll bewußt und halten beständig nach neuen Wegen Ausschau, die soziale Entwicklung zu beschleunigen. Die Ausrichtung auf den wissenschaftlich-technischen Fortschritt, die kreativen Bestrebungen des Volkes und die Entwicklung der Demokratie garantieren, daß der Sozialismus in der kommenden Zeit die in ihm angelegten Möglichkeiten, ganz im Gegensatz zu den Prophezeiungen seiner Gegner, noch voller entfalten wird.
Revolutionäre Veränderungen sind im Begriff, zu einem unabtrennbaren Bestandteil der weiten sozialistischen Welt zu werden. Sie kommen langsam in Schwung. Das gilt für die sozialistischen Länder, ist darüber hinaus aber auch ein Beitrag zum Fortschritt der Weltzivilisation.

Kapitel 5

Die Dritte Welt in der internationalen Gemeinschaft

Das Auftauchen von über hundert asiatischen, afrikanischen und lateinamerikanischen Staaten auf der internationalen Bühne, die sich auf den Weg der selbständigen Entwicklung gemacht haben, ist eine der ganz wichtigen Gegebenheiten der heutigen Welt. Erfreut begrüßen wir dieses Phänomen des 20. Jahrhunderts. Es ist eine eigene und vielfältige Welt mit umfassenden Interessen und schwierigen Problemen. Wir müssen erkennen, daß die Zukunft der Zivilisation von den Entwicklungen in dieser Welt abhängt.

Doch die Verantwortung für diese zahlreichen Länder mit einer Gesamtbevölkerung von vielen Millionen Menschen sowie die Verantwortung für die Nutzung ihres enormen Potentials zum Wohle des Fortschritts der Welt liegt nicht bei diesen Ländern allein.

Einerseits finden wir in der Dritten Welt Beispiele für ein schnelles, wenn auch unausgewogenes und einschneidendes Wirtschaftswachstum. Viele Länder entwickeln sich zu modernen Industriestaaten, und einige werden sogar zu Großmächten. Die unabhängige Politik der meisten Länder der Dritten Welt, die auf einem neuerworbenen nationalen Selbstbewußtsein beruht, hat zunehmend Auswirkungen auf die Gesamtheit der internationalen Angelegenheiten.

Andererseits ist das tägliche Leben der zweieinhalb Milliarden Menschen, die in den ehemaligen Kolonien und Gebieten mit ehemals kolonieähnlichem Status leben, nach wie vor von Armut, unmenschlichen Lebensbedingungen, Analphabetentum, Unwissenheit, Unterernährung, Hunger, alarmierend hoher Kindersterblichkeit und Epidemien gekennzeichnet. Das ist die bittere Wahrheit. Zu Beginn der achtziger Jahre war das Pro-Kopf-Einkommen der Länder der

Dritten Welt elfmal niedriger als das entsprechende Einkommen in den kapitalistischen Industriestaaten. Und diese Kluft wird eher größer als kleiner.
Trotzdem streichen die reichen Staaten des Westens weiterhin ihren neokolonialistischen »Tribut« ein. Allein in den letzten zehn Jahren waren die Profite, die US-Unternehmen aus den Entwicklungsländern gesogen haben, viermal so hoch wie ihre Investitionen. Die Amerikaner mögen darin ein gewinnbringendes Geschäft sehen. Wir beurteilen die Situation anders. Aber darüber werde ich mich später noch äußern.
Die Entwicklungsländer tragen die Last einer enormen auswärtigen Verschuldung. Addiert zum Volumen der Profite, die jährlich auf dem Buckel der Entwicklungsländer gemacht werden, geht aus den wachsenden Schulden eines deutlich hervor: Die Zukunftsaussichten sind düster, eine Verschlimmerung der schon jetzt drückenden sozialen, wirtschaftlichen und sonstigen Probleme scheint unvermeidlich.
Ich erinnere mich an ein Gespräch mit Präsident Mitterand. Dabei ging es im wesentlichen um folgendes: Es ist klar, daß ein kapitalistisches Unternehmen nach maximalem Profit strebt. Ein Kapitalist oder ein kapitalistisches Unternehmen sieht sich allerdings zwangsweise, hauptsächlich unter dem Druck der Arbeiter, damit konfrontiert, daß den Angestellten ein Einkommen garantiert werden muß, wenn das Unternehmen effektiv funktionieren soll. Und ist das Einkommen noch so gering, so soll es ihnen doch ermöglichen, ihre Arbeitskraft und ihre Gesundheit zu erhalten, ihre Qualifikationen zu verbessern und Kinder großzuziehen. Der Kapitalist ist dazu gezwungen, weil er erkennt, daß er damit seinen eigenen gegenwärtigen und zukünftigen Profit sichert. Aber der Kapitalismus insgesamt, wie er durch die westlichen Länder repräsentiert wird, will in den Beziehungen zu seinen ehemaligen Kolonien nicht einmal diese einfache Wahrheit verstehen. Der Kapitalismus hat es in seinen wirtschaftlichen Beziehungen mit Asien, Afrika und Lateinamerika so weit gebracht, daß ganze Nationen zu wirtschaftlicher Stagnation verurteilt sind, unfähig, ihre eigenen Grundbedürfnisse zu erfüllen, und niedergedrückt durch enorme Schulden.

Unter den gegenwärtigen Bedingungen sind diese Länder nicht in der Lage, ihre Schulden zurückzuzahlen. Wenn keine gerechte Lösung gefunden wird, kann alles geschehen. Der Schuldenberg der Entwicklungsländer ist zu einer Zeitbombe geworden. Wenn sie ausgelöst würde, könnte dies verhängnisvolle Folgen haben. Eine soziale Explosion mit ungeheurer Vernichtungskraft bahnt sich hier an.
Der immer weiter wachsende Schuldenberg der Entwicklungsländer ist eines der ernsthaftesten Probleme der Welt. Es besteht schon lange, aber es wurde entweder auf die Seite geschoben, übersehen oder nur auf einer allgemeinen Ebene diskutiert. Westliche Führer unterschätzen die Gefahr. Sie weigern sich, das Ausmaß möglicher wirtschaftlicher Umwälzungen zur Kenntnis zu nehmen. Sie schlagen deshalb halbherzige Aktionen vor und versuchen, die Situation mit beschönigenden Maßnahmen zu retten. Ihr Widerstreben, reale, substantielle Maßnahmen zur Normalisierung der wirtschaftlichen Kooperation mit den Entwicklungsländern zu ergreifen, ist offenkundig.
Es bedarf umfassender Bemühungen, wenn eine wirkliche Veränderung der Verhältnisse und eine neue Ordnung der Weltwirtschaft erreicht werden soll. Der Weg dorthin ist lang und hart, und man muß auf alle möglichen unerwarteten Biegungen gefaßt sein. Die Umgestaltung der internationalen Verhältnisse erfordert, daß die Interessen aller Länder dabei berücksichtigt werden, sie erfordert einen Ausgleich der Interessen. Viele wollen allerdings dafür nichts Eigenes opfern.

Regionale Konflikte

Die katastrophale Lage der Entwicklungsländer ist der wahre Grund für viele Konflikte in Asien, Afrika und Lateinamerika. Als ich mit Präsident Reagan anläßlich unserer Begegnung in Genf darüber sprach, sagte ich zu ihm, man müsse zuallererst erkennen, woher die regionalen Konflikte kommen.

Die Wahrheit ist, daß diese Konflikte, auch wenn sie in ihren Zielen und in der Art der einander bekämpfenden Kräfte ganz verschieden sind, gewöhnlich auf lokalem Boden entstehen, und zwar als Folge interner oder regionaler Streitigkeiten – die ihrerseits ein Produkt der kolonialen Vergangenheit sind –, neuer sozialer Prozesse, der Neuauflage einer ausbeuterischen Politik oder aller drei Faktoren zusammen.

Krisen und Konflikte sind eine Brutstätte des internationalen Terrorismus. Die Sowjetunion lehnt den Terrorismus prinzipiell ab und ist bereit, bei der Ausmerzung dieses Übels nach Kräften mit anderen Staaten zusammenzuarbeiten. Es ist zweckmäßig, diese Arbeit innerhalb der Vereinten Nationen zu konzentrieren. Es wäre nützlich, unter ihrer Führung ein Tribunal einzurichten, das die internationalen Terrorakte untersucht. In einem bilateralen Dialog mit den westlichen Ländern (in den vergangenen Jahren fand diesbezüglich ein umfassender Meinungsaustausch zwischen uns und den USA, Großbritannien, Frankreich, der Bundesrepublik Deutschland, Italien, Kanada und Schweden statt) haben wir uns für die Ausarbeitung von effektiven Methoden zur Bekämpfung des Terrorismus eingesetzt. Wir sind bereit, hierzu gesonderte bilaterale Abkommen zu schließen. Ich hoffe, daß sich die Front im gemeinsamen Kampf gegen den internationalen Terrorismus in den kommenden Jahren noch verbreitern wird. Eines steht dabei zweifelsfrei fest: Wenn der Terrorismus ausgerottet werden soll, ist es von vordringlicher Wichtigkeit, die Ursachen der Konflikte und Terrorakte auszuschalten.

Ich habe oft führende Politiker des Westens getroffen, die allein schon in der Existenz regionaler Konflikte das Produkt »verschwörerischer Aktivitäten des Kreml« sehen. Wie sieht die Realität aus?

Im Nahen Osten besteht seit vielen Jahren ein Konflikt zwischen Israel und seinen Nachbarn. Die Schuld daran wird Moskau in die Schuhe geschoben, da es einen unerschütterlichen Standpunkt gegen die israelische Expansion einnimmt und sich für die Verteidigung der souveränen Rechte der arabischen Völker und des arabischen Volkes von Palästina einsetzt. Der Sowjetunion werden nichtexistente Vorurteile zugeschrieben, obwohl unser Land sich als eines der ersten für die Bildung des Staates Israel eingesetzt hat. Über wichtige Dinge muß ernsthaft diskutiert werden. Der Nahe Osten ist ein komplizierter Knoten, bei dem die Interessen vieler Länder ineinander verschlungen sind. Die Situation dort ist weiterhin gefährlich. Wir glauben, daß es für den Osten und den Westen wichtig ist, diesen Knoten zu lösen; es ist überhaupt für die ganze Welt wichtig. Aber es gibt Leute, die der Ansicht sind, es sei ohnehin unmöglich, die Probleme des Nahen Ostens zu lösen. Es ist schwer, eine solche Position auch nur zu verstehen, mit ihr übereinstimmen kann man aus politischen und moralischen Erwägungen ganz unmöglich. Als einzige logische Folge aus dieser Einstellung ergibt sich die Tatsache, daß die Situation sich weiter verschlechtern muß, daß die Feindseligkeiten aufs neue ausbrechen werden und die Völker dieser Region noch mehr leiden müssen. Wäre es nicht vorzuziehen, eine aktive Haltung einzunehmen und die Bemühungen derer zu unterstützen, die nach Wegen für eine politische Lösung der festgefahrenen Verhältnisse im Nahen Osten suchen?

Wir sind uns darüber im klaren, daß eine Aussöhnung der Interessen der gegnerischen Seiten unter den gegenwärtigen Umständen schwierig ist. Trotzdem ist es von wesentlicher Bedeutung, zu versuchen, die Interessen der Araber und Israeli sowie ihrer Nachbarn und anderer Staaten auf einen gemeinsamen Nenner zu bringen. Wenn wir auf eine solche Lösung hinarbeiten, wollen wir durch unsere Bemühungen und Ziele jedoch auf keinen Fall die Interessen der Vereinigten Staaten oder des Westens in irgendeiner Weise verletzen. Wir haben nicht die Absicht, die Vereinigten Staaten aus dem Nahen Osten hinauszudrängen – das ist unrealistisch. Aber auch die Vereinigten Staaten sollten sich nicht zu unrealistischen Zielen versteigen.

Das wichtigste auch bei diesem Problem ist, die Interessen aller Seiten zu berücksichtigen. Und eben dieser Gedanke steht hinter unserem bereits vor längerer Zeit gemachten

Vorschlag, eine internationale Konferenz zum Nahen Osten einzuberufen. Ich habe davon in einem Gespräch mit Jimmy Carter gesprochen. Trotz der zur Verfügung stehenden Erfahrungen vorangegangener Regierungen haben die Amerikaner zehn Jahre gebraucht, um aus eigener Erfahrung einzusehen, daß separate Verhandlungen nicht produktiv sind. Erst jetzt, nach einer Schule des »Umdenkens«, sieht es aus, als würde Washington sich auf eine realistischere Einschätzung der Situation zubewegen und zur Diskussion dieser Probleme auf breiterer Basis zurückkehren.
Wesentlich ist, daß die Verhandlungen in Gang kommen. Sie sollten bereits bestehende bilaterale und multilaterale Kontakte einbeziehen und auf die Suche nach einer gerechten politischen Lösung ausgerichtet sein. Wenn aus der Konferenz nicht ein Deckmantel für separate Händel und Ziele wird, wenn sie auf eine wirkliche Lösung der Nahost-Krise zielt und dabei die Interessen der arabischen Länder einschließlich denen der Palästinenser und auch die Interessen Israels gebührend berücksichtigt, dann sind wir bereit, nach Kräften zu helfen, uns an allen Phasen der Konferenz zu beteiligen und konstruktiv zu ihrem Gelingen beizutragen.
Ich möchte in diesem Zusammenhang betonen, daß wir keinerlei prinzipielle Feindschaft gegenüber Israel hegen. Wir erkennen sein legitimes Recht auf Existenz an. In der gegenwärtigen Situation jedoch und in Anbetracht der von Israel durchgeführten Aktionen können wir die Aufnahme diplomatischer Beziehungen nicht befürworten. Wenn freilich eine Veränderung der Situation eintritt, wenn wir die Möglichkeit einer Normalisierung und Regelung der Verhältnisse im Nahen Osten sehen, werden wir darüber neu nachdenken. Wir haben diesbezüglich keine Vorbehalte. Was die bereits zwischen unseren Ländern bestehenden Kontakte anbelangt, so werden wir sie nicht aufgeben.
Wenden wir uns einem anderen Unruheherd auf dem Globus zu – Zentralamerika. Worum geht es bei dem dortigen Konflikt? In Nicaragua ist das unpopuläre Regime Somozas gestürzt worden, als Sieger hat sich die vom Volk getragene Revolution erwiesen. Auch hier wurde von vornherein be-

hauptet, die Revolution der Sandinisten sei »das Werk Moskaus und Kubas«. Das ist die übliche, abgedroschene ideologische Rechtfertigung für den verdeckten unerklärten Krieg gegen ein kleines Land, dessen einzige »Schuld« darin besteht, daß es seinen eigenen Weg gehen möchte, und zwar ohne Einmischung von außen. Was in Nicaragua geschieht, zeigt, was in anderen Ländern zu erwarten ist. Wir halten es für geradezu albern, wenn behauptet wird, Nicaragua »bedrohe« die Sicherheit der USA und es würden dort russische Militärstützpunkte gebaut – Stützpunkte, von denen die Amerikaner offenbar wissen, von denen aber ich zumindest nie gehört habe.

Margaret Thatcher und ich führten über diesen Punkt eine lebhafte Diskussion. Ich sagte, unerträgliche Lebensbedingungen hätten die Menschen in Nicaragua gezwungen, die Revolution durchzuführen. Diese Bedingungen seien durch die amerikanischen Freunde Großbritanniens geschaffen worden, die ganz Zentralamerika zu ihrem Hinterhof gemacht hätten, erbarmungslos seine Ressourcen ausbeuteten und sich jetzt darüber wunderten, daß das Volk revoltiere. Was in Nicaragua vorgehe, gehe nur die Sandinisten und das Volk Nicaraguas etwas an. Unser Gespräch war offen. Ich fragte Margaret Thatcher: »Sie werfen uns die Solidarität mit Nicaragua vor; finden Sie es denn angemessen, Apartheid und Rassismus zu unterstützen? Ist es Ihnen gleichgültig, wie Sie in den Augen der Weltöffentlichkeit dastehen? Wir sympathisieren mit den Befreiungsbewegungen der Völker, die für soziale Gerechtigkeit kämpfen, während Sie, soweit ich es sehe, das nicht tun. Darin unterscheiden sich unsere Zielsetzungen.«

Wenn die Vereinigten Staaten Nicaragua in Frieden lassen würden, wäre das besser für die USA selbst, für die Lateinamerikaner und für den Rest der Welt.

Brisante Probleme können nicht einfach ignoriert werden; sie verschwinden nicht von selbst. Die Lage in Südafrika ist schon seit langem geradezu stürmisch. Die Bevölkerung Südafrikas kämpft gegen die Apartheid und die unmoralische Unterdrückung durch ein Regime, das allerdings international zunehmend isoliert wird. Und sogar hinter dieser Konfliktsituation sehen viele Leute im Westen eine kommunistische Verschwörung und den Einfluß Moskaus, obwohl es in Südafrika keine Spur einer sowjetischen Präsenz gibt, was man von den USA und ihren Verbündeten nicht sagen kann.

Dasselbe gilt von der Situation in der Golf-Region. Die sowjetische Einschätzung der Lage und der Gründe für die Verschärfung der Situation ist bekannt; sie war Inhalt offizieller Stellungnahmen. Der Sicherheitsrat der UNO hat eine Resolution angenommen, in der ein zeitweiliger Waffenstillstand und die Einstellung aller militärischen Aktivitäten gefordert wurde sowie der Rückzug der Truppen des Iran und des Irak auf international anerkannte Grenzen. Die Sowjetunion hat für die Resolution gestimmt. Aber die Vereinigten Staaten suchen, im Widerspruch zum Geist der Resolution des Sicherheitsrates, nach einem Vorwand, um sich in den Konflikt zwischen Iran und Irak einzumischen, und verstärken ihre Präsenz in der Golf-Region. Sie behaupten, die Sowjetunion bedrohe westliche Interessen, die geschützt werden müßten, und versprechen darüber hinaus, auch nach Beendigung des Konflikts am Golf zu bleiben.

So also sieht die Einschätzung aller regionalen Konflikte aus, wenn man sie aus der Perspektive der sowjetisch-amerikanischen Konfrontation betrachtet. Wir haben den Eindruck, daß die Vereinigten Staaten regionale Konflikte brauchen, um immer die Möglichkeit zu haben, die Ebene der Konfrontation durch Manipulationen zu verschieben und eine Politik der Stärke und der antisowjetischen Propaganda zu vertreten. Die Sowjetunion ist ihrerseits jedoch der Meinung, daß diese Konflikte nicht dazu benutzt werden sollten, um eine Konfrontation der beiden Systeme herbeizuführen, dies vor allem dann nicht, wenn die UdSSR und die USA mit im Spiel sind.

Wenn man schon auf das Thema der regionalen Konflikte zu sprechen kommt, mag sich der Leser fragen, wie ich über Afghanistan denke. Wahrscheinlich ist nicht allgemein bekannt, daß Afghanistan das erste Land war, mit dem die Sowjetunion diplomatische Beziehungen aufgenommen hat. Wir waren diesem Land und seinen Königen und Stammesführern immer freundschaftlich verbunden. Sicherlich hat Afghanistan aufgrund seiner extremen Rückständigkeit, die in der Hauptsache noch aus den Zeiten der britischen Herrschaft herrührt, viele Probleme. Es war deshalb nur natürlich, daß viele Afghanen ihrem Volk helfen wollten, sich von seinen mittelalterlichen Verhaltensmustern zu befreien, Staat und öffentliche Institutionen zu modernisieren und den Fortschritt zu beschleunigen. Aber kaum konnten erste fortschrittliche Veränderungen verzeichnet werden, da begannen auch schon imperialistische Kreise von außen Druck auf Afghanistan auszuüben. Die Führer des Landes baten deshalb in Übereinstimmung mit dem sowjetisch-afghanischen Abkommen die Sowjetunion um Hilfe. Sie haben sich elfmal an uns gewandt, ehe wir bereit waren, ein begrenztes Truppenkontingent in dieses Land zu entsenden.

Wir wollen unsere Soldaten so bald wie möglich wieder zu Hause haben. Das Problem ist im großen und ganzen gelöst. Allerdings ist damit die Notwendigkeit verknüpft, auch die Situation rund um Afghanistan politisch zu klären. Wir unterstützen den Kurs nationaler Versöhnung, den die gegenwärtige Führung des Landes vertritt. Die Sowjetunion will ein wie früher unabhängiges, souveränes und blockfreies Afghanistan. Es ist das souveräne Recht der afghanischen Nation, zu entscheiden, welchen Weg sie einschlagen will, welche Regierungsform sie haben will und welche Entwicklungsprogramme durchgeführt werden sollen. Die amerikanische Einmischung verzögert den Rückzug unserer Truppen und behindert die Durchführung der Politik der nationalen Versöhnung und damit eine Lösung des gesamten Problems. Und die Weitergabe von Stingers an konterrevolutionäre Banden, die diese verwenden, um zivile Flugzeuge abzuschießen, ist schlechterdings unmoralisch und durch nichts zu rechtfertigen.

Nationen haben das Recht, den Weg ihrer Entwicklung selbst zu bestimmen

Jede Nation hat einen Anspruch darauf, den Weg ihrer Entwicklung selbst zu wählen und über ihr Schicksal, ihr Territorium und ihre menschlichen und natürlichen Ressourcen selbst zu bestimmen. Eine Normalisierung internationaler Beziehungen ist erst möglich, wenn dies von allen Ländern verstanden wird. Ideologische und soziale Unterschiede sowie Unterschiede im politischen System sind das Ergebnis der vom Volk getroffenen Entscheidungen. Eine nationale Entscheidung darf nicht in einer Weise für internationale Beziehungen ausgenutzt werden, daß dadurch Tendenzen und Ereignisse in Gang gesetzt werden, die Konflikte und militärische Konfrontationen auslösen können.

Es ist höchste Zeit, daß die Führer des Westens Mentalität und Denken aus kolonialen Zeiten ablegen. Sie werden das früher oder später tun müssen. Solange der Westen weiterhin die Dritte Welt als seinen Einflußbereich betrachtet und dort seine Macht ausübt, werden die Spannungen fortbestehen, und mit dem Anwachsen des antiimperialistischen Widerstands werden neue Unruheherde entstehen.

Unseren Widersachern im Westen gefällt es nicht, wenn wir so zu ihnen sprechen. Sie verlieren die Fassung und sind empört, wenn wir die Dinge beim Namen nennen. Sie glauben, daß durch unseren Standpunkt die traditionellen Verbindungen der Vereinigten Staaten mit Westeuropa einerseits und den Entwicklungsländern andererseits beeinträchtigt werden. Sie behaupten, daß wir es gerne sähen, wenn der Lebensstandard in den kapitalistischen Ländern sinken würde.

Ich habe anläßlich vieler Gelegenheiten erklärt, daß wir keine den westlichen Interessen abträglichen Ziele verfolgen. Wir wissen, wie wichtig der Nahe Osten, Asien, Lateinamerika, andere Regionen der Dritten Welt und auch Südafrika für die amerikanische und die westeuropäische Wirtschaft sind, besonders was die Rohstoffquellen betrifft. Diese Verbindungen zu zerstören ist das letzte, was wir wollen.

Wir haben nicht die Absicht, einen Bruch der historisch geformten, wechselseitigen wirtschaftlichen Interessen zu provozieren.
Es ist allerdings höchste Zeit zu erkennen, daß die Nationen der Dritten Welt das Recht haben, ihre eigenen Herren zu sein. Nach jahrelangem harten Kampf haben sie die politische Unabhängigkeit erlangt. Jetzt wollen sie auch wirtschaftlich unabhängig sein. Die Führer dieser Länder, von denen ich viele persönlich kennengelernt habe, genießen die Unterstützung ihrer Völker und wollen etwas für diese tun. Sie wollen, daß ihre Länder wirklich unabhängig und in der Lage sind, mit anderen auf der Ebene der Gleichberechtigung zusammenzuarbeiten. Der Wunsch dieser Nationen, ihre riesigen menschlichen und natürlichen Ressourcen für den nationalen Fortschritt einzusetzen, ist verständlich. Sie wollen nicht schlechter leben als die Völker der entwickelten Länder. Jetzt freilich herrschen bei ihnen Unterernährung und Krankheit vor. Ihre Ressourcen werden von den entwickelten Staaten ausgebeutet und über die Kanäle eines nicht-äquivalenten Austausches den nationalen Einkommen der letzteren einverleibt. Mit diesem Zustand werden die Entwicklungsländer sich nicht mehr lange abfinden.
Das ist eine Realität unserer Zeit, die nicht alle im Westen sehen wollen, auch wenn sie sie nur zu gut kennen. Aber man muß sich damit auseinandersetzen, um so mehr, als davon Dutzende von Ländern betroffen sind.
Je früher diese Realität den Bewohnern aller Kontinente klargemacht werden kann, desto eher werden die internationalen Beziehungen sich normalisieren. Die globale Situation wird sich verbessern. Das ist entscheidend. Das ist das Kernproblem.
Es ist höchste Zeit, das Problem in einem weltweiten Zusammenhang zu sehen, nach einem Lösungsweg auf der Grundlage des Interessenausgleichs zu suchen und Organisationsformen für seine Lösung im Rahmen der Weltgemeinschaft zu finden. Die Vereinten Nationen sind das beste Forum, um dieses Problem zu diskutieren. Wir sind diesbezüglich gegenwärtig an der Ausarbeitung von Vorschlägen.

Ich habe den Generalsekretär der UNO, Perez de Cuellar, anläßlich unseres Treffens davon informiert. Er billigte den Vorschlag, das Problem den Vereinten Nationen vorzulegen. Die meisten Entwicklungsländer vertreten eine blockfreie Politik. Daraus entstand die Bewegung der blockfreien Staaten, die über hundert Länder und damit den größten Teil der Weltbevölkerung vereint. Die Bewegung ist zu einer mächtigen Kraft geworden und zu einem wichtigen Faktor in der Weltpolitik. Sie trägt, bei allen Eigentümlichkeiten und besonderen Schattierungen, die sie aufweist, zur Bildung neuartiger internationaler Beziehungen bei. Die Bewegung der blockfreien Staaten verkörpert den Wunsch der Völker, die ihre Freiheit erst in der jüngeren Vergangenheit erlangt haben, mit anderen auf der Basis der Gleichheit zu kooperieren und Machtstreben und hegemoniale Ansprüche aus den internationalen Beziehungen auszuschalten. Die Sowjetunion hat Verständnis für die Ziele dieser Bewegung und solidarisiert sich damit.

Bis vor kurzem waren viele blockfreie Länder der Ansicht, daß Abrüstung und Vernichtung der nuklearen Arsenale Vorrecht der Supermächte, der Vereinigten Staaten und der Sowjetunion, seien und die Entwicklungsländer kaum beträfen.

Die Bewegung hat jedoch auf der achten Konferenz der Staats- und Regierungschefs der blockfreien Staaten in Harare grundlegendes Verständnis für den inneren Zusammenhang zwischen Abrüstung und Entwicklung gezeigt. Der Standpunkt der Bewegung wurde dort offiziell formuliert, und er war wohlbegründet: Wenn das Wettrüsten beendet und die Abrüstung durchgeführt ist, werden genügend Mittel frei sein, um die gravierendsten Probleme der Dritten Welt zu lösen.

Ich habe über die Verbindung von Abrüstung und Entwicklung mit Perez de Cuellar gesprochen. Wir stimmten darin überein, daß diesem Problem seitens der Vereinten Nationen größte Aufmerksamkeit gebührt. Die Sowjetunion hat auf der UN-Konferenz über den Zusammenhang zwischen Abrüstung und Entwicklung detaillierte Vorschläge auf den

Tisch gelegt. Man kann nur bedauern, daß die Vereinigten Staaten sich geweigert haben, an dieser Konferenz teilzunehmen.
Heute erkennen nicht nur die sozialistischen Länder, sondern auch viele kapitalistische Staaten in der Bewegung der blockfreien Staaten einen wichtigen und positiven Faktor in der Weltpolitik. Die Sowjetunion begrüßt diese Tatsache und berücksichtigt sie bei der Gestaltung ihrer Außenpolitik.

Der asiatisch-pazifische Knoten

Der Osten und besonders Asien und die pazifische Region sind heute der Raum, in dem die Zivilisation ihren Schritt beschleunigt. Unsere Wirtschaft breitet sich immer mehr nach Sibirien und in den Fernen Osten aus. Wir sind deshalb aufrichtig an der Förderung der asiatisch-pazifischen Zusammenarbeit interessiert.
Die Sowjetunion ist sowohl ein europäisches als auch ein asiatisches Land. Sie wird sich darum kümmern, daß die riesige asiatisch-pazifische Region, der Raum, auf den die Weltpolitik sich im nächsten Jahrhundert höchstwahrscheinlich konzentrieren wird, über alle Voraussetzungen zur Verbesserung ihrer Situation verfügt und daß dabei die Interessen aller Staaten und die Balance dieser Interessen gebührend berücksichtigt werden. Wir sind dagegen, daß diese Region zum Einflußbereich einer einzigen Macht wird. Wir wollen echte Gleichheit, Zusammenarbeit und Sicherheit für alle.
Die Probleme des Friedens sind in Asien kaum weniger akut und schmerzhaft als in den anderen Teilen der Welt, in einigen Gebieten sogar schlimmer. Selbstverständlich haben die Sowjetunion, Indien und andere Staaten aus dieser Sorge heraus in den letzten Jahren verschiedene Initiativen vorgelegt. Die bekannteste ist der Vorschlag, den Indischen Ozean in eine Friedenszone umzuwandeln. Er wurde von der UNO-Generalversammlung und der Bewegung der blockfreien Staaten unterstützt.

Zu einem Schlüssel für den Frieden in Asien, der pazifischen Region und der ganzen Welt ist die von der UdSSR und der Volksrepublik China übernommene Verpflichtung geworden, nie als erste Kernwaffen einzusetzen.
Als ich mich als Generalsekretär des ZK der KPdSU im Mai 1985 mit Rajiv Gandhi, dem Premierminister Indiens, traf, schlug ich vor, ausgehend von früheren Initiativen und in gewissem Maß von europäischen Erfahrungen, eine allgemeine und integrierte Herangehensweise an die Fragen der Sicherheit in Asien sowie die Möglichkeit koordinierter Bemühungen der asiatischen Länder in dieser Richtung in Erwägung zu ziehen.
Die Idee reifte heran, als ich mich mit Führern europäischer Staaten und anderen Politikern traf. Unwillkürlich verglich ich die Situation in Asien mit der in Europa. Ich kam zu der Überlegung, daß auch die pazifische Region aufgrund ihrer zunehmenden Militarisierung ein System von »Sicherungen« brauchte, wie es in Helsinki für Europa geschaffen worden ist.
Der politische Bericht des ZK an den XXVII. Parteitag der KPdSU betonte die wachsende Bedeutung des asiatisch-pazifischen Raums für die sowjetische Außenpolitik. Wir haben festgestellt, daß unverzüglich lokale Lösungen ausgearbeitet werden müssen. Angefangen bei der Koordination und Vereinigung der Bemühungen um eine politische Lösung heikler Probleme, damit parallel dazu und darauf aufbauend die militärischen Konflikte in verschiedenen Teilen Asiens wenigstens entschärft werden können und die Situation dort stabilisiert wird. Die entsprechenden Vorschläge dazu habe ich im Juli 1986 in Wladiwostok unterbreitet. (Die Vorschläge betrafen die Errichtung einer Barriere gegen den Bau und die Verbreitung von Kernwaffen in Asien und der pazifischen Region; die Reduzierung der Aktivitäten der Marine im Pazifischen Ozean; den Abbau bewaffneter Truppenteile und konventioneller Waffen in Asien; vertrauensbildende Maßnahmen und das Verbot der Anwendung von Gewalt in dieser Region.)
Während meines Besuches in dieser Stadt erschien es beson-

ders angebracht, die Probleme der Weltpolitik vom asiatisch-pazifischen Standpunkt aus zu beleuchten. Die Situation im Fernen Osten allgemein, in Asien und den Ländern der angrenzenden Meere, die wir so gut kennen und seit langem befahren, ist für uns von vordringlichem nationalen Interesse. Hier, in diesem riesigen Raum, der fast die Hälfte des Globus bedeckt, liegen viele der wichtigsten Länder, unter ihnen die UdSSR, die USA, Indien, China, Japan, Vietnam, Mexiko und Indonesien. Ferner liegen dort Staaten, die als mittelgroß, gemessen an europäischen Verhältnissen jedoch immer noch als sehr groß gelten können – Kanada, die Philippinen, Australien, Neuseeland sowie Dutzende kleiner und winziger Staaten.

Nebenbei bemerkt: Was für ein Geschrei erhob sich über meine Rede in Wladiwostok! Wie viele Anspielungen wurden gemacht auf die angebliche Entscheidung der Sowjetunion, den Pazifik »in Angriff zu nehmen«, dort eine sowjetische Hegemonie einzurichten und dabei natürlich vor allem die Interessen der USA zu schädigen. Aber wir sind eine solche »steinzeitartige« Reaktion auf unsere Initiativen schon gewohnt. Unsere Versuche, mit dem einen oder anderen Land dieser Region gute Beziehungen oder einfach diplomatische oder wirtschaftliche Kontakte anzuknüpfen, mögen noch so vorsichtig sein, sie werden sofort als hinterlistige Täuschungsmanöver betrachtet.

Was aber sind die Tatsachen? Ein Jahr nach meiner Reise in den sowjetischen Fernen Osten habe ich der indonesischen Zeitung *Merdeka* ein Interview gegeben. B. M. Diah, der Chefredakteur dieser Zeitung, hat den Zweck meiner dortigen Rede vollkommen richtig als Einladung an alle Länder der Region verstanden, ihre Probleme gemeinsam anzugehen. Allerdings hatte er vergessen, in seine Liste dieser Länder die Vereinigten Staaten aufzunehmen. Ich sprach ihn darauf an und sagte, wir hofften auch auf die Zusammenarbeit mit den Vereinigten Staaten. Spekulationen, daß unsere Aktivitäten in dieser Region eine Bedrohung der Interessen anderer darstellen, sind absurd. Was in Wladiwostok gesagt wurde, ist Ausdruck einer durchdachten Politik. Niemandem sollen dadurch Probleme entstehen. Wir halten fest, daß wir zur Kooperation mit den USA in gleicher Weise bereit sind wie mit Japan, den Ländern der ASEAN (Vereinigung südostasiatischer Staaten), Indien und anderen Nationen. Wir laden jedermann ein, gemeinsam für den Frieden und zum Wohl aller zu arbeiten.

In meiner Antwort an den Redakteur von *Merdeka* habe ich unsere Absichten in dieser Region mit neuen konkreten Vorschlägen unterstützt. Der wichtigste davon betrifft die Vernichtung aller Mittelstreckenraketen im asiatischen Raum der Sowjetunion, natürlich auf der Basis einer »globalen Null-Lösung« mit den Vereinigten Staaten.

Die Art, in der wir in diesem riesigen Teil der Welt vorgehen, in dem es so viele verschiedene Länder und Völker gibt, beruht auf der Erkenntnis der dort gegebenen Realitäten. Unsere Konzepte für die Gewährleistung der internationalen Sicherheit und der friedlichen Zusammenarbeit in Asien und im Pazifischen Ozean bauen auf diesen Realitäten auf und rühren von unserem aufrichtigen Wunsch her, in dieser Region gemeinsam neue und gerechte Beziehungen aufzubauen.

Ein Jahr später konnten wir eine Reihe von positiven Tendenzen feststellen – ich habe davon in meinem Interview mit dem Redakteur von *Merdeka* gesprochen. Aber die Kompliziertheit und die Widersprüche sind nicht geringer geworden, und die Tendenzen der Konfrontation wachsen. Das hat uns dazu veranlaßt, zusätzliche Maßnahmen zum Abbau der Spannungen in Asien und im Pazifik vorzuschlagen, Maßnahmen, die die Initiativen von Wladiwostok fortsetzen und ergänzen.

Wir verfolgen die Stellungnahmen und Initiativen der Staaten in diesem Teil der Welt sehr aufmerksam. In letzter Zeit sind originelle und konstruktive Ideen aufgetaucht und werden in regionalen Kontakten ausgetauscht. Die Besonderheiten in der Weltanschauung der dort lebenden Menschen, ihre geschichtliche und politische Erfahrung und ihre kulturelle Identität können bei der Lösung der Probleme der Region von großer Hilfe sein. Es ist gut möglich, daß daraus

Ideen hervorgehen, die für alle einsehbar und annehmbar sind.
Wir sind beeindruckt vom wachsenden Beitrag der ASEAN zu den internationalen Angelegenheiten. Wir sind bereit, unsere Beziehungen zu den einzelnen Nationen der ASEAN und zur ASEAN als ganzer auszubauen, dies mit gebührendem Respekt für den eigenständigen Beitrag, den die Länder der ASEAN individuell und kollektiv zur Verbesserung der internationalen Situation leisten.
Warum sage ich immer wieder, daß eine unabhängige Politik der einzelnen Länder oder einer Gruppe von Ländern so wichtig sei? Nicht deshalb, weil wir durch die Unterstützung einer solchen Politik eine andere Partei schädigen wollen, sondern weil neue internationale Beziehungen nur auf der Basis der Unabhängigkeit aufgebaut werden können. Bis heute waren die internationalen Beziehungen in hohem Maß von den Aktionen bestimmter Länder und Ländergruppen abhängig. Dadurch wurde die Lage der Welt nicht verbessert. Diese Lektion der Vergangenheit sollten alle Politiker lernen, die es ernst meinen. Neue Beziehungen in unserer komplexen Welt und in so komplizierten Regionen wie der asiatisch-pazifischen können nur auf dem Weg der Kooperation aufgebaut werden, in die die Interessen aller Staaten einbezogen sind. Die Art von Beziehung, die ein Erbe der Vergangenheit ist und bei der eine Metropole verschiedenen Kolonien gegenübersteht, hat sich selbst überlebt. Sie muß einer neuen Art von Beziehung weichen.
Der Vorschlag der Einberufung einer Pazifikkonferenz unter Teilnahme aller Anrainerstaaten in absehbarer Zukunft hat großes Aufsehen erregt. Der Vorschlag war zunächst als eine Art Arbeitsthese oder, besser gesagt, als eine Aufforderung zur Diskussion gemeint. Die Ähnlichkeit mit Helsinki kommt dadurch zustande, daß die Weltgemeinschaft vorläufig über keine anderen derartigen Erfahrungen verfügt. Das bedeutet selbstverständlich nicht, daß das europäische »Modell« auf Asien und den Pazifik übertragen werden kann. In unserer Zeit erhält jedoch jedes internationale Experiment auch allgemeinmenschliche, globale Merkmale.

Unter den Fragen der Zeitung *Merdeka* an mich war auch die folgende: »Wie sehen Sie die Rolle der UdSSR bei der Entwicklung der regionalen ökonomischen Zusammenarbeit?« In Übereinstimmung mit der Konzeption der beschleunigten sozialökonomischen Entwicklung unseres Landes schenken wir den Gebieten östlich des Urals stärkere Aufmerksamkeit, weil ihr ökonomisches Potential um ein Mehrfaches das Potential im europäischen Teil der UdSSR übersteigt. Wir glauben, daß an der Erschließung der Reichtümer dieser Gebiete auch zusammengeschlossene Firmen und Betriebe teilnehmen könnten, die in Zusammenarbeit mit den Geschäftskreisen der Staaten der asiatisch-pazifischen Region geschaffen würden.

Über die nukleare Abrüstung in Asien

Den asiatischen Ländern entgegenkommend und unter Berücksichtigung ihrer Besorgnis, hat die Sowjetunion einen großen Schritt nach vorn getan, indem sie einer »doppelten Null-Lösung« für Raketen mittlerer und kurzer Reichweite zustimmte. Gleichfalls haben wir der Bereitschaft Ausdruck gegeben, die Anzahl der Flugzeuge, die Kernwaffen tragen, im asiatischen Teil unseres Landes nicht zu vergrößern, wenn die USA in dieser Region keine zusätzlichen nuklearen Kampfmittel stationieren, die das Territorium der UdSSR erreichen können. Wir erwarten, daß dadurch dem Prozeß der nuklearen Abrüstung in Asien ein wichtiger Impuls gegeben wird.

Bei aller Kompliziertheit und Vielfarbigkeit des Bildes, das die asiatisch-pazifische Region bietet, bei allen Schattierungen in der Verteilung von hellen und dunklen Farbtönen sticht die antinukleare Komposition des gesamten Bildes hervor. Schon jetzt besteht die Möglichkeit, erste Schritte zur Vernichtung der Kernwaffen in Asien einzuleiten. Ein wichtiger Schritt in diese Richtung könnte zum Beispiel die Schaffung kernwaffenfreier Zonen sein. Es ist bekannt, daß die Sowjetunion das Abschlußprotokoll des Rarotonga-Vertrags unterzeichnet hat, damit eine solche Zone im Südpazifik eingerichtet werden kann. Wir unterstützen außerdem die Vorschläge anderer Länder, kernwaffenfreie Zonen in Südostasien und Korea einzurichten. Eine internationale Konferenz zum Indischen Ozean könnte das Ziel der nuklearen Abrüstung durch die Berücksichtigung und Entscheidung der Frage fördern, ob diese Region zu einer Friedenszone erklärt werden soll.

Die Art, an das Problem der nuklearen Abrüstung in Asien heranzugehen, ist die gleiche wie in Europa. Die Abrüstung muß unter strengster internationaler Kontrolle durchgeführt werden. Dazu gehört die Inspektion vor Ort. Wir drängen die Vereinigten Staaten zur Aufnahme von Gesprächen über Kernwaffen in der asiatisch-pazifischen Region und zu einer Lösung dieses Problems auf der Basis gegenseitigen Einverständnisses und strenger Berücksichtigung der Sicherheitsinteressen aller.

Dies ist in allgemeinen Zügen unser Konzept für eine Lösung des asiatischen nuklearen Knotens. In ihrer Diskussion dieser Frage könnten die Staaten dieser Region den Weg über den Aufbau eines regionalen Sicherheitssystems in Erwägung ziehen.

Was ist nun eigentlich unter normalen Beziehungen und einer günstigen Situation für eine Region zu verstehen, in der über zweieinhalb Milliarden Menschen leben? Man könnte es mit dem Bau eines Hauses vergleichen. Jeder von uns legt ein oder zwei Ziegel auf die Mauern, um Schritt für Schritt und durch gemeinsame Anstrengungen ein Gebäude der Kooperation und des gegenseitigen Verständnisses zu errichten. Das ist ein großes und herausforderndes Ziel, aber wir können es erreichen.

Daraufhin ausgerichtete Bemühungen der Länder der beiden Kontinente Europa und Asien könnten vereinigt werden, damit daraus ein gemeinsamer euro-asiatischer Prozeß werden kann, der einem allumfassenden System der internationalen Sicherheit einen mächtigen Impuls geben könnte.

Die jüngsten Entwicklungen überzeugen uns immer mehr,

daß es richtig war und zur rechten Zeit geschehen ist, daß wir die Frage der Sicherheit der asiatisch-pazifischen Region angeschnitten haben. In der letzten Zeit hat sich ein starkes Interesse an der Suche nach Wegen der konstruktiven Zusammenarbeit auf regionaler und kontinentaler Ebene gezeigt. Auch unsere bilateralen Beziehungen mit einigen Ländern der asiatisch-pazifischen Region sind dynamischer geworden.

Die sowjetisch-indischen Beziehungen

Indien, einer unserer Nachbarn im Süden, mit einer Bevölkerung von achthundert Millionen Menschen, ist eine Großmacht. Das Land hat in der Bewegung der blockfreien Staaten und in der ganzen Welt großen Einfluß und ist von entscheidender Bedeutung bei der Schaffung eines asiatischen und globalen Friedens.

Die sowjetisch-indischen Beziehungen haben sich im Verlauf vieler Jahre kontinuierlich entwickelt. Ich habe mich mit dem indischen Premierminister Rajiv Gandhi wiederholt in Moskau und Delhi getroffen. Mein Besuch in Indien 1986 hat einen unauslöschlichen Eindruck in mir hinterlassen. Während dieses Besuches haben wir die heute berühmte Erklärung von Delhi unterzeichnet.

Das globale Interesse an diesem Dokument ist verständlich. Die Erklärung von Delhi ist beispiellos. Sie ist ein ganz neues Beispiel eines politisch-philosophischen Herangehens an die Probleme von zwischenstaatlichen Beziehungen. Die Anerkennung, daß allgemeinmenschlichen Werten in unserem Weltraum- und Nuklearzeitalter Priorität zukommt, bildet dabei das philosophisch-ethische Fundament. Obwohl das Dokument von zwei Ländern ausgearbeitet wurde, geht seine Bedeutung weit über bilaterale und regionale Grenzen hinaus.

Die Unterzeichnung der Erklärung von Delhi spiegelt das einzigartige Wesen der sowjetisch-indischen Beziehungen

wider. Wir haben verschiedene gesellschaftliche Systeme, aber das hindert uns nicht an einer Zusammenarbeit, die beide Seiten geistig bereichert und zu einer breiten Übereinstimmung der Ansichten in den grundlegenden Fragen unserer Zeit führt. Beide Länder sind auf einem eigenen Weg zu den gemeinsamen Anschauungen gekommen und haben ihre eigenen Gründe dafür.
Die sowjetisch-indischen Beziehungen sind in vieler Hinsicht beispielhaft, sowohl hinsichtlich ihres mannigfaltigen politischen, wirtschaftlichen, wissenschaftlich-technischen und kulturellen Inhalts als auch bezüglich der tiefen gegenseitigen Achtung und Sympathie zwischen den beiden Nationen und der Art der Beziehungen, die unser gegenseitiges Vertrauen und tiefes Bedürfnis nach Freundschaft ausdrückt. Wie konnten sich zwischen Indien und der Sowjetunion, zwei Staaten mit unterschiedlichen gesellschaftlichen und politischen Systemen, Beziehungen von solch hohem Niveau herausbilden? Weil beide Seiten ihre Politik nicht mit Worten, sondern in der Tat auf den Prinzipien der Souveränität, der Gleichberechtigung, der Nichteinmischung in die inneren Angelegenheiten anderer und der Kooperation aufbauen. Beide erkennen das Recht jeder Nation an, ihr politisches System und die Formen der gesellschaftlichen Entwicklung selbst zu wählen.
Wir haben also allen Grund, mit einem Gefühl des Stolzes davon zu sprechen, daß die Sowjetunion und Indien ein Beispiel von so guten zwischenstaatlichen Beziehungen geschaffen haben, daß es für andere anziehend wirken kann. In unseren Beziehungen sehen wir den Keim einer Weltordnung, in der die friedliche Koexistenz und die wechselseitig vorteilhafte Zusammenarbeit auf der Grundlage gegenseitigen Wohlwollens allgemeingültige Normen sein werden.

Ich habe mich in den letzten zweieinhalb Jahren mit vielen führenden Politikern Afrikas getroffen (mit einigen von ihnen mehr als einmal) und habe ausführlich mit ihnen gesprochen. Darunter waren Robert Gabriel Mugabe, Mengistu Haile-Mariam, Marcelino dos Santos, Oliver Tambo, Moussa Traor, Mathieu Krkou und Chadli Bendjedid, um nur einige zu nennen. Aus unseren Gesprächen gewann ich den Eindruck, daß Afrika gegenwärtig in einer aktiven Periode seiner Entwicklung ist, die verantwortliches Handeln erfordert. In Afrika gärt es. Entscheidende Veränderungen sind dort im Gang, der Kontinent steht vor einer Fülle von drängenden Problemen.

Wir betrachten Afrika nicht als einen einheitlichen Kontinent, in dem alle Prozesse nach ein und demselben Muster ablaufen. Wie die anderen Länder der Welt, besitzt jedes afrikanische Land seine unverwechselbaren Wesensmerkmale und führt eine eigenständige Politik. Auch die afrikanischen Führer unterscheiden sich voneinander. Einige sind bereits seit relativ langer Zeit an der Macht und in der Welt bekannt. Andere sind erst vor kurzem auf der Bühne Afrikas und der Welt erschienen und sammeln noch praktische Erfahrungen.

Wir sind uns in vollem Maß der enormen Aufgaben bewußt, vor denen die fortschrittlichen Regime Afrikas stehen. Tatsache ist, daß diese Länder historische Verbindungen mit ihren früheren kolonialen Mutterländern haben und einige von ihnen weiterhin von diesen wirtschaftlich abhängen. Aber obwohl der Imperialismus bestrebt ist, seine Positionen mit wirtschaftlichen und finanziellen Mitteln und sogar unter Waffeneinsatz zu erhalten, sind diese Staaten entschlossen, einen Kurs der Konsolidierung der eigenen Wirtschaftskraft zu verfolgen.

Die Sowjetunion unterstützt diese Bemühungen und diese Politik, denn nur die unantastbare politische Souveränität und die ökonomische Unabhängigkeit sind in der heutigen Welt eine gesunde Grundlage der internationalen Beziehun-

gen. Jede afrikanische Nation hat von Rechts wegen Anspruch darauf, den Weg ihrer Entwicklung frei zu wählen, und wir verurteilen entschieden jeden Versuch der Einmischung in ihre inneren Angelegenheiten. Unser Land hat seit je den nationalen Befreiungskampf der afrikanischen Völker unterstützt, einschließlich der Völker im südlichen Teil Afrikas, wo eine der letzten Bastionen des Rassismus liegt, und wir werden mit unserer Unterstützung fortfahren.
In einem Gespräch mit dem Präsidenten des Afrikanischen Nationalkongresses, Oliver Tambo, sagte ich: »Wir stehen auf Ihrer Seite in Ihrem Kampf gegen das Regime der Apartheid und seine Handlanger und für einen demokratischen Staat, eine unabhängige Entwicklung und die Gleichberechtigung aller Rassen und Volksgruppen. Es ist bedeutsam, daß immer mehr weiße Südafrikaner die Apartheid verurteilen, davon sprechen, die Ziele des Afrikanischen Nationalkongresses zu unterstützen, und Kontakt zu diesem suchen. Das ist einmal mehr ein Beweis, daß die Apartheid keine Zukunft hat.«
Freundschaftliche Bande verbinden uns mit den an vorderster Front stehenden Staaten des südlichen Afrika. Wir unterstützen ihre gerechten Forderungen und verurteilen aufs schärfste die feindlichen Aktionen Südafrikas gegenüber diesen Staaten.
Die Sowjetunion verfolgt im südlichen Afrika keine eigenen Interessen. Wir wollen nur das eine: Die Völker und Länder dieser Region müssen endlich die Möglichkeit erhalten, ihre Entwicklungsprobleme und ihre inneren und äußeren Angelegenheiten unabhängig, friedlich und in Ruhe zu regeln.

Lateinamerika: Zeit bedeutender Veränderungen

Dieselben allgemeinen Prinzipien dienen uns als Ausgangspunkt für unsere Beziehungen zu den Ländern Lateinamerikas, einer Region mit einzigartigen Traditionen und einem

riesigen Potential an Möglichkeiten. Die Völker Lateinamerikas bemühen sich unermüdlich um eine bessere Zukunft. Allen Hindernissen zum Trotz wollen sie ihre Hoffnungen verwirklichen. Der Weg, die Freiheit zu erlangen, ist nie leicht, aber wir sind der Überzeugung, daß die fortschrittliche Dynamik Lateinamerikas noch an Schwung zulegen wird.
Rechtsgerichtete Kräfte und die rechte Propaganda der USA sehen hinter unserem Interesse an Lateinamerika die Absicht, dort eine Reihe sozialistischer Revolutionen anzuzetteln. Das ist Unsinn. Unser Verhalten der letzten Jahrzehnte beweist, daß wir nichts dergleichen im Schilde führen. Solche Intrigen stehen im Widerspruch zu unserer Theorie, unseren Prinzipien und der ganzen Linie unserer Außenpolitik.
Ich sagte zu Präsident Reagan: »Seit Jahrzehnten betrachten Sie Lateinamerika als Ihre Fußmatte und benehmen sich entsprechend. Die Völker sind dessen überdrüssig. Ob sie ihre Ziele mit friedlichen oder militärischen Mitteln verwirklichen, ist allein Sache dieser Völker. Aber Sie haben in Lateinamerika eine Bombe in Form von gigantischer auswärtiger Verschuldung gelegt. Darüber sollten Sie nachdenken.«
Vielleicht haben die herrschenden Kreise in den USA das längst erkannt, wollen es aber nicht zugeben, weil sie dann ihre Politik ändern müßten und jedermann erkennen würde, daß die Mär von der »Hand Moskaus« nichts als Lüge ist.
Wir sympathisieren mit den lateinamerikanischen Ländern in ihrem Bemühen, ihre Unabhängigkeit in allen Bereichen zu konsolidieren und alle neokolonialistischen Fesseln abzuwerfen, und wir haben aus dieser Sympathie nie ein Geheimnis gemacht. Wir schätzen die energische Außenpolitik Mexikos und Argentiniens, die verantwortungsbewußte Haltung dieser Länder gegenüber Abrüstung und internationaler Sicherheit sowie ihren Beitrag zur Initiative der Sechser-Gruppe. Wir unterstützen die Friedensbemühungen der Contadora-Gruppe, die Initiativen der zentralamerikanischen Staatschefs und das Abkommen von Guatemala City. Wir begrüßen die demokratischen Veränderungen in vielen Ländern Lateinamerikas und würdigen die wachsende Kon-

solidierung der Länder dieses Kontinents, die ihre nationale Souveränität erhalten und stärken wird.
Zugleich möchte ich noch einmal betonen, daß wir keinerlei eigenen Vorteil in Lateinamerika suchen. Wir haben es weder auf seine Rohstoffe noch auf seine billigen Arbeitskräfte abgesehen. Wir wollen keine antiamerikanischen Stimmungen ausnützen, geschweige denn aufheizen, und wir beabsichtigen nicht, die traditionellen Bindungen zwischen Lateinamerika und den Vereinigten Staaten auszuhöhlen. Das wäre Abenteurertum und keine vernünftige Politik, und wir sind Realisten, keine leichtsinnigen Abenteurer.
Aber unsere Sympathien liegen immer bei den Völkern, die für Freiheit und Unabhängigkeit kämpfen. Darüber darf es kein Mißverständnis geben.

Kooperation, nicht Konfrontation

Ich bin davon überzeugt, daß die Menschheit in eine Phase der Entwicklung eingetreten ist, in der wir alle voneinander abhängig sind. Kein Land und kein Volk darf vollständig getrennt von den anderen betrachtet oder gegen andere ausgespielt werden. In unserem kommunistischen Vokabular haben wir dafür den Ausdruck Internationalismus, und damit ist die Förderung universeller menschlicher Werte gemeint.
Auch die herrschenden Kreise des Westens werden einmal über die Wahrung der Interessen der Länder der Dritten Welt Rechenschaft ablegen müssen. Einmal fragte ich Gary Hart: »Kann Amerika den Entwicklungsländern wirklich keine andere Politik anbieten als die, die es gegenwärtig betreibt? Die USA können viel zum Aufbau neuer zwischenstaatlicher Beziehungen beitragen, ohne dabei wirtschaftliche Einbußen zu erleiden. Im Gegenteil, Amerika wird daraus Gewinn ziehen. Warum weisen die Vereinigten Staaten diese Gelegenheit zurück, als ob sie nicht sehen könnten, wo ihr Vorteil liegt?«

Von der Position der Vereinigten Staaten und des Westens insgesamt hängt eine Menge ab. Vor allem hängt von ihnen ab, ob wir in der Lage sein werden, das Knäuel von Problemen der modernen Welt zu entwirren und aus der Sackgasse herauszufinden, in die die bereits bestehenden Entwicklungsmöglichkeiten geraten sind. Wenn es uns gelingt, neue Beziehungen aufzubauen, die in Gleichheit und gebührender Achtung der Interessen von allen gründen, wozu brauchen wir dann noch unsere Kriegsmaschinerie, die als Instrument einer expansionistischen Außenpolitik geschaffen wurde?

Es ist verständlich, daß diese Maschinerie, die im Lauf der Jahrhunderte aufgebaut wurde, nicht so einfach über Nacht vernichtet werden kann. Aber wir sind an einem Punkt angelangt, wo wir sie vernichten müssen, denn Milliarden von Asiaten, Afrikanern und Lateinamerikanern wollen wie Menschen leben. Ich bin überzeugt, daß die Vereinigten Staaten und die Sowjetunion eine Menge dazu beitragen können, nach neuen Wegen globaler Beziehungen zu suchen. Wir fordern die US-Administration auf, sich uns auf der Suche nach Lösungen für die Probleme der Dritten Welt anzuschließen. Es gibt andere Wege, etwas zu tun, als den des Zwangs. Was wir vorschlagen, ist durchaus realistisch. Die Vereinigten Staaten müssen einen Weg finden, ihre Macht und ihr Kapital, all das, was jetzt für militärische Zwecke verschleudert wird, zur Erfüllung anderer Bedürfnisse zu verwenden, nämlich zur Lösung der ökonomischen und sozialen Probleme der modernen Welt. Ich bin der festen Überzeugung, daß dies möglich ist. Und mehr noch: die Vereinigten Staaten könnten auch andere Länder des Westens zur Mitarbeit gewinnen. Und ich möchte wiederholen, daß sie dabei nur gewinnen können.

Kapitel 6

Europa in der sowjetischen Außenpolitik

Erlauben Sie mir nun eine persönliche Bemerkung. Meine erste Auslandsreise als Generalsekretär des Zentralkomitees der KPdSU führte mich im Oktober 1985 nach Frankreich. Ungefähr ein Jahr zuvor, im Dezember 1984, besuchte ich an der Spitze einer Delegation des Obersten Sowjet der UdSSR Großbritannien. Diese beiden Reisen waren für mich Anlaß, über vieles nachzudenken, vor allem über die Rolle und die Stellung Europas in der Welt.

François Mitterrand sprach aus, was mir damals als Idee wichtig erschien. »Weshalb«, so fragte er, »sollten wir nicht die Möglichkeit einer schrittweisen Annäherung an eine umfassendere europäische Politik in Betracht ziehen?« Ein Jahr später erklärte er in Moskau: »Es ist notwendig, daß Europa erneut zum Handlungsträger seiner eigenen Geschichte wird, um somit in vollem Umfang seiner Rolle als Gleichgewichts- und Stabilitätsfaktor in internationalen Angelegenheiten gerecht werden zu können.« Meine Überlegungen gingen in dieselbe Richtung. Der direkte Kontakt mit den Regierungschefs zweier führender westeuropäischer Staaten, mit Parlamentariern sowie mit Vertretern aus Politik und Wirtschaft half mir, die europäische Lage besser und genauer einzuschätzen.

Auf dem XXVII. Parteitag der KPdSU war der europäische Kurs innerhalb unserer Außenpolitik einer der wesentlichsten Punkte. Wir möchten, daß jedermann die Haltung der sowjetischen Führung in bezug auf Westeuropa richtig versteht. Sowohl vor als auch nach dem Parteitag bin ich mit vielen bekannten Persönlichkeiten aus Westeuropa, die den unterschiedlichsten politischen Lagern angehörten, zusammengetroffen und habe mit ihnen gesprochen. Diese Kontakte

haben mir die Bestätigung geliefert, daß die Staaten Westeuropas ebenfalls daran interessiert sind, die Beziehungen zur Sowjetunion auszuweiten. Unser Land nimmt in ihrer Außenpolitik einen bedeutenden Platz ein.
Weshalb dieses große Interesse an Europa?

Das Erbe der Geschichte

Einige Leute im Westen versuchen, die Sowjetunion aus Europa »auszuschließen«. Von Zeit zu Zeit setzen sie wie aus Versehen »Europa« mit »Westeuropa« gleich.
Solche Tricks können jedoch die geographischen und historischen Gegebenheiten nicht verändern. Rußlands Handel, seine kulturellen und politischen Beziehungen zu anderen europäischen Nationen und Staaten sind tief in der Geschichte verwurzelt. Wir sind Europäer. Das alte Rußland war durch das Christentum mit Europa verbunden, und die Tausendjahrfeier seiner Verbreitung im Land unserer Vorfahren wird das nächste Jahr kennzeichnen. Die Geschichte Rußlands ist ein elementarer Bestandteil der großen Geschichte Europas. Die Russen, Ukrainer, Weißrussen, Moldauer, Litauer, Letten, Esten, Karelier und andere Volksstämme unseres Landes haben in beträchtlichem Maße zur Entwicklung der europäischen Kultur beigetragen. Deshalb betrachten sie sich zu Recht als deren rechtmäßige Erben.
Unsere gemeinsame europäische Geschichte ist kompliziert und lehrreich, großartig und tragisch zugleich. Sie verdient es, daß man sich mit ihr befaßt und von ihr lernt.
Schon seit langer Zeit sind Kriege in der Geschichte Europas die hauptsächlichsten Marksteine. Im 20. Jahrhundert war der Kontinent Schauplatz zweier Weltkriege – der zerstörerischsten und blutigsten seit Menschengedenken. Unser Volk hat auf dem Altar des Befreiungskampfes gegen Hitlers Faschismus die größten Opfer gebracht. Mehr als 20 Millionen Sowjetbürger mußten in diesem furchtbaren Krieg ihr Leben lassen.

Wir rufen das an dieser Stelle keineswegs ins Gedächtnis zurück, um die Rolle der anderen europäischen Länder im Kampf gegen den Faschismus zu schmälern. Das sowjetische Volk respektiert den Beitrag aller Staaten der gegen Hitler gerichteten Koalition und der Widerstandskämpfer zum Sturz des faschistischen Ungeziefers. Wir können jedoch auf keinen Fall der Ansicht zustimmen, die Sowjetunion habe sich »erst« 1941 dem Kampf gegen Nazi-Deutschland angeschlossen, während die anderen zuvor Hitler »ganz allein« bekämpfen mußten.

Als Mrs. Thatcher mir gegenüber etwas in der Art äußerte, protestierte ich und erinnerte sie daran, daß die Sowjetunion bereits 1933 den Faschismus auf politischer Ebene bekämpft hatte und von 1936 an auch mit Waffengewalt dagegen vorgegangen war, indem sie die republikanische Regierung Spaniens unterstützte. Was den Nichtangriffspakt mit Deutschland betrifft (dessen Bedeutung von unseren Gegnern ständig verdreht wird), so hätte dieser, wie so vieles andere, vermieden werden können, wenn man damals in den Regierungskreisen von Großbritannien und Frankreich bereit gewesen wäre, gemeinsam mit der Sowjetunion gegen den Angreifer vorzugehen.

Und wer lieferte die Tschechoslowakei den Nazis aus? Bei seiner Rückkehr aus München erklärte Chamberlain, er habe dem britischen Volk den Frieden gebracht, doch in Wirklichkeit war alles ganz anders: er hatte ihm den Krieg gebracht. Und zwar in erster Linie deshalb, weil die britischen Machthaber nur einen einzigen Gedanken im Kopf hatten: wie man Hitler gegen den Osten, gegen die Sowjetunion, aufbringen, und wie man den Kommunismus ausmerzen könnte.

Ich will die Dinge keineswegs vereinfachen, denn die Länder Osteuropas haben ebenfalls ein schwieriges Erbe angetreten. Nehmen wir zum Beispiel die Beziehungen zwischen Rußland und Polen. Jahrhunderte hindurch wurden sie durch den Kampf zwischen den Herrschenden beider Länder erschwert. Auf Befehl von Königen und Zaren kämpften Polen gegen Russen und Russen gegen Polen. All diese

Kriege, Gewalt und Invasionen haben die Seelen dieser beiden Völker vergiftet und gegenseitige Feindschaft gestiftet.

Der Sozialismus markierte einen drastischen Wendepunkt in der jahrhundertealten Geschichte dieses Teils der Welt. Die Niederschlagung des Faschismus und der Sieg der sozialistischen Revolution in den Ländern Osteuropas schufen auf dem Kontinent eine neue Situation. Es entstand eine gewaltige Kraft, die sich daranmachte, die endlose Kette bewaffneter Konflikte zu sprengen. Und nun sind die Menschen in Europa bereits in das fünfte Jahrzehnt ohne Krieg eingetreten.

Gleichzeitig aber bleibt Europa Schauplatz heftiger ideologischer, politischer und militärischer Konfrontation. Manche vertreten die Meinung, an der Teilung Europas seien Jalta und Potsdam schuld, und stellen die dort unterzeichneten historischen Abkommen in Frage. Doch das heißt die Tatsachen auf den Kopf stellen. In Jalta und Potsdam wurde der Grundstein für die Aufteilung Europas nach dem Krieg gelegt. Die Abkommen sind insofern grundlegend, als es sich dabei im wesentlichen um antifaschistische, demokratische Vereinbarungen handelt. Sie sorgten dafür, daß Hitlers »neue Ordnung« umgestoßen wurde, die ganze Nationen und Staaten der Unabhängigkeit und sogar der Hoffnung auf Freiheit und Souveränität beraubt hatte. Die Logik des alten politischen Denkens führte zur Teilung Europas in zwei einander entgegengesetzte militärische Blöcke. Im Westen geht das Gerücht um, daß Europa von den Kommunisten gespalten wurde. Doch was ist mit der Fulton-Rede Churchills? Oder mit der Truman-Doktrin? Die politische Teilung Europas wurde von denjenigen vorangetrieben, die den Zusammenbruch der Anti-Hitler-Koalition herbeiführten, den Kalten Krieg gegen die sozialistischen Länder in Gang setzten und den NATO-Block als ein Instrument der militärpolitischen Konfrontation in Europa einrichteten. Es sollte nochmals wiederholt werden, daß der Warschauer Pakt erst *nach* der Gründung der NATO unterzeichnet wurde.

Infolge des NATO-Bündnisses wurde Europa erneut vor einen Kriegskarren gespannt, der dieses Mal mit Atomwaffen beladen war. Und heute muß man die Hauptschuld für die andauernde Spaltung Europas denjenigen zuschreiben, die es in eine Arena der atomaren Konfrontation verwandelt haben und eine Überprüfung der europäischen Grenzen verlangen ohne Rücksicht auf politisch-territoriale Gegebenheiten.

Wir haben wiederholt vorgeschlagen, fürs erste die militärischen Blöcke oder zumindest die militärischen Flügel der beiden Allianzen abzubauen. Aber da unser Vorschlag nicht akzeptiert wurde, müssen wir diese Tatsache in unsere Betrachtungen einschließen. Trotzdem glauben wir – Blöcke hin oder her –, daß wir den Weg ebnen müssen für eine bessere Welt und für bessere internationale Beziehungen, die irgendwann einmal dazu führen werden, daß sich alle militärischen Bündnisse auflösen.

In der Nachkriegsgeschichte Europas hat es recht viele dramatische Situationen und Ereignisse gegeben, aber die europäischen Staaten trafen entsprechend den konkreten Bedingungen und Möglichkeiten ihre Wahl klar: einige blieben kapitalistisch orientiert, während sich andere dem Sozialismus zuwandten. Eine aufrichtige europäische Politik und ein wahrhaft europäischer Prozeß kann nur auf der Basis der Anerkennung und der Achtung dieser Wirklichkeit vorangetrieben werden.

Wir sind ungehalten über die Behauptung, Europa sei zum Schauplatz der Konfrontation zwischen den Blöcken und gegenseitiger Kriegsvorbereitungen verurteilt. Ihre Initiative, die schließlich ganz Europa, die USA und Kanada nach Helsinki führte, ist eine Bestätigung dafür, daß sich die sozialistischen Länder nicht mit dieser Ansicht abgefunden haben. Die Schlußakte von Helsinki ließ reale Wege zur Erlangung der Einheit Europas auf friedlicher und fairer Basis erkennen.

Doch der Impuls, der von der vielzitierten Konferenz in Finnlands Hauptstadt ausging, begann unter dem Druck der Angst vor einem erneuten Kalten Krieg zu schwinden.

Es ist viel über die Gründe dafür spekuliert worden, aber das gehört jetzt nicht hierher. Auf dem Weg der Selbstkritik will ich nur einen solchen Grund nennen: die Schwächung der wirtschaftlichen Lage des Sozialismus, die wir Ende der siebziger und Anfang der achtziger Jahre geduldet haben. Auf der anderen Seite beweist dies einmal mehr, daß es dem Sozialismus zufällt, die entscheidende Rolle zu spielen, wenn es darum geht, die Gegner der Entspannung gefügig zu machen und die Beziehungen zwischen allen europäischen Staaten zu normalisieren, damit aus ihnen gute Nachbarn werden. Sobald der sozialistische Einfluß nachläßt, kommt es verstärkt zu militaristischen und machtpolitischen Bestrebungen.

Heute haben die Sowjetunion und die sozialistische Gemeinschaft erneut die Initiative ergriffen. Wir verleihen den Vereinbarungen von Helsinki zusätzlich Überzeugungskraft und Beständigkeit, indem wir den Sozialismus stärken. Es ist höchste Zeit, daß jedermann die einfache Wahrheit erkennt, daß die bestehenden Hindernisse nicht dadurch überwunden werden können, daß der Westen dem Osten seine Richtung aufzwingt oder umgekehrt. Wir müssen uns gemeinsam abwenden von einer Politik der Konfrontation und des militärischen Wettstreits hin zu friedlicher Koexistenz und zu einer für beide Seiten nützlichen Zusammenarbeit. Nur unter dieser Voraussetzung kann unser Kontinent vereint werden.

Europa ist unser gemeinsames Haus

Diese Metapher fiel mir während einer Unterredung ein. Obgleich ich sie scheinbar ganz beiläufig aussprach, hatte ich schon lange nach solch einer Formulierung gesucht. Sie kam mir nicht urplötzlich in den Sinn, sondern war die Frucht langen Nachdenkens und vor allem mancher Treffen mit vielen europäischen Regierungschefs.

Nachdem ich mich auf eine neue politische Perspektive

eingestellt hatte, konnte ich die mehrfarbige, einem Flickenteppich ähnelnde politische Landkarte Europas nicht mehr auf die herkömmliche Weise akzeptieren. Der Kontinent hat an Kriegen und Tränen mehr als genug gehabt. Als ich das Panorama dieser schwer geprüften Länder an mir vorüberziehen ließ und über die gemeinsamen Wurzeln dieser so vielgestaltigen, doch im wesentlichen gemeinsamen europäischen Kultur nachdachte, wurde ich mir in zunehmendem Maße der Künstlichkeit und Zeitweiligkeit der gegenwärtigen Konfrontation der Blöcke und der veralteten Vorstellung vom »Eisernen Vorhang« bewußt. Möglicherweise kam mir auf diesem Weg die Idee des gemeinsamen europäischen Hauses in den Sinn, und im geeigneten Moment sprach ich diese Worte dann spontan aus.

Dann verselbständigten sich diese Worte gewissermaßen und tauchten in der Presse auf. Auch einige Vorwürfe wurden laut; man behauptete, die Worte seien abstrakt und hätten keinerlei Bedeutung. Aus diesem Grund entschloß ich mich, alle meine Überlegungen zu diesem Thema auszusprechen. Eine passende Gelegenheit bot sich während meines Besuches in der Tschechoslowakei, dem Land, das genau im geographischen Zentrum Europas liegt. Dies veranlaßte mich, in meiner öffentlichen Ansprache in Prag das »europäische Thema« anzuschneiden.

Europa ist in der Tat ein gemeinsames Haus, wo Geographie und Geschichte die Geschicke von Dutzenden von Ländern und Völkern eng miteinander verwoben haben. Natürlich hat jedes Land seine eigenen Probleme und möchte seine Eigenständigkeit bewahren und seinen eigenen Traditionen folgen.

Um die Metapher weiter auszuführen, könnte man daher sagen: das Haus ist ein gemeinsames, das ist richtig, aber jede Familie hat darin ihre eigene Wohnung, und es gibt auch verschiedene Eingänge. Doch nur zusammen, gemeinschaftlich, und indem sie die vernünftigen Regeln der Koexistenz befolgen, können die Europäer ihr Haus bewahren, es vor Feuersbrunst und anderen Katastrophen schützen, es besser und sicherer machen und es in einwandfreiem Zustand halten.

Manche Leute könnten diese Vorstellung für ein schönes Märchen halten. Doch es ist kein Märchen, sondern das Ergebnis einer sorgfältigen Analyse der Lage auf dem Kontinent. Falls die Welt neuer Beziehungsmuster bedarf, dann vor allem Europa. Man darf sagen, daß die Staaten Europas sie unter Schmerzen hervorgebracht haben und sie verdienen. Die Vorstellung eines »gemeinsamen europäischen Hauses« betont vor allem die Ganzheitlichkeit, obwohl die betreffenden Staaten unterschiedlichen gesellschaftlichen Systemen und einander entgegengesetzten militärischen Bündnissen angehören. Sie ist die Verbindung von *Notwendigkeit und Möglichkeit*.

Notwendigkeit:
Imperative für eine gesamteuropäische Politik

Man kann eine ganze Reihe von sachlichen Argumenten aufzählen, die eine gesamteuropäische Politik notwendig machen:

1. Das dicht besiedelte und stark urbanisierte Europa ist sowohl mit Kernwaffen als auch mit konventionellen Waffen gespickt. Es wäre untertrieben, es heutzutage lediglich als »Pulverfaß« zu bezeichnen. Hier stehen sich die stärksten militärischen Gruppierungen gegenüber, ausgerüstet mit hochmodernem Kriegsgerät, das ständig auf den neuesten Stand gebracht wird. Tausende von nuklearen Sprengköpfen werden hier gelagert, während lediglich einige Dutzend ausreichen würden, um Europa in eine Hölle zu verwandeln.
2. Selbst ein konventioneller Krieg hätte heute für Europa katastrophale Folgen, von einem Atomkrieg ganz zu schweigen. Nicht nur deshalb, weil konventionelle Waffen heute eine viel größere Zerstörungskraft haben als während des Zweiten Weltkrieges, sondern auch wegen der Atomkraftwerke, zu denen etwa 200 Reaktoranlagen

gehören, und wegen der großen Anzahl von chemischen Fabriken. Die Zerstörung dieser Einrichtungen im Laufe konventioneller Feindseligkeiten würde den Kontinent unbewohnbar machen.

3. Europa gehört zu den industriell am höchsten entwickelten Regionen der Welt. Industrie und Transportwesen haben sich bis zu einem Punkt entwickelt, an dem die Gefahr für die Umwelt fast schon kritisch wird. Dieses Problem geht bereits über nationale Grenzen hinaus und erstreckt sich heutzutage auf ganz Europa.
4. In beiden Teilen Europas vollziehen sich in zunehmendem Maß Integrationsprozesse. Es ist an der Zeit, darüber nachzudenken, was als nächstes kommen wird. Wird sich die Spaltung Europas weiter ausweiten, oder kann zum Wohle des Ostens wie auch des Westens, im Interesse Europas und der übrigen Welt eine gemeinsame Basis gefunden werden? Die Erfordernisse der wirtschaftlichen Entwicklung in beiden Teilen Europas sowie der wissenschaftliche und technologische Fortschritt machen es notwendig, unverzüglich nach einer Form der Zusammenarbeit zu suchen, die für beide Seiten von Vorteil ist. Ich meine damit nicht eine Art »europäische Autarkie«, sondern eine bessere Nutzung des gesamten europäischen Potentials zum Wohle der Menschen und in Verbindung mit der übrigen Welt.
5. Die beiden Teile Europas haben eine Menge von eigenen Problemen, die unter dem Zeichen des Ost-West-Konflikts stehen, aber sie haben auch ein gemeinsames Interesse daran, das äußerst dringliche Nord-Süd-Poblem zu lösen. Das heißt natürlich nicht, daß die Länder Osteuropas sich an der Verantwortung für die koloniale Vergangenheit der Westmächte beteiligen. Doch darum geht es nicht. Wenn man das Schicksal der Völker in den Entwicklungsländern außer acht läßt und über das vordringliche Problem der Überwindung der Kluft zwischen Industrie- und Entwicklungsländern hinwegsieht, dann könnte das für Europa und die übrige Welt verheerende Folgen haben. (Diesbezüglich teilen wir die geistige

Haltung und die Zielstrebigkeit, die in den Berichten der Brandt-Kommission über die Nord-Süd-Frage und in dem Bericht der Sozialistischen Internationale mit dem Titel »Eine globale Herausforderung«, der unter der Führung von Willy Brandt und Michael Manley ausgearbeitet wurde, zum Ausdruck kommen.) Westeuropäische Staaten haben ebenso wie die Sowjetunion und andere sozialistische Länder weitreichende Verbindungen zur Dritten Welt und könnten gemeinsam deren Entwicklung fördern.

Dies sind im großen und ganzen die Imperative einer gesamteuropäischen Politik, wie sie von den Interessen und Bedürfnissen Europas als einem einheitlichen Ganzen bestimmt wird.

Möglichkeiten für Europa

Und nun zu den Möglichkeiten der Europäer und zu den notwendigen Voraussetzungen für das Zusammenleben in einem »gemeinsamen Haus«.

1. Die Nationen Europas haben in den beiden Weltkriegen sehr schmerzliche und bittere Erfahrungen gemacht. Das Bewußtsein, daß der Ausbruch eines neuen Krieges verhindert werden muß, hat sich tief in ihr Gedächtnis eingeprägt. Es ist kein Zufall, daß es gerade in Europa die größte und maßgeblichste Antikriegsbewegung gibt und daß sie alle sozialen Schichten umfaßt.
2. Was die Handhabung internationaler Angelegenheiten betrifft, so ist die politische Tradition Europas die reichhaltigste der Welt. Die europäischen Staaten haben realistischere Vorstellungen voneinander, als dies in jeder anderen Region der Fall ist. Ihre gegenseitige politische »Bekanntschaft« ist umfassender, dauert bereits länger und ist daher enger.

3. Kein anderer Kontinent verfügt insgesamt gesehen über ein derart weitverzweigtes Netz von bilateralen und multilateralen Handelsbeziehungen, Konferenzen, Verträgen und Kontakten auf nahezu jeder Ebene. Es spricht für Europa, daß es eine in der Geschichte der internationalen Beziehungen einmalige Leistung wie die Vereinbarungen von Helsinki zustande gebracht hat. Bei der Konferenz in Stockholm wurden ebenfalls vielversprechende Ergebnisse erzielt. Dann wurde die Fackel von Wien übernommen, wo, wie wir hoffen, ein neuer Schritt in der Entwicklung der Vereinbarungen von Helsinki getan werden wird. Damit sind die Entwürfe für die Errichtung eines gemeinsamen europäischen Hauses fast bereit.
4. Das wirtschaftliche, wissenschaftliche und technische Potential Europas ist gewaltig. Es ist zwar verzettelt, und die Kraft der Abstoßung zwischen Ost und West ist größer als die Anziehungskraft. Dennoch sind der gegenwärtige Stand der Dinge in wirtschaftlicher Hinsicht sowohl im Westen als auch im Osten sowie die realen Aussichten so, daß sie es durchaus ermöglichen, einen Weg für eine Verknüpfung von ökonomischen Prozessen in beiden Teilen Europas zum Wohle aller zu finden.

So sieht der einzig vernünftige Weg zur Weiterentwicklung der materiellen Zivilisation in Europa aus. »Vom Atlantik bis zum Ural« ist Europa ein kulturhistorisches Ganzes, vereint durch das gemeinsame Erbe der Renaissance und der Aufklärung sowie der großen philosophischen und sozialen Lehren des 19. und 20. Jahrhunderts. Dies sind starke Magneten, die den Politikern bei ihrer Suche nach Wegen zur gegenseitigen Verständigung und Kooperation auf der Ebene zwischenstaatlicher Beziehungen eine Hilfe sind.
Im kulturellen Erbe Europas liegt ein enormes Potential für eine Politik des Friedens und der gutnachbarlichen Beziehungen. Im großen und ganzen findet die neue, heilsame Perspektive in Europa einen fruchtbareren Boden als in irgendeiner anderen Region, wo die beiden Gesellschaftssysteme aufeinandertreffen.

Ich gebe offen zu, daß wir froh darüber sind, daß die Idee von einem »gemeinsamen europäischen Haus« bei prominenten Persönlichkeiten der Politik und des öffentlichen Lebens nicht nur im Osten, sondern auch im Westen auf Verständnis stößt, diejenigen eingeschlossen, deren politische Ansichten von den unsrigen weit entfernt sind. So hat beispielsweise der bundesdeutsche Außenminister Genscher die Bereitschaft signalisiert, »die Konzeption eines gemeinsamen europäischen Hauses zu akzeptieren und mit der Sowjetunion zusammenzuarbeiten, um es tatsächlich zu einem gemeinsamen Haus zu machen«. Der deutsche Bundespräsident Richard von Weizsäcker, der italienische Außenminister Giulio Andreotti und andere führende Politiker haben sich mir gegenüber in derselben Weise geäußert. Dies bedeutet, daß das Bewußtsein einer gemeinsamen europäischen Kultur, der gegenseitigen Bindungen und der gegenseitigen Abhängigkeit der Geschicke aller Länder des Kontinents sowie der Notwendigkeit der Zusammenarbeit noch nicht verlorengegangen ist.

Dennoch gibt es Ideologen und Politiker, die gegen die Sowjetunion weiterhin Mißtrauen säen. Die Mehrheit der Staaten Westeuropas segelt im Kielwasser der USA und veröffentlicht eine Menge hysterischer Artikel, doch wie immer ist die rechtsgerichtete französische Presse dabei am eifrigsten. Sie ist ganz einfach entsetzt über eben diese Aussicht auf eine verbesserte Lage in Europa. Nehmen wir zum Beispiel die französische Wochenzeitung *L'Express*. Am 6. März 1987 unterstellte sie uns, wir strebten nach der Vorherrschaft über Europa. Ein Artikel, der unter der Überschrift »Gorbatschow und Europa« erschien, ist nach dem Muster von Rotkäppchen und dem bösen Wolf geschrieben.

Ich fragte mich unwillkürlich, ob europäische Leser, europäische Nationen so naiv sein könnten, daß sie diesem Geschmier Glauben schenken? Wir vertrauen auf den gesunden Menschenverstand der Europäer, und wir sind uns im klaren darüber, daß sie früher oder später die Wahrheit von Lügen unterscheiden werden. Den veröffentlichten Ergebnissen von Meinungsumfragen zufolge weiß jedenfalls die Mehrheit der Bevölkerung Westeuropas die offene Europapolitik der Sowjetunion, die darauf ausgerichtet ist, den ständigen Auseinandersetzungen auf diesem Kontinent ein Ende zu bereiten, anscheinend zu schätzen.

Zwei deutsche Staaten

Wenn wir über die Konzeption eines gemeinsamen europäischen Hauses nachdenken, dann können wir nicht umhin, unsere Einstellung gegenüber der Situation zum Ausdruck zu bringen, die infolge des Zweiten Weltkrieges im Herzen Europas entstanden ist, wo es heute zwei deutsche Staaten – die Deutsche Demokratische Republik und die Bundesrepublik Deutschland – gibt. Ich habe mit dem deutschen Bundespräsidenten Richard von Weizsäcker ausführlich über dieses Thema gesprochen. Er erklärte, daß die Menschen in Westdeutschland der Parole von einem »gemeinsamen europäischen Haus« aufmerksam Gehör schenken. »Wie denken Sie in Westdeutschland darüber?« fragte ich ihn. Lassen Sie mich an dieser Stelle den folgenden kurzen Dialog wiedergeben:

Richard von Weizsäcker: »Es ist ein Bezugspunkt, der uns hilft, uns vorzustellen, wie die Dinge in diesem gemeinsamen europäischen Haus geregelt werden sollten. Speziell was den Umfang betrifft, in dem die Wohnungen darin für gegenseitige Besuche zugänglich sein werden.«

Michail Gorbatschow: »Sie haben ganz recht. Doch möglicherweise mag nicht jeder in der Nacht Besucher empfangen.«

Richard von Weizsäcker: »Wir sind auch nicht besonders erfreut darüber, daß sich ein tiefer Graben durch ein gemeinsames Wohnzimmer zieht.«

Damit bezieht er sich auf die Tatsache, daß die BRD und die DDR durch eine internationale Grenze getrennt sind, die sich insbesondere durch Berlin zieht. Hierbei handelt es sich um eine historisch geschaffene Wirklichkeit, die

aufgrund von Vereinbarungen nach dem Zweiten Weltkrieg entstand.
Wir können nur vermuten, wie Deutschland heute aussehen würde, wenn es das Potsdamer Abkommen in seiner Gesamtheit erfüllt hätte. Es gab keine andere Grundlage für eine Einigung in Potsdam. Doch nicht nur die USA, Großbritannien und Frankreich sabotierten damals die Vereinbarungen mit uns; auch diejenigen, die in Westdeutschland die Politik der Stärke unterstützten, widersetzten sich Potsdam. Für sie war Potsdam ein Alptraum. Wir alle kennen das Ergebnis.
Wir werden natürlich zwangsläufig hellhörig, wenn Erklärungen abgegeben werden wie die, daß die »deutsche Frage« offen bleibe, daß in bezug auf die »Gebiete im Osten« noch nicht alles geklärt sei und daß die Vereinbarungen von Jalta und Potsdam »illegitim« seien. Solche Erklärungen sind in der Bundesrepublik Deutschland keine Seltenheit. Und lassen Sie mich ganz offen sagen, daß all diese Erklärungen über die Wiederbelebung der »deutschen Einheit« weit entfernt sind von der sogenannten »Realpolitik«, um den deutschen Ausdruck zu verwenden. Es hat der BRD in den vergangenen vierzig Jahren nichts gebracht. Der Illusion von einer Rückkehr zum »Deutschland der Grenzen von 1937« Nahrung zu geben bedeutet, das Vertrauen in die BRD unter seinen Nachbarn und anderen Nationen zu untergraben.
Ganz gleich was Ronald Reagan und andere westliche Regierungschefs in dieser Hinsicht sagen, sie können der BRD bezüglich der sogenannten »deutschen Frage« kein realistisches Angebot machen. Was hier historisch geformt wurde, sollte am besten der Geschichte überlassen bleiben. Das gilt auch für die Frage nach der deutschen Nation und nach den Formen deutscher Eigenstaatlichkeit.
Was jetzt wichtig ist, ist der politische Aspekt. Es gibt zwei deutsche Staaten mit unterschiedlichen gesellschaftlichen und politischen Systemen. Jeder hat seine eigenen Wertvorstellungen. Beide haben aus der Geschichte Lehren gezogen, und jeder von ihnen kann einen Beitrag leisten für die Sache Europas und der Welt. Und was in hundert

Jahren sein wird, das soll die Geschichte entscheiden. Für die Gegenwart sollte man von den bestehenden Tatsachen ausgehen und sich nicht zu Spekulationen hinreißen lassen.
Als eine kleine Illustration des Themas möchte ich ein Erlebnis erwähnen, das ich Weizsäcker schilderte. Als im Jahr 1975 der dreißigste Jahrestag des Sieges über den Nationalsozialismus begangen wurde, war ich in der BRD. In der Nähe von Frankfurt sprach ich mit dem Besitzer einer Tankstelle. Er sagte zu mir: »Stalin hat erklärt: ›Hitler kommen und gehen, aber das deutsche Volk bleibt‹, doch dann, am Ende des Krieges, hat die Sowjetunion das deutsche Volk gespalten.«
Der Schilderung folgte eine Debatte. Ich erinnerte Weizsäkker daran, daß die Pläne zur Teilung Deutschlands noch in den Kriegsjahren von Churchill und von amerikanischen Politikern ausgearbeitet wurden. Wir widersetzten uns diesen Plänen und sprachen uns für die Errichtung eines einzigen souveränen und demokratischen deutschen Staates aus. Ich erinnerte ihn auch an die Tatsache, daß die Westmächte die Bildung eines gesonderten Staates in Westdeutschland unterstützt hatten und daß die Deutsche Demokratische Republik erst später entstanden war. Und auch nach den Konferenzen von Jalta und Potsdam traten wir für die Errichtung eines einheitlichen, souveränen und vor allem friedlichen deutschen Staates auf der Basis der Entnazifizierung, Demokratisierung und Entmilitarisierung Deutschlands ein. Doch im Westen waren Kräfte am Werk, die die gegenwärtige Situation schufen. Deshalb kann man der Sowjetunion nicht die Schuld für die Teilung Deutschlands zuschieben; man sollte diejenigen, die die Schuld daran tragen, woanders suchen. Und heute gibt es zwei deutsche Staaten, eine Tatsache, die aufgrund internationaler Verträge anerkannt wurde. Jeder realistisch denkende Politiker kann sich einzig und allein daran orientieren.
Soweit unsere Unterhaltung.
Selbst nachdem die Sowjetunion diesen furchtbaren Krieg durchgemacht hatte, nahm sie einen prinzipientreuen Standpunkt ein. Unser Gefühl für Realität ließ uns nicht im

Stich. Wir verwechselten das deutsche Volk keineswegs mit dem Naziregime. Und wir geben ihm nicht die Schuld an dem Leid, das Hitlers Angriff uns zugefügt hat.
Was unsere Beziehungen zur Bundesrepublik Deutschland betrifft, so berücksichtigen wir ihre Leistungsfähigkeit und ihre Möglichkeiten, ihre Stellung innerhalb Europas und in der Welt sowie ihre politische Rolle. Die Geschichte verlangt von uns, daß wir korrekt miteinander umgehen. Die Entwicklung Europas ist unmöglich ohne aktive Zusammenarbeit unserer beider Staaten. Stabile Beziehungen zwischen der BRD und der UdSSR wären in der Tat von historischer Bedeutung. Auch wenn die beiden deutschen Staaten innerhalb ihrer Systeme und ihrer Bündnisse ihre Identität bewahren, können sie doch eine wichtige Rolle bei der Entwicklung Europas und der Welt spielen. Die Sowjetunion ist an der Sicherheit der Bundesrepublik Deutschland interessiert. Wenn die BRD nicht gefestigt wäre, könnte es keine Hoffnung auf Stabilität für Europa, und somit für die ganze Welt, geben. Umgekehrt würden stabile Beziehungen zwischen der BRD und der UdSSR die Lage Europas spürbar verbessern.

Europa und die Abrüstung

Alles, was in Reykjavik erörtert wurde, hat direkte Auswirkungen auf Europa. Bei unseren Kontakten mit den USA vergessen wir niemals die Interessen Europas.
Nach Reykjavik traf ich mit den Regierungschefs einiger westeuropäischer NATO-Staaten, wie Paul Schlüter aus Dänemark, Rudolph Lubbers aus den Niederlanden, Gro Harlem Brundtland aus Norwegen, Steingrimur Hermannsson aus Island und den Vertretern der italienischen Regierung, Amintore Fanfani und Giulio Andreotti, zusammen. Wir sprachen ausführlich über das Thema »Europa und Abrüstung«.
Ich bekam von meinen Gesprächspartnern viele interessante

Dinge zu hören. Hinterher dachten wir in der sowjetischen Führung ernsthaft über ihre Argumente und Vorstellungen nach, und die, die wir für richtig hielten, berücksichtigten wir in unserer Politik. Das betrifft vor allem die in Europa stationierten Mittelstreckenraketen. Doch es gab insbesondere mit Margaret Thatcher und Jacques Chirac harte Auseinandersetzungen wegen deren Konzept und der in der NATO allgemein vertretenen Ansicht von der »nuklearen Abschreckung«. Ich äußerte ihnen gegenüber mein Erstaunen über den Aufruhr, den Reykjavik in einigen westlichen Hauptstädten verursacht hatte. Es gab überhaupt keinen Grund, die Ergebnisse von Reykjavik als eine Bedrohung der Sicherheit Westeuropas zu betrachten. Derartige Schlußfolgerungen und Einschätzungen sind das Ergebnis der veralteten Denkweise aus der Zeit des Kalten Krieges.

Bei Gesprächen mit ausländischen Regierungschefs frage ich manchmal ganz direkt: »Glauben Sie, daß die Sowjetunion beabsichtigt, Ihr Land und ganz Westeuropa anzugreifen?« Fast alle antworten dann: »Nein, das glauben wir nicht.« Aber einige äußern sofort Bedenken und behaupten, die bloße Tatsache der immensen militärischen Stärke der UdSSR schaffe eine potentielle Bedrohung.

Man kann derartige Argumente durchaus verstehen. Doch es ist weit weniger verständlich, wenn nationales Ansehen und Größe mit dem Besitz von Atomwaffen in Zusammenhang gebracht werden, obwohl doch feststeht, daß diese Waffen lediglich den Anreiz zu Aggressionen liefern würden und keine wirkliche andere Bedeutung hätten, falls es zu einem Atomkrieg kommen sollte.

Wenn wir von Abrüstung als einem wesentlichen Element sprechen, das beim Aufbau eines gemeinsamen europäischen Hauses als erstes beachtet werden sollte, dann wenden wir uns damit vor allem an die europäischen Atommächte Großbritannien und Frankreich. Die Sowjetunion bewies im Verlauf der gegenwärtigen Abrüstungsverhandlungen ihr immenses Vertrauen gegenüber Westeuropa, indem sie sich bereit erklärte, deren nukleares Potential auszuklammern. Das Hauptmotiv, das sich hinter diesem Schritt verbirgt, ist, daß wir es selbst in Gedanken, und erst recht bei unseren strategischen Planungen, strikt ablehnen, die Möglichkeit eines Krieges mit Großbritannien oder Frankreich, ganz zu schweigen von den Staaten Europas, die keine Atomwaffen besitzen, überhaupt in Betracht zu ziehen.

Als wir im Zusammenhang mit unseren Vorschlägen auf Spekulationen darüber stießen, ob Moskau nun eine List vorhabe und die NATO spalten, die Wachsamkeit Westeuropas einlullen und es dann überrennen wolle, und als die Idee von einem atomwaffenfreien Europa als schädlich und gefährlich bezeichnet wurde, da erklärte ich öffentlich vor all diesen Leuten: »Wovor haben Sie Angst, meine Herren? Ist es so schwer, die tatsächlichen historischen Prozesse, die sich in der Sowjetunion und in der gesamten sozialistischen Welt vollziehen, auf der Ebene der Realität einzuschätzen? Verstehen Sie denn den konkreten, unverbrüchlichen Zusammenhang zwischen diesen Prozessen und den wirklich guten Absichten unserer Außenpolitik nicht?«

Es ist höchste Zeit, mit den Lügen über die Aggressivität der Sowjetunion Schluß zu machen. Unser Land wird niemals, unter welchen Umständen auch immer, militärisch gegen Westeuropa vorgehen, es sei denn, wir und unsere Verbündeten werden von der NATO angegriffen! Ich wiederhole, niemals!

In Westeuropa sollte man so schnell wie möglich die Angst vor der Sowjetunion, die man eingeimpft bekommen hat, loswerden. Und man sollte über die Ansicht nachdenken, daß die Beseitigung von Atomwaffen in Europa nicht nur für den Westen, sondern auch für uns eine neue Situation schaffen würde. Wir können nicht vergessen, daß der Westen bereits vor Anbruch des Atomzeitalters mehr als einmal in unser Land eingefallen ist. Und spricht nicht die Tatsache, daß alle militärischen Übungen der NATO unverändert Angriffspläne enthalten, für sich?

Für uns ist die Tatsache, daß Griechenland, die Niederlande, Spanien, Italien, Schweden, Finnland und viele andere europäische Staaten sich dafür ausgesprochen haben, die Frage der Mittelstreckenraketen zu lösen, von großer politischer Bedeutung.

Im Westen spricht man von Ungleichheit und Ungleichgewicht. Es stimmt, in einigen Bereichen der Rüstung und der Streitkräfte herrschen auf beiden Seiten Europas Ungleichgewicht und Asymmetrie, bedingt durch historische, geographische und andere Umstände. Wir sind dafür, die Ungleichheit, die in einigen Bereichen existiert, zu beseitigen, aber nicht, indem diejenigen, die hinter den anderen zurück sind, aufrüsten, sondern indem diejenigen, die einen Vorsprung haben, ihr Potential abbauen.

Auf diesem Gebiet gibt es eine Menge spezifischer Probleme, die darauf warten, gelöst zu werden: der Abbau und schließlich die Beseitigung der taktischen Atomwaffen, verbunden mit einem drastischen Abbau der Streitkräfte und der konventionellen Waffen, der Rückzug von Angriffswaffen, um die Möglichkeit eines Überraschungsangriffs auszuschalten, und eine Veränderung in der Gesamtstruktur der Streitkräfte zu dem Zweck, ihnen ausschließlich Verteidigungscharakter zu verleihen. Auf einer Versammlung in Prag sprach ich speziell über dieses Problem. Vorschläge in dieser Hinsicht sind im Budapester Programm des Warschauer Pakts einzeln aufgeführt.

Auf einer Versammlung ihres Politisch Beratenden Ausschusses im Mai 1987 in Berlin kündigten die Staaten des Warschauer Pakts mit ihrer Militärdoktrin, die in allen ihren Teilen ausgesprochen defensiv gehalten ist, eine wichtige vertrauensbildende Maßnahme im Sinne des neuen Denkens an.

Maßnahmen wie die Schaffung von atomwaffenfreien Zonen und von Zonen, die frei von chemischen Waffen sind, würden auch dazu beitragen, die Sicherheit Europas zu stärken. Wir unterstützen den Vorschlag, den die Regierungen der Deutschen Demokratischen Republik und der Tschechoslowakei der bundesdeutschen Regierung unterbreitet haben, in Mitteleuropa einen atomwaffenfreien Korridor zu schaffen. Es ist bekannt, daß auch die Sozialdemokratische Partei Deutschlands bei der Ausarbeitung des Konzepts für solch einen Korridor mitgewirkt hat. Wir sind bereit, den nichtatomaren Status einer derartigen Zone zu garantieren und

zu respektieren. Wir sind der Ansicht, daß der Kompromißvorschlag Polens zur Frage des Abbaus von Waffen und zu vertrauensbildenden Maßnahmen in Mitteleuropa angebracht und vielversprechend ist.
Wir glauben, daß die Rüstung auf ein vernünftiges, das heißt, auf ein für Verteidigungszwecke notwendiges Maß reduziert werden sollte. Es ist an der Zeit, daß die beiden militärischen Bündnisse ihre strategischen Konzepte ändern, um sie mehr auf die Ziele der Verteidigung abzustimmen. Jede Wohnung innerhalb des »europäischen Hauses« hat das Recht, sich vor Einbrechern zu schützen, doch dabei darf das Eigentum des Nachbarn nicht angetastet werden.

Europäische Zusammenarbeit

Der Aufbau des »europäischen Hauses« erfordert ein reales Fundament – eine konstruktive Zusammenarbeit in vielen verschiedenen Bereichen. Wir in der Sowjetunion sind darauf vorbereitet und schließen darin auch die Notwendigkeit ein, nach neuen Formen der Zusammenarbeit zu suchen, wie etwa die Planung von Gemeinschaftsunternehmen, die Durchführung von gemeinsamen Projekten in Drittländern usw.
Wir werfen die Frage nach einer vertieften wissenschaftlichen und technologischen Zusammenarbeit nicht wie Bettler auf, die nichts als Gegenleistung anzubieten haben. Unglücklicherweise ist das der Bereich, in dem die meisten künstlichen Barrieren errichtet werden. Es wurde behauptet, daß dies »sensitive Technologie« von strategischer Bedeutung mit einbeziehe. »Sensitive Technologie« wird aber zuallererst in der Elektronik gebraucht. Und Elektronik wird heutzutage praktisch in allen Industriezweigen angewandt, die auf fortschrittliche Produktionsverfahren angewiesen sind.
Westeuropa wird durch das militaristische Star-Wars-Programm auf technologischem Gebiet nicht vorankommen. Noch wird die Militarisierung des Weltraums die Möglichkeit

zu technologischem Fortschritt eröffnen. Das ist nichts als Demagogie, angereichert mit technologischem Imperialismus. Es gibt viele Möglichkeiten und Bereiche für friedliche wissenschaftliche und technologische Zusammenarbeit. Es gibt bereits die Erfahrung aus dem gemeinsamen Projekt, den Halleyschen Kometen mit Hilfe der Raumsonde Wega zu untersuchen. Aufgrund dieses Projekts fand man neue Baustoffe, und weitere Entdeckungen wurden im Bereich der Radiotechnik, der Kontrollsysteme, der Mathematik, der Optik usw. gemacht. Giulio Andreottis Idee eines »Welt-Labors« erscheint ebenfalls vielversprechend. Dabei handelt es sich um ein weitgehend neues internationales Forschungsprojekt, das allem Anschein nach in die Tat umgesetzt werden wird.
Was die Zusammenarbeit bei der Nutzung thermonuklearer Energie betrifft, haben Wissenschaftler aus mehreren Ländern, die sich mit den Vorschlägen von sowjetischen Kollegen beschäftigen, eine wissenschaftliche Basis entwickelt. Amerikanische Wissenschaftler könnten sich an diesem Forschungsprojekt beteiligen. Und es gibt weitere Möglichkeiten, etwa die gemeinsame Erforschung und Nutzung des Weltraums und der Planeten des Sonnensystems sowie die Forschung auf dem Gebiet der Supraleiter und der Biotechnologie.
Sicherlich würde all das die gegenseitige Abhängigkeit der europäischen Staaten erhöhen, doch das wäre zum Vorteil aller und würde zu größerer Verantwortung und Selbstbeherrschung beitragen.
Im riesigen Bereich, den man als »humanitär« bezeichnet, könnte besonders viel getan werden, indem man im Geiste der Zusammenarbeit handelt. Ein bedeutender Markstein auf diesem Weg wäre eine internationale Konferenz über die Zusammenarbeit im humanitären Bereich, für die die Sowjetunion Moskau als Tagungsort vorschlägt. Auf solch einer Konferenz könnten die Parteien alle Aspekte der Probleme erörtern, die sowohl für den Osten als auch für den Westen von Belang sind, einschließlich der komplizierten Frage der Menschenrechte. Das würde den Vereinbarungen von Helsinki neuen Aufschwung geben.

Doch als wir die westlichen Länder aufforderten, ernsthaft und konstruktiv gemeinsam über die Menschenrechte zu diskutieren und in einer Atmosphäre gegenseitiger Offenheit einen Vergleich anzustellen, wie die Menschen bei uns und in den kapitalistischen Ländern tatsächlich leben, schienen letztere beunruhigt, und nun versuchen sie, die Dinge auf Einzelfälle zu beschränken, und vermeiden es, über den Rest zu sprechen.

Ich habe sowohl in der Öffentlichkeit als auch bei Zusammenkünften mit ausländischen Regierungschefs und Delegationen erklärt, daß wir bereit sind, in einer humanen Haltung Einzelfälle zu erörtern, aber wir sind auch entschlossen, offen und ausführlich den gesamten Umfang dieser Probleme zu diskutieren.

Man kann sagen, daß friedliche Zusammenarbeit und friedlicher Wettbewerb zwischen Ost und West beiden Seiten zugute kommen kann und tatsächlich auch zugute kommt. Die kleinen und mittelgroßen Länder Europas haben dazu einen großen Teil beizutragen. Wir haben darüber mit Steingrimur Hermannsson, dem ehemaligen Ministerpräsidenten von Island, dem niederländischen Ministerpräsidenten Lubbers, dem schwedischen Ministerpräsidenten Carlsson und anderen Regierungschefs gesprochen.

Erste Anzeichen des neuen Denkens in Europa

Ich glaube, daß Westeuropa in letzter Zeit, insbesondere nach Reykjavik, in stärkerem Maße die Notwendigkeit erkannt hat, zu einer verbesserten Lage auf dem Kontinent beizutragen. Und wir wissen die Tatsache zu schätzen, daß die Europäer jetzt sehr viel tun, um die politische Atmosphäre in der Welt zu bereinigen.

Ich glaube nicht, daß ich ein großes Geheimnis preisgebe, wenn ich Ihnen eine Geschichte wiedergebe, die mir der prominente italienische Staatsmann Amintore Fanfani erzählt hat. Bei einem Gespräch mit Eduardo de Filippo, dem

international bekannten italienischen Filmemacher, über die schwierige internationale Lage, fragte letzterer: »Was sollen wir also tun?« – »Wir müssen auf Gott vertrauen«, sagte Fanfani. Darauf erwiderte de Filippo: »Dann sollten wir Menschen für Gott keine Hindernisse schaffen.«
Die Erkenntnis, daß wir alle für die Zukunft der Welt verantwortlich sind, ist vor allem heutzutage wichtig und wertvoll. Und man sollte es einigen westeuropäischen Politikern als Verdienst anrechnen, daß sie die Notwendigkeit für alle Europäer erkennen, sich zusammenzutun und die Grundlagen, die in Reykjavik gelegt wurden, zu bewahren. Wir können die ersten Anzeichen dafür erkennen, daß sich in Westeuropa eine neue Perspektive bezüglich internationaler Angelegenheiten entwickelt. Auch in Regierungskreisen finden gewisse Veränderungen statt. Viele sozialistische und sozialdemokratische Parteien Westeuropas sind dabei, neue Standpunkte zur Verteidigungspolitik und Sicherheit auszuarbeiten. Sie werden von erfahrenen Politikern geführt, die hinsichtlich der Weltprobleme über entsprechenden Weitblick verfügen.
Kurz vor meinem Besuch in Frankreich im Jahre 1985 baten mich französische Journalisten, zu unseren Beziehungen zu den sozialdemokratischen Regierungen in Europa Stellung zu nehmen. Ich erklärte, daß wir in den letzten paar Jahren, was Fragen zu Krieg und Frieden betrifft, aktiv mit den Sozialdemokraten zusammengearbeitet hätten. Treffen mit Delegationen sozialistischer und sozialdemokratischer Parteien machen einen Großteil meiner Kontakte mit führenden ausländischen Politikern aus.
Ich habe den Rat der Sozialistischen Internationale unter Leitung von Kalevi Sorsa empfangen und mich mit Willy Brandt, Egon Bahr, Filipe Gonzalez und anderen führenden Sozialdemokraten getroffen, und jedesmal merkten wir, daß unsere Ansichten zu kritischen Fragen der internationalen Sicherheit und der Abrüstung ähnlich oder sogar dieselben waren. Ich bedaure sehr, daß ich Olof Palme, dessen tragischer Tod ein großer Schock für uns war, nie kennengelernt habe. Der Gedanke der »Sicherheit für alle«, den er entwik-

kelte und den die Internationale Palme-Kommission weiter ausarbeitete, ist in vielen Punkten unserem Konzept von umfassender Sicherheit ähnlich.
Der begonnene Dialog zwischen Kommunisten und Sozialdemokraten räumt keineswegs die zwischen beiden bestehenden ideologischen Unterschiede aus. Gleichzeitig können wir aber sagen, daß keiner der Teilnehmer an diesem Dialog sein Gesicht verloren hat oder unter die Fuchtel der anderen Seite geraten ist. Die Erfahrung hat gezeigt, daß für das Eintreten eines solchen Falles keine Gefahr besteht.
Wir unterhalten gute Beziehungen und nützliche Kontakte zu Sozialdemokraten in der Bundesrepublik Deutschland, Finnland, Schweden und Dänemark, zur britischen Labour Party, zu den spanischen Sozialisten usw. Wir schätzen diese Kontakte sehr. Im allgemeinen sind wir zur Zusammenarbeit mit allen Mächten bereit, die daran interessiert sind, die gefährlichen Tendenzen in der Entwicklung der Weltlage zu überwinden.
Dennoch bin ich der Meinung, daß der Beitrag Europas zu Frieden und Sicherheit viel größer sein könnte. Vielen westeuropäischen Regierungschefs mangelt es an politischem Willen und vielleicht auch an Möglichkeiten. Doch der Fortgang der Dinge wird jedermann zwingen, zu einer realistischen Einschätzung dessen zu kommen, was in der Welt vor sich geht.

Über Europa und die Vereinigten Staaten

Es ist bedauerlich, daß die Regierungen der NATO-Länder, diejenigen eingeschlossen, die sich ausdrücklich von den gefährlichen Extremen der amerikanischen Politik distanzieren, schließlich dem Druck nachgeben und auf diese Weise die Verantwortung übernehmen für die Ausweitung des Rüstungswettlaufs und der internationalen Spannungen.
Dazu ein Beispiel: Im April 1986 bombardierten amerikanische Kampfflugzeuge Tripolis, Bengasi und andere Einrich-

tungen auf libyschem Boden. Dieser direkte Angriff ist mit den geltenden Regeln in einer zivilisierten Gesellschaft völlig unvereinbar. Amerikanische Kampfflugzeuge starteten von Militärbasen in Großbritannien und durchflogen den Luftraum Westeuropas. Und was tat Westeuropa? Die Regierungen der NATO-Länder warteten stillschweigend die weiteren Entwicklungen ab und wagten es nicht, gegen diese Handlungsweise der USA zu opponieren. Ich erklärte gegenüber dem schwedischen Ministerpräsidenten, mit dem ich, einige Stunden nachdem die Nachricht von den Luftangriffen bekanntgeworden war, ein Gespräch führte, daß mich eine solche Haltung an die Beschwichtigungspolitik der Angreifer am Tag vor Ausbruch des Zweiten Weltkrieges erinnere. Was ist, wenn das amerikanische Militär auf die Idee kommt, eines der Länder des Warschauer Pakts zu bestrafen, und es bombardiert? Was dann? So tun, als ob nichts passiert wäre? Aber das ist Krieg! In unserem atomaren Zeitalter ist die Verantwortung aller ins Unermeßliche gestiegen.

Es gibt eine alte griechische Sage von der Entführung der Europa. Dieses Thema aus der Sage ist heute mit einem Mal sehr aktuell geworden. Es versteht sich von selbst, daß Europa als geographischer Begriff seinen Platz behalten wird. Doch manchmal hat man den Eindruck, daß die unabhängige Politik der Staaten Westeuropas entführt und über den großen Teich gebracht worden ist; die nationalen Interessen werden verpachtet unter dem Vorwand, damit die Sicherheit zu schützen.

Auch über der europäischen Kultur schwebt eine ernsthaft drohende Gefahr. Diese Bedrohung geht von einer »Massenkultur« aus, die über den Atlantik kommt. Wir verstehen die Besorgnis westlicher Intellektueller sehr gut. Man kann sich in der Tat nur wundern, daß eine starke, zutiefst intelligente und von Natur aus humane europäische Kultur zurückweicht vor dem primitiven Trubel von Gewalt und Pornographie und der Flut von billigen Gefühlen und niedrigen Gedanken.

Wenn wir auf die Bedeutung der unabhängigen Haltung

Europas hinweisen, wirft man uns häufig vor, wir wollten Westeuropa und die Vereinigten Staaten entzweien. Wir hatten nie diese Absicht und haben sie auch jetzt nicht. Wir sind weit davon entfernt, die historischen Bindungen zwischen Westeuropa und den Vereinigten Staaten zu ignorieren oder zu schmälern. Es ist absurd, die europäische Linie der sowjetischen Außenpolitik als einen Ausdruck von »Antiamerikanismus« zu deuten. Wir haben nicht die Absicht, uns an diplomatischen Jonglierkünsten zu beteiligen, und wir haben nicht das Bedürfnis, in den internationalen Beziehungen ein Chaos herbeizuführen. Das wäre unvereinbar mit den vorrangigen Zielen unserer Außenpolitik – einen stabilen und dauerhaften Frieden zu fördern, der sich auf gegenseitiges Vertrauen und auf die Zusammenarbeit unter den Völkern gründet.

Unsere Idee von einem »gemeinsamen europäischen Haus« zielt sicherlich nicht darauf ab, jemandem den Eintritt zu verwehren. Natürlich hätten wir es nicht gerne, wenn jemand die Türen des europäischen Hauses einträte und in irgendeiner Wohnung am oberen Ende des Tisches Platz nähme. Doch das ist Sache des jeweiligen Wohnungseigentümers. In der Vergangenheit haben die sozialistischen Länder positiv auf die Teilnahme der Vereinigten Staaten und Kanadas an den Verhandlungen von Helsinki reagiert.

Europas Verantwortung

Wir sprechen über die einmalige Rolle, die Europa zu spielen hat, ohne die Rolle und die Bedeutung anderer Kontinente und Völker schmälern zu wollen.

Ein Erfolg des europäischen Prozesses könnte es diesem Kontinent ermöglichen, einen noch größeren Beitrag zum Fortschritt der übrigen Welt zu leisten. Europa darf sich nicht scheuen, an der Lösung von Problemen wie dem Hunger in der Welt, der Staatsverschuldung und Unterentwicklung mitzuwirken und bewaffnete Konflikte zu verhindern.

Zweifellos sind alle Europäer ohne Ausnahme für eine Atmosphäre der guten Nachbarschaft und des Vertrauens, der Koexistenz und der Zusammenarbeit auf dem Kontinent. Diese zu erreichen wäre im wahrsten Sinne des Wortes ein Triumph für das neue politische Denken. Europa kann ein würdiges Beispiel geben. Die Welt befindet sich gegenwärtig an einem Scheideweg, und welche Richtung sie einschlagen wird, hängt weitgehend von der politischen Stellung Europas ab.

Keiner kann Europa mit seinen ungeheuren Möglichkeiten und seiner Erfahrung ersetzen, weder in der Weltpolitik noch in der Weltentwicklung. Europa kann und muß eine konstruktive, innovative und positive Rolle spielen.

Kapitel 7

Probleme der Abrüstung und die sowjetisch-amerikanischen Beziehungen

Schon als Student an der Moskauer Universität interessierte ich mich für die Geschichte der Vereinigten Staaten. Ich las mehrere Bücher von amerikanischen Autoren und konnte so die Geschichte unserer Beziehungen zurückverfolgen. In diesen Beziehungen gab es krasse Höhen und Tiefen: vom Bündnis während des Krieges zum Kalten Krieg der vierziger und fünfziger Jahre; von der Entspannungspolitik der siebziger Jahre zu einer drastischen Verschlechterung der Beziehungen zu Beginn der achtziger Jahre.

Im Zeitraum zwischen der Plenarsitzung im April 1985, die für uns eine Wende bedeutete, und der Veröffentlichung dieses Buches ist eine Menge passiert, wobei einiges in direktem Zusammenhang mit der Entwicklung der sowjetisch-amerikanischen Beziehungen steht.

Jetzt halten wir einen Dialog mit den USA aufrecht. Der amerikanische Präsident und ich stehen in regelmäßigem Briefkontakt. Und unsere Unterhändler sprechen über wirklich wichtige Probleme.

In den vergangenen zwei Jahren sind wir uns im Bereich der wissenschaftlichen und kulturellen Zusammenarbeit um einen Schritt nähergekommen. Gegenwärtig erörtern die Sowjetunion und die Vereinigten Staaten auf verschiedenen Ebenen Fragen, die früher immer nur Anlaß zu gegenseitigen Beschuldigungen boten. Selbst im Bereich der Nachrichtentätigkeit, die von der Propaganda der Gewalt und der Feindschaft sowie der gegenseitigen Einmischung in die inneren Angelegenheiten loskommen muß, zeichnen sich allmählich Grundzüge von Beziehungen ab.

Ist das Eis gebrochen und treten unsere gegenseitigen Beziehungen jetzt in eine ruhigere und konstruktivere Phase ein?

Man würde den Prozeß gerne in diesem Sinn weitergehen sehen, doch zu behaupten, man sei beachtlich vorangekommen, hieße, sich an der Wahrheit zu versündigen. Wenn wir an einer tatsächlichen Verbesserung der sowjetisch-amerikanischen Beziehungen interessiert sind, dann müssen wir ihren Zustand nüchtern beurteilen. Wenn überhaupt, dann hat sich eine Wende zum Besseren extrem langsam vollzogen. Von Zeit zu Zeit setzen sich immer wieder die früheren, der Sache zuwiderlaufenden Methoden der Annäherung gegenüber der dringenden Notwendigkeit durch, die sowjetisch-amerikanischen Beziehungen wiederzubeleben.
Der Fortschritt im Bereich der Hochtechnologie und der Informatik hat die Menschen einander näher gebracht. Diese Prozesse können zur Förderung eines größeren beiderseitigen Verständnisses beitragen. Sie können aber auch dazu benutzt werden, die Menschheit zu spalten. Deswegen hat es bereits immense Verluste gegeben. Doch nun ist die Welt an einem Punkt angelangt, wo wir – ich meine damit sowohl die USA als auch die UdSSR – darüber nachdenken müssen, wie wir weiterleben wollen. Falls wir nichts ändern, ist es schwer vorauszusehen, wo wir in zehn, fünfzehn oder zwanzig Jahren sein werden. Mir scheint, als würde die Sorge um unsere Länder und um die Zukunft der gesamten Zivilisation zunehmen. Sie wächst sowohl innerhalb der Sowjetunion als auch innerhalb Amerikas.
Ich werde die Behauptung – was immer man mir auch erzählen mag –, das amerikanische Volk hege gegenüber der Sowjetunion Aggressionen, niemals akzeptieren. Ich kann das nicht glauben. Es gibt vielleicht ein paar Leute, denen es gefällt, wenn zwischen unseren beiden Ländern Spannungen, Konfrontation oder große Rivalität herrschen. Vielleicht profitieren sogar einige davon. Aber ein solcher Stand der Dinge entspricht nicht den weiterreichenden Interessen unserer beiden Völker.
Wir denken darüber nach, was getan werden muß, um unsere Beziehungen endlich zu verbessern. Denn sie müssen unbedingt besser werden. Es ist uns seit Mitte der siebziger Jahre nicht nur nicht gelungen, in diesem Sinne voranzu-

kommen, sondern vieles von dem, was damals erreicht und getan war, ist sogar wieder zunichte gemacht worden. Wir sind nicht vorwärts gekommen, sondern eher umgekehrt. Wir behaupten, die Amerikaner seien schuld daran. Und die Amerikaner behaupten, die Sowjetunion sei schuld. Vielleicht sollten wir die tieferen Hintergründe für alles, was bisher geschehen ist, ausfindig machen, denn wir müssen aus der Vergangenheit Lehren ziehen, die Vorgeschichte unserer Beziehungen untersuchen. Das ist eine Wissenschaft für sich, eine ernsthafte und verantwortungsvolle Wissenschaft, wenn man dabei an der Wahrheit festhält, natürlich. Doch worüber wir heute am meisten nachdenken müssen, ist, wie wir auf dieser Welt gemeinsam leben und zusammenarbeiten wollen.

Ich bin mit vielen amerikanischen Politikern und Persönlichkeiten des öffentlichen Lebens zusammengekommen. Manchmal ergibt sich dabei für mich ein ziemlich dicht gedrängtes Programm, doch bei jeder Gelegenheit versuche ich, für solche Begegnungen Zeit zu finden. Meiner Ansicht nach ist es nicht nur meine Aufgabe, unsere Politik und unsere Vorstellung von der Welt verständlich zu machen, sondern auch, die Stimmungen und Gefühle der Amerikaner zu verstehen und entsprechend zu würdigen sowie mehr über die amerikanischen Probleme und insbesondere über die speziellen politischen Vorgänge in den USA zu erfahren. Anders geht es nicht. Eine exakte Politik muß auf einer genauen Beurteilung der Realität aufgebaut sein. Es ist unmöglich, zwischen den USA und der UdSSR harmonische Beziehungen zu schaffen, wenn man sich von ideologischen Vorurteilen leiten läßt.

Die Kommunikation zwischen uns ist ungenügend, wir verstehen einander nicht gut genug, und wir respektieren uns gegenseitig zu wenig. Es sind bestimmte Kräfte, die eine Menge dazu beigetragen haben, diesen Stand der Dinge herbeizuführen. Es sind viele falsche Vorstellungen entstanden, die die Zusammenarbeit erschweren und die ihrer Entwicklung im Weg stehen.

Die Geschichte der sowjetisch-amerikanischen Beziehungen

in der Nachkriegszeit ist nicht das Thema dieses Buches. Doch wenn man sich nur schon die Ereignisse der jüngsten Vergangenheit ins Gedächtnis zurückruft, kann man erkennen, wie nachteilig sich Vorurteile und die Ablehnung neuer Ideen auswirken. Als ich im Frühsommer 1987 mit dem ehemaligen US-Präsidenten Jimmy Carter zusammentraf, sagte ich ihm in aller Offenheit, daß wir keineswegs alles, was sich während seiner Amtszeit ereignet hat, negativ bewerten. Es gab darunter einiges, was positiv war. Ich denke dabei vor allem an den SALT-II-Vertrag, der, obgleich er niemals ratifiziert wurde, trotz der gegenwärtigen politischen Linie der US-Administration eine nützliche Rolle spielt. Der Geist dieses Vertrages ist noch lebendig. Doch gleichzeitig kann man nicht leugnen, daß viele Gelegenheiten verpaßt wurden. Wir waren davon überzeugt, und sind es noch, daß wir, als die achtziger Jahre näher rückten, kaum einen Steinwurf weit entfernt waren von Abkommen über Antisatellitenwaffen, den Waffenhandel, die Verminderung der militärischen Aktivitäten im Indischen Ozean und die Beilegung des Nahostkonflikts. Vor zehn Jahren! Wieviel Zeit und wie viele Mittel wurden für den Rüstungswettlauf vergeudet, und wie viele Menschenleben hat es gekostet!

Was erwarten wir von den Vereinigten Staaten?

Ende August 1985 erklärte ich gegenüber dem *Time*-Magazin: »Unsere Länder können es sich einfach nicht leisten, zuzulassen, daß es zu einer Konfrontation kommt. Darin liegt das wahre Interesse sowohl des sowjetischen als auch des amerikanischen Volkes. Und dies muß in der Sprache der praktischen Politik zum Ausdruck kommen. Es ist notwendig, den Rüstungswettlauf zu stoppen, das Problem der Abrüstung anzugehen und die sowjetisch-amerikanischen Beziehungen zu normalisieren. Es ist wirklich an der Zeit, daß die Beziehungen zwischen den beiden großen Nationen ihrer historischen Rolle gerecht werden. Denn das Schicksal der

Welt, das Schicksal der Weltbevölkerung, hängt in der Tat von unseren Beziehungen ab. Wir sind bereit, in diese Richtung zu arbeiten.«

Wir müssen lernen, in der realen Welt zu leben, einer Welt, die die Interessen der Sowjetunion und der USA, Großbritanniens und Frankreichs, und auch der Bundesrepublik Deutschland berücksichtigt. Darüber hinaus gibt es jedoch noch die Interessen von China und Indien, Australien und Pakistan, Tansania und Angola, Argentinien und anderen Staaten; die Interessen Polens, Vietnams, Kubas und anderer sozialistischer Länder. Sie nicht zu beachten hieße, diesen Menschen die Freiheit der Wahl und das Recht auf eine Gesellschaftsordnung, die ihnen angemessen ist, zu verweigern. Selbst wenn sie sich in ihrer Wahl irren, müssen sie selbst einen Ausweg finden. Das ist ihr gutes Recht.

Ich habe darüber mit vielen Amerikanern gesprochen, einschließlich George Shultz, der im Frühjahr 1987 in Moskau war. Wir sprachen über sehr viele Dinge, aber ich brachte das Gespräch immer wieder auf dasselbe Thema: Wir sollten versuchen, die Welt so zu sehen, wie sie ist, und die Interessen beider Nationen zu berücksichtigen. Und das ist unmöglich, ohne die Interessen der anderen Mitglieder der Weltgemeinschaft zu berücksichtigen. Es wird keine vernünftigen internationalen Beziehungen geben, wenn wir allein von den Interessen der UdSSR und der USA ausgehen. Es muß ein Ausgleich herrschen.

Dieses Problem erhält in jeder Phase der Geschichte einen neuen Aspekt. Die Interessen ändern sich, und damit ändert sich auch die Art des Ausgleichs. Das bringt neue Formen der gegenseitigen Annäherung mit sich. Ich wiederhole, es wäre gefährlich und schädlich, die Politik am Ende des 20. Jahrhunderts auf dem Ansatz von Churchills Fulton-Rede und der Truman-Doktrin aufzubauen. Ernsthafte Bemühungen, die sowjetisch-amerikanischen Beziehungen neu zu gestalten, sind seit langem fällig. Eines steht fest: Man wird sich das Kommandieren abgewöhnen müssen. Weder die Sowjetunion noch die Vereinigten Staaten noch irgendein

anderes Land können die Welt oder einen Teil davon als Objekt der Ausbeutung betrachten, nicht einmal unter dem Deckmantel der »nationalen Interessen«.
Versuche, Beziehungen auf Diktatur, Gewalt und Herrschaft aufzubauen, haben selbst dann kaum Aussicht auf Erfolg. Und sie werden bald überhaupt keinen Erfolg mehr haben. Es ist nicht einfach, die neuen Gegebenheiten zu akzeptieren. Es erfordert von jedermann Zeit und Mühe. Doch wenn dieser Prozeß erst einmal in Gang gesetzt ist, dann geht er auch weiter. Wir müssen lernen, aufeinander zu hören und einander zu verstehen. Wir sind dafür, mit den USA zusammenzuarbeiten, und damit, so erklärte ich George Shultz, meine ich eine konstruktive Zusammenarbeit, denn niemand anders wird die Verantwortung übernehmen, die die UdSSR und die USA zu tragen haben.
Ich erinnere mich an mein Gespräch mit Richard Nixon, dem ehemaligen Präsidenten der Vereinigten Staaten. Er zitierte Winston Churchills hoffentlich nicht prophetische Worte, daß die glänzenden Flügel der Wissenschaft der Erde die Steinzeit zurückbringen könnten, und er betonte, daß ich als Generalsekretär sowie Präsident Reagan und seine Nachfolger die historische Wahl zugunsten einer friedlichen Zukunft treffen müßten.
Ich erzählte Richard Nixon damals von einem Film über die Reise einiger amerikanischer Touristen an die Wolga, den ich einmal gesehen hatte. Es wurden darin Sowjetbürger und Amerikaner gezeigt. Und es war nicht einfach, einen Amerikaner von einem Russen zu unterscheiden. Die Leute unterhielten sich, und man hatte das Gefühl, sie redeten wie Freunde miteinander und verstanden sich. Gerade das ist es, was Politiker nicht gut genug machen.
Es ist gut, daß nicht nur Politiker miteinander reden, sondern auch einfache Leute aus dem Volk. Das ist sehr wichtig. Ich würde das begrüßen. Sowjetbürger und Amerikaner sollten sich öfter treffen, um sich ein Bild voneinander machen zu können. Kommunikation, das direkte Gespräch zwischen Menschen, ist eine großartige Sache. Ohne das, ohne umfassende Kommunikation und gegenseitige Verständigung unter den Menschen, kann die Politik wenig bewirken.

Ich wies Richard Nixon darauf hin, daß die Tatsache, daß unsere beiden Länder über ein gewaltiges militärisches Arsenal – Kernwaffen inbegriffen – verfügen, das am meisten ernstzunehmende Faktum in der heutigen Welt sei. Ich erklärte ihm, daß es zu einer extremen Konfrontation kommen könnte, wenn wir bei unserer Politik, sowohl was uns selbst, als auch was die übrige Welt betreffe, von falschen Voraussetzungen ausgehen würden, und daß dies für die UdSSR, die Vereinigten Staaten und die gesamte Welt die tragischsten Folgen hätte.
Und heute bin ich bereit, das zu wiederholen, was ich bei diesem Gespräch ebenfalls gesagt habe: Die sowjetische Gesellschaft – nicht nur die Führung – hat die feste Absicht, nach Wegen zu suchen, um die sowjetisch-amerikanischen Beziehungen zu normalisieren, und Gemeinsamkeiten zu finden und auszubauen, um so langfristig zu freundschaftlichen gegenseitigen Beziehungen zu kommen. Das mag im jetzigen Zeitpunkt der Hoffnung vielleicht ein bißchen viel sein, doch wir sind überzeugt, daß dies die Wahl ist, die getroffen werden muß, denn andernfalls ist es unmöglich, sich vorzustellen, was aus uns werden wird.
So oder so, es gibt keinen Konjunktiv in der Politik. Geschichte kennt keine Proben. Sie kann nicht wiederholt werden. Das macht es um so wichtiger, ihren Kurs zu erkennen und ihre Lehren anzunehmen.

Die USA:
»Strahlende Stadt auf einem Hügel«

Wir sind schon zu oft auf verdrehte Ansichten über unser Land sowie auf weitverbreitete antisowjetische Klischees gestoßen – und daher wissen wir nur zu gut, wieviel Schaden eine bewußt oder unbewußt geäußerte Unwahrheit anrichten kann –, um die USA nur schwarzweiß zu sehen.
Ich weiß, daß amerikanische Propaganda – ja, Propaganda – Amerika als eine »strahlende Stadt auf einem Hügel« darstellt.

Amerika hat eine große Geschichte. Wer wird schon die Bedeutung der amerikanischen Revolution für den sozialen Fortschritt der Menschheit oder die Kreativität Amerikas im wissenschaftlich-technischen Bereich, auf dem Gebiet der Literatur, Architektur und Kunst in Frage stellen? Über all das verfügt Amerika wirklich. Doch Amerika hat heutzutage auch akute soziale und andere Probleme. Und dafür hat die amerikanische Gesellschaft nicht nur noch keine Lösung gefunden, sondern, was noch schlimmer ist, sie sucht an Stellen und auf eine Art danach, die dazu führen könnte, daß andere die Zeche bezahlen müssen.

Die Vereinigten Staaten verfügen über ein riesiges Produktionspotential und einen enormen materiellen Reichtum, doch gleichzeitig leben dort Millionen unglücklicher Menschen. Darüber sollte man nachdenken. Einerseits haben die Amerikaner eine fast missionarische Leidenschaft für Predigten über Menschenrechte und die Freiheit, und andererseits mißachten sie in ihrem eigenen Haus eben diese elementaren Rechte. Auch das gibt Anlaß zum Nachdenken. Es werden endlose Gespräche über die Freiheit des Menschen geführt und gleichzeitig Versuche unternommen, anderen den eigenen Lebensstil aufzuzwingen. Und es gibt umfangreiche Propaganda für Macht und Gewalt. Wie sollen wir das verstehen? Die Arroganz der Macht, insbesondere der militärischen Macht, konstantes Wachstum der Rüstungsausgaben und Lücken im Haushalt, interne und nun auch externe Schulden. Wozu? Was motiviert die USA? Wir stellen uns all diese und noch viele andere Fragen und versuchen, die amerikanische Wirklichkeit zu begreifen und die treibende Kraft zu entdecken, die hinter der US-Politik steht.

Ich gebe offen zu, daß das, was wir wissen, die Vorstellung von den Vereinigten Staaten als einer »strahlenden Stadt auf einem Hügel« nicht gerade stützt. Mit gleicher Bestimmtheit kann ich aber sagen, daß wir die USA nicht als »Reich des Bösen« betrachten. Wie in jedem anderen Land gibt es auch in Amerika Licht und Schatten. Wir sehen die USA, wie sie wirklich sind, mit den unterschiedlichen An-

sichten, die sowohl innerhalb der Gesellschaft als auch über diese herrschen.
Die sowjetische Führung erfaßt nicht nur eine einzige Dimension der Vereinigten Staaten, sondern sie nimmt deutlich alle Gesichter der amerikanischen Gesellschaft wahr: die Millionen Werktätigen, die ihrer täglichen Arbeit nachgehen und im allgemeinen sehr friedfertig sind; realistisch denkende Politiker; einflußreiche Konservative und direkt daneben reaktionäre Gruppen, die Beziehungen zum militärisch-industriellen Komplex haben und von der Waffenproduktion profitieren. Wir wissen, daß man in den USA ein gesundes, normales Interesse an uns hat, daß es aber daneben auch eine ziemlich weit verbreitete antisowjetische und antikommunistische Haltung gibt.
Wir glauben, daß das politische System und die soziale Ordnung in den Vereinigten Staaten Sache der Amerikaner ist. Sie müssen entscheiden, wie ihr Land regiert werden soll und wie sie ihre politische Führung und ihre Regierung wählen wollen. Wir achten dieses souveräne Recht. Was würde dabei herauskommen, wenn wir anfingen, die freie Entscheidung des amerikanischen Volkes anzuzweifeln? Politik muß sich auf Realitäten gründen, auf ein Verständnis für die Tatsache, daß jede Nation das Recht hat, unabhängig ihren eigenen Lebensstil und ihr eigenes Regierungssystem zu wählen.
Die Vereinigten Staaten sind eine Großmacht, mit der wir leben und zu der wir Beziehungen aufbauen müssen. Das ist die Realität. Trotz des widersprüchlichen Charakters unserer Beziehungen ist es offensichtlich, daß wir im Hinblick auf die Friedenssicherung nichts ohne die Vereinigten Staaten tun können. Und ohne uns werden die USA ebenfalls nichts erreichen. Wir kommen nicht voneinander los. Kontakte und ein Dialog sind notwendig; wir müssen nach Wegen suchen, um unser Verhältnis zu verbessern.
Wir wissen sehr gut, daß Amerika eine Administration – das Weiße Haus – und einen Kongreß hat, und wir verstehen dies auch. Und wir wollen sowohl mit der Administration als auch mit dem Kongreß zusammenarbeiten.

Gegenwärtig sind wir dabei, unsere Vorstellungen vom politischen Prozeß in Amerika zu erweitern. Wir sehen insbesondere den Unterschied zwischen den Ansichten des Verteidigungsministers, eines Zivilisten, und denen der US-Militärs. Dem erstgenannten bedeuten Geschäft und Rüstungsaufträge sehr viel, während sich die realistischen und professionellen Militärs durchaus darüber im klaren sind, was sie in der Hand haben und was das für die Welt bedeuten kann. Ein solches Verständnis bezeugt der vom Militär zur Schau getragene Sinn für Realität und Verantwortung. Es ist sehr wichtig, daß das Militär die gegenwärtige Situation richtig einschätzt.
Lassen Sie mich hinzufügen, daß wir nicht die Absicht haben, unsere Beziehungen der politischen Lage in den Vereinigten Staaten anzupassen. Heute sind die Republikaner an der Macht, und morgen werden es wieder die Demokraten oder aber weiterhin die Republikaner sein. Das macht keinen besonderen Unterschied. Es geht um die Interessen der USA als Nation. Wir werden die Beziehungen mit der Regierung fortführen, die gerade an der Macht ist. Amerikanische Angelegenheiten sollen in amerikanischer Hand bleiben, und sowjetische in sowjetischer. Das ist unser grundsätzlicher Standpunkt.

Das »Feindbild«

Wir brauchen kein »Feindbild« von Amerika, weder aus innen- noch aus außenpolitischem Interesse.
Man braucht nur dann einen imaginären oder tatsächlichen Feind, wenn man die Spannung aufrechterhalten will und auf eine Konfrontation mit weitreichenden und, ich muß hinzufügen, mit unvorhersehbaren Konsequenzen aus ist. Wir verfolgen aber eine andere Richtung.
In der Sowjetunion gibt es keine Propaganda, die den Haß gegenüber Amerikanern schürt oder die Verachtung für Amerika fördert. Sie werden so etwas in unserem Land

weder in der Politik noch im Schulunterricht finden. Wir üben lediglich Kritik an einer Politik, mit der wir nicht einverstanden sind. Doch das ist etwas anderes. Es bedeutet nicht, daß wir uns gegenüber dem amerikanischen Volk respektlos verhalten.

Im Sommer 1987 traf ich mit einer Gruppe von Russischlehrern aus den USA zusammen, die an einem zweimonatigen Lehrgang in Leningrad teilgenommen hatten. Das Gespräch verlief offen und herzlich. Ich möchte einen kurzen Auszug aus dem wortgetreuen Bericht zitieren.

Michail Gorbatschow: »Sind Sie während Ihres Aufenthaltes auch nur einmal auf eine respektlose Haltung gegenüber Amerikanern gestoßen?«

D. Padula: »Nein. Doch einmal fragte mich ein Mann auf der Straße, wann endlich Frieden sei. Ich sagte ihm, ich hoffe, es werde bald Frieden geben.«

Michail Gorbatschow: »Das ist eine sehr interessante Information. Ich bin überzeugt, Freunde, daß ihr, wo immer ihr auch in der Sowjetunion hingeht, nicht erleben werdet, daß man Amerikaner respektlos behandelt. Nirgendwo. Ihr könnt auch unsere Zeitungen lesen. Ihr werdet darin Kritiken, Analysen, Beurteilungen und Bewertungen zur Regierungspolitik, zu Erklärungen und zu Aktionen einzelner Gruppierungen finden, doch nie werden Amerika oder Amerikaner auf respektlose Weise erwähnt. Also, wenn ›die Roten kommen‹, dann kommen sie zusammen mit euch die gemeinsame Straße der Menschheit entlang.«

Doch einige Leute in den Vereinigten Staaten »brauchen« die Sowjetunion offenbar als Feindbild. Andernfalls fällt es schwer, einige Filme, die hetzerischen amerikanischen Rundfunksendungen aus München, die Flut von Artikeln und Programmen, die voll sind von Beleidigungen und Haß gegenüber dem sowjetischen Volk, zu verstehen. All das geht zurück auf die vierziger Jahre, wenn nicht sogar noch früher.

Ich möchte nicht jeden Schritt, den die sowjetische Außenpolitik in den vergangenen Jahrzehnten getan hat, idealisieren. Es sind auch Fehler gemacht worden. Doch sie waren oftmals die Folge einer leichtsinnigen Reaktion auf amerikanische Handlungsweisen, auf eine Politik, mit der ihre Urheber darauf abzielten, »den Kommunismus zurückzuwerfen«.

Wir reagieren empfindlich und, offen gesagt, mit großer Vorsicht auf Bestrebungen, der Sowjetunion das Image eines Feindes zu verpassen, und zwar vor allem, da diese Bestrebungen ja nicht nur nach dem Prinzip der üblichen fantastischen Geschichten von einer »militärischen Bedrohung durch die Sowjetunion«, der »Hand Moskaus«, »den Plänen des Kreml« und einer völlig negativen Darstellung unserer inneren Angelegenheiten gehalten sind. Von der Absurdität solcher Behauptungen einmal ganz abgesehen, können wir auf keinen Fall die Tatsache außer acht lassen, daß in der Politik alles mit einer ganz bestimmten Absicht geschieht. Es ist somit klar, daß sich hinter dieser politischen Praxis bestimmte Absichten und Pläne verbergen. Wir müssen uns von jeglicher Art von Chauvinismus in unseren Ländern befreien, und zwar vor allem der großen Macht wegen, die beide Länder besitzen. Chauvinismus kann in die Politik absolut unstatthafte Elemente einbringen.

Es ist eine traurige und zugleich tragische Tatsache, daß es mit den sowjetisch-amerikanischen Beziehungen lange Zeit bergab gegangen ist. Kurze Perioden der Verbesserung in den Beziehungen machten längeren Perioden der Spannung und einer zunehmenden Feindschaft Platz. Ich bin überzeugt, daß wir jede Möglichkeit haben, die Situation zu verbessern, und es hat den Anschein, als würden sich die Dinge in diese Richtung bewegen. Wir sind bereit, alles zu tun, um eine Wende zum Guten herbeizuführen.

Wer braucht den Rüstungswettlauf und warum?

Wenn man über die Frage nachdenkt, was einer guten Beziehung zwischen Sowjets und Amerikanern im Weg steht, kommt man zu dem Schluß, daß es zum überwiegenden

Teil der Rüstungswettlauf ist. Ich will hier nicht über seine Geschichte sprechen. Lassen Sie mich nur noch einmal anmerken, daß in fast allen Stadien des Wettrüstens die Sowjetunion diejenige Partei war, die aufholen mußte. Zu Beginn der siebziger Jahre hatten wir nahezu ein militärisch-strategisches Gleichgewicht erreicht, das allerdings auf einem erschreckenden Stand lag. Sowohl die Sowjetunion als auch die Vereinigten Staaten verfügen nun über die Kapazitäten, einander mehrmals zu zerstören.

Angesichts eines strategischen Patts scheint es nur logisch, den Rüstungswettlauf zum Stillstand zu bringen und sich auf die Abrüstung zu konzentrieren. Doch die Realität sieht anders aus. Waffenarsenale, die bereits am Überlaufen sind, werden weiter mit hochentwickelten neuen Waffen angefüllt, und es werden laufend neue Bereiche der Wehrtechnik entwickelt. Die USA geben bei dieser gefährlichen, um nicht zu sagen fatalen Verfolgungsjagd den Ton an.

Ich verrate mit Sicherheit kein Geheimnis, wenn ich Ihnen sage, daß die Sowjetunion alles tut, was notwendig ist, um moderne und zuverlässige Verteidigungsmittel zu unterhalten. Das ist unsere Pflicht gegenüber unserem eigenen Volk und unseren Verbündeten. Gleichzeitig möchte ich mit aller Entschiedenheit betonen, daß wir diese Wahl nicht getroffen haben. Man hat sie uns aufgezwungen.

Bei den Amerikanern herrschen alle möglichen Zweifel über die sowjetischen Absichten im Bereich der Abrüstung. Doch die Geschichte zeigt, daß wir Wort halten können und daß wir übernommene Verpflichtungen respektieren. Leider kann man das von den Vereinigten Staaten nicht behaupten. Die Regierung beeinflußt die öffentliche Meinung und schüchtert die Menschen mit dem Märchen von der sowjetischen Bedrohung ein, und das tut sie mit besonderer Hartnäckigkeit, wenn vom Kongreß ein neuer Militärhaushalt verabschiedet werden soll. Wir müssen uns fragen, warum das alles getan wird und welches Ziel die USA damit verfolgen.

Es ist sonnenklar, daß in der Welt, in der wir leben, einer Welt der Atomwaffen, jeder Versuch, diese zur Lösung

des sowjetisch-amerikanischen Problems einzusetzen, reiner Selbstmord wäre. Dies ist eine Tatsache. Ich kann mir nicht vorstellen, daß sich US-Politiker dessen nicht bewußt sind.
Außerdem ist jetzt eine paradoxe Situation entstanden. Selbst wenn ein Land stetig weiter aufrüstet, während das andere nichts dergleichen tut, wird die Seite, die aufrüstet, nichts dabei gewinnen. Die schwächere Seite könnte einfach alle ihre Atomwaffen, wenn es sein muß sogar auf eigenem Boden, in die Luft sprengen, und das würde für sie Selbstmord bedeuten, und für den Feind wäre es ein langsamer Tod. Deshalb hat jegliches Streben nach militärischer Überlegenheit nichts anderes zur Folge, als daß man sich damit ins eigene Fleisch schneidet. Es ist kein brauchbares politisches Mittel.
Doch die USA haben es auch nicht eilig, eine weitere Illusion aufzugeben. Ich spreche vom geradezu unmoralischen Vorhaben, die Sowjetunion wirtschaftlich ausbluten zu lassen und uns an der Durchführung unserer Aufbaupläne zu hindern, indem man uns immer tiefer in den Morast des Wettrüstens hineinzieht.
Ich möchte den Leser bitten, einen Blick auf die Erfahrungen der Nachkriegsjahrzehnte zu werfen. Die Sowjetunion befand sich nach dem Zweiten Weltkrieg in einer sehr schwierigen Lage. Sicher, wir hatten den Kampf gegen den Faschismus gemeinsam mit den USA und anderen Mitgliedern der Anti-Hitler-Koalition gewonnen. Doch während auf das amerikanische Festland nicht eine einzige feindliche Bombe fiel und dort nicht ein einziger Schuß des Gegners zu hören war, waren weite Teile unseres Gebietes Schauplatz der heftigsten Schlachten. Unsere Verluste – sowohl an Menschenleben als auch an Material – waren gewaltig. Dennoch ist es uns gelungen, wiederherzustellen, was zerstört worden ist, unser wirtschaftliches Potential neu aufzubauen und unsere Verteidigungsaufgaben mutig in Angriff zu nehmen. Ist das nicht eine Lehre für die Zukunft?
Es ist unzulässig, daß Staaten ihre Politik auf falschen Vorstellungen aufbauen. Wir wissen, daß man gegenwärtig in

den USA und im Westen allgemein der Ansicht ist, daß die Bedrohung von seiten der Sowjetunion nicht darin liegt, daß sie Atomwaffen besitzt. Wie ich bereits in anderem Zusammenhang erwähnt habe, wird folgendermaßen argumentiert: Die Sowjets wissen genau, daß sie einem Vergeltungsschlag nicht entgehen können, wenn sie die USA angreifen. Die USA sind sich in gleicher Weise darüber im klaren, daß auf einen Angriff gegen die UdSSR Vergeltungsmaßnahmen folgen würden. Aus diesem Grund würde nur ein Verrückter auf die Idee kommen, einen Atomkrieg auszulösen. Leute, die so argumentieren, sind der Meinung, die wirkliche Bedrohung entstehe erst dadurch, daß die Sowjetunion ihre Pläne zur Beschleunigung der sozialökonomischen Entwicklung verwirklicht und ihr neues wirtschaftliches und politisches Potential beweist. Daher die Bestrebungen, die Sowjetunion wirtschaftlich auszuhungern.

Wir raten den Amerikanern in aller Dringlichkeit, zu versuchen, dieses Verhalten gegenüber unserem Land aufzugeben. Hoffnungen, sich durch Vorteile im Bereich der Technologie oder des modernen Kriegsgeräts Überlegenheit über unser Land zu verschaffen, sind zwecklos. Es ist ein grundlegender Irrtum, so wie es die USA vorhaben, in der Annahme zu handeln, die Sowjetunion befinde sich in einer »hoffnungslosen Lage« und man müsse nur fester zudrücken, um alles aus ihr herauszuquetschen. Aus diesen Plänen wird nichts. In der wirklichen Politik hat Wunschdenken nichts zu suchen. Die Sowjetunion war, als sie noch viel schwächer war als heute, in der Lage, allen Herausforderungen, die sich ihr stellten, zu begegnen, und man muß schon blind sein, um nicht zu erkennen, daß unsere Fähigkeit, eine starke Verteidigung aufrechtzuerhalten und gleichzeitig soziale und andere Aufgaben zu erfüllen, enorm zugenommen hat.

Ich möchte wiederholen, daß die Außenpolitik der Vereinigten Staaten auf mindestens zwei Irrtümern beruht. Der erste ist die Annahme, daß das wirtschaftliche System der Sowjetunion am Zusammenbrechen sei und daß es der UdSSR nicht gelingen werde, es wieder aufzubauen. Der zweite Irrtum ist der, daß man mit der westlichen Überlegenheit im Bereich der Ausrüstung und der Technologie, und nicht zuletzt im militärischen Bereich rechnet. Diese Illusionen stärken eine Politik, die darauf ausgerichtet ist, den Sozialismus mit Hilfe des Wettrüstens zu schwächen, um ihn später beherrschen zu können. Das ist der Plan; er ist naiv.

Die westliche Politik nimmt zur Zeit ihre Verantwortung nicht genügend wahr, und es mangelt ihr an der neuen Art zu denken. Ich nehme da kein Blatt vor den Mund. Wenn wir jetzt nicht Schluß machen und ernsthaft mit der Abrüstung beginnen, könnten wir uns alle in Kürze am Rande eines Abgrunds befinden.

Mehr denn je brauchen die Sowjetunion und die Vereinigten Staaten heutzutage eine verantwortungsvolle Politik. Beide Länder haben ihre politischen, sozialen und wirtschaftlichen Probleme: ein weites Betätigungsfeld. Doch statt dessen arbeiten viele Expertenausschüsse an strategischen Plänen und jonglieren dabei mit Millionen von Menschenleben. Ihre Schlußfolgerungen gipfeln in der Feststellung: Die Sowjetunion stellt die schlimmste Bedrohung für die Vereinigten Staaten und die Welt dar. Ich wiederhole an dieser Stelle noch einmal, daß es höchste Zeit ist, diese Steinzeitmentalität aufzugeben. Auch wenn noch so viele führende Politiker und Diplomaten sich seit Jahrzehnten auf eine derartige Politik eingelassen haben. Ihre Zeit ist vorbei. Das Atomzeitalter verlangt eine neue Perspektive. Die Vereinigten Staaten und die Sowjetunion brauchen sie vor allem in ihren bilateralen Beziehungen.

Wir sind Realisten. Daher berücksichtigen wir die Tatsache, daß in der Außenpolitik alle Länder, selbst die kleinsten, ihre eigenen Interessen verfolgen. Es ist höchste Zeit, daß die Großmächte erkennen, daß sie die Welt nicht länger nach ihren eigenen Vorstellungen umgestalten können. Diese Zeit ist vorbei oder ist zumindest auf dem Weg, bald der Vergangenheit anzugehören.

Mehr über Realitäten. Verzicht auf ideologische Schärfe in zwischenstaatlichen Beziehungen

Wir hätten schon längst einen vernünftigen Standpunkt gegenüber der Welt um uns herum und unserer Vergangenheit einnehmen sollen. Wir hätten furchtlos erkennen müssen, wo wir stehen. Wenn ein Land das andere als Inkarnation des Bösen und sich selbst als Verkörperung des absolut Guten betrachtet, dann müssen die gegenseitigen Beziehungen in eine Sackgasse geraten. Ich meine damit jetzt nicht die antikommunistischen Phrasen, obwohl auch sie verderblich sind, sondern die Unfähigkeit, das Nicht-willens-Sein, zu erkennen, daß wir alle zu einer menschlichen Rasse gehören, daß wir ein gemeinsames Schicksal haben und lernen müssen, uns auf unserem Planeten wie zivilisierte Nachbarn zu benehmen. Die heutigen Generationen haben die sowjetisch-amerikanische Konfrontation ererbt. Doch sind wir denn dazu verdammt, die Feindschaft fortzuführen? Insgesamt gesehen haben wir lange in Frieden gelebt. Doch die gegenwärtige internationale Lage kann nicht als zufriedenstellend bezeichnet werden. Der Rüstungswettlauf, insbesondere der atomare, geht weiter. Es wüten regionale Konflikte. Die Kriegsgefahr wächst. Der einzige Ausweg ist, die internationalen Beziehungen humaner zu gestalten – ein schwieriges Unterfangen. Ich möchte, was erforderlich ist, folgendermaßen formulieren: Es ist wichtig, über ideologische Unterschiede erhaben zu sein. Jeder soll seine eigene Wahl treffen, und wir alle müssen diese Wahl respektieren. Aus diesem Grund ist eine neue Art des politischen Denkens notwendig, das der Erkenntnis der gegenseitigen Abhängigkeit und der Einsicht entspringt, daß die Zivilisation überleben muß. Wenn wir die Kriterien dieses neuen Denkens verstehen, dann werden wir zu richtigen Entscheidungen über globale Fragen gelangen. Wenn führende Politiker diesen Standpunkt erkennen und ihn in die Tat umsetzen, wird dies ein großer Sieg der Vernunft sein.

Wenn wir von einer weltweiten Verbesserung der Situation

sprechen, möchten wir zwei Kriterien einer realistischen Außenpolitik besonders hervorheben: die Berücksichtigung der eigenen nationalen Interessen und die Anerkennung der Interessen anderer Länder. Dieser Standpunkt ist solide und vernünftig; man muß ihn beharrlich verfolgen. So denken wir, und wir handeln entsprechend.

Das Übel der Entfremdung

Immer wieder bekommen wir zu hören, die Sowjetunion und die Vereinigten Staaten könnten gut ohne einander auskommen. Um die Wahrheit zu sagen: Auch ich sage das manchmal. Vom ökonomischen Standpunkt aus ist es sicher richtig, wenn man sich heute unsere unbedeutenden wirtschaftlichen Kontakte ansieht. Doch Kontakte hin oder her, wir lernen die Lektionen, die uns die Amerikaner beibringen.

Unsere Futtergetreideimporte waren ein besonders heikles Thema. Aber jetzt haben wir uns abgesichert, indem wir mit mehreren Ländern Importverträge geschlossen und intensive Technologien im Bereich der Landwirtschaft eingeführt haben, um die Getreideproduktion im eigenen Land zu steigern. Unsere jetzige Aufgabe besteht darin, in naher Zukunft mit der Ausfuhr von Getreide zu beginnen.

Der Westen hat den Ost-West-Handelsausschuß (COCOM) gebildet. Die Vereinigten Staaten sind auf der Hut, damit nicht gegen ihre Einfuhrbeschränkungen verstoßen wird, und sie sorgen dafür, daß die Listen mit den Handelsgütern, die die Sowjetunion nicht einführen darf, erweitert werden. Amerika zögert nicht, sich in die inneren Angelegenheiten der Staaten einzumischen, die sich am prohibitiven Programm beteiligen.

Die Sowjetunion hat darauf prompt reagiert und ein entsprechendes Programm ausgearbeitet, das »Programm 100« genannt wurde, weil es genau einhundert Rohstoffe umfaßte. Wir haben es in weniger als drei Jahren durchgeführt. Etwa

neunzig Prozent der Rohstoffe, die wir verwenden, stammen aus dem Inland. Deshalb können wir behaupten, daß wir die Aufgabe in der Hauptsache bewältigt haben.
Wir sagten frei heraus, daß es an der Zeit sei, unseren Minderwertigkeitskomplex zu überwinden. Unser Land ist groß und verfügt über immense Bodenschätze und ein beachtliches wissenschaftliches Potential. Unsere kapitalistischen Partnerländer sind nicht immer zuverlässig, und manchmal benutzen sie den Handel als Mittel politischer Erpressung und Einschüchterung. Die Maßnahmen, die wir ergriffen haben, tragen bereits Früchte. In der Computer- und Supercomputertechnologie, bei den Supraleitern und in anderen Bereichen kam es zu bahnbrechenden Entwicklungen.
Die Vereinigten Staaten haben noch immer die Hoffnung, für alle Zeiten die Führung auf der Welt zu halten: eine vergebliche Hoffnung, wie viele amerikanische Wissenschaftler bereits erkannt haben.
Unsere beiden Länder haben sich über Jahre hinweg immer mehr entfremdet, und sowohl die sowjetische als auch die amerikanische Wirtschaft hat viele brillante Möglichkeiten verpaßt. Wir haben es versäumt, viele gute Dinge gemeinsam zu tun, weil wir uns gegenseitig verdächtigt haben und weil das gegenseitige Vertrauen gefehlt hat.
Entfremdung ist ein Übel. Außerdem schaffen wirtschaftliche Kontakte eine materielle Basis für eine politische Wiederannäherung. Wirtschaftliche Kontakte schaffen gegenseitige Interessen, die in der Politik von Nutzen sein können. Wenn wir unseren Handel und unsere wirtschaftlichen Beziehungen fördern und den kulturellen Prozeß weiter vorantreiben, dann werden wir imstande sein, zwischen unseren Ländern Vertrauen aufzubauen, selbst wenn das langsamer vor sich geht, als wir es uns wünschen. Aber die Vereinigten Staaten haben im wirtschaftlichen Bereich viele Hindernisse errichtet.
Wir importieren immer noch Getreide – wenn auch eher, um den Handel aufrechtzuerhalten. Andernfalls könnte er ganz aufhören. Doch wie ich bereits gesagt habe, werden wir wahrscheinlich bald überhaupt kein Getreide mehr ein-

führen müssen. Und was andere Güter anbelangt, gibt es praktisch keinen Handel zwischen Amerika und der Sowjetunion. Sobald sowjetische Waren auf den amerikanischen Markt gelangen, ergreifen die Vereinigten Staaten besorgt Maßnahmen, um dies zu verhindern oder zumindest zu begrenzen. Es gibt jede Menge rechtliche Maßnahmen in Amerika, um zu verhindern, daß sich der Handel mit der Sowjetunion ausweitet.
Was den Handel betrifft, so kommt Amerika ohne die Sowjetunion zurecht, und auch wir schaffen es, ohne Amerika auszukommen. Doch sobald wir darüber nachdenken, wie sehr die Welt von unseren beiden Ländern und von einer Verständigung zwischen ihnen abhängig ist, erkennen wir, daß sich ein gegenseitiges Verständnis entwickeln muß. Und deshalb muß auch unser Handel ausgebaut werden. Das wäre nur normal, und es wäre sogar aufregend.
Es gibt bestimmte Gruppen in den Vereinigten Staaten, die nicht gerade entgegenkommend sind und auch nicht den Wunsch nach einem gegenseitigen Austausch haben. Es fehlt ihnen an Offenheit. Wenn die Vereinigten Staaten etwas von der Sowjetunion bekommen können, dann sind sie zwar zur Stelle. Doch wenn es um den gegenseitigen Nutzen geht, kann man nicht auf sie zählen.
Einiges ist aber auch vom Verhalten der Sowjetunion abhängig, genau genommen sogar sehr viel. Vielleicht sind wir schlechte Kaufleute. Oder wir strengen uns nicht genügend an, weil wir auch allein zurechtkommen. Beide Seiten müssen dafür sorgen, daß die Hindernisse beseitigt werden.
Nur so ist ein geeigneter Ansatz zu gegenseitigem Vertrauen gegeben. Zauberformeln helfen hier nicht. Vertrauen ist das Ergebnis praktischen Handelns, und das schließt das gemeinsame Bemühen mit ein, den Handel sowie wirtschaftliche, wissenschaftliche, technologische, kulturelle und andere Beziehungen auszubauen. Beide Seiten müssen darauf hinarbeiten, das Wettrüsten zu stoppen und zur Abrüstung überzugehen. Wenn wir bei der Regelung von regionalen Konflikten zusammenarbeiten, wird auch unser gegenseitiges Vertrauen wachsen.

Wenn ich höre, daß wir uns zuerst um das Vertrauen bemühen und die grundlegenden Probleme erst später lösen sollen, dann kann ich das nicht begreifen. Es hört sich mehr nach einer faulen Ausrede an. Ist Vertrauen denn ein Gottesgeschenk? Oder wird es von selbst entstehen, wenn die Sowjetunion und die Vereinigten Staaten nur immer wieder beteuern, sie seien für gegenseitiges Vertrauen? Nichts dergleichen. Vertrauen zu schaffen ist ein langwieriger Prozeß. Sein Grad der Entwicklung hängt von praktischen Beziehungen und von der Zusammenarbeit in vielen Bereichen ab.
Wir müssen einander besser kennenlernen, wenn wir unheilvolle Zwischenfälle vermeiden wollen. Ich wiederhole noch einmal, daß es nicht nur wirtschaftliche Faktoren sind, die uns zur Zusammenarbeit zwingen. Die politischen Ziele sind hier wichtiger als die wirtschaftlichen. Wir dürfen nie unser hauptsächliches Ziel vergessen, nämlich die sowjetisch-amerikanischen Beziehungen zu verbessern. Wir müssen daran denken, auch wenn dieses Ziel in noch so weiter Ferne liegt und unser Weg dahin vielleicht durch nationale oder internationale Faktoren verdunkelt wird.
Realistisch denkende Menschen in Amerika und anderswo sind für Kooperation, und nicht für Konfrontation. Informationen und persönliche Kontakte beweisen, daß dies der Fall ist. Diese Menschen begrüßen den Realismus in der sowjetischen Außenpolitik und verknüpfen große Erwartungen damit. Ich treffe mit vielen Geschäftsleuten zusammen, und ich erkenne, daß sie in größeren Kategorien denken, auch wenn sie dabei nie das Geschäft vergessen. Es ist immer ein Vergnügen, Dr. Armand Hammer zu begegnen. Er trägt viel dazu bei, die Verständigung und die freundschaftlichen Kontakte zwischen unseren beiden Ländern zu fördern. Und ich hörte neulich, daß Mr. Bronfman, einer der reichsten Männer Amerikas, einen Toast auf Gorbatschow ausgebracht und zu seinen Freunden gesagt habe: »Ich habe alles bekommen, was das Leben an Materiellem zu bieten hat. Doch jetzt geht es um die Zukunft der Menschheit. Wenn sich die Sowjetunion weiter entwickelt, wird sie imstande sein, das Gleichgewicht der Kräfte zu bewahren, und folglich wird es einen Markt und Frieden geben.«

Zweifellos sind die Sowjetunion und die Vereinigten Staaten zwei mächtige Staaten mit weitreichenden Interessen. Jeder hat seine Verbündeten und Freunde, seine außenpolitischen Prioritäten, aber das muß nicht bedeuten, daß wir deswegen zur Konfrontation verurteilt sind. Eine andere Schlußfolgerung wäre logischer – die Sowjetunion und die Vereinigten Staaten haben eine besondere Verantwortung für die Zukunft der Welt.

Der Großteil der Atomwaffen ist in der Sowjetunion und in den Vereinigten Staaten stationiert. Inzwischen reichen zehn oder sogar nur ein Prozent ihres Potentials aus, um auf unserem Planeten und unter der Bevölkerung einen nicht wiedergutzumachenden Schaden anzurichten.

Diese Tatsache macht klar genug, daß wir und die Amerikaner für die Nationen der Welt die größte Verantwortung tragen. Unsere beiden Länder und Völker und die Politiker haben eine besondere, einzigartige Verantwortung gegenüber der ganzen Menschheit. Das amerikanische Volk war stark genug, Amerika zu dem zu machen, was es heute ist. Und die Sowjetunion erwies sich als stark genug, sich aus einem vormals rückständigen Land in eine fortschrittliche Großmacht zu verwandeln. Die Sowjetunion ist heute, trotz all des Leids, das wir im Laufe unserer komplizierten Geschichte erfahren haben, ein mächtiger, hochentwickelter Staat und eine gebildete Nation mit einem großen intellektuellen Potential. Deshalb glaube ich, daß wir und die Amerikaner, mit unseren historischen Errungenschaften, die Klugheit, die Fähigkeit, das Verantwortungsgefühl und die gegenseitige Achtung aufbringen werden, um die Realität in den Griff zu bekommen und eine Katastrophe zu verhindern.

Wir sind uns der Masse der Probleme, die sich zwischen unseren beiden Ländern angehäuft haben, durchaus bewußt. Es ist unmöglich, Probleme, die sich über Jahre hinweg aufgetürmt haben, schnell zu erörtern und zu lösen. Es wäre eine Illusion, ein leerer Wahn, anders darüber zu denken. Und das Wichtigste in den sowjetisch-amerikanischen Beziehungen ist ja gerade, nicht einem Mythos nachzujagen, sondern die Dinge so zu sehen, wie sie sind.

Wir betrachten die Welt, einschließlich der Vereinigten Staaten, vom Standpunkt einer realistischen Politik aus. Und wir gehen von der grundlegenden Tatsache aus, daß weder das amerikanische noch das sowjetische Volk sich selbst zerstören will. In dieser Überzeugung haben wir einen Weg beschritten, der zur Verbesserung der Beziehungen mit den Vereinigten Staaten führen soll, und wir erwarten in dieser Hinsicht von den Amerikanern entsprechende Kooperationsbereitschaft.

Auf dem Weg nach Genf

Im Verlauf einer größeren »Bestandsaufnahme« unserer inneren Angelegenheiten und der internationalen Lage im Anschluß an die Plenarsitzung des ZK der KPdSU im April 1985 kam die sowjetische Führung zu dem Schluß, daß die Weltlage zu gefährlich sei, um auch nur die leiseste Chance für eine Verbesserung und für einen dauerhafteren Frieden zu verpassen.

Wir beschlossen daher, ein Beispiel zu setzen und gesunden Menschenverstand zu zeigen, um damit den gefährlichen Kurs der Ereignisse zu ändern. Der Ernst der Lage überzeugte uns davon, daß ein direktes Gespräch unter vier Augen mit dem US-Präsidenten dringend erforderlich war, auch wenn es dabei nur um einen tiefer gehenden Meinungsaustausch und ein besseres Verständnis der gegenseitigen Standpunkte gehen sollte.

Bereits einige Monate vor dem Treffen begannen wir, den Weg zu ebnen, indem wir ein günstigeres Klima schafften. Im Sommer 1985 verfügte die Sowjetunion ein einseitiges Moratorium für alle Nuklearexplosionen und brachte damit ihre Bereitschaft zum Ausdruck, die Verhandlungen über ein umfassendes Testverbot sofort wiederaufzunehmen. Wir bestätigten nochmals unser einseitiges Moratorium zu Versuchen für Antisatellitenwaffen und unterbreiteten einen drastischen Vorschlag zur Reduzierung der Atomwaffenarsenale. Wir bekräftigten unsere Überzeugung, daß das Wettrüsten sich nicht auf den Weltraum ausweiten dürfe, mit einem Vorschlag für eine weitreichende internationale Zusammenarbeit im Bereich der friedlichen Erforschung und Nutzung des Weltraums.

Am Vorabend des Genfer Treffens erklärten die Mitgliedstaaten des Warschauer Pakts auf einer Sitzung ihres Politisch Beratenden Ausschusses in Sofia, daß sie entschlossen seien, ihre Bemühungen um Frieden und Entspannung, gegen das Wettrüsten und die Konfrontation und für eine Verbesserung der internationalen Lage im Interesse aller Staaten der Welt fortzusetzen.

Das Genfer Treffen

Ich kann mich noch genau an alle Details des Genfer Treffens erinnern. Während der zwei arbeitsreichen Tage führte ich mehrere Gespräche unter vier Augen mit Präsident Reagan. Wir haben uns fünfmal getroffen, die wenigen Minuten, in denen wir einander auf Wiedersehen sagten, nicht mitgerechnet.

Wie ich bereits erwähnt habe, sprachen wir offen, ausführlich, scharf (und zuweilen auch äußerst scharf) miteinander. Wir erkannten, daß wir eine Art Sprungbrett hatten für unser gemeinsames Bemühen, die sowjetisch-amerikanischen Beziehungen zu verbessern. Es war die Erkenntnis, daß ein Atomkrieg niemals ausgelöst werden darf und daß es darin keine Sieger geben kann.

Diese Ansicht wurde wiederholt sowohl von sowjetischer als auch von amerikanischer Seite bekräftigt. Das heißt, daß als zentrales Problem der Beziehungen zwischen unseren beiden Ländern jetzt die Sicherheit gilt. Ich erklärte dem Präsidenten, daß wir über Möglichkeiten nachdenken müßten, die beiderseitigen Beziehungen im Interesse des sowjetischen und des amerikanischen Volkes zu verbessern, und danach versuchen sollten, diese Beziehungen freundschaftlich zu gestalten und dabei nicht nur daran zu denken, daß die beiden Länder verschieden sind, sondern auch, daß sie eng miteinander verbunden sind. Denn die Alternative sei die universale Zerstörung.

Ausgehend von dieser Haltung sprachen wir über notwendige Maßnahmen, um ein Wettrüsten im All zu verhindern und es auf der Erde zu stoppen, und über die Notwendigkeit, das strategische Gleichgewicht zu wahren und das jetzige Niveau zu senken. Von diesem Standpunkt aus erörterten wir auch die Lage der übrigen Welt, die eine vielschichtige Gemeinschaft von Nationen umfaßt, die alle ihre eigenen Interessen, Ziele, politischen Richtungen, Traditionen und Träume haben. Wir sprachen von dem natürlichen Wunsch jedes Volkes, seine souveränen Rechte im politischen, wirtschaftlichen und sozialen Bereich geltend zu machen. Jedes Land hat das Recht, einen Weg der Entwicklung, ein System und Freunde zu wählen. Wenn wir das nicht anerkennen, werden wir nie imstande sein, normale internationale Beziehungen aufzubauen.

Es gab Augenblicke, in denen mir der Präsident beipflichtete, doch in vielen Fragen konnten wir zu keiner Übereinstimmung gelangen. Die wesentlichen Unterschiede in prinzipiellen Dingen blieben. Es ist uns in Genf nicht gelungen, eine Lösung für das grundlegende Problem zu finden, nämlich das Wettrüsten zum Stillstand zu bringen und den Frieden zu stärken.

Dennoch war ich damals im Herbst 1985 der Überzeugung – und ich bin es auch jetzt noch –, daß das Treffen notwendig und nützlich war. In den schwierigsten Phasen der Geschichte sind Momente der Wahrheit so wichtig wie die Luft zum Atmen. Der Rüstungswettlauf hat die internationale Lage zu sehr verunsichert, und es ist im Zusammenhang damit zuviel Unsinn geredet worden. Die Zeit ist gekommen, den Schleier zu lüften und Worte durch Taten zu ersetzen. Nichts eignet sich dafür besser als direkte Gespräche, und dazu sind Gipfeltreffen schließlich da. Bei direkten Debatten kann man sich nicht vor der Wahrheit drücken.

In Genf haben wir einander besser kennengelernt, deutlich

die Unterschiede, die zwischen unseren Ansichten liegen, erkannt und einen Dialog begonnen. Wir unterzeichneten eine Vereinbarung über kulturellen Austausch, der bereits zu unserem beiderseitigen Vorteil begonnen hat. Wir erkannten, daß wir noch einen langen Weg vor uns haben, wenn wir zu einem zufriedenstellenden gegenseitigen Verständnis gelangen wollen, und daß wir wirklich hart arbeiten müssen, um in den sowjetisch-amerikanischen Beziehungen und in der Welt allgemein eine Wende zum Besseren herbeizuführen.

Nach Genf

Was geschah nach Genf? Wir haben immer gewußt, daß sich nichts von selbst ändert und daß es viel Initiative erfordert, das Erreichte weiterzuführen. Die in Genf unterzeichneten bindenden Vereinbarungen, in denen beide Seiten versicherten, daß es nie zu einem Atomkrieg kommen dürfe, daß keine der beiden Seiten nach militärischer Überlegenheit streben werde und daß die Genfer Verhandlungen beschleunigt werden sollten, mußten in praktische Schritte umgewandelt werden. Und wir haben solche Schritte unternommen.

Das Moratorium

Am 1. Januar 1986 lief die Frist unseres einseitigen Moratoriums für Nuklearexplosionen ab, doch die Sowjetunion hat es verlängert. Es handelte sich um eine sehr ernsthafte Entscheidung, die für uns einige Risiken in sich barg, weil Fortschritte in der Raumfahrttechnik gemacht und neue Kernwaffen, wie die atomgetriebenen Laser, entwickelt wurden. Doch wir hatten den Mut, es zu tun und die Vereinigten Staaten aufzufordern, unserem Beispiel im Interesse des Weltfriedens zu folgen.

Ein Atomtestverbot ist ein Prüfstein. Wenn man ernsthaft daran interessiert ist, Atomwaffen abzuschaffen, dann wird man dem Verbot von Tests zustimmen, weil ein solches Verbot zu einer Reduzierung der bestehenden Arsenale führt und ihrer Modernisierung ein Ende setzt. Wenn man nicht will, daß das geschieht, wird man alles tun, um sicherzustellen, daß die Tests fortgesetzt werden.

Ein Atomtestverbot ist eine Maßnahme, die umgehend ein neues, ermutigendes Element in die sowjetisch-amerikanischen Beziehungen und in die internationale Lage insgesamt einführen würde. Es war eine gute Basis vorhanden, um diese Maßnahme durchzuführen. Die Sowjetunion und die Vereinigten Staaten sind beide Unterzeichner des Vertrages, der Atomtests in drei Gebieten verbietet. Wir hatten eine Vereinbarung über die Begrenzung von unterirdischen Atomversuchen ausgearbeitet und hatten bereits einige Erfahrungen im Verhandeln über ihr völliges Verbot.

Zuerst bestand das große Hindernis im Problem der Überprüfung. Um es auszuräumen, erklärten wir uns bereit, die Überprüfung in jeder Form zu akzeptieren und zu diesem Zweck sowohl nationale technische Einrichtungen als auch internationale Einrichtungen, Drittländer inbegriffen, zu benutzen.

Das sowjetische Moratorium für Nuklearexplosionen war eine Tat und nicht nur ein Vorschlag, und es untermauerte die Ernsthaftigkeit unseres nuklearen Abrüstungsprogramms und unserer Appelle für eine neue Politik – eine Politik des Realismus, des Friedens und der Zusammenarbeit.

Menschen mit gutem Willen begrüßten unsere Entscheidung für ein Moratorium für Nuklearexplosionen. Wir bekamen von überall her Zustimmung und Unterstützung. Politiker und Parlamentarier, Persönlichkeiten des öffentlichen Lebens und Organisationen sahen in dieser Aktion ein Beispiel der angemessenen Beschäftigung mit den Problemen von heute und eine Hoffnung auf Befreiung von der Furcht vor einer atomaren Katastrophe. Das sowjetische Moratorium wurde von der Generalversammlung der Vereinten Nationen, der repräsentativsten Vereinigung von Staaten auf der Welt, gebilligt.

Wir wurden auch von hervorragenden Physikern und Ärzten unterstützt, die vielleicht besser als jeder andere die Gefahren der Atomkraft kennen. Das sowjetische Moratorium veranlaßte Mitglieder wissenschaftlicher Vereinigungen in vielen Ländern zu energischem Vorgehen.
Doch die Antwort auf all diese offensichtlichen und ermutigenden Anzeichen für das neue Denken sind Militarismus und eine mit ihm verbundene politische Einstellung, die auf so gefährliche Weise hinter den radikalen Veränderungen, die sich auf internationaler Ebene vollzogen haben, zurückbleibt. Die US-Regierung reagierte unmißverständlich auf die Verlängerung des sowjetischen Moratoriums – sie unternahm eine Reihe neuer Atomtests. Ihre Sprecher erklärten offiziell, daß es Moskaus Sache sei, Atomwaffen zu testen oder nicht. Was die Vereinigten Staaten betreffe, würden die Tests ohne Pause fortgesetzt.
Auf sowjetischen Versuchsgeländen herrschte Stille. Natürlich wogen wir die Gefahren, die die Handlungsweise Washingtons in sich barg, ab und erkannten, wie demonstrativ und dreist die amerikanische Regierung ihre Linie verfolgte und dabei die Appelle, allen Nuklearexplosionen ein Ende zu setzen, völlig mißachtete. Dennoch ließ sich das Politbüro des ZK der KPdSU, nachdem es die Probleme von allen Seiten beleuchtet hatte, von der Verantwortung für das Schicksal der Welt leiten und beschloß im August 1986, das einseitige Moratorium für Nukleartests bis zum 1. Januar 1987 zu verlängern. Die Vereinigten Staaten jedoch entschieden sich einmal mehr, dem sowjetischen Beispiel nicht zu folgen.
Ich glaube nicht, daß unser Moratorium nichts gebracht hat. Die Weltöffentlichkeit hat gelernt, daß Atomtests beendet werden könnten, und sie hat erfahren, wer sich dagegen sträubt. Es stimmt, daß damals eine historische Chance, das Wettrüsten aufzuhalten, verpaßt wurde, doch die politischen Lehren, die man aus all dem ziehen kann, waren nicht umsonst. Nun, da eine Vereinbarung getroffen wurde, ab 1. Dezember mit umfassenden, schrittweisen Verhandlungen über Atomtests zu beginnen, können wir uns und allen

gratulieren, daß es gelungen ist, diese Sache in die Tat umzusetzen.

Das nukleare Abrüstungsprogramm

Am 15. Januar 1986 stellten wir ein Fünfzehn-Jahres-Programm vor, das die schrittweise Abschaffung von Atomwaffen bis zum Ende dieses Jahrhunderts vorsieht. Wir arbeiteten dieses Programm sorgfältig aus, wobei wir darauf achteten, ein für alle Beteiligten annehmbares Gleichgewicht der Interessen zu gewährleisten und so niemals irgend jemandes Sicherheit zu gefährden. Jede andere Art des Vorgehens wäre einfach unrealistisch. Auf der Grundlage dieses Programms legten unsere Unterhändler bei den Genfer Gesprächen die wichtigsten Kompromißvorschläge vor. Es ging um die Frage der Mittelstreckenraketen, der strategischen Offensivwaffen und der Nicht-Militarisierung des Weltraums.

Die Erklärung vom 15. Januar hatte politischen Charakter. Wir wollten damit besonders auf die Bedrohung der Zivilisation durch Atomwaffen und Nuklearexplosionen hinweisen, ohne dabei jedoch die Fragen des Verbots und der Abschaffung von chemischen Waffen sowie einer drastischen Verringerung der konventionellen Rüstung zu vernachlässigen. Dabei wurde eine Reihe von Maßnahmen in groben Zügen vorgeschlagen. Oberstes Gebot bei der Durchführung sollte in allen Phasen die Beachtung des Gleichgewichts sein. Politische Spielereien und Tricks sind hier fehl am Platz. Es bedarf der politischen Verantwortung und einer klaren gegenseitigen Verständigung darüber, daß keiner dem anderen etwas vormacht, wenn es um ein derart heikles Thema wie die Sicherheit eines Staates geht.

Der Schritt, den wir am 15. Januar 1986 vorwärtsgingen, erforderte nicht nur, daß wir uns unserer Verantwortung bewußt waren, sondern auch politische Entschlußkraft. Wir gingen davon aus, daß neue Möglichkeiten erprobt werden müßten, um an die Probleme der Sicherheit im Atomzeitalter heranzugehen. Dies war auch der Wille unseres ganzen Volkes.

Als wir diesen Schritt vorwärtsgingen, war das letzte, woran wir dachten, die andere Seite an Propaganda zu übertreffen. Wir ließen uns vielmehr von einem Gefühl der Verantwortung dafür leiten, einen Atomkrieg zu verhindern und den Frieden zu bewahren. Unsere Einstellung stimmte darin mit der öffentlichen Meinung überein. Unter anderem war es aber auch eine Antwort auf den Appell der Sechser-Gruppe (Indien, Argentinien, Schweden, Griechenland, Mexiko, Tansania).

Wir stehen dem Gedanken einer atomwaffenfreien Welt sehr positiv gegenüber. Beeinflußt durch die politische Tradition Indiens und die besondere Art der indischen Philosophie und Kultur, wurde dieser Gedanke in der Erklärung von Delhi über die Grundlagen zur Schaffung einer atomwaffen- und gewaltfreien Welt entwickelt. Für uns ist das nicht irgendein Slogan, der erfunden wurde, um die Phantasie anzuregen. Sicherheit ist ein politisches Thema, keine Angelegenheit militärischer Konfrontation. Wenn es nicht gelingt, dies durch und durch zu begreifen, dann kann die Folge davon nur Krieg bedeuten, mit all seinen katastrophalen Folgen. Wenn die riesigen Arsenale an atomaren, chemischen und anderen Waffen in die Luft gejagt werden, dann wird von der Welt nichts übrigbleiben. Wir sprechen hier vom Überleben der Menschheit. Für uns ist der Gedanke einer atomwaffenfreien Welt zu einer Überzeugung geworden, zu der wir nach großem Leid gelangt sind. Wir betrachten Sicherheit als ein allumfassendes Konzept, das nicht nur militärpolitische, sondern auch wirtschaftliche, ökologische und humanitäre Aspekte mit einbezieht.

Auf dem XXVII. Parteitag der KPdSU verliehen wir dem Konzept vom Aufbau eines allumfassenden Systems der internationalen Sicherheit unter Berücksichtigung aller Standpunkte Gestalt. Wir legten es der ganzen Welt, den Regierungen, Parteien, Organisationen und Bewegungen vor, die ernsthaft um den Frieden auf der Welt besorgt sind.[44]

Wir gehen von keinem der Vorschläge, die in unserem Parteitagsprogramm aufgeführt sind, ab; wir sind bereit, mit größter Sorgfalt über jeden Vorschlag nachzudenken, der eine friedliche Koexistenz als edelstes, allumfassendes Prinzip zwischenstaatlicher Beziehungen fördert.
Wir sprachen auf dem Parteitag auch über die sowjetisch-amerikanischen Beziehungen. Ich möchte zu diesem Zweck unsere Erklärung dazu in Erinnerung rufen: »Die Sowjetunion hat die feste Absicht, die Hoffnungen der Menschen unserer beiden Länder und der ganzen Welt zu rechtfertigen, die von den führenden Politikern der UdSSR und der USA konkrete Schritte, praktisches Handeln und konkrete Vereinbarungen in der Frage des Rüstungsstopps erwarten.« Das Wesentliche des auf dem Parteitag vertretenen Standpunkts zu den sowjetisch-amerikanischen Beziehungen läßt sich in wenigen Worten zusammenfassen – wir leben auf demselben Planeten, und wir sind nicht in der Lage, den Frieden ohne die Hilfe der Vereinigten Staaten zu bewahren.

Die USA nach Genf

Wie hat sich nun die US-Regierung nach Genf verhalten? Sie startete zum x-ten Mal eine lautstarke Kampagne, die darauf abzielte, die antisowjetische Stimmung anzuheizen. Immer wieder wurden Versuche unternommen, die Sowjetunion als eine Art Schreckgespenst hinzustellen und die Furcht zu verstärken, um den neuesten Militäretat durch den Kongreß zu schleusen. Die Bezeichnung »Reich des Bösen« wurde wieder hervorgeholt, und der Präsident hat erneut bekräftigt, daß er sie weiterhin verwenden wird.
Man könnte all das als Phrasendrescherei abtun, doch, wie ich bereits gesagt habe, zerstören feindliche Parolen auch gegenseitige Beziehungen. Sie haben einen Schneeball-Effekt. Die Dinge sind jetzt weitaus ernster geworden. Man hat beispielsweise von der Sowjetunion verlangt, ihr diplomatisches Personal in den USA um vierzig Prozent zu

verringern; amerikanische Kriegsschiffe kreuzten in sowjetischen Hoheitsgewässern vor der Küste der Halbinsel Krim; gegen den souveränen Staat Libyen wurde ein militärischer Schlag lanciert. Wir betrachten solche Aktionen der amerikanischen Regierung nach den Genfer Verhandlungen als Herausforderung nicht nur der Sowjetunion, sondern der ganzen Welt, einschließlich des amerikanischen Volkes.
Dann erklärten die USA ihre Absicht, aus dem SALT-II-Vertrag auszusteigen. Man erklärte dieses Dokument für »tot«. Anstatt zu versuchen, zu neuen Vereinbarungen über die Beendigung des Wettrüstens zu gelangen, zog es die US-Regierung vor, die bestehenden Vereinbarungen für nichtig zu erklären. Man begann mit einer Kampagne, um das amerikanische Volk und die Weltöffentlichkeit einer Gehirnwäsche zu unterziehen, um den unbegrenzten ABM-Vertrag zunichte zu machen.
Worüber wir in der Vergangenheit nur Vermutungen anstellen konnten, hat die Zeit nach Genf bewiesen: wir haben heute Tatsachen in Händen, die bestätigen, daß die US-Regierung nicht geneigt ist, die Genfer Vereinbarungen zu erfüllen. Sie wollte zwar die Öffentlichkeit »beruhigen«, behielt jedoch ihre alte Linie bei.
Wir begannen uns erneut zu fragen, ob Washington ernsthaft der Meinung sei, es mit Schwachsinnigen zu tun zu haben, daß es sich weiterhin wie ein Spieler verhalten kann und annimmt, die Sowjetunion fahre vor jeder neuen militaristischen Drohgebärde erschreckt zusammen.
Zur selben Zeit sollte ich in Toljatti sprechen. Ich sollte den Arbeitern dieser Stadt und dem ganzen sowjetischen Volk erklären, was nach den Gesprächen in Genf alles geschehen war.
Wir haben viel geleistet, wir haben unsere Verpflichtungen gegenüber der Welt erfüllt, indem wir uns im Hinblick auf die Verpflichtungen von Genf höchst verantwortungsbewußt zeigten.
Und die Vereinigten Staaten? Ich habe die Tatsachen geschildert, und wiederum tauchte die Frage auf, was die Vereinigten Staaten wirklich wollen, und ob man sie eher

nach ihrer tatsächlichen Politik oder nach ihren Erklärungen beurteilen solle. Die US-Regierung hat nicht nur die Politik der Entspannung aufgegeben, sondern fürchtet anscheinend jedes Anzeichen von Tauwetter. Ich mußte dem sowjetischen Volk ehrlich sagen, wessen Interessen solch eine Politik zu dienen hat. Sicherlich war es nicht das amerikanische Volk, das eine wachsende militärische Bedrohung wollte, nicht wahr? Man mußte über den militärisch-industriellen Komplex der Vereinigten Staaten sprechen, der, wie der alte Moloch, nicht nur die immensen Ressourcen der Amerikaner und anderer Völker verschlingt, sondern auch die Früchte der Bemühungen, die Gefahr eines Atomkrieges zu bannen.

Natürlich ist unser Volk wegen SDI besorgt. Wir haben dies mehr als einmal betont. Doch vielleicht versucht man nur, uns erneut einzuschüchtern? Vielleicht ist es besser, die Angst vor SDI einfach aufzugeben?

Doch Gleichgültigkeit war sicherlich nicht angebracht. Wir sahen wohl, daß das Programm vom Krieg der Sterne in manchen Kreisen der Vereinigten Staaten großen Anklang fand, wenn sich auch Millionen von Amerikanern, darunter bekannte führende Politiker und Persönlichkeiten des öffentlichen Lebens, Leute von der Straße, Wissenschaftler, religiöse Führer, Schüler und Studenten gegen SDI und Atomtests aussprachen. Dies war um so gefährlicher, als es die direkte Folge einer rapiden Militarisierung des politischen Denkens war. Und deshalb war es notwendig, den Eindruck von uns loszuwerden, für den wir nicht verantwortlich waren. Man ist der Meinung, daß die UdSSR, wenn sie Angst vor SDI hat, mit Hilfe von SDI moralisch, wirtschaftlich, politisch und militärisch eingeschüchtert werden kann. Dies erklärt, warum SDI so große Bedeutung zugemessen wird. Man verfolgt damit das Ziel, uns auszuhungern. Deshalb haben wir uns zur Erklärung entschlossen: Ja, wir sind gegen SDI, weil wir für die vollständige Abschaffung von Atomwaffen sind und weil SDI die Welt noch unsicherer macht. Doch für uns ist das eher eine Frage der Verantwortung als der Angst, weil die Folgen unvorhersehbar wären.

Anstatt die Sicherheit zu stärken, zerstört SDI die Reste von dem, was der Sicherheit noch dienlich sein könnte.
Ich beschloß, in meiner Rede in Toljatti nochmals zu betonen, daß unsere Reaktion auf SDI effektiv sein würde. Die Vereinigten Staaten hoffen, daß wir ähnliche Systeme entwickeln und sie uns dann technologisch immer voraus wären und ihre technologische Überlegenheit ausnützen könnten. Doch wir, die sowjetische Führung, wissen, daß es nichts gibt, was die Amerikaner erreichen können, das unseren Wissenschaftlern und Ingenieuren nicht auch gelingt. Ein Zehntel der US-Investitionen würde ausreichen, um ein Gegensystem aufzubauen und SDI zunichte zu machen.
Deshalb sind wir entschlossen, die demagogischen Behauptungen zu entlarven, wir würden angesichts von SDI erschrocken zurückweichen.
In meiner Rede wiederholte ich die Formulierung des Parteitages – wir wollen nicht mehr Sicherheit, aber wir werden uns auch nicht mit weniger zufriedengeben.
Mit der Zusammenfassung der Ergebnisse aus den Monaten nach dem Genfer Gipfel wollten wir dem Westen, den Vereinigten Staaten und der NATO deutlich machen, daß wir unsere Friedenspolitik auf keinen Fall aufgeben würden, daß wir jedoch die westliche Politik dabei genau im Auge behalten würden. Wir würden nicht um Frieden betteln. Wir hatten uns mehr als einmal den Herausforderungen gestellt und würden es wieder tun.
Es schien einleuchtend, daß die Vereinigten Staaten auf unsere Initiativen und Bewegungen nach dem Genfer Gipfel hätten reagieren sollen, indem sie uns halbwegs entgegengekommen wären und die Wünsche der Menschen berücksichtigt hätten. Doch das war nicht der Fall. Die herrschenden Kreise stellten ihre eigenen Interessen über die der Menschheit und des eigenen Volkes. Auffallend war auch, daß sie es so freiheraus und herausfordernd taten und die öffentliche Meinung dabei völlig ignorierten.
Ein solches Verhalten beweist, daß das Verantwortungsbewußtsein wieder einmal von der gewohnten Einstellung verdrängt wurde, daß man mit allem ungestraft davonkommt.

Die Hoffnung, die nach dem Genfer Gipfel überall, auch in der amerikanischen Gesellschaft, aufkam, machte bald darauf Ernüchterung Platz, weil in der US-Politik alles beim alten blieb.

Die Lehre von Tschernobyl

Im April 1986 mußten wir erfahren, wozu ein Atom, das außer Kontrolle gerät, imstande ist, auch wenn es sich dabei um ein Atom handelt, das friedlichen Zwecken dient. Ich spreche von der Tragödie von Tschernobyl. Die ganze Wahrheit über das Wie, das Warum und die Folgen wurde aufgedeckt. Diejenigen, die an der Katastrophe schuld waren, wurden bereits vor Gericht gestellt. Die Welt weiß, was in unserem Land getan wurde, um das Ausmaß des Unglücks so gering wie möglich zu halten.

Wir haben im Politbüro des ZK immer wieder über den Vorfall gesprochen. Kurz nachdem uns die ersten Berichte erreicht hatten, erkannten wir, daß die Lage ernst war und daß wir sowohl für die Klärung des Unfalls als auch für die richtigen Schlußfolgerungen die Verantwortung trugen. Unsere Arbeit liegt der ganzen Nation und der ganzen Welt offen vor. Die Vermutung, wir könnten uns mit Halbheiten zufriedengeben und dem eigentlichen Problem aus dem Weg gehen, ist unangebracht. Die Informationen über das, was geschehen ist, dürfen nicht anders als vollständig und unvoreingenommen sein. Einen feigen Standpunkt einzunehmen ist eine unannehmbare Politik. Es gibt keinerlei Interessen, die uns zwingen würden, die Wahrheit zu verschweigen.

Die sowjetische Führung war direkt in die Bemühungen mit einbezogen, mit den Auswirkungen des Unfalls zurechtzukommen. Wir hielten dies für unsere Pflicht gegenüber den Menschen und nahmen damit auch unsere internationale Verantwortung wahr. Die fähigsten Wissenschaftler, Ärzte und Techniker wurden herbeigerufen, um die Folgen des

Unfalls zu eliminieren. Wir bekamen Hilfe – was wir sehr zu schätzen wissen – von Wissenschaftlern, Firmen und Ärzten, darunter auch von Amerika. Und schließlich zogen wir entscheidende Konsequenzen für die weitere Entwicklung der Kernkraftindustrie.
Dank des selbstlosen Einsatzes von Zehntausenden von Menschen und der weltweiten Unterstützung, einschließlich der Spenden, gelang es uns, die Folgen des Unfalls unter Kontrolle zu bringen. Doch wir sehen darin keinen Grund, nun über die Sache mit Schweigen hinwegzugehen. Wir haben nicht die Absicht, die Lage zu verharmlosen, weder uns noch anderen gegenüber. Die Arbeit geht weiter. Es wird Jahre dauern, obwohl, ich wiederhole, die Situation unter Kontrolle ist.
Und dies war ein Unfall, an dem lediglich ein einziger Reaktor beteiligt war. Tschernobyl erinnerte uns unbarmherzig daran, was wir alle erdulden müßten, wenn ein nuklearer Sturm ausgelöst würde.
Ich möchte nicht all die Lügen wiedergeben, die über Tschernobyl verbreitet wurden. Ich möchte nur sagen, daß wir das Verständnis und die Hilfe all jener, die in unserem Unglück mit uns fühlten, zu schätzen wissen, daß sich an diesem Beispiel aber auch wieder einmal gezeigt hat, wieviel Bosheit und Böswilligkeit es auf der Welt gibt.

Reykjavik

Wir erkannten, daß die militaristischen Kreise in den Vereinigten Staaten (ich meine damit weder die Republikanische noch die Demokratische Partei, sondern diejenigen, die eng mit dem Rüstungsgeschäft verbunden sind) geradezu Angst bekamen, wenn sich auch nur der geringste Hinweis zeigte, daß sich die Beziehungen zwischen unseren beiden Ländern entspannten. Diese Kreise hatten alles Mögliche und Unmögliche getan, um das, was auf dem Genfer Gipfel vereinbart worden war, vergessen zu machen, den Geist von Genf

auszulöschen, alle Hindernisse an ihren alten Platz zurückzustellen und das Wettrüsten ohne Behinderung fortzusetzen, auch in die neue Richtung – in den Weltraum.
Aber wir waren uns auch bewußt, daß diese militaristischen Kreise bei weitem nicht die einzige Gruppierung auf dem politischen Schauplatz der USA sind. Amerikanische Politiker, die realistische Standpunkte vertraten und sich keinen Illusionen über die Weltlage hingaben, sprachen sich dafür aus, die Verhandlungen mit der UdSSR fortzusetzen, um neue Wege zur Normalisierung der sowjetisch-amerikanischen Beziehungen zu finden, denn sie wußten, daß das Wettrüsten für die Vereinigten Staaten selbst ernsthafte negative Folgen haben würde. Doch die Interessen militanter Kreise triumphierten in der einen oder anderen Weise immer, so wie es auch früher oft geschehen war.
Die Chancen für einen großangelegten, fruchtbaren sowjetisch-amerikanischen Gipfel sanken rapide. Es wäre frivol und sinnlos gewesen, sich zu einem neuen Gipfel zu treffen, nur um sich gegenseitig die Hände zu schütteln und freundschaftliche Beziehungen zu mimen. Und doch konnten wir das Nein Amerikas als Antwort auf unsere ständigen Bemühungen, eine Wiederannäherung der Standpunkte zu erreichen und einen vernünftigen Kompromiß auszuhandeln, nicht akzeptieren. Wir wußten, daß wir einen Durchbruch schaffen mußten und daß die Zeit gegen die Interessen der Menschheit arbeitete. Dann kam der Gedanke an ein vorbereitendes sowjetisch-amerikanisches Gipfeltreffen, um der nuklearen Abrüstung einen kräftigen Impuls zu geben, die gefährlichen Tendenzen zu überwinden und die Dinge in die richtige Richtung zu lenken. Der US-Präsident akzeptierte unsere Initiative, was recht ermutigend schien. So wurde der Weg geebnet für das Gipfeltreffen in Reykjavik im Oktober 1986.
Im Verlauf unseres ersten Gesprächs in Reykjavik erklärte ich dem Präsidenten, daß es uns als Folge des Genfer Gipfels gelungen sei, den komplizierten und gewaltigen Mechanismus des sowjetisch-amerikanischen Dialogs in Gang zu setzen. Doch dieser Mechanismus sei mehr als einmal ins

Stocken geraten: es gebe keine Fortschritte in den wichtigsten Fragen, die beide Seiten beträfen – wie man die nukleare Bedrohung entschärfen, aus dem von Genf ausgehenden Impuls Nutzen ziehen und spezielle Abkommen erreichen könnte. Das bereite uns Kopfzerbrechen. Ich erklärte dem Präsidenten, daß die Genfer Verhandlungen in endlosen Diskussionen über Fragen erstickt seien, die alle in Sackgassen führten. Es lägen etwa fünfzig bis hundert Alternativen in der Luft, aber keine bringe einen Fortschritt.

Wir hatten uns gründlich auf das Gipfeltreffen in Reykjavik vorbereitet. Wir verfolgten eine klar umrissene, feste Linie, um auf längere Sicht zu einem vollständigen Abbau von Nuklearwaffen zu kommen, und zwar mit gleicher Sicherheitsgarantie für die Vereinigten Staaten und für die Sowjetunion in jeder Stufe der Annäherung an dieses Ziel. Jeder andere Ansatz wäre vage, unrealistisch und untauglich gewesen. Wir waren davon überzeugt, daß das Treffen von Reykjavik den Weg ebnen würde für die Unterzeichnung eines Abkommens über grundlegende Fragen zur Rüstungskontrolle bei unserem nächsten Treffen.

Wir brachten ein umfangreiches Paket mit drastischen Maßnahmen mit, die, wenn sie angenommen worden wären, eine neue Epoche in der Geschichte der Menschheit eingeleitet hätten, eine Epoche ohne Kernwaffen. Es ging nicht mehr um die Begrenzung von Atomwaffen, wie dies im SALT-I- und SALT-II-Vertrag der Fall war, sondern um die Beseitigung der Kernwaffen innerhalb einer relativ kurzen Zeit.

Der *erste* Vorschlag betraf die strategischen Offensivwaffen. Ich erklärte unsere Bereitschaft, diese innerhalb der ersten fünf Jahre um fünfzig Prozent zu reduzieren.

Als Antwort darauf bekam ich alles mögliche über Begrenzungsniveaus, Sub-Begrenzungsniveaus sowie verwirrende Rechnungen zu hören, über denen die Delegationen bei den Genfer Verhandlungen monatelang gebrütet und die sie regelrecht durchgekaut hatten, bevor sie in einer Sackgasse gelandet waren. Ich begann meinen Standpunkt darzulegen, doch bald merkte ich, daß die Diskussionen zu keinem

Ergebnis führten. Um aus der Sackgasse herauszukommen – die bei den Genfer Verhandlungen nicht zufällig entstanden war, sondern in der Absicht geschaffen wurde, die Gespräche zu diskreditieren und sie als Farce erscheinen zu lassen –, bot ich eine einfache und klare Lösung an. Es gab drei Arten strategischer Angriffswaffen – bodengestützte Raketen, U-Boot-Trägerraketen und Kampfflugzeuge. Sowohl die UdSSR als auch die USA verfügten über solche Waffen, wenn auch auf beiden Seiten mit ihren eigenen historisch bedingten Unterschieden. Ich schlug vor, jeden Teil dieser drei Waffenarten fair und gleichmäßig zu halbieren.

Um eine Übereinkunft zu erleichtern, gingen wir auf einen bedeutenden Kompromiß ein und ließen unsere frühere Forderung fallen, daß das strategische Gleichgewicht die amerikanischen Mittelstreckenraketen, die unser Territorium erreichen konnten, und die amerikanischen Trägersysteme einschließe. Wir waren außerdem bereit, die Besorgnis der USA über unsere schweren Raketen zu berücksichtigen.

Der Präsident stimmte diesem Vorschlag zu. Darüber hinaus brachte er den Vorschlag zur vollständigen Abschaffung von strategischen Offensivwaffen innerhalb der nächsten fünf Jahre vor, den ich energisch unterstützte.

Unser *zweiter* Vorschlag betraf die Mittelstreckenraketen. Ich schlug dem Präsidenten vor, sowohl die sowjetischen als auch die amerikanischen Raketen dieser Klasse in Europa vollständig zu liquidieren. Auch hier machten wir große Zugeständnisse, und zwar insofern, als wir erklärten, daß im Gegensatz zu unserer bisherigen Haltung nun die gegen uns gerichteten Atomwaffen Großbritanniens und Frankreichs ausgeklammert werden sollten. Wir erklärten uns bereit, die Raketen mit einer Reichweite bis zu tausend Kilometer einzufrieren und unverzüglich Verhandlungen darüber aufzunehmen, was weiter mit ihnen geschehen sollte, wobei wir natürlich von der Annahme ausgingen, daß Europa letztendlich diese Raketen loswerden sollte. Schließlich nahmen wir den amerikanischen Vorschlag an, die Zahl der Mittelstreckenraketen, die im asiatischen Teil der Sowjetunion aufgestellt waren, drastisch zu begrenzen und lediglich hundert nukleare Sprengköpfe an solchen Raketen zu belassen, die im Osten des Urals in der UdSSR aufgestellt waren, sowie hundert Sprengköpfe an amerikanischen Mittelstreckenraketen auf US-Territorium. Als Ergebnis zeichnete sich die Möglichkeit ab, daß wir unsere Außenminister damit beauftragen konnten, einen Entwurf für eine Vereinbarung über Mittelstreckenraketen auszuarbeiten.

Die *dritte* Frage, die ich dem Präsidenten gleich bei unserem ersten Gespräch gestellt habe und die ein unabtrennbarer Bestandteil des Pakets mit unseren Vorschlägen war, betraf die Stärkung des ABM-Vertrags und das Verbot von Atomtests.

Ich versuchte den Präsidenten davon zu überzeugen, daß wir uns bei allen Anstrengungen, die Atomwaffen abzubauen, gegenseitig versichern müßten, daß keiner von uns beiden etwas unternimmt, was die Sicherheit der anderen Seite aufs Spiel setzt. Deshalb die besondere Betonung einer Stärkung des ABM-Vertrages. Wir berücksichtigten auch gebührend das starke Engagement des Präsidenten für die Idee von SDI. Wir schlugen vor, festzuhalten, daß Laborforschungen im Zusammenhang mit SDI erlaubt seien, dann aber, daß auch die Frage der Nichtinanspruchnahme des Rechts auf einen Ausstieg aus dem ABM-Vertrag für zehn Jahre festgeschrieben werden sollte. Der auf zehn Jahre veranschlagte Verzicht auf die Inanspruchnahme des Rechts, aus dem ABM-Vertrag auszusteigen, war für uns unerläßlich, um sicherzugehen, daß bei unseren Verhandlungen über die Rüstungskontrolle unsere gegenseitige Sicherheit garantiert und alle Versuche verhindert würden, durch die Aufstellung weltraumgestützter Waffensysteme einseitige Vorteile zu erlangen.

Politisch, praktisch und technisch stellten diese Beschränkungen keinerlei Bedrohung für jemanden dar. Ich werde später noch einmal auf diesen Punkt zurückkommen, doch vorläufig möchte ich nur daran erinnern, daß wir in Reykjavik dem Präsidenten den Vorschlag unterbreitet haben, uns darauf zu einigen, daß unsere Vertreter mit Verhandlungen über ein Atomtestverbot beginnen sollten, sobald unser

Gipfeltreffen in der isländischen Hauptstadt abgeschlossen sei. Wir nahmen auch zu diesem Problem eine flexible Haltung ein, indem wir festhielten, daß wir einen umfassenden Vertrag über das vollständige und endgültige Verbot von Nukleartests als einen Prozeß betrachten, der nur in einem schrittweisen Vorgehen zustandekommen kann. Vordringliche Themen in diesem Zusammenhang könnten die »Schwelle der Kapazität« von Atomtests, die jährliche Anzahl solcher Tests und die Zukunft der Verträge von 1974 und 1976 einschließen. Wir waren nahe daran, auch für jene Fragen eine angemessene Formel zu finden.
Ich glaube immer noch, daß der Weg zu einem Moratorium noch nicht hoffnungslos blockiert ist. Die Tatsache, daß wir wieder mit den Atomtests beginnen mußten, ist gewiß kein Zeichen dafür, daß die Vereinigten Staaten allein bestimmen, wie es weitergeht. Es ist schwer zu sagen, wann wir in der Lage sein werden, uns gegenseitig realistisch zu beurteilen. Doch eines Tages wird es so weit sein, vielleicht ganz unerwartet, einfach weil das Leben uns weiser macht. Die Geschichte ist reich an Beispielen, die zeigen, wie rasch sich die Situation ändern kann.
So endete der Gipfel von Reykjavik damit, daß unsere Außenminister den Auftrag erhielten, drei Vertragsentwürfe auszuarbeiten, die beim nächsten sowjetisch-amerikanischen Gipfel unterzeichnet werden sollen. Aber die klare, günstige Gelegenheit für einen Durchbruch auf dem Weg zu einem entscheidenden historischen Kompromiß zwischen der UdSSR und den USA ging letztlich in die Brüche, obwohl sie in greifbarer Nähe gewesen war.
Die amerikanische Haltung gegenüber dem ABM-Vertrag erwies sich als Stolperstein. Nach Reykjavik habe ich mich immer wieder gefragt, warum die Vereinigten Staaten einer Einigung aus dem Weg gegangen waren, die eine Stärkung dieses Vertrages mit unbegrenzter Dauer mit sich gebracht hätte. Und jedes Mal kam ich zu ein und demselben Schluß: Die Vereinigten Staaten sind nicht bereit, sich von der Hoffnung zu trennen, doch noch die nukleare Überlegenheit zu erringen, und dieses Mal wollen sie die Sowjetunion überflügeln, indem sie die SDI-Forschung vorantreiben.

In diesem Zusammenhang möchte ich noch einmal wiederholen: Wenn es den Vereinigten Staaten gelingt, mit SDI zum Ziel zu kommen, was wir sehr bezweifeln, wird darauf eine sowjetische Antwort folgen. Wenn die Vereinigten Staaten SDI nicht aufgeben, dann werden wir den USA das Leben nicht leichter machen. Unsere Antwort wird wirksam, glaubwürdig und nicht sehr kostspielig sein. Wir haben versuchsweise ein Konzept entwickelt, wie wir SDI durchlöchern können, ohne die sagenhaften Summen ausgeben zu müssen, die die USA benötigen, um es aufzubauen. Die Amerikaner sollten sich noch einmal überlegen, ob es die Sache wirklich wert ist, wenn sie sich wegen SDI an den Rand des Ruins bringen. Es würde ohnehin keinen verläßlichen Schutz bieten.
Doch SDI bedeutet immerhin, daß Waffen in eine neue Dimension gebracht werden, was die strategische Situation gewaltig destabilisieren würde. Andererseits verrät das Festhalten an SDI bestimmte politische Ziele und Absichten, nämlich die Sowjetunion in eine für sie nachteilige Lage zu versetzen, ganz gleich, wie. Es waren diese politischen Zielsetzungen, diese illusorischen Pläne – durch die strategische Verteidigungsinitiative die Herrrschaft über die UdSSR zu erringen –, die verhinderten, daß Reykjavik von Entscheidungen mit historischer Bedeutung gekrönt wurde.
Ronald Reagan und ich sprachen viel darüber, und unsere Diskussionen waren ziemlich heftig. Ich war aufrichtig, als ich zum Präsidenten sagte, daß aus unserem Treffen kein Sieger hervorgehen könne, daß wir entweder beide gewinnen oder verlieren würden.
Trotz allem war Reykjavik ein Wendepunkt in der Weltgeschichte. Es zeigte sehr deutlich, daß die Weltlage verbessert werden könnte. Es war danach eine meßbar neue Situation entstanden. Keiner kann jetzt noch so handeln, wie er es zuvor getan hat. In Reykjavik sind wir zu der Überzeugung gelangt, daß unser Kurs richtig ist und daß ein neuer konstruktiver Weg des politischen Denkens lebenswichtig ist.
Das Treffen hob den sowjetisch-amerikanischen Dialog,

wie überhaupt den ganzen Ost-West-Dialog, auf eine neue Ebene. Dieser Dialog hat sich von dem verwirrenden Durcheinander technischer Einzelheiten, des Zahlenvergleichs und der politischen Arithmetik befreit und deutlich neue Züge angenommen. Reykjavik ist zu einem günstigen Ausgangspunkt für die Möglichkeit geworden, schwierige Probleme zu lösen – der Sicherheit, der atomaren Abrüstung und der Notwendigkeit, neue Dimensionen des Wettrüstens zu stoppen. Reykjavik wies den Weg, wie die Menschheit die Unsterblichkeit wiedererlangen kann, die sie verloren hat, als Atomwaffen Hiroshima und Nagasaki in Schutt und Asche legten.
Wir sind der Meinung, daß das Treffen in Island einen Markstein darstellt. Es steht für den Abschluß eines Stadiums in den Bemühungen um Abrüstung und den Beginn eines neuen. Wir brachen mit dem alten Gesprächsmuster und führten den sowjetisch-amerikanischen Dialog aus dem heraus, was ich als politischen Nebel und als Demagogie bezeichnen würde. Während der jahrelangen Verhandlungen machten zahlreiche Vorschläge von beiden Seiten das Abrüstungsproblem zu einem reinen Fachchinesisch selbst für führende Politiker, ganz zu schweigen von der Öffentlichkeit. Unser jüngstes Abrüstungsprogramm ist einfach und für jeden verständlich. Es läßt sich in vier Punkte zusammenfassen, die auf anderthalb Seiten aufgeführt sind. Die breite Öffentlichkeit kann es verstehen. Das war unser wohlüberlegtes Ziel, um die Weltöffentlichkeit an unseren Gesprächen zu beteiligen.

Nach Reykjavik

Die Dialektik des Treffens von Reykjavik sieht folgendermaßen aus: Das Ziel rückt in immer greifbarere Nähe, während die politische Lage immer komplizierter und widersprüchlicher wird. Man kann deutlich sehen, daß einerseits eine Einigung, die in ihrem Ausmaß beispiellos ist, in Reichweite

liegt, andererseits aber enorme Barrieren den Weg dorthin behindern. Allgemein gesprochen: Wir sind einer Vereinbarung nie zuvor so nahe gekommen.
Immerhin stellte sich heraus, daß wir über den ersten und zweiten Punkt unseres Programms – über die strategischen Waffen und die Mittelstreckenraketen – eine Einigung erzielen konnten, wenn dies auch schwierig war. Schon dies allein bereicherte unsere Erfahrungen beträchtlich. Wir konnten die Schwierigkeiten des Präsidenten richtig einschätzen und sahen ein, daß er keine freie Entscheidung treffen konnte. Daher dramatisierten wir auch nicht die Tatsache, daß das Problem um den ABM-Vertrag verhinderte, daß Reykjavik ein absoluter Erfolg wurde. Wir beschlossen daher, daß der Präsident über alles, was geschehen war, nachdenken und sich mit dem Kongreß beraten sollte. Es würde ein weiterer Versuch nötig sein, um all das auszuräumen, was uns noch trennt. Wir können warten. Aus diesem Grund zogen wir auch die Vorschläge, die wir nach Reykjavik mitgebracht hatten, nicht zurück.
Reykjavik gewährte uns einen wichtigen Einblick, wo wir stehen. Es bedarf nun klarer und eindeutiger Überlegungen, und der Ansatz dazu darf nicht primitiv sein. Ich würde Reykjavik auf keinen Fall als Fehlschlag bezeichnen. Es war eine Phase in einem langen und schwierigen Dialog auf der Suche nach Lösungen, die einfach umfassend sein müssen. Nur dann ist ein Abkommen möglich. Aus dem Treffen von Reykjavik zogen wir den Schluß, daß das Bedürfnis nach einem gegenseitigen Dialog zugenommen hat. Deshalb bin ich nach Reykjavik noch optimistischer als davor.
Das Manuskript dieses Buches war bereits beim Verlag, als sich Eduard Schewardnadse und George Shultz in Washington darauf einigten, daß innerhalb kurzer Zeit ein Abkommen über die Mittel- und Kurzstreckenraketen abgefaßt und noch vor Jahresende unterzeichnet werden sollte. Dies wird der erste größere Schritt zur Abrüstung sein. Und dies wird auch ein praktisches Resultat des Treffens von Reykjavik sein, der Beweis, daß es in der Tat eine historische Begegnung und ein Wendepunkt war. Und damit

haben wir auch die Antwort auf eine Frage, die damals oft gestellt wurde: Ist die Welt nach Reykjavik sicherer geworden?
Einige versuchten das Drama von Reykjavik (die Lage war wirklich dramatisch) so auszulegen, als ob die ganze Sache von einem einzigen Wort abhinge und zusammenbrechen würde, falls dieses nicht ausgesprochen würde. Dies war nicht der Fall. Es war einfach eine Frage des Prinzips. Wir machten große Schritte, um der anderen Seite entgegenzukommen, aber wir konnten kein Zugeständnis machen, das die Sicherheit unseres Landes aufs Spiel gesetzt hätte.
Nach meiner Rückkehr nach Moskau sprach ich zweimal über die Ergebnisse von Reykjavik, und das nicht nur, um die Wahrheit wiederherzustellen, die verdreht worden war. Mein vordringlichstes Ziel war, zu entscheiden, was als nächstes getan werden sollte. Ich sagte damals, und ich bin immer noch davon überzeugt, daß sich der Mißerfolg von Reykjavik auf zwei strategische Fehleinschätzungen zurückführen lasse, die für bestimmte westliche Kreise typisch sind.
Erstens, daß die Russen aus Angst vor SDI zu allen Konzessionen bereit seien; und *zweitens*, daß wir ein größeres Interesse an der Abrüstung hätten als die Vereinigten Staaten. Diese Ansichten hatten Auswirkungen auf den Verlauf der Gespräche in Reykjavik. Wir merkten bald, was man von uns erwartete. Die amerikanische Delegation war ohne ein fest umrissenes Programm nach Reykjavik gekommen, und sie wollte lediglich Früchte für ihren eigenen Korb pflücken. Die amerikanischen Verhandlungspartner zogen uns stur an den Punkt, über den unsere Delegationen bei den Genfer Gesprächen bereits ergebnislos verhandelt hatten. Wir, für unseren Teil, wollten das, was auf dem Genfer Gipfel grundsätzlich vereinbart worden war, in die Praxis umsetzen und verwirklichen. Mit anderen Worten, wir wollten einen Impuls geben, um die Abschaffung nuklearer Waffen in Gang zu bringen.
Bei allen vorhergehenden Gesprächen war es lediglich um die Begrenzung von Atomwaffen gegangen. Doch jetzt ging es um ihre Verminderung und Vernichtung.

Daher war es notwendig, sämtliche Lücken für Täuschungsmanöver, die eine militärische Überlegenheit garantierten, zu schließen. Das war der Grund, weshalb sich die Einhaltung des ABM-Vertrages als Schlüsselfrage erwies. Die Haltung der USA in Reykjavik zu diesem Punkt zeigte deutlich, daß die amerikanische Seite ihre Ansichten über militärische Überlegenheit nicht fallengelassen hatte. Es stellte sich heraus, daß es ihr sowohl an Verantwortungsbewußtsein als auch an politischer Entschlußkraft fehlte, um diese Schwelle zu überschreiten, weil dies zugleich bedeutet hätte, daß man den Einfluß des militärisch-industriellen Komplexes abschütteln müßte.

Dennoch geben wir die Sache nicht verloren. Wir gehen von der Überzeugung aus, daß Reykjavik neue Chancen für alle – Europäer, Amerikaner und uns – eröffnet hat, um zu erkennen, was geschieht. Eines ist uns allerdings klar: Da die Amerikaner vom ABM-Vertrag loskommen und SDI weiter verfolgen wollen – ein Instrument zur Absicherung ihrer Überlegenheit –, ergibt sich die Notwendigkeit für ein Verhandlungspaket, das alles miteinander verbindet. Und wir wollen fair sein: Indem wir ein solches Paket vorantrieben, wollten wir vor aller Welt zeigen, daß SDI das Haupthindernis für ein Abkommen über nukleare Abrüstung ist.

Die Zeit, die seit Reykjavik vergangen ist, ist in höchstem Maße lehrreich gewesen. Die militaristischen Kreise bekamen regelrecht Angst. Sie versuchten, und versuchen noch immer, dem Prozeß, der in Reykjavik begonnen hat, die absurdesten Hindernisse in den Weg zu stellen, um ihn im Sande verlaufen zu lassen. Alle möglichen Geschichten wurden über das, was in Reykjavik verhandelt wurde, aufgetischt, und alle erdenklichen Anstrengungen wurden unternommen, um die Tatsache zu verbergen, daß die amerikanische Seite mit leeren Händen nach Reykjavik gekommen und lediglich darauf vorbereitet war, sowjetische Zugeständnisse einzuheimsen.

In den Tagen, Wochen, Monaten und nun fast einem Jahr seit Reykjavik haben sich alle möglichen Dinge ereignet.

Ich ziehe es vor, die Dinge beim Namen zu nennen: Die US-Regierung hat in der Tat einen Kurs eingeschlagen, der auf eine Annullierung der Ergebnisse von Reykjavik hinausläuft. Keine ihrer Handlungen läßt daran einen Zweifel. Wir mußten mit ansehen, wie die USA begannen, einzelne Dinge im Zusammenhang mit den tatsächlichen Ereignissen in Reykjavik zu verdrehen, und Westeuropa wurde geradezu von einer Panik befallen.
Doch die Hauptsache sind die Aktivitäten der Vereinigten Staaten. Ich spreche von der Tatsache, daß die Vereinigten Staaten die Beschränkungen des SALT-II-Vertrages offenkundig unterliefen, indem sie den 131., mit Cruise Missiles bestückten strategischen Bomber in Dienst stellten. Außerdem weise ich auf die ostentativ lautstarken Debatten in der Regierung zugunsten der sogenannten »weiten Auslegung« des ABM-Vertrages hin. Und in den ersten Monaten des Jahres 1987 vernahmen wir aus Washington, daß es für die USA an der Zeit sei, mit der Stationierung der ersten Bestandteile für SDI im Weltraum zu beginnen.
Auch die Genfer Gespräche kamen nur schleppend voran. Man unternahm Versuche, uns zu bremsen, und abermals wurden sämtliche Begrenzungsniveaus und Sub-Begrenzungsniveaus aufgewärmt und auf den Verhandlungstisch gebracht. Für Propagandazwecke wurde das Ganze mit Sprüchen über die angebliche sowjetische Hartnäckigkeit und Sturheit garniert; es wurde behauptet, daß die UdSSR ihre Vorschläge als ein Paket vorlege und damit Lösungen verhindere, wo sie angeblich bereits möglich seien.
Was sollten wir tun? Auf ähnliche Weise reagieren? Aber es kommt doch nie etwas Gutes bei solch einer Haltung heraus.
Wir folgten nicht dem »Beispiel« der USA, sondern erklärten, daß wir weiterhin unseren Verpflichtungen aus dem SALT-II-Vertrag nachkommen würden. Ein Kampfflugzeug mehr oder weniger bedeutet kaum etwas im Zusammenhang mit dem gegenwärtigen strategischen Gleichgewicht zwischen der UdSSR und den USA. Die Verletzung des SALT-II-Vertrages durch Washington war eher politischer als mili-

tärischer Natur. Es war so etwas wie eine »Einladung« an die Sowjetunion, wieder zu den Zeiten vor Reykjavik zurückzukehren.

Wir behielten selbst dann noch einen kühlen Kopf, als in den USA rechtsgerichtete Gruppierungen lautstark darüber diskutierten, das SDI-Programm auszuweiten und sofort zu testen und gar weltraumgestützte ABM-Systeme aufzustellen.

Was das Gerede über das sowjetische Paket angeht, so bin ich nach wie vor der Überzeugung, daß, hätten die Vereinigten Staaten dieses Paket mit möglichen Zusätzen und bestimmten Modifizierungen angenommen, ein enormer Fortschritt erzielt worden wäre. Früher enthielt das Paket noch Maßnahmen zur Begrenzung und Abschaffung strategischer Angriffswaffen sowie zur Verhinderung der Militarisierung des Weltraums. Diese Fragen sind organisch miteinander verbunden. Das ist strategische Koordination. Wenn es keine straffen Beschränkungen zur Verhinderung des Wettrüstens im All gibt, dann wird es auch keine Verringerung bei den strategischen Angriffswaffen geben. Das muß jedem absolut klar sein.

In Reykjavik haben wir die Frage der Mittelstreckenraketen in das Paket mit einbezogen, weil wir das Wettrüsten auf allen Ebenen gleichermaßen einschränken wollten. Gleichzeitig, ich wiederhole es noch einmal, wollten wir SDI besonders hervorheben, so daß die ganze Welt sehen konnte, daß es das Haupthindernis auf dem Weg zur atomaren Abrüstung ist. Viele westliche Politiker kritisierten und verurteilten uns, weil wir die Mittelstreckenraketen wieder in das Paket einbrachten. Ich weiß, daß auch die Öffentlichkeit zum Teil nicht mit uns übereinstimmte. Dennoch glaube ich, daß wir die richtige Entscheidung getroffen haben.

Das Moskauer Forum »Für eine atomwaffenfreie Welt und das Überleben der Menschheit« hinterließ bei mir und anderen führenden sowjetischen Politikern einen nachhaltigen Eindruck. Wir wurden uns in eindringlicher Weise der Ansichten der Weltöffentlichkeit bewußt, ihrer Ängste und Besorgnis über das Schicksal von Reykjavik, über die Tatsache, daß kurz nach Reykjavik die Sowjetunion ihr einseitiges Moratorium über Atomtests aufhob, daß die Vereinigten Staaten den SALT-II-Vertrag unterminierten und daß der ABM-Vertrag auf dem Spiel stand. Wir dachten in der Sowjetunion viel darüber nach und beschlossen, einen weiteren Schritt zu unternehmen, um die Genfer Gespräche zu intensivieren und eine positive Wende in der Abrüstung herbeizuführen. Ich spreche von der Ausklammerung der Frage der Mittelstreckenraketen aus dem Paket.

Und was geschah?

Ebenso wie nach Reykjavik schrillten im Lager der NATO die Alarmsirenen. Als Reaktion auf unsere erneute Annäherung an den Westen und vor aller Augen begannen die herrschenden Kreise der NATO, von Positionen abzurücken, die sie seit langem aufrechterhalten hatten. Sie verwarfen ihre eigene Nullösung oder verbarrikadierten sie hinter den verschiedensten Bedingungen. Sie gingen sogar soweit, eine Aufstockung der Atomwaffenarsenale in Europa durch die Stationierung von amerikanischen Raketen kürzerer Reichweite vorzuschlagen, anstatt eine Verringerung solcher Arsenale in Betracht zu ziehen.

Wir hören auch Erklärungen wie die folgende: Der Westen wird den Vorschlägen der Sowjetunion zur Rüstungsbegrenzung Glauben schenken, falls die UdSSR ihr politisches System ändert und falls sie die westliche Gesellschaft als Modell akzeptiert. Das ist einfach lächerlich.

Nach Reykjavik, und insbesondere nach unserem Vorschlag, ein separates Abkommen über Mittelstreckenraketen zu schließen, erhoben NATO-Kreise ein lautstarkes Geschrei, weil sie es für unmöglich halten, den Frieden in Europa ohne Atomwaffen zu sichern.

Über diese Frage führte ich eine heftige Debatte mit Margaret Thatcher. Sie behauptete, für Großbritannien seien Nuklearwaffen das einzige Mittel, um die Sicherheit im Falle eines konventionellen Krieges in Europa zu garantieren. Das ist eine Philosophie des Untergangs. Ich erklärte der britischen Premierministerin: »Wenn Sie jetzt dafür plädieren, daß Atomwaffen ein Segen sind und daß die USA und die UdSSR ihre Potentiale verringern mögen, Großbritannien jedoch nichts damit zu tun haben will, wird es nur zu offensichtlich, daß wir eine glühende Verfechterin von Atomwaffen vor uns haben. Nehmen wir einmal an, daß wir mit dem Abrüstungsprozeß beginnen, die Mittelstreckenraketeten aus Europa entfernen und die strategischen Offensivwaffen um fünfzig Prozent oder auch um einen anderen Prozentsatz reduzieren, während Sie weiterhin Ihre Atomstreitkräfte ausbauen. Haben Sie je daran gedacht, wie Sie dann in den Augen der Weltöffentlichkeit dastehen werden?«
Ich hielt es für meine Pflicht, daran zu erinnern, daß Großbritannien an den trilateralen Verhandlungen über das allgemeine und umfassende Verbot von Atomtests teilgenommen und dann plötzlich jegliches Interesse an diesen Verhandlungen verloren hatte. Wir hielten uns achtzehn Monate lang an ein Moratorium für Atomtests, während Großbritannien sich nicht darum kümmerte.
Die Existenz von Nuklearwaffen birgt ein ständiges Risiko in sich. Wenn wir der Logik folgen, Atomwaffen seien ein Segen und eine verläßliche Sicherheitsgarantie, dann nichts wie weg mit dem Atomwaffensperrvertrag. Zumal da Dutzende von Staaten jetzt ohnehin über die wissenschaftlichen, technischen und materiellen Kapazitäten verfügen, um ihre eigene Bombe zu bauen. Welches moralische Recht nehmen die gegenwärtigen Atommächte für sich in Anspruch, um das gleiche Recht, sagen wir mal Pakistan, Israel, Japan, Südafrika, Brasilien oder jedem anderen Land zu verweigern? Doch was würde dann aus der Welt werden, aus den internationalen Beziehungen?
Um die Lage richtig einzuschätzen, bestärkte das Politbüro

des ZK der KPdSU die sowjetische Führung in ihrer resoluten Mißbilligung einer solchen Haltung, die behauptet, daß die Aufrechterhaltung der internationalen Beziehungen und die Wahrung der nationalen Sicherheit nur durch das Vertrauen auf Nuklearwaffen verwirklicht werden könne.

Nun zurück zur Frage der Mittelstreckenraketen. Genau genommen war es Ronald Reagan, der die Nullösung für Europa vorschlug. Auch Helmut Schmidt fordert einen Anspruch auf die Exklusivrechte an dieser Idee. Und tatsächlich war Schmidt der erste, der diesen Vorschlag vorbrachte, als er noch Bundeskanzler war. In Reykjavik fanden der Präsident und ich eine Lösung und brachten sie praktisch bis zum Stadium eines Abkommens. Nun kann man es verwirklichen. In einer bundesdeutschen Zeitung hieß es, daß es Menschen in der Bundesrepublik gebe, die darauf pochten, Gorbatschow beim Wort zu nehmen. Doch indem Gorbatschow der Nullösung zustimmte, habe er sie beim Wort genommen. Nun, so heißt es in der Zeitung weiter, sollten sie mal den Beweis antreten, daß es nicht nur Geschwätz war, als sie ihre Nullösung anboten und darauf hofften, die Russen würden sie ohnehin ablehnen. Ich mußte schmunzeln, als ich das las. Aber dann dachte ich: Na ja, vielleicht hat die Zeitung alles in allem sogar recht.

Auch das Problem der Raketen mit kürzerer Reichweite könnte gelöst werden. Wir sind für die Vernichtung dieser Raketen. Aber sehen wir uns mal an, was passiert ist. Im April 1987 kam George Shultz nach Moskau, um uns davon zu überzeugen, daß die Vereinigten Staaten das Recht haben müßten, ihr Arsenal auszubauen, indem sie eine Anzahl von Raketen dieser Klasse stationierten, bis die Sowjetunion ihre Raketen vollständig abschafften. Das ist eine seltsame, abartige Logik. Wir werden die Raketen kürzerer Reichweite, die gegenwärtig aus der Deutschen Demokratischen Republik und der Tschechoslowakei abgezogen werden, vernichten, und wir sind auch bereit, danach den Rest zu verschrotten. Doch als wir diesen Vorschlag machten, begann die NATO abermals wie eine Katze um den heißen Brei zu schleichen. Die Geschichte wiederholte sich.

Wir ließen uns davon jedoch nicht entmutigen. Nachdem wir die Lage, die nach den Genfer Verhandlungen im Frühjahr und im Frühsommer entstanden war, genau beobachtet und die Stimme der europäischen und asiatischen Öffentlichkeit aufmerksam angehört hatten, unternahmen wir einen weiteren größeren Schritt.

Am 22. Juli 1987 verkündete ich im Namen der Sowjetführung, daß die Sowjetunion bereit sei, auch *alle* Mittelstreckenraketen im asiatischen Teil ihres Territoriums abzuschaffen. Dies würde die Frage vom Tisch bringen, ob die hundert Sprengköpfe bei den Mittelstreckenraketen beibehalten werden sollten, auf die wir uns mit dem Präsidenten in Reykjavik geeinigt hatten und über die später auch in Genf von unseren Delegationen verhandelt worden war. Selbstverständlich gilt dies nur unter der Bedingung, daß die Vereinigten Staaten dasselbe tun. Die Raketen kürzerer Reichweite würden ebenfalls verschrottet. Mit einem Wort, die Sowjetunion ist bereit, die globale doppelte Nullösung in die Tat umzusetzen.

Wir können mit gutem Gewissen sagen, daß die Sowjetunion alles in ihrer Macht Stehende getan hat, um dem allerersten bedeutenden Abkommen über die Vernichtung von zwei, und nicht nur einer einzigen, Klassen von Nuklearwaffen zu verwirklichen.

Doch wie viele Barrieren hat man errichtet und einem Abkommen in den Weg gestellt! Was für eine Hürde muß noch genommen werden, bis Vernunft und Verstand endlich über den nuklearen Wahnsinn triumphieren können!

Ermessen Sie selbst, was wir fühlten, als man uns, nachdem wir der doppelten Nullösung zugestimmt hatten, erklärte, zweiundsiebzig Pershing-1-A-Raketen würden auf dem Gebiet der Bundesrepublik bleiben und damit auch eine entsprechende Anzahl von Atomsprengköpfen für diese Raketen. Damit ist klar, daß alles – der nicht-atomare Status der Bundesrepublik Deutschland, der Vertrag über die Nichtweiterverbreitung von Atomwaffen und das Prinzip der Gleichberechtigung der betroffenen Parteien – auf der Strekke bleiben muß. Aber was ist, wenn unter diesen Umständen die Deutsche Demokratische Republik, die Tschechoslowakei oder Polen uns darum bitten sollten, ihnen etwas in die Hand zu geben, um den amerikanisch-bundesdeutschen Atomraketenkomplex auszugleichen? Was dann? Sollen wir eine Situation akzeptieren, in der das Wettrüsten, nachdem es gerade an einer Stelle abgeblockt worden ist, an einer neuen Stelle wieder von vorn beginnt?

Ich erklärte gegenüber dem amerikanischen Außenminister: »Glauben Sie denn wirklich, daß wir so schwach sind, um bereitwillig Ihrer Regierung pausenlos den Hof zu machen? Oder glauben Sie vielleicht, daß wir einfach mehr am Ausbau der sowjetisch-amerikanischen Beziehungen interessiert sind und die amerikanische Seite infolgedessen nichts dazu beitragen muß? Falls dem so ist, dann ist das eine Illusion, eine äußerst gefährliche Illusion. Ich sage dies frei heraus, ohne diplomatische Tarnung.«

Die Welt ist der Spannungen leid. Die Menschen haben ungeduldig auf eine Chance gewartet, um die Lage zu verbessern und die Kriegsgefahr zu verringern. Die Sowjetunion machte noch nie dagewesene Zugeständnisse, um eine solche Chance zu ermöglichen. Wenn diese Chance verpaßt wird, dann wird das auf der ganzen Weltpolitik seinen Stempel hinterlassen.

Man könnte sich fragen, warum wir, die Sowjetunion, in dieser Sache so in Eile sind? Denn wir würden ja in der Tat mehr Mittelstreckenraketen zu verschrotten haben als der Westen, und dasselbe gilt für die Raketen kürzerer Reichweite. Was spornt uns an? Es gibt nur eins, was uns zur Eile treibt, und das ist unsere klare Einsicht in die Notwendigkeit, etwas zu tun, echte Schritte zu unternehmen, damit der Abrüstungsprozeß tatsächlich in Gang kommt, auch wenn dies langsam der Fall ist und er von ganz besonderen Umständen abhängt.

Lösungen für dramatische Probleme müssen bei allen Diskussionen und auf allen Ebenen gesucht werden, vor allem aber bei den Genfer Verhandlungen. Diesen gilt unsere besondere Aufmerksamkeit. Ich denke, der Leser weiß jetzt, was wir zu den Fortschritten, die dort erzielt wurden, beigetragen haben.

Wir wollen nicht einfach nur Verhandlungen führen. Ich muß ganz offen sagen, daß die bloße Tatsache, daß die Verhandlungen weitergehen, einigen Leuten in Amerika ganz gut paßt. Doch uns genügt dies nicht. Es ist gut, daß die Gespräche fortgesetzt werden. Aber es ist wichtig, daß man sich in irgendeine Richtung bewegt, um Fortschritte zu erzielen und zu Vereinbarungen zu gelangen, damit das sowjetische und das amerikanische Volk und die ganze Welt durch die Vereinbarungen von Genf die Lösung für die noch anstehenden Probleme findet, die die atomare Bedrohung beseitigen und den Weg zur Abrüstung ebnen wird.

Das streben wir an. Wenn die Gespräche nur als Deckmantel benutzt werden, um mit sämtlichen Militärprogrammen und eskalierenden Verteidigungsbudgets fortzufahren, dann sind wir strikt dagegen. Das ist ein unannehmbarer Weg.

Natürlich ist es nicht einfach, die Grundlagen, auf denen in den vergangenen fünfzig Jahren die Ost-West-Beziehungen aufgebaut wurden, zu ändern. Aber das Neue klopft jetzt buchstäblich an jedes Fenster und an jede Tür. Wir, die gegenwärtige Generation politischer Führer, müssen dem unsere volle Aufmerksamkeit schenken. Leider werden aber noch viele Politiker von alten Vorbehalten und stereotypen Auffassungen beherrscht.

Die Zeit ist gekommen, um eine Wahl zu treffen. Wir alle müssen uns dem Test des guten Willens, politischer Courage und politischer Vernunft stellen. Es ist klar, daß eine erfolgreiche Lösung der Probleme im Zusammenhang mit Raketen mit mittlerer und kürzerer Reichweite eine große Bedeutung und gewichtige Folgen für den gesamten Abrüstungsprozeß haben wird. Sie wären ein Beweis des Vertrauens, der so dringend benötigt wird.

Natürlich werden wir die Verhandlungen über die strategischen Waffen und deren Abbau fortsetzen. Es besteht ein ungefähres Gleichgewicht zwischen den USA und der UdSSR, was das Potential bei den strategischen Waffen anbelangt. Ich habe mehr als einmal von amerikanischer Seite gehört, die USA würden unsere Interkontinentalrake-

ten (ICBM) als besondere Bedrohung betrachten. Wir betrachten unsererseits die amerikanischen U-Boot-Raketen (SLBM) als eine große Bedrohung, weil diese weniger verwundbar und mit jeweils unabhängig voneinander programmierbaren Sprengköpfen ausgestattet sind sowie eine hohe Zielgenauigkeit haben. Wir sehen eine weitere Bedrohung in den zahlreichen Militärstützpunkten, die die UdSSR einkreisen. Trotzdem, es besteht ein militärisches Gleichgewicht zwischen uns. Wenn daher im Rahmen der gegenwärtigen Strukturen mit den gegenwärtigen Arsenalen an strategischen Offensivwaffen ein strategisches Gleichgewicht gegeben ist, dann würde das Gleichgewicht auch nach einem fünfzigprozentigen Abbau noch bestehen, dann allerdings auf einem niedrigeren Niveau. Und das würde die politische Lage verändern. Genau das habe ich Präsident Reagan in Reykjavik vorgeschlagen – die Reduzierung der gesamten Triade und jedes ihrer Teile um fünfzig Prozent. Das wäre eine bedeutende Errungenschaft gewesen.
Selbstverständlich muß der ABM-Vertrag genau eingehalten werden. Was SDI betrifft, so haben wir nichts dagegen, wenn innerhalb der Grenzen von Laboratorien, Instituten, Fabrikanlagen und Testgeländen Forschung betrieben wird. Unser Vorschlag sieht natürlich vor, daß sich die Vereinigten Staaten im Rahmen ihres Zugangs zu SDI an die fünf bis acht Punkte halten. Also läßt man am besten die Spezialisten zusammenkommen, alles sondieren und abklären, welche der Bestandteile im Weltraum stationiert werden dürfen und welche nicht. Unsere Kompromißvorstellungen bieten eine gute Gelegenheit für eine Lösung.
Die Sowjetunion hat viel unternommen, um eine neue politische Situation und neue Möglichkeiten für eine Verbesserung und stärkere Dynamisierung der sowjetisch-amerikanischen Beziehungen zu schaffen. Keine der früheren Regierungen der vergangenen Jahrzehnte hat so große Chancen gehabt, durch eigenes Zutun die Beziehungen zur UdSSR zu verbessern. Und? Es gibt nichts, dessen man sich rühmen kann! Bislang sind wir noch keinen Zentimeter weiter gekommen.

Und die Zeit läuft aus. Wir waren fest davon überzeugt, daß wir entweder Vereinbarungen erreichen würden oder daß uns nichts anderes übrigbleiben würde, als Reisig in das schwelende Feuer der sowjetisch-amerikanischen Beziehungen zu werfen, um es nicht völlig verlöschen zu lassen.
Wir haben die notwendigen Schritte unternommen, um unsere Politik von ideologischen Vorurteilen zu befreien. Eben das muß der Westen auch tun. Er muß sich vor allem von der Selbsttäuschung freimachen, daß die Sowjetunion Abrüstung nötiger brauche als der Westen und daß ein wenig Druck genüge, damit wir das Prinzip des Gleichgewichts aufgeben. Das werden wir nie tun.
Sehen Sie: All die sowjetischen Vorschläge, ganz gleich wie gründlich man sie analysiert, gehen von der Vorstellung der Gleichheit und des Gleichgewichts in allen Phasen aus. Das trifft auf Atomwaffen, konventionelle und chemische Waffen zu, und das trifft auch auf jedes geographische Gebiet – den Osten, den Westen, Europa und Amerika – zu. Wir bereiten unsere Vorschläge gründlich vor und gehen von der Vorstellung aus, daß kein Land Handlungen zustimmen würde, die seiner Sicherheit schaden könnten.
Wenn immer wir unsere Vorschläge bei Verhandlungen vorbringen, sei es bei den Genfer Gesprächen oder anderswo, lassen wir uns von der Idee leiten, daß, wenn wir nur die Interessen der Sowjetunion berücksichtigen und die Interessen unserer Partner ignorieren würden, ein Abkommen niemals erreicht werden könnte. Wir appellieren an die amerikanische Seite, dasselbe zu tun – uns auf die gleiche Weise zu behandeln, weil wir nie die Überlegenheit der anderen Seite oder irgendwelche Übergriffe auf unsere Sicherheit dulden werden. Andererseits wollen wir nicht die Sicherheit der USA beeinträchtigen. Wenn beide Seiten eine solche Haltung einnehmen, dann wird ein ganz entscheidender Fortschritt auf allen Ebenen der sowjetisch-amerikanischen Zusammenarbeit möglich sein.
Natürlich können wir warten, bis eine neue Regierung an die Macht kommt, aber wir ziehen es vor, uns mit der gegenwärtigen zu einigen. Wir haben einen Anfang gemacht;

es gibt persönliche Kontakte und ein gewisses Maß an Verständigung. Wir halten es für ungeheuer wichtig, eine normale Atmosphäre zu schaffen, in der es möglich wäre, längerfristig einen großen Schritt zu einem Abkommen zu tun. Doch die amerikanische Seite gerät immer wieder ins Wanken. Und was noch schlimmer ist: Jedes Mal, wenn wir einen Schritt auf Washington zugehen, gelingt es den Gegenkräften, die ganze Sache zu komplizieren und die Vorwärtsbewegung zu stoppen, indem sie entsprechende Aktivitäten verstärken.
Jüngstes Beispiel dafür ist die Abhöraffäre in den Botschaften. Ich schlug George Shultz ein »neues Konzept« vor, nämlich daß er und Schewardnadse die Hauptspione und unsere Botschafter in Moskau und Washington ebenfalls Spione seien. Sie haben ihre Posten doch deshalb inne, um ihr jeweiliges Land aufs genaueste über den Stand der Dinge und die Absichten des anderen Landes zu informieren. Der ganze Rummel um den Spionagewahn in den Botschaften ist sinnlos. Wir wissen alle wichtigen Dinge über die USA, und die USA wissen alles über uns. Dieses Mal war die Spionagemanie entfacht worden, weil so etwas einfach zur Regel geworden ist: Wenn immer fest umrissene Konturen sichtbar werden, wenn immer es möglich wird, in unseren Beziehungen etwas Entscheidendes zum Abschluß zu bringen, dann wendet man einen Trick an oder schmiedet ein Komplott, um den Fortschritt zu torpedieren.
Ich weiß, daß die unterschiedlichsten falschen Vermutungen über die Einstellung der Sowjetführung zu Präsident Ronald Reagan angestellt worden sind. Ich habe persönliche Eindrücke vom Präsidenten. Wir trafen uns zwei Mal und unterhielten uns viele Stunden lang. Meiner Meinung nach wird derzeit ein ernsthafter Dialog zwischen mir und dem Präsidenten aufrechterhalten, trotz aller Schwierigkeiten. Manchmal sagen wir einander unfreundliche Dinge, auch in der Öffentlichkeit und mit ziemlich scharfen Worten. Für meinen Teil kann ich nur sagen, daß wir unsere Bemühungen fortführen werden. Wir werden mit jedem Präsidenten, mit jeder Regierung, die das amerikanische Volk wählt,

Zusammenarbeit und produktive Gespräche suchen. Die Wahl eines Präsidenten – sei er nun Demokrat oder Republikaner – ist einzig und allein Sache der Amerikaner. Ich wiederhole, daß wir mit der Regierung zusammenarbeiten werden, die vom amerikanischen Volk damit beauftragt wird, das Land zu regieren. Ich glaube, man sollte in allen Fällen so handeln. Die Amerikaner sollen in ihrem Land so leben, wie sie wollen, und wir werden in der Sowjetunion leben, wie wir es uns wünschen. Wir wollen nie die Liste der Politiker in beliebte und unbeliebte, geachtete und ungeachtete aufspalten. Es gibt Realitäten, und die sollte man berücksichtigen. Andernfalls wird die Politik zur Improvisation, zu einem ständigen Hin und Her von einem Extrem ins andere, und damit anfällig für Unvorhersehbarkeit. Es wäre falsch, in der Politik so zu handeln, vor allem wenn es um die Beziehungen zwischen Ländern wie den Vereinigten Staaten und der Sowjetunion geht. Das ist eine sehr ernsthafte Angelegenheit.

Es ist sehr wichtig, daß sowohl die Sowjetunion als auch die Vereinigten Staaten von der Überzeugung ausgehen, daß wir uns miteinander verständigen müssen, daß wir die Verpflichtung haben, zu lernen, in Frieden zu leben.

Ein großes Werk von historischer Bedeutung liegt vor uns, sowohl für die Vereinigten Staaten als auch für die Sowjetunion. Keines unserer beiden Länder wird allein imstande sein, dieses Werk auszuführen. Ich spreche vom Problem, das uns in diesen Tagen am meisten beschäftigt – die Gefahr zu verhindern, daß die Menschheit in einem Atomkrieg vernichtet wird. Wenn diese Aufgabe erfolgreich beendet ist, dann bestehen gute Aussichten auf eine Blütezeit der sowjetisch-amerikanischen Beziehungen, ein »goldenes Zeitalter«, von dem die UdSSR und die USA, alle Länder und die ganze Weltgemeinschaft profitieren würden.

Schlußfolgerungen

Und nun ist es an der Zeit, zusammenzufassen... Nur noch ein paar Worte zum Schluß.

Ich bin fest davon überzeugt, daß das Buch noch nicht zu Ende geführt ist oder überhaupt zu Ende geführt werden kann. Es muß durch Taten vervollständigt werden, durch praktisches Handeln, das darauf ausgerichtet ist, die Ziele zu erreichen, die ich auf diesen Seiten ganz offen zu beschreiben versucht habe.

Die Umgestaltung fällt uns nicht leicht. Wir bewerten jeden Schritt, den wir unternehmen, kritisch, messen uns selber an unseren praktischen Ergebnissen und wissen sehr wohl, uns einsichtig, daß das, was heute akzeptabel und ausreichend erscheint, schon morgen veraltet sein kann.

Die vergangenen zweieinhalb Jahre haben uns viel gebracht. Die kommenden Jahre, und vielleicht sogar schon Monate, werden neue, unkonventionelle politische Schritte bringen. Im Verlauf der Umgestaltung unterbreiten und erläutern wir unsere Ansichten über die Vergangenheit, die Gegenwart und die Zukunft des Sozialismus. Wir sind dabei, uns selbst neu zu entdecken. Dies wurde und wird, wie ich bereits gesagt habe, weder getan, um einer Phantasie nachzujagen, noch um »Zuneigung zu gewinnen« oder Beifall zu ernten. Wir werden von den Ideen der Oktoberrevolution von 1917, von den Gedanken Lenins und den Interessen des sowjetischen Volkes motiviert.

Wir sind davon überzeugt, daß von den Früchten der Umgestaltung auch die internationalen Beziehungen profitieren werden. Neues politisches Denken ist ein Gebot der Zeit.

Groß sind die Gefahren, denen die Menschheit gegenübersteht. Es gibt genügend Elemente der Konfrontation, doch die Kräfte, die den Wunsch haben und imstande sind, dieser Konfrontation Einhalt zu gebieten und sie zu überwinden, gewinnen vor unseren Augen an Stärke und Ausmaß. Von gegenseitigem Mißtrauen und gegenseitiger Feindseligkeit zu gegenseitigem Vertrauen zu gelangen, von einem »Gleichgewicht des Schreckens« zu einem Gleichgewicht der Vernunft und des Wohlwollens, von engstirnigem nationalistischen Egoismus zur gegenseitigen Zusammenarbeit – darauf dringen wir. Dies ist das Ziel unserer Friedensinitiativen, und dafür werden wir weiterhin unermüdlich arbeiten.

Es herrscht ein großes Bedürfnis nach gegenseitigem Verständnis und nach gegenseitiger Verständigung auf der Welt. Man findet es unter Politikern, es gewinnt bei den Intellektuellen an Gewicht, bei den Vertretern des kulturellen Lebens und in der gesamten Öffentlichkeit. Und wenn das russische Wort *perestroika* leicht in den internationalen Wortschatz Eingang gefunden hat, so ist dies auf ein nur allzu gerechtfertigtes Interesse an dem, was in der Sowjetunion vor sich geht, zurückzuführen. Nun braucht die ganze Welt eine Umgestaltung, das heißt, eine fortschrittliche Entwicklung, eine fundamentale Veränderung.

Die Menschen spüren und verstehen das. Sie müssen alle ihre Richtlinien finden, um die Probleme, die die Menschheit bedrücken, zu verstehen, und um zu erkennen, wie sie in Zukunft leben wollen. Die Umgestaltung ist ein Muß für eine Welt, die überflutet wird von Atomwaffen; ein Muß für eine Welt, die von ernsten wirtschaftlichen und ökologischen Problemen heimgesucht wird; ein Muß für eine Welt, in der noch immer Armut, Rückständigkeit und Krankheit herrschen; ein Muß für eine Menschheit, die nun der zwingenden Notwendigkeit ins Auge sieht, ihr eigenes Überleben zu sichern.

Wir sind alle Schüler, und unsere Lehrer sind das Leben und die Zeit. Ich bin davon überzeugt, daß mehr und mehr Menschen erkennen werden, daß durch die UMGESTALTUNG im weitesten Sinne des Wortes die Unversehrtheit der Welt garantiert werden wird. Wenn wir uns bei unserem hauptsächlichen Lehrmeister – dem Leben – gute Noten verdient haben, werden wir gut vorbereitet ins 21. Jahrhundert gehen und sicher sein, daß es noch einen weiteren Fortschritt geben wird.

Wir wollen, daß im heraufziehenden 21. Jahrhundert überall in der Welt Freiheit herrscht. Wir wollen, daß sich ein friedlicher Wettbewerb zwischen unterschiedlichen Gesellschaftssystemen ungehindert entfalten kann, um eine für beide Seiten vorteilhafte Zusammenarbeit, und nicht Konfrontation und Wettrüsten zu fördern. Wir wollen, daß die Menschen eines jeden Landes Wohlstand, Glück und Zufriedenheit genießen können. Der Weg dorthin führt über eine atomwaffenfreie, gewaltfreie Welt. Wir haben diesen Weg eingeschlagen, und wir fordern andere Länder und Nationen auf, dasselbe zu tun.

Vorbemerkung

In meinem Schlußwort zur ersten Ausgabe sagte ich, daß dieses Buch noch nicht zu Ende geführt sei und überhaupt nicht zu Ende geführt werden könne ohne die Taten und das praktische Handeln, durch das die beschriebenen Ziele erst realisiert werden. Heute, ein Jahr später, wird durch die Resolutionen der Parteikonferenz, mit denen die nächste Etappe des neuen Denkens erreicht werden soll, ein neues Kapitel der Perestroika verwirklicht.

Kapitel 8

Rede Michail Gorbatschows zum Abschluß der XIX. Unionsparteikonferenz am 1. Juli 1988

Genossen! Unsere Konferenz geht ihrem Ende entgegen. Die soeben angenommenen Dokumente zu den Diskussionsergebnissen und die Diskussion dieser Dokumente selbst machen eine lange Schlußbetrachtung überflüssig. Trotzdem ist die Konferenz ein Ereignis von solcher Tragweite, daß wir die Arbeit, die in den vergangenen vier Tagen geleistet wurde, nach strengsten Kriterien bewerten müssen.

Dies geschieht nicht, um der früher vorherrschenden Tradition, jedes neue Parteiforum in den Himmel zu loben, zu huldigen, sondern um, wie ich meine, die Bedeutung der XIX. Parteikonferenz für das Leben der Partei und des ganzen Landes begreifen zu können. Die Konferenz war ein großes Ereignis in der Geschichte unserer Partei.

Zunächst muß etwas zur Atmosphäre gesagt werden, von der die Beratungen geprägt waren: Wir führten eine wirklich offene Parteidiskussion über die wichtigsten Probleme, die heute die Kommunisten und alle sowjetischen Menschen bewegen. Die Konferenz war ein Versuch, Anworten auf die Fragen zu finden, die diese Menschen beunruhigen. Der Kongreßpalast hat eine solche Diskussion noch nicht erlebt, Genossen, und ich glaube nicht, daß ich gegen die Wahrheit verstoße, wenn ich sage, daß sich in unserem Land während der letzten sechzig Jahre nichts Vergleichbares ereignet hat. Wir können wirklich mit Recht sagen, daß die Konferenz im Geiste Lenins geführt wurde und daß sie sich durch hohes Verantwortungsgefühl gegenüber dem Volk und der Revolution auszeichnete. Schon das allein verleiht ihr eine besondere Bedeutung.

Unbedingt erwähnt werden muß das überaus große Engagement der Delegierten. Dabei war die Situation keineswegs einfach. Fast dreihundert haben sich zu Wort gemeldet. Leider konnte nicht allen das Wort erteilt werden. Aber dem Bedürfnis der Delegierten, zu den Versammelten zu sprechen, wurde bis zu einem gewissen Grad Rechnung getragen durch die Möglichkeit, in den Redaktionskommissionen zu Wort zu kommen: Wie bereits erwähnt, sprachen dort etwa 150 Delegierte. Das ist für uns etwas Neues. Insgesamt waren rund ein Zehntel der Delegierten an der Abfassung der Dokumente beteiligt, das heißt, viele der konkreten Probleme, die sich im Laufe der Diskussion ergaben, konnten sachlich diskutiert und zu einer Entscheidung geführt werden.

Die Anforderungen, die an die Konferenz gestellt wurden, waren hoch. Die Probleme wurden offen und mit prinzipieller Entschiedenheit angegangen. Zugleich freilich herrschte eine Atmosphäre der parteilichen Kameradschaft, ich möchte sogar sagen des gegenseitigen Wohlwollens. Auch darin ist die Konferenz ein Vorbild für die Partei und für unsere ganze Gesellschaft. So sollte es auch sein unter gleichgesinnten Menschen, die die große Aufgabe der Perestroika und der Erneuerung in Angriff nehmen und wissen, daß Hunderte, Tausende und Millionen ihrer Parteigenossen und das ganze sowjetische Volk hinter ihnen stehen und ihre Arbeit mit großem Interesse verfolgen. In diesem Sinn kann man, glaube ich, sagen, daß die Konferenz jenen politischen Geist widerspiegelte, der in unserem Land im Entstehen begriffen ist. Die Konferenz zeigte das Niveau der demokratischen Entwicklung, das die Partei und mit ihr die ganze sowjetische Gesellschaft in der Zeit seit dem Plenum des ZK vom April 1985 erreicht haben.

Nun zum Inhalt unserer Arbeit. Ihr Hauptergebnis ist, daß auf der Grundlage der vom ZK der KPdSU vorgelegten Thesen, die in diesem Saal zum Gegenstand lebhafter Diskussionen wurden, zu allen von der Partei und vom Volk diskutierten grundsätzlichen Fragen eine programmatische politische Position erarbeitet wurde. Die Konferenz hat sich dabei nicht einfach den Vorschlägen des ZK angeschlossen, sondern diese auf unterschiedlichste Weise durch die Erfahrungen der Parteiorganisationen und Arbeitskollektive bereichert. Ich möchte sagen, daß wir alle mit außerordentlichem Interesse und gespannter Aufmerksamkeit verfolgt haben, was Arbeiter, Bauern, Schriftsteller, Schauspieler, Wissenschaftler, Kulturschaffende, Fachleute verschiedener wirtschaftlicher Bereiche, Betriebsleiter und Parteiarbeiter auf diesem Podium gesagt haben.

Die Konferenz ist auf das gesamte Spektrum der Probleme eingegangen, vor denen die Partei und unser Land im gegenwärtigen Stadium stehen. Trotzdem möchte ich folgendes als Kernthema der Diskussion und der anschließenden Resolutionen herausgreifen: Im Mittelpunkt der Aufmerksamkeit der Konferenz stand die Rolle der Partei als politischer Avantgarde. Wie soll ich mich ausdrücken, wenn ich die Meinungen der Delegierten kurz zusammenfassen will? Wir sind alle davon überzeugt, daß die Partei über ein klares Aktionsprogramm verfügt, das vom XXVII. Parteitag der KPdSU ausgearbeitet und durch die bereits gemachten Erfahrungen mit der Perestroika bereichert worden ist. Die Partei hat die unbedingte Unterstützung des Volkes, das die Politik der Perestroika angenommen hat und nicht zulassen wird, daß man sie wieder aufgibt. Soweit ich sehe, besteht unter den Delegierten der Konferenz in dieser Hinsicht kein Zweifel.

Mit großer Leidenschaft und Entschiedenheit wurde im Verlauf der Konferenz der Wunsch zum Ausdruck gebracht, die Partei noch stärker zu sehen. Man kann das nur begrüßen, und ich glaube, daß wir uns alle darüber freuen. Die Konferenz hat, wie es in ihrer Resolution festgehalten wurde, gefordert, daß unsere Partei in jeder Beziehung eine Partei Leninscher Prägung sein soll, nicht nur in ihren Inhalten, sondern auch in ihren Methoden. Anders ausgedrückt, die Partei muß die Methoden des Kommandierens und Befehlens ein für allemal zurückweisen und ihre Politik mittels organisatorischer, personeller und ideologischer Arbeit führen, in strenger Übereinstimmung mit den sowjetischen Gesetzen und den demokratischen Prinzipien der Gesellschaft.

Die Partei darf die Staatsorgane nicht ersetzen. Sie darf kein Diktat über Gewerkschaften, Komsomol und andere öffentliche Organisationen, über Schriftstellerverbände, Künstlerverbände und andere Verbände ausüben. Kann dadurch die führende Rolle der Partei geschwächt werden? Es sind tatsächlich Zweifel in dieser Richtung geäußert worden. Ich meine aber, daß die Konferenz auf diese Frage eine ausreichend klare und überzeugende Antwort gegeben hat: Nein, die Führungsrolle der Partei kann dadurch nicht geschwächt werden. Als regierende Partei verfügt sie über alle notwendigen Hebel, ihre führende Rolle durchzusetzen. Und der wichtigste Hebel sind die zwanzig Millionen Kommunisten, die den politischen Kurs der Partei in allen Lebensbereichen verwirklichen.

Angesichts von Demokratisierung und Glasnost und angesichts der sich ändernden Funktionen der Parteikomitees wird die Autorität der Partei, Genossen, einer ernsthaften Prüfung unterzogen. Diese Prüfung hat bereits eingesetzt. Wir wollen offen sein: Zur Zeit des Herumkommandierens, als der Parteiapparat absolut alles überwachte, war es manchmal schwer zu unterscheiden, wo das Parteikomitee und der Parteisekretär aufgrund wirklicher Führungsqualitäten Autorität hatten und wo diese Autorität nur auf ihrer offiziellen Stellung beruhte, der man sich notgedrungen beugte.

Es steht außer Zweifel, Genossen, daß die Perestroika und die Reform des politischen Systems eine grundsätzlich andere Situation schaffen. Unter den neuen Bedingungen wird die Führungsrolle der Partei ausschließlich von ihrer echten Autorität abhängen, die sich immer wieder aufs neue durch konkrete Taten erweisen muß. Es ist für uns deshalb unerläßlich, auch die geringste Passivität der Parteigenossen zu überwinden. Jeder Kommunist muß für die Perestroika kämpfen, für die revolutionäre Erneuerung der Gesellschaft. Betrachten wir das als den wichtigsten Auftrag unserer Konferenz.

Insgesamt, Genossen, ist die Konferenz eine wichtige Etappe der Entwicklung des Leninschen Kurses, der auf dem Plenum des ZK vom April 1985 und vom XXVII. Parteikongreß angenommen wurde, und der Vertiefung von Theorie und Praxis der Perestroika. Das macht ihre politische Tragweite und ihr politisches Gewicht aus.

Ich möchte in diesem Zusammenhang einen grundsätzlichen Gedanken äußern. Wir haben nach sorgfältigen Beratungen eine Reihe von entscheidenden Beschlüssen gefaßt. Aber wenn wir jetzt ihre Umsetzung verschleppen – und das ist eine der chronischen Krankheiten, die wir noch nicht überwunden haben und die uns auch in den ersten Jahren der Perestroika zu schaffen gemacht hat –, wird vieles von dem, was wir erreicht haben, wieder verlorengehen. Das sollte laut und deutlich gesagt werden. Wir müssen uns von unseren alten Leiden befreien und umgehend die vor uns liegende Arbeit anpacken, ohne auf zusätzliche Erlasse, Verfügungen, Instruktionen und Erklärungen zu warten.
Die diesbezügliche Arbeit des ZK der KPdSU und des Präsidiums des Obersten Sowjets der UdSSR muß entsprechend organisiert werden. Schon die bevorstehenden Wahlen (in ND: Wahlberichtskampagne; A.d.Ü.) in der Partei sollten nach den Prinzipien durchgeführt werden, die wir hier vereinbart haben. Änderungen in der Struktur des Parteiapparats sollten im Herbst erfolgen. Und was die Reorganisation der Sowjets betrifft, so sollte der ganze Komplex der damit zusammenhängenden Fragen auf der Herbsttagung des Obersten Sowjets der UdSSR erörtert werden. Die Wahl der Volksdeputierten der UdSSR könnte im April 1989 abgehalten werden, die Wahlen zu den Obersten Sowjets der Unions- und der autonomen Republiken im Herbst desselben Jahres. Angesichts der großen Bedeutung dieser Probleme legt das Präsidium der Konferenz den Delegierten eine kurze Resolution über einige dringende Maßnahmen zur Verwirklichung der Reform des politischen Systems unseres Landes zur Beratung vor.
Damit sind die politischen Ergebnisse der Konferenz zusammengefaßt. Jeder Delegierte kann nach seiner Heimkehr seine Arbeitskollegen, Kommunisten und Parteilose und alle Bürger darüber informieren, wie wir in unserer weiteren Arbeit die Beschlüsse der Konferenz verwirklichen wollen.
Doch weiter: Während des gesamten Verlaufs der Konferenz stand das Problem der Demokratisierung der Gesellschaft und der radikalen Reform des politischen Systems im Mittel-

punkt unserer Aufmerksamkeit. Ich glaube, daß wir die wichtigsten Aspekte und Parameter dieser Umgestaltung definiert und damit eine Antwort auf die wichtigste Frage gegeben haben, vor der wir stehen, nämlich wie die Perestroika vorangetrieben und wie garantiert werden kann, daß eine Umkehr auf diesem Weg unmöglich ist. Wir können deshalb mit Recht sagen, daß die Konferenz ihr Hauptziel erreicht hat.

Wir werden jetzt natürlich intensive organisatorische Arbeit leisten müssen, um die Reformen in die Realität zu übersetzen. Wir werden das alles gründlich in der Partei und in der Gesellschaft diskutieren müssen. Aber wir wissen jetzt, wie wir an die Reform des politischen Systems herangehen müssen. Wir haben uns auf einen gemeinsamen Standpunkt geeinigt und diesen in Form politischer Richtlinien formuliert.

Gleichermaßen wichtig ist der auf der Konferenz mit großer Entschiedenheit zum Ausdruck gekommene Vorsatz, unsere radikale Wirtschaftsreform weiter voranzutreiben. Wesentliche Voraussetzungen dafür wurden durch die Entscheidungen des ZK-Plenums vom Juni 1987 und die Annahme von Gesetzen geschaffen, besonders solcher zum staatlichen Betrieb (Vereinigung) und zum Genossenschaftswesen. Unsere besondere Aufmerksamkeit galt den Erfahrungen, die von zahlreichen Betrieben in den ersten Monaten der Arbeit nach den neuen Prinzipien gesammelt wurden, und dem Fortschritt der Reform. Und das ist auch richtig so: Alles, was an der Basis passiert, ist von ungeheurer Bedeutung für die Gesellschaft, denn dort liegt das Fundament der Perestroika.

Was die Kernstellen der Diskussion zu diesen Problemen betrifft, so ging es vor allem darum, daß wir nach der Konferenz ernsthaft darangehen müssen, den Bremsmechanismus abzubauen. Vertreter nahezu aller Delegationen haben gesagt, daß die Bürokratie noch immer die Zähne zeigt, daß sie Widerstand leistet und versucht, unsere Bemühungen zu sabotieren. Die Reform stößt deshalb in vielen Bereichen auf Schwierigkeiten. Das ist vielleicht eine der wichtigsten Beobachtungen, die die Delegierten hier mitgeteilt haben, was bedeutet, daß es sich um eine weitverbreitete Erscheinung handelt. Deshalb müssen wir im ZK, in der Regierung und in

den zentralen und lokalen Organisationen nach Kräften versuchen, die radikale Wirtschaftsreform mit größerem Nachdruck voranzutreiben.
Ich glaube, daß die Delegierten einstimmig jene Genossen unterstützen, die davon gesprochen haben, daß wir in der gegenwärtigen Lage das Schwergewicht unserer Anstrengungen auf die Bewältigung des Lebensmittelproblems legen müssen, daß wir unseren Bauern umfassende Hilfe zukommen lassen und dem Aufschwung unserer Landwirtschaft eine vorrangige Bedeutung einräumen müssen. Wir sollten alles tun, was im laufenden Planjahrfünft noch möglich ist. Wir haben bereits viel erreicht und in diesen Bereich über verschiedene Kanäle zusätzliches Kapital und zusätzliche Mittel investiert. Es ist wichtig, daß diese Investitionen auch richtig und wirksam verwendet werden. Unseren ländlichen Gebieten aufzuhelfen ist einfach unsere heilige Pflicht. Ich glaube, daß wir nach der Konferenz höhere Anforderungen stellen und ein waches Auge auf die Bemühungen haben müssen, die Richtlinien der Konferenz zur Unterstützung des Agrarsektors und seiner Beschäftigten in die Praxis umzusetzen. Dann wird es uns auch gelingen, das Lebensmittelproblem ohne Verzug zu lösen.
Ein anderes herausragendes Merkmal der Konferenz war meiner Meinung nach, daß auf ihr die drängenden politischen und wirtschaftlichen Probleme in enger Verbindung mit der geistigen Sphäre diskutiert wurden. Dadurch erhielt die Konferenz eine, wie ich es nennen möchte, moralische Dimension. Darin zeigt sich unser tiefes Verständnis des gegenwärtigen Stadiums der sozialen Entwicklung, in dem die wissenschaftlich-technische Revolution auf alle sozialen Prozesse einen enormen Einfluß ausübt und kein Problem ohne das geistige und moralische Potential des Volkes gelöst werden kann. Daher der Ernst, ich möchte sagen, der tiefe Ernst, mit dem wir die Probleme der Wissenschaft, Erziehung, Kultur, Literatur und Kunst diskutierten.
Ich kann mich an kein anderes Parteiforum oder gar einen Parteitag erinnern, auf dem ein so breites Spektrum an Problemen diskutiert worden wäre. Die verschiedenen Ansich-

ten, die auf diesem Podium vertreten wurden, spiegeln Tendenzen des gesellschaftlichen Bewußtseins, die miteinander harmonisieren, manchmal aber auch miteinander in Konflikt geraten. Das ist nur natürlich. Wir treten für einen Pluralismus der Meinungen ein und lehnen ein geistiges Monopol ab. Aber ich denke, Sie werden mir zustimmen, wenn ich sage, daß die verschiedenen Meinungen, die auf der Konferenz zur Sprache gekommen sind, einen gemeinsamen Grundgedanken haben: Wir müssen uns in allem von den Interessen des Menschen, des Volkes leiten lassen, wir müssen die humanitären Werte des Sozialismus bekräftigen. Dann werden wir ein gesundes moralisches Klima in unserer Gesellschaft haben, ein kraftvolles und schöpferisches Denken und eine wahrhaft blühende Kultur.
Was wir brauchen, ist nicht der blinde Glaube an eine rosige Zukunft, sondern eine wissenschaftliche Prognose, basierend auf einem tiefen und genauen Verständnis des unerschöpflichen Potentials, das dem Bürger der sozialistischen Gesellschaft, seiner Arbeit und seinem schöpferischen Denken innewohnt. Eben deshalb ist das Ziel der Perestroika für uns ein neues und humanes Antlitz des Sozialismus.
Glasnost war eines der Hauptthemen der Konferenz, in erster Linie deshalb, weil unsere Debatte selbst von der Atmosphäre der Offenheit, Ehrlichkeit und Aufrichtigkeit geprägt war, die sich in unserer Gesellschaft ausbreitet. Ein weiterer Grund war die Diskussion darüber, wie wir mit Glasnost umgehen sollen und ob sich vernünftige Grenzen der Offenheit ziehen lassen. Obwohl dazu unterschiedliche Ansichten geäußert wurden, glaube ich, daß wir auch hier schließlich in der Meinung übereinstimmten, daß die Massenmedien in ihrem Bemühen, uns von allen möglichen, aus der Vergangenheit ererbten negativen Erscheinungen zu befreien und kühne, originelle und interessante Menschen, die wahren Helden der Perestroika, zu aktivieren, in jeder Hinsicht unterstützt werden müssen.
Genauso deutlich wurde andererseits gefordert, daß Journalisten mehr Verantwortung zeigen für das, was sie schreiben, daß sie engstirnigen und einseitigen Ambitionen, Neigungen

und Abneigungen abschwören und kein Monopol der Wahrheit beanspruchen. Nur zu gut erinnert das Volk sich an die Zeiten, als das gedruckte Wort ein gefügiges Werkzeug in der Hand der Autorität und der bürokratischen Willkür war. Deshalb ist es heute, angesichts der Humanisierung aller Lebensbereiche, so wichtig, zu lernen, wie man in besonnener, kameradschaftlicher Weise Kritik übt und Diskussionen führt. Ich glaube, daß die Konferenz auch in dieser Hinsicht nützliche Ergebnisse erbracht hat: Wir alle verstehen jetzt besser, wie eine Diskussion innerhalb der Partei geführt werden sollte.
Ich meine, daß ich im Zusammenhang mit dieser Diskussion auf die von Boris Jelzin gehaltene Rede eingehen muß. Zunächst einmal glaube ich, daß es richtig war, ihm das Wort zu erteilen. Wie bereits gesagt, in einer Demokratie muß der Schleier des Geheimnisses von solchen Fragen gelüftet werden – obwohl es in diesem Fall eigentlich kein Geheimnis gibt. In dem Teil seiner Ausführungen, in dem er auf die von der Konferenz diskutierten konkreten Fragen einging, decken sich Genosse Jelzins Ansichten großenteils mit dem, was im Bericht und in den Diskussionsbeiträgen gesagt wurde. Seine diesbezüglichen Vorschläge lassen sich in den Gesamtverlauf der Diskussion einordnen. Wir sollten außerdem festhalten, daß Genosse Jelzin gleich anderen Rednern für die Fortsetzung und Förderung der Perestroika zum Nutzen unserer Gesellschaft und unseres Volkes eingetreten ist.
Was ich freilich nicht akzeptieren kann, ist Boris Jelzins Behauptung, daß wir die Perestroika ohne eine ausreichend gründliche Analyse der Ursachen hinter den Stagnationserscheinungen und dem gegenwärtigen Zustand unserer Gesellschaft begonnen hätten, ohne eine tiefgehende Analyse der Geschichte und der Versäumnisse der Partei, und daß die Perestroika nur aus großen Worten bestehe.
Während der Vorbereitungen für diese Konferenz, auf den in Partei und Gesellschaft geführten Diskussionen und auf der Konferenz selbst haben wir nach strengen Maßstäben eine Einschätzung der Erfolge und Probleme der Perestroika und eine Bestandsaufnahme der von Partei und Regierungsorga-

nen, von Arbeitskollektiven und vom ganzen Land geleisteten Arbeit vorgenommen. Genossen, ich bin der Meinung, daß es richtig war, das zu tun, weil wir uns alle um die Zukunft der Perestroika sorgen. Diese Sorge war auch hier spürbar, und sie hat uns angespornt und in unserem Engagement bestärkt, die Reformen mit noch größerer Entschiedenheit voranzutreiben.

Auch die Kritik Genosse Jelzins, daß wir nicht in der Lage gewesen seien, im Verlauf der letzten drei Jahre revolutionäre Veränderungen durchzuführen, halte ich nicht für gerechtfertigt und annehmbar. Natürlich können wir noch nicht von revolutionären Veränderungen sprechen, wenn wir an unseren langfristigen Gesamtplan denken, der darauf abzielt, unserer Gesellschaft durch die Perestroika eine neue Qualität zu verleihen. Wir brauchen viel Zeit, um die Gesellschaft, in der wir leben, die Vergangenheit, in der viele Erscheinungen der Gegenwart wurzeln, die Welt um uns und unsere Beziehung zu ihr zu verstehen. All das mußten wir begreifen, um »revolutionäre Sprünge« zu vermeiden, die äußerst gefährlich sind, und um Improvisationen aus der Politik auszuschließen. Wir mußten die Gesellschaft und ihr intellektuelles und wissenschaftliches Potential einbeziehen, um diese Zusammenhänge zu verstehen und um nach ernsthafter und kritischer Analyse die Politik der Perestroika auszuarbeiten und darauf aufbauend praktische Lösungen für die wichtigsten Problembereiche zu finden. Das mußte getan werden, und es mußte auf verantwortungsvolle Weise getan werden. Deshalb also haben wir die Politik der Perestroika vorgeschlagen, zu der es keine Alternative gab. Das allein ist schon ein großer Erfolg der Partei in der vergangenen Etappe.

Wir sind wie Genosse Jelzin um die erfolgreiche Durchführung der praktischen Aufgaben besorgt, die im Bewußtsein unseres Volkes an oberster Stelle stehen, und ich glaube, daß die hier gehaltenen Reden, besonders die der Vertreter der Arbeiterklasse, uns gezeigt haben, daß die Werktätigen auf eine schnelle Lösung dieser Probleme hoffen.

Ich weiß nicht, warum Genosse Jelzin auch die Thesen des ZK kritisiert und Zweifel an ihrer Fundiertheit und Angemessenheit geäußert hat. Sowohl in der Partei wie in unserem Land und in der Welt galt dieses Dokument als sehr ernst gemeint. Auch Genosse Jelzins Behauptung, die Mitglieder des ZK seien nicht an der Vorbereitung der Thesen beteiligt gewesen, ist unverständlich. Ich persönlich habe mich mit zwei Dritteln der ZK-Mitglieder getroffen, ganz zu schweigen davon, daß ZK-Mitglieder auf schriftlichem Wege Vorschläge gemacht haben. Und schließlich fand ein Plenum statt, auf dem der Entwurf der Thesen diskutiert wurde. Genosse Jelzin hat daran teilgenommen, aber nichts gesagt und auch nicht um das Wort gebeten. Die Mitglieder des ZK sind hier anwesend und erinnern sich, wie es war.

Genossen, ich glaube, daß unsere Konferenz, der Verlauf der Diskussion und die angenommenen Dokumente der beste Beweis dafür sind, daß die Perestroika in unserem Land tatsächlich stattfindet und an Stärke zunimmt.

Wenn ich mit den besten Absichten versuche, mir über die Situation im ZK und im Politbüro Klarheit zu verschaffen – das betrifft natürlich vor allem mich als Generalsekretär –, so muß ich noch einmal die Vorgeschichte dieses Falles aufrollen. Als wir den Genossen Jelzin für die Stellung des Ersten Sekretärs des Moskauer Stadtkomitees der Partei empfahlen, gingen wir davon aus, daß die Arbeit der Parteiorganisation der Hauptstadt verbessert werden mußte und daß auch die allgemeine Situation in Moskau der Verbesserung bedurfte. Für diese Arbeit wurde ein erfahrener, tatkräftiger Mitarbeiter mit kritischem Bewußtsein gebraucht. Wir haben diese Eigenschaften bei Boris Jelzin festgestellt und ihn für diese Stellung vorgeschlagen. Auch ich war daran beteiligt. Zunächst machte Genosse Jelzin sich tatkräftig an die Arbeit. Er brachte neuen Schwung in die Parteiorganisation und nahm den Kampf gegen die negativen Erscheinungen auf, die sich in Moskau angesammelt hatten. Wir unterstützten ihn in seinen Bemühungen, weil wir erkannten, daß die Moskauer Parteiorganisation mit schwierigen Aufgaben konfrontiert war. Ab einem gewissen Zeitpunkt aber hatten wir das Gefühl, daß etwas nicht so lief, wie es sollte. Es begann, als die Zeit der praktischen Lösung der Probleme der Perestroika gekommen war, als es darum ging, die Perestroika in alle Bereiche des gesellschaftlichen Lebens einzuführen, und als intensive und durchgreifende Anstrengungen erforderlich waren, um die radikale Veränderung zu bewerkstelligen. Diese Arbeit wuchs dem Stadtparteikomitee und seinem Ersten Sekretär über den Kopf. Anstatt sich auf die Parteiorganisation, das Volk und die Kollektive zu stützen, legte Genosse Jelzin ein autoritäres Benehmen an den Tag und begann, andere herumzukommandieren. Darauf folgten endlose Umbesetzungen der Kader.

Zuerst glaubten wir, daß dies vielleicht zu Recht geschehe, daß die falschen Mitarbeiter gewählt worden seien und die in Moskau abgehaltene Konferenz das personelle Problem nicht richtig gelöst habe. Das war wahrscheinlich auch der Fall. Nicht jeder hatte sich der Lösung der neuen Aufgaben gewachsen gezeigt oder war stark genug, Führungsaufgaben der Parteiorganisation in dieser entscheidenden Zeit der Wende in der Entwicklung von Stadt und Land auf seine Schultern zu nehmen. Als Jelzin aber daranging, seine Mitarbeiter ein zweites und drittes Mal auszuwechseln, begannen wir uns Sorgen zu machen. Ich übte im Politbüro Kritik an dem Genossen Jelzin. Ich sagte ihm damals kameradschaftlich, er solle die entsprechenden Schlußfolgerungen ziehen und das alles bei seiner Arbeit berücksichtigen. In anderen Worten, wir boten ihm Hilfe an, das war alles.

Was steht meiner Meinung nach hinter dem Drama des Genossen Jelzin als eines politischen Mitarbeiters? Als die Zeit nahte, die praktischen Probleme in Angriff zu nehmen, hatte er nicht genügend Kraft für diese Aufgabe. Er nahm deshalb Zuflucht zu hochtrabenden Worten und Erklärungen und zu autoritären Methoden. Selbst dann noch – das sollten alle wissen, und wir sollten diese Sache vollkommen aufklären – gab das Politbüro den Genossen Jelzin nicht auf und glaubte nicht, daß er nicht weiterarbeiten könne. Wir unterstützten ihn weiter, wie ich auf dem Plenum des Moskauer Stadtparteikomitees ausführte, und trafen wichtige Entscheidungen zu Moskau.

Als ich im August 1987 in Urlaub war, erhielt ich einen Brief vom Genossen Jelzin, in dem er bat, von seiner Funktion als Erster Sekretär des Stadtkomitees der Partei abgelöst zu werden. Ich entschied, daß nichts überstürzt werden durfte und daß man das Problem sorgfältig durchdenken mußte. Im Politbüro wußte man nicht einmal von der Existenz des Briefes. Ich beschloß, nach meinem Urlaub mit Boris Jelzin zu sprechen, und schlug vor, zunächst die Feierlichkeiten aus Anlaß des siebzigsten Jahrestages der Oktoberrevolution abzuwarten. Danach sollten wir uns zu einem Gespräch treffen. Er erklärte sich einverstanden. Unter Mißachtung unserer Vereinbarung ergriff er aber dann auf dem Oktoberplenum des ZK unerwartet das Wort. Vom Inhalt seiner Rede habe ich schon gesprochen. Meine Rede auf dem Plenum des Moskauer Stadtkomitees wurde veröffentlicht – etwas anderes habe ich damals nicht gesagt. Nach der Diskussion und der von den Genossen vorgebrachten Kritik gab Genosse Jelzin seine Fehler zu. Lassen Sie mich aus dem Protokoll des Plenums zitieren – eine Episode am Ende der Tagung, als alle schon gesprochen hatten.

GORBATSCHOW: Sag uns deine Meinung zu den Bemerkungen der Genossen vom ZK. Sie haben eine Menge gesagt und wollen wissen, was du davon hältst, denn sie müssen eine Entscheidung treffen.

JELZIN: Von einigen Bemerkungen abgesehen, sehe ich insgesamt ein, daß ich dem ZK und der Moskauer Stadtparteiorganisation mit meiner Rede heute einen schlechten Dienst erwiesen habe – das war ein Fehler.

GORBATSCHOW: Hast du genug Kraft, um weiterzuarbeiten?

ZWISCHENRUFE: Er kann nicht weitermachen. Man darf ihn nicht auf diesem Posten belassen.

GORBATSCHOW: Einen Augenblick. Ich habe ihn etwas gefragt. Laßt uns demokratisch vorgehen. Wir alle wollen seine Antwort hören, bevor wir eine Entscheidung fällen.

JELZIN: Ich sagte, daß ich dem ZK der KPdSU, dem Politbüro und der Moskauer Parteiorganisation einen schlechten Dienst erwiesen habe. Und ich möchte wiederholen, was ich bereits gesagt habe: Ich bitte darum, mich von meinem Posten als Kandidat des Politbüros und von der Leitung der Moskauer Stadtparteiorganisation abzulösen.

Das sind also die Tatsachen. Nachdem wir festgestellt hatten, daß Jelzins Rede politisch fehlerhaft war – er hat das selbst eingesehen –, drängte ich trotzdem die Mitglieder des ZK: Laßt uns nicht jetzt gleich entscheiden, ob wir ihn von seinen Pflichten als Kandidat des Politbüros entbinden. Das Politbüro soll über diese Frage beraten. Die Situation hatte allerdings schon solche Reaktionen hervorgerufen, daß es nicht dabei bleiben konnte. Wir berichteten über den Fall auf einem Plenum des Moskauer Stadtparteikomitees, und die Genossen dort äußerten sich viel kritischer über die Arbeit des Genossen Jelzin – Sie wissen darüber Bescheid.

Insgesamt, Genossen, glaube ich, daß nicht nur Genosse Jelzin daraus gelernt hat, sondern auch das Politbüro und der Generalsekretär des ZK, wir alle. Wir müssen unbeirrbar unser Ziel einer Erneuerung der Partei nach Leninschen Prinzipien verfolgen, auf der Basis einer umfassenden Demokratisierung und gestützt auf die Basisorganisationen der Partei, die Kader und das gewählte Aktiv. Wir können die gewaltige Aufgabe der Perestroika, die wir uns gestellt haben, nicht mit den alten Methoden bewältigen, über die nicht nur die Partei, sondern die ganze Gesellschaft und die Zeit selbst das Urteil gesprochen haben.

Und wir haben noch eine andere Lektion gelernt. Die Genossen haben auf der Konferenz richtig festgestellt, daß man sie vollständig hätte informieren sollen, dann wäre es zu dieser Situation gar nicht erst gekommen.

Ich möchte noch einmal auf die Frage zurückkommen, die den Delegierten am meisten am Herzen liegt – ich spüre das aus ihren Reden und schriftlichen Eingaben: Wie können wir sicherstellen, daß die getroffenen Beschlüsse auch umgesetzt werden? Laßt uns die gesamte Aktivität der Partei nach den Resolutionen der Konferenz organisieren, ohne darauf zu warten, bis der nächste Parteitag sie in das Statut aufnimmt. Wir haben die politischen Richtlinien der Konferenz, und an sie werden wir uns halten.

Und noch etwas. Wir dürfen die Reform des politischen Systems nicht hinauszögern. Wir brauchen sie, um die Perestroika voranzutreiben. Bereits heute gibt es Reibungspunkte der Perestroika mit dem bestehenden politischen System. Wir dürfen nicht zulassen, daß sich wiederholt, was auf dem Januarplenum des ZK passierte. Auf diesem bedeutenden Plenum wurde eine profunde Analyse ausgearbeitet, welche die Ursachen der vergangenen Entwicklung unseres Landes und der Partei aufdeckte. Aber wir erörterten nicht, wie man die Beschlüsse des Plenums verwirklichen konnte. Sie hingen vorerst in der Luft, die Dinge entwickelten sich nicht so, wie wir es erwartet hatten. Wir dürfen auf keinen Fall zulassen, daß die Beschlüsse unserer Parteikonferenz dasselbe Schicksal erleiden.

Viele der hier angeschnittenen Fragen konnten nicht in die Resolutionen aufgenommen werden. Ich glaube, daß wir alles für die Diskussion auf einem Plenum zusammenfassen sollten und daß konkrete Aufträge vergeben und ihre Erfüllung überwacht werden sollte. Die Delegierten haben in vielen ihrer schriftlichen Eingaben vorgeschlagen, ein wortgetreues Protokoll der Konferenz zu veröffentlichen. Das sollten wir unbedingt tun, um die Partei und die ganze Gesellschaft mit den Gedanken auszurüsten, die im Verlauf der Diskussion zur Sprache kamen.

Und noch ein Problem, Genossen. Es wurde kurz vor der Konferenz und auf der Konferenz selbst angesprochen: die Errichtung eines Denkmals für die Opfer der Repressionen (gemeint sind die Opfer der »Säuberungen« unter Stalin; A. d. Ü.). Wahrscheinlich erinnern Sie sich, daß davon bereits im Schlußwort des XXII. Parteitages die Rede war und der Vorschlag auf Zustimmung traf. Der Vorschlag wurde vom XXVII. Parteitag wiederaufgenommen, aber keiner praktischen Lösung zugeführt. Wie der Bericht feststellte, ist es unsere politische und moralische Pflicht, die Gerechtigkeit gegenüber den Opfern der Willkür wiederherzustellen. Laßt uns dieser Pflicht genügen und in Moskau ein Denkmal errichten. Ich bin sicher, daß dieses Vorhaben vom gesamten sowjetischen Volk unterstützt werden wird.

Abschließend möchte ich noch einmal auf die Frage eingehen, wie die revolutionäre Umgestaltung, die in unserem Land auf Initiative und unter Führung der Partei begonnen wurde, vertieft werden kann und wie verhindert werden kann, daß ein Umkehr auf diesem Weg stattfinden könnte. Unsere ganze Arbeit, die Diskussionen und die Schlußdokumente, all das zeigt, daß die Konferenz darauf eine klare Antwort gegeben hat: Die Demokratisierung, die Wirtschaftsreform und die Veränderung des politischen Systems werden die Perestroika unumkehrbar machen. Durch die revolutionäre Umgestaltung wird unsere Gesellschaft eine qualitativ neue Stufe erreichen, und der Sozialismus wird ein neues, humanes und demokratisches Antlitz erhalten. Wir werden kreativ nach Wegen und Methoden suchen, wie dieses Ziel unter den Bedingungen von Demokratisierung und Glasnost erreicht werden kann, und beharrlich an der Verwirklichung unserer Ziele arbeiten.

Resolutionen der XIX. Unionsparteikonferenz der KPdSU

Über einige dringende Maßnahmen zur praktischen Verwirklichung der Reform des politischen Systems des Landes

Die XIX. Unionsparteikonferenz hat nach eingehender Diskussion wichtige Beschlüsse zur Fortführung der Perestroika, zur Reform des politischen Systems und zur weiteren Demokratisierung von Partei und Gesellschaft angenommen. Die Beschlüsse sind für das Schicksal unseres Landes von ungeheurer historischer Bedeutung. Sie sind ein wesentlicher Bestandteil der Perestroika und zugleich deren machtvoller Katalysator. Sie eröffnen der Gesellschaft die Möglichkeit, zuversichtlich den Weg der revolutionären Erneuerung zu beschreiten und die Rolle der Partei als politischer Avantgarde zu stärken.
Die angenommenen Beschlüsse dulden keinen Aufschub. Im Interesse der Umgestaltung ist es von großer Bedeutung, unverzüglich mit ihrer Verwirklichung zu beginnen.
Die Konferenz hält für notwendig:

1. ausgehend von den Beschlüssen der Konferenz zur Reform des politischen Systems und zur Demokratisierung der Parteiarbeit noch in diesem Jahr eine Berichts-Wahlkampagne in den Parteiorganisationen durchzuführen;
unter Berücksichtigung der angenommenen Beschlüsse zur Funktionsteilung zwischen Partei und Sowjets bis Ende des Jahres eine Reorganisation des Parteiapparats durchzuführen und die erforderlichen Veränderungen seiner Struktur vorzunehmen;
dem ZK der KPdSU zu empfehlen, die dafür notwendige praktische Arbeit auszuführen.

2. Die Konferenz ruft dazu auf, in der nächsten Sitzung des Obersten Sowjets der UdSSR Gesetzesentwürfe zur Um-

strukturierung der Staatsorgane und die erforderlichen Zusätze und Ergänzungen zur Verfassung der UdSSR vorzulegen, Wahlen zu organisieren und im April 1989 einen Kongreß der Volksdeputierten abzuhalten, auf dem die neuen Organe der staatlichen Macht gebildet werden sollen.
Die Wahlen zu den Sowjets auf lokaler und staatlicher Ebene und darauf aufbauend die Bildung der staatlichen Führungsorgane in den Republiken, Regionen, Gebieten, Städten, Stadtbezirken, Siedlungen und auf dem Land soll im Herbst 1989 stattfinden.

Über den Fortschritt bei der Verwirklichung der Beschlüsse des XXVII. Parteitags der KPdSU und die Aufgaben bei der Fortführung der Perestroika

1. Die XIX. Unionsparteikonferenz hat den Bericht des Generalsekretärs des ZK der KPdSU Michail Gorbatschow, »Über den Fortschritt bei der Verwirklichung der Beschlüsse des XXVII. Parteitags der KPdSU und die Aufgaben bei der Fortführung der Perestroika«, und die wichtigsten, in der ersten Hälfte des 12. Planjahrfünfts erzielten Ergebnisse diskutiert und stellt fest: Der strategische Kurs der umfassenden und revolutionären Erneuerung der sowjetischen Gesellschaft und der Beschleunigung des sozialen und wirtschaftlichen Aufschwungs, der auf dem Aprilplenum 1987 des ZK und auf dem XXVII. Parteitag der KPdSU ausgearbeitet wurde, wird unaufhaltsam in die Praxis umgesetzt. Der Abwärtstrend in eine wirtschaftliche, soziale und politische Krise ist aufgehalten worden.
Unter dem Eindruck der Gedanken und Taten der Perestroika konsolidiert sich die Gesellschaft. Die schöpferische Energie der Arbeiterklasse, der Bauern und der Intellektuellen wächst. Die Menschen glauben jetzt an die Perestroika und treten dafür ein, sie zu vertiefen und die revolutionären Veränderungen unumkehrbar zu machen.
Demokratisierung und Glasnost haben die ideologische, poli-

tische und gesellschaftliche Atmosphäre entscheidend verändert.
Der wirtschaftliche Aufschwung des Landes hat eingesetzt, die Ausrichtung der Wirtschaft auf die Erfüllung der lebensnotwendigen Bedürfnisse des Volkes ist in Angriff genommen worden. Neue Methoden der Wirtschaftsführung gewinnen an Effizienz. Industrielle Vereinigungen und Betriebe haben angefangen, in Erfüllung des Gesetzes über den staatlichen Betrieb (Vereinigung) nach den Grundsätzen der wirtschaftlichen Rechnungsführung und der Selbstversorgung zu wirtschaften. Das Gesetz über das Genossenschaftswesen in der UdSSR wurde ausgearbeitet und, nach gründlicher Diskussion, angenommen. Neue und progressive Formen der Arbeit in den Produktionsstätten auf der Basis von Leistungs- und Pachtverträgen und auch die selbständige Arbeit kommen verstärkt zur Geltung. Die organisatorischen Strukturen der Wirtschaftsführung werden gegenwärtig umgestaltet, um die günstigsten Bedingungen für die effektive Führung der Wirtschaftseinheiten der Basis zu schaffen.
Die auf Initiative der Partei begonnene Arbeit hat wieder zu einer Erhöhung des Realeinkommens der Werktätigen geführt. Praktische Maßnahmen zur Steigerung der Lebensmittelproduktion und der Produktion der Konsumgüter und zur Erweiterung des Wohnungsbaus sind im Gang. Reformen des Bildungs- und Gesundheitswesens sind in Angriff genommen worden. Geistige Aktivitäten geben der fortschrittlichen Entwicklung des Landes einen mächtigen Impuls.
Es wurde viel getan, um die gegenwärtigen Realitäten in der Entwicklung der Welt neu einzuschätzen und eine neue, dynamischere Außenpolitik zu konzipieren.
So dringt die Perestroika immer tiefer in das Leben der sowjetischen Gesellschaft ein und verändert sie in steigendem Maße.
Die Parteikonferenz stellt fest, daß die Perestroika ein widersprüchlicher, komplexer und schwieriger Prozeß ist und vom Kampf zwischen Alt und Neu begleitet wird. Obwohl positive Tendenzen deutlich sind und sich erste Erfolge bereits eingestellt haben, steht der entscheidende Durchbruch in der

wirtschaftlichen, sozialen und geistigen Entwicklung noch aus. Der Bremsmechanismus ist noch nicht durch einen Mechanismus der Beschleunigung ersetzt worden. Die Wirtschaft verharrt weiterhin überwiegend auf dem Weg der extensiven Entwicklung, sie hat sich von dem erdrückenden Einfluß der am Bruttoausstoß, an der Quantität orientierten Ideologie noch nicht frei gemacht.
Insgesamt ist die Wirtschaft nach wie vor kostenintensiv strukturiert. Der wissenschaftlich-technische Fortschritt geht nur langsam voran, die Pläne zur Erhöhung des nationalen Einkommens und zum sparsameren Einsatz der Ressourcen werden nicht erfüllt. Die Produktqualität konnte nicht deutlich verbessert werden. Die finanzielle Lage des Landes ist immer noch angespannt. Ebenfalls zu wünschen übrig läßt die Versorgung mit Lebensmitteln und Konsumgütern, und der Bedarf der Bevölkerung an Dienstleistungen wurde bisher nicht zufriedengestellt. Das Wohnungsproblem bleibt akut.
Das Fundament unserer ganzen Umgestaltung ist neben der Demokratisierung der Gesellschaft die radikale Wirtschaftsreform. Die Wirtschaftsreform erhält durch die Reform des politischen Systems frische Impulse und sollte im großen ganzen bis zum Ende des laufenden Fünfjahresplanes abgeschlossen sein. Geschwindigkeit und Erfolg der geplanten Umstrukturierung des politischen Systems hängen davon ab. Bisher arbeitet der neu eingeführte Wirtschaftsmechanismus freilich noch nicht reibungslos, weil die entsprechenden Resolutionen der Partei und der Regierung von den zentralen Organen nicht in der erforderlichen Weise umgesetzt werden. Gleichmacherei und Schmarotzertum sind noch immer ein ernsthaftes Hemmnis des intensiven Wirtschaftswachstums. Die Schaffung von Bedingungen, die für eine weite Verbreitung der auf genossenschaftlichen Formen bzw. auf Leistungs- und Pachtverträgen basierenden Wirtschaftsführung notwendig sind, ging bisher zu langsam voran.
Die Perestroika wird immer noch durch das harte Erbe der Stagnation behindert. Das ist freilich keine ausreichende Erklärung für das langsame Fortschreiten der geplanten Reformen. Die Ursachen dafür sind vielfach in Fehlern bei der

gegenwärtigen Arbeit der Partei-, Staats- und Wirtschaftsorgane und der gesellschaftlichen Organisationen zu suchen. Die Beschlüsse des XXVII. Parteitags der KPdSU und der Plenarsitzungen des ZK der KPdSU vom Januar und Juni 1987 werden nicht entschlossen genug umgesetzt. Neue demokratische Führungsmethoden, Offenheit und Glasnost können sich nur schwer durchsetzen und stoßen auf Konservatismus, Trägheit und Dogmatismus in Denken und Handeln. Verschiedene Bereiche der Gesellschaft, darunter Arbeitskollektive, haben noch nicht die richtige Einstellung zu ihrer Arbeit und zur Umsetzung der Aufgaben in die Praxis gefunden. Die gewissenhafte Pflichterfüllung ist noch nicht zur anerkannten Richtschnur geworden. Die Arbeitsdisziplin bleibt hinter den Anforderungen der Perestroika zurück. All das beeinträchtigt die Ergebnisse der geleisteten Arbeit.
Immer noch gibt es in allen Bereichen des gesellschaftlichen, staatlichen und wirtschaftlichen Lebens zahlreiche Funktionäre, die sich von den autoritären Methoden des Administrierens nicht trennen können oder wollen und auf neue Entwicklungen pathologisch reagieren. Andere Mitarbeiter werden durch Umfang und Tiefe der Perestroika in Angst versetzt. Sie würden lieber auf halbem Wege stehenbleiben und den revolutionären Inhalt der Perestroika durch halbherzige Maßnahmen einschränken. Zugleich hat man versucht, die Entwicklung künstlich zu beschleunigen und ganze Stufen zu überspringen. Man wollte alles auf einmal tun, ohne die objektiven Bedingungen und den Stand des gesellschaftlichen Bewußtseins zu berücksichtigen.
Um den bürokratischen, autoritären Verwaltungsmethoden ein Ende zu bereiten, tritt die Konferenz mit allem Nachdruck für eine Reform der Funktionen und des Arbeitsstils der Ministerien und anderer zentraler Organe ein. Überflüssige Struktureinheiten müssen abgeschafft, die entsprechenden Rechte lokalen Organen übergeben werden. Der Staatsapparat muß spürbar zurückgedrängt, die Qualifikation der dort Beschäftigten verbessert werden. Das sollte so bald wie möglich geschehen.
Viele Parteiorganisationen haben versäumt, die Gründe der

Verschleppung richtig und rechtzeitig einzuschätzen. Sie warten ab, zeigen sich unentschlossen im Kampf gegen überholte Formen und Methoden der Arbeit und bei der Aneignung der neuen Methoden und werden damit den Aufgaben der Perestroika nicht gerecht.
All das zeigt, daß die Perestroika vertieft und ihre Unumkehrbarkeit durch verläßliche Garantien gesichert werden muß.
Die Konferenz betont, daß die Perestroika der einzig mögliche Weg der Stärkung und Entwicklung des Sozialismus und zur Lösung der drängenden Probleme der gesellschaftlichen Entwicklung zum Wohle des Volkes ist. Wir müssen mit aller Entschlossenheit und unter realistischer Nutzung der verfügbaren Möglichkeiten auf diesem Weg voranschreiten.
Die Konferenz hält eine durchgreifende Reform des politischen Systems gegenwärtig für absolut vorrangig, denn das politische System soll neue Möglichkeiten der Vertiefung der Perestroika eröffnen und ihre Unumkehrbarkeit sicherstellen.

2. Die Konferenz hält die beschleunigte Lösung der zentralen Probleme der Volkswohlfahrt für die wichtigste Aufgabe im sozial-ökonomischen Bereich.
An erster Stelle steht, die Lebensmittelversorgung der Bevölkerung deutlich zu verbessern. Das ist ein entscheidendes sozialpolitisches Problem. Der kürzeste Weg zu seiner Lösung führt über die volle Erschließung des Potentials der Kolchosen und Sowchosen durch verschiedene Formen von Leistungs- und Pachtverträgen und durch den Aufbau eines ausgedehnten Netzes von Genossenschaften sowohl im Rahmen der bestehenden Landwirtschaftsbetriebe als auch in Zusammenarbeit mit anderen Betrieben und Wirtschaftssektoren. Von vordringlicher Bedeutung ist ferner, Maßnahmen zur Verbesserung von Transport, Verarbeitung, Lagerung und Absatz landwirtschaftlicher Produkte zu ergreifen und die für die Umrüstung und den Bau von Betrieben dieser Sektoren bereitgestellten Mittel effektiv zu nutzen.
Die Konferenz vertritt die Auffassung, daß die notwendigen Bedingungen für den Übergang der Kolchosen und Sowchosen zu den neuen Prinzipien der Wirtschaftsführung herange-

reift sind und alle Hindernisse auf lokaler wie auf zentraler Ebene ausgeräumt werden müssen. Das Hauptgewicht der Verantwortung für die Lösung dieser Probleme liegt direkt bei den Leitern der Kolchosen und Sowchosen, bei den landwirtschaftlichen Experten, den Kommunisten auf dem Lande und den Sowjets der Volksdeputierten.
Alle Versuche, Kolchosen und Sowchosen herumzukommandieren, müssen unverzüglich eingestellt werden. Die Betriebe sind in der Lage, die Probleme der innerbetrieblichen Arbeit selbständig zu lösen und die Formen der Zusammenarbeit untereinander und der Dienstleistungen für die Produktion selbst zu bestimmen. Die zentralen Probleme der modernen Agrarpolitik sind die soziale Umstrukturierung ländlicher Gebiete, die Verbesserung der dortigen Arbeits- und Lebensbedingungen und die Versorgung dieser Gebiete mit den erforderlichen Materialien und technischen Ressourcen. Ziel dieser Politik ist die Veränderung der Produktionsverhältnisse in der Landwirtschaft selbst und die Wiederherstellung des sozialen und wirtschaftlichen Gleichgewichts zwischen Stadt und Land.
Die Möglichkeiten, die sich durch den neuen Mechanismus der Wirtschaftsführung eröffnen, müssen dazu ausgenutzt werden, den Markt mit verschiedenen Gütern zu sättigen, den Dienstleistungssektor zu verbessern und die Produktion von Konsumgütern anzukurbeln. In der Leichtindustrie muß radikal umgerüstet werden. Das gleiche gilt für die anderen Industrien, die Massenbedarfsgüter produzieren. Dabei sollten in großem Umfang lokale Ressourcen, die Möglichkeiten der Genossenschaftsbewegung und die selbständige Arbeit einbezogen werden. Die örtlichen Sowjets und Arbeitskollektive müssen stärker motiviert werden, die Güterproduktion zu erhöhen, um die Bedürfnisse der Bevölkerung einer bestimmten Region zu befriedigen.
Die Konferenz billigt die Maßnahmen, durch die eine bedeutende Steigerung des Volumens und Tempos des Wohnungsbaus und eine Verbesserung der Qualität auf diesem Sektor erreicht werden soll. Die Maßnahmen dienen der Erfüllung der vom XXVII. Parteitag der KPdSU gestellten Aufgabe,

bis zum Jahr 2000 praktisch jede Familie mit einer eigenen Wohnung oder einem Haus zu versorgen. Die Konferenz weiß, daß der Aufschwung des staatlichen, genossenschaftlichen und selbständigen Wohnungsbaus und die hier von Arbeitskollektiven und lokalen Sowjets gezeigte Initiative gegenwärtig durch die mangelhaften Anlagen der Bauindustrie, vor allem aber durch die ungenügende Versorgung mit Baumaterialien und den akuten Mangel an Spezialmaschinen und -ausrüstung behindert werden. Sie vertritt die Ansicht, daß diese Probleme von den Regierungsorganen der UdSSR und der Unionsrepubliken unverzüglich gelöst werden müssen.

Zugleich müssen die Probleme der Instandhaltung der Wohnungen, der Gewährleistung einer demokratisch geregelten Verteilung des Wohnraums und der Festlegung angemessener Mieten gründlich überdacht und gelöst werden.

Die Konferenz hält es für eine vordringliche Aufgabe, die zum Gesundheitswesen, zum Umweltschutz und zur Verbesserung der ökologischen Situation des Landes angenommenen Programme vorbehaltlos auszuführen. Sämtliche Maßnahmen in diesen Bereichen müssen die Interessen des Volkes berücksichtigen und an sozialen Bedürfnissen ausgerichtet sein. Grundlage der Arbeit sollten die Methoden des wirtschaftlichen Anreizes und die enge Zusammenarbeit mit Wissenschaft und Ingenieurwesen sein.

Der auf die soziale Umorientierung der Wirtschaft ausgerichtete Kurs des XXVII. Parteitages der KPdSU muß zum Angelpunkt der gesamten Struktur- und Investitionspolitik werden, zum Maßstab der Bestimmung von Tempo und Ausmaß der Reproduktion. Die Umorientierung steht in enger Beziehung zur neuen Qualität des Wirtschaftswachstums, zur umfassenden Intensivierung der Produktion, zum sparsamen Umgang mit Ressourcen, zur Beschleunigung des wissenschaftlich-technischen Fortschritts und zur Modernisierung des Maschinenbaus. Der Entwurf des dreizehnten Fünfjahresplans muß auf der Grundlage dieser Ziele erfolgen.

Im Zusammenhang mit dem Voranschreiten der Wirtschaftsreform ist es von wesentlicher Bedeutung, den Aufbau des

neuen Wirtschaftsmechanismus zu vervollständigen und dafür zu sorgen, daß jedes Arbeitskollektiv und jeder Arbeiter die Prinzipien der Reform kennt. Wir müssen das Interesse der Menschen am bestmöglichen Arbeitsergebnis bedeutend steigern, wir müssen gleichmacherische Tendenzen radikal überwinden, mit größerer Kühnheit überall das Prinzip der Bezahlung nach dem Umfang und insbesondere nach der Qualität der geleisteten Arbeit anwenden und der Möglichkeit einen Riegel vorschieben, sich bei dürftiger Arbeitsleistung ein angenehmes Leben zu machen.
Die Konferenz betont, daß alle wirtschaftlichen und sozialen Probleme nur durch die gewissenhafte und hochproduktive Arbeit des sowjetischen Volkes gelöst werden können.
Die Konferenz hält es für zweckmäßig, den Wirtschaftsmechanismus innerhalb des laufenden Planjahrfünfts zu erproben und zu perfektionieren, den organisatorischen Führungsstrukturen auf lokaler und zentraler Ebene eine neue Gestalt zu geben und das System der Wirtschaftsbeziehungen zum Ausland umzustrukturieren. Notwendig ist die beschleunigte Umstellung auf den Großhandel mit den Produktionsmitteln und die Durchführung der Programme zur finanziellen Gesundung der nationalen Wirtschaft, einschließlich der Ordnung des Haushalts, des Finanz- und Kreditwesens und der Tätigkeit der Banken. Durchgeführt werden sollte nach einer landesweiten Erörterung eine Reform der Preisbildung mit einer Revision der Großhandels-, Einkaufs- und Einzelhandelspreise. Die Reform der Einzelhandelspreise muß in strikter Übereinstimmung mit dem Prinzip erfolgen, daß Preisänderungen nicht zu Lasten des Lebensstandards der Menschen gehen dürfen.

3. Die revolutionäre Umgestaltung kann nicht erfolgen ohne die umfassende Mobilisierung des intellektuellen und geistigen Potentials der Gesellschaft, die Förderung des wissenschaftlich-technischen Fortschritts, die Erhöhung des Beitrags der Wissenschaftler und Ingenieure zu Wissenschaft und Technik, die Steigerung ihres Ansehens und die Verbesserung ihrer Arbeitsbedingungen, die Ausrichtung des gesam-

ten Erziehungssystems an modernen Standards und die Erhöhung des Niveaus der allgemeinen und der politischen Kultur des Volkes.
Die Konferenz unterstreicht die große Bedeutung der intensiven Entwicklung der Grundlagenwissenschaften und der angewandten Wissenschaften, der Lösung akuter Probleme bei der praktischen Anwendung von Entdeckungen und Erfindungen und der Sicherung fester Verbindungen zwischen Wissenschaft und Produktion. Die wissenschaftliche Forschung braucht neue Organisationsformen. In den Sozialwissenschaften sind tiefgreifende Veränderungen unerläßlich. Der Dogmatismus muß ausgemerzt und die Praxisferne dieser Wissenschaften beendet werden. Es ist die Pflicht der Sozialwissenschaften, schöpferisch an den Problemen des Fortschreitens des Sozialismus und der Entwicklung der Welt jetzt und in der Zukunft zu arbeiten und damit ihren realen Nutzen für die Politik und die Gesellschaft zu erhöhen.
Die Konferenz befürwortet die weitere Demokratisierung von Wissenschaft und Kultur und die Schaffung und Entwicklung einer materiellen Basis für diese Bereiche, die den Anforderungen der Umgestaltung der Gesellschaft entspricht. Die Partei tritt für Pluralismus in der Suche nach Wahrheit und in der künstlerischen Vision der Wahrheit ein und für Wettbewerb, Innovation und Kontinuität. Sie erwartet von den Wissenschaftlern, Schriftstellern und Kunstschaffenden, daß sie aktiv, engagiert und mit hoher Verantwortung gegenüber dem Volk handeln.
Die Konferenz mißt dem Ausbau des theoretischen Arsenals der Perestroika überragende Bedeutung bei: Die ideologische Arbeit muß erneuert und von Routine, Phrasendrescherei und Klischees befreit werden, sie muß in Geist und Gehalt den Realitäten des Lebens entsprechen und in der Lage sein, über alle wichtigen Fragen einen offenen und ehrlichen Dialog mit den Menschen zu führen.
Eine wichtige Aufgabe der KPdSU und unserer ganzen Gesellschaft ist die Erziehung der heranwachsenden Generation. Die Konferenz fordert, daß die Reform der allgemeinbildenden und der Hochschulen beschleunigt und konsequent vor-

angetrieben wird. Dasselbe gilt für den Ausbau der materiellen Basis der Schulen und insbesondere für die Stärkung der Rolle des Lehrers und Erziehers.
Die Partei sieht in der jungen Generation eine lebendige, treibende Kraft der Perestroika. Die Konferenz hält es daher für notwendig, daß der Staat im Hinblick auf die heranwachsende Generation eine kraftvolle, einheitliche Politik betreibt, die es den jungen Leuten ermöglicht, so bald wie möglich selbständig zu werden, ihre Fähigkeiten voll zu entfalten und ihre Lebensziele zu verwirklichen. Die Jugend muß besser darauf vorbereitet werden, zur gegebenen Zeit die wirtschaftliche, politische und moralische Verantwortung für die Geschicke unseres Landes und des Sozialismus zu übernehmen.
Die Konferenz tritt dafür ein, die Leninschen Traditionen in der Führung des Komsomol durch die Partei auf der ganzen Linie wiederzubeleben. Die organisatorische Unabhängigkeit des Komsomol muß respektiert werden, desgleichen sein Recht, an politischen Aktivitäten teilzunehmen, politische Vorschläge auszuarbeiten und in den Partei-, Staats- und Wirtschaftsorganen die Interessen der Jugend zu vertreten. Eine besondere Verantwortung gegenüber der ganzen Gesellschaft trägt der Komsomol für seine Arbeit in der Bewegung der Jungen Pioniere, dieser ersten Schule des staatsbürgerlichen Geistes und der staatsbürgerlichen Moral.
Die Konferenz hebt die Notwendigkeit hervor, größere Anstrengungen zur Lösung der die Interessen der Frauen betreffenden Probleme zu unternehmen. Frauen müssen in den Führungsgremien aller Ebenen zahlreich vertreten sein. Ihre Rolle in Gesellschaft und Politik muß unbedingt verstärkt, ihr Ansehen und ihre Rechte als Mütter müssen geschützt und die notwendigen Bedingungen für die Ausübung ihrer Pflichten geschaffen werden. Die Fürsorge für junge Familien muß erhöht werden.

4. Die Konferenz billigt die Vorschläge zur Reform des politischen Systems, die Michail Gorbatschow in seinem Bericht vorgelegt hat, und befürwortet ihre Verwirklichung in der Praxis.

Von entscheidender Bedeutung sind die Abgrenzung der durch Partei und Staatsorgane ausgeübten Funktionen und die Rückgabe der vollen Macht an die Sowjets auf allen Ebenen. Diese Maßnahme zielt zusammen mit der Reform der Justiz und anderer Institutionen, die das Verhältnis von Staat und Bürger rechtlich regeln und die politischen, wirtschaftlichen, sozialen und persönlichen Rechte aller Mitglieder der Gesellschaft schützen, letztlich auf die Vollendung des sozialistischen Rechtsstaates, in dem die bedingungslose Einhaltung des Gesetzes durch alle und jeden das höchste Prinzip ist.
Die Konferenz betrachtet als Hauptvoraussetzung für das effektive Funktionieren des politischen Systems die Umgestaltung der obersten Organe der Staatsmacht. Dadurch soll die Einberufung nationaler Kongresse der Volksdeputierten und das regelmäßige Zusammentreten der beiden Kammern des Obersten Sowjets der UdSSR gewährleistet und dafür gesorgt werden, daß das Amt des Vorsitzenden des Obersten Sowjets geschaffen wird, daß die obersten Organe der Staatsmacht einschließlich des Ministerrats der UdSSR mit ihren Rechten demokratisch umgehen und daß ihr Zusammenwirken durch die Verfassung geregelt wird.
Die Konferenz erklärt, daß die Arbeit der gesellschaftlichen Organisationen und Vereinigungen – der Gewerkschaften, des Komsomol, der Frauen-, Veteranen- und anderer Vereine und der Künstlerverbände – im Sinn der Perestroika mit neuem Leben erfüllt und ihre Rolle innerhalb des politischen Systems und bei der Realisierung und Koordination der Interessen der verschiedenen Bevölkerungsschichten zum Wohle des ganzen Volkes verstärkt werden muß.

5. Die Konferenz hält fest, daß die KPdSU nach Ergreifen der revolutionären Initiative eine objektive Analyse des gegenwärtigen Zustands der Gesellschaft und der Partei geleistet, das Programm der Perestroika aufgestellt und die breiten Volksmassen für ihre Ideen aktiviert hat. Die Partei hat die praktische Arbeit organisiert, mit der die revolutionäre Umgestaltung der gesellschaftlichen Verhältnisse bewirkt werden

soll. Die KPdSU hat damit aufs neue bewiesen, daß sie die Trägerin der programmatischen Ziele der Gesellschaft und die Avantgarde des Volkes ist.
Was die Abgrenzung der Funktionen von Partei und Regierungsorganen angeht, so müssen wir das Leninsche Konzept von der Partei als Avantgarde der Gesellschaft umfassend und im Kontext der heutigen Bedingungen wiederbeleben. Diese Avantgarde kümmert sich, geleitet von der marxistisch-leninistischen Lehre, um die theoretische Formulierung der entscheidenden Probleme der Entwicklung des Landes. Sie formuliert die Ideologie der Perestroika und lenkt durch die organisatorische Arbeit unter den Massen und deren Aktivierung und Ermutigung unsere multinationale Gesellschaft in die richtige, sozialistische Richtung. Die Partei betreibt eine fortschrittliche Kaderpolitik und gewährleistet durch die demokratischen Mechanismen des reformierten politischen Systems den rationellen Einsatz der Kader. Der politische Kurs der KPdSU soll durch die in den Regierungs- und Wirtschaftsorganen, gesellschaftlichen Organisationen und Arbeitskollektiven tätigen Kommunisten ausgeführt werden. Alle Parteiorganisationen müssen im Rahmen der Verfassung und der sowjetischen Gesetze handeln.
Die Ziele der Perestroika, die für das Land und den Sozialismus von entscheidender Bedeutung sind, erfordern die Stärkung der Führungsrolle der Partei sowie neue Bewertungskriterien, wie die Partei diese Rolle erfüllen kann.
Die KPdSU wird nie wieder eine Wiederholung der Ereignisse aus den Zeiten des Personenkults und der Stagnation zulassen, die die sozialistische Gesellschaft zutiefst entstellten, ihre Entwicklung auf Jahrzehnte behinderten und ungeheure menschliche Opfer und unermeßliche moralische und ideologische Verluste forderten.

6. Die Konferenz billigt die außenpolitische Tätigkeit des ZK der KPdSU auf der Grundlage des neuen politischen Denkens und neuer Methoden, mit deren Hilfe die Sowjetunion ihre friedlichen Absichten in die Weltpolitik hineinträgt. Sie bekräftigt, daß die UdSSR nur durch die Lösung der Wider-

sprüche der internationalen Entwicklung und die Beilegung von Konfliktsituationen auf politischem Weg der Rolle gerecht werden kann, die die Geschichte ihr für die Sicherung des Überlebens der Menschheit und deren künftigen Fortschritts zugedacht hat.
Die Konferenz befürwortet deshalb voll und ganz den prinzipiellen Kurs und die praktischen Maßnahmen zur Stärkung der internationalen Zusammenarbeit mit den sozialistischen Ländern, zur Verbesserung der sowjetisch-amerikanischen Beziehung, zur Kräftigung des gesamteuropäischen Prozesses und zur Vertiefung der Beziehungen im asiatisch-pazifischen Raum, in Lateinamerika und in Afrika. Sie begrüßt die fruchtbaren Kontakte mit der Bewegung der blockfreien Staaten, mit verschiedenen politischen Parteien und mit der Weltöffentlichkeit. Die Konferenz billigt die Bemühungen, das Ansehen der Vereinten Nationen zu steigern und die Beilegung regionaler Konflikte auf der Basis der Prinzipien der nationalen Versöhnung und der freien Selbstbestimmung zu erreichen.
Die Konferenz billigt die Bemühungen der sowjetischen Führung um die Beseitigung der Kriegsgefahr durch den offenen, konstruktiven Dialog und die Abrüstung. Dadurch wurde der Weg zur Unterzeichnung des Vertrags über die Beseitigung der Raketen mittlerer und kürzerer Reichweite geebnet, und die Verhandlungen über nukleare, chemische und konventionelle Waffen wurden in ein konkretes Stadium überführt.
Die Konferenz billigt voll und ganz den Beschluß, in Übereinstimmung mit den Genfer Vereinbarungen die Truppen aus Afghanistan abzuziehen und zu diesem Land als einem unabhängigen, neutralen und blockfreien Staat Beziehungen aufzunehmen.
Die außenpolitische Tätigkeit muß verstärkt zur Freisetzung der Ressourcen des Landes für den friedlichen Aufbau und zur Perestroika beitragen. Sie hat in enger Verbindung mit der Demokratisierung der Gesellschaft zu erfolgen, zu der die Demokratisierung des Entscheidungsprozesses und der Kontrolle über die Durchführung der getroffenen Entscheidungen gehört.

Die Verteidigung muß sich in Zukunft vor allem an qualitativen Parametern orientieren – das betrifft Technik und Militärwissenschaft sowie den Aufbau der Streitkräfte. Das Verteidigungssystem hat die Aufgabe, die Sicherheit der Sowjetunion und ihrer Verbündeten zuverlässig zu garantieren, es muß sich deshalb strikt an der Verteidigungsdoktrin ausrichten.
Die Perestroika braucht eine Außenpolitik, die ihr humanistisches Wesen angemessen widerspiegelt und der sowjetischen Gesellschaft breiten Raum für die wechselseitig vorteilhafte Zusammenarbeit und für vielfältige demokratische Beziehungen zu den anderen Ländern der Welt eröffnet.
Die Konferenz unterstützt die KPdSU in ihrer Politik der standhaften Solidarität mit dem Kampf der kommunistischen und Arbeiterparteien und aller gesellschaftlichen Kräfte für Frieden und sozialen Fortschritt, für Freiheit und Demokratie.

7. Die Konferenz bringt den Willen von zwanzig Millionen Kommunisten und die existentiellen Interessen des sowjetischen Volkes zum Ausdruck, wenn sie erklärt: Die Partei wird beharrlich an der Fortsetzung und Vertiefung der revolutionären Perestroika arbeiten, ihre Unumkehrbarkeit sichern und alles tun, um ihre Ziele zu erreichen.
Die Konferenz fordert alle Parteiorganisationen, alle Kommunisten und Parteilose dazu auf, sich mit gesteigertem Engagement an der Erneuerung der Gesellschaft zu beteiligen, die für die Geschicke unseres Vaterlandes von historischer Bedeutung ist.

8. Die Konferenz hält es für notwendig, alle konkreten Vorschläge und Anfragen, die von den Delegierten der Konferenz im Namen der Kommunisten, die sie gewählt haben, vorgebracht wurden, und die Vorschläge und Fragen, die in kollektiven oder individuellen Eingaben an die Konferenz während der Diskussion der Thesen zur Sprache kamen, eingehend zu prüfen und die Ergebnisse der Prüfung in den Massenmedien zu veröffentlichen.

Über die Demokratisierung der sowjetischen Gesellschaft und die Reform des politischen Systems

1. Die Erfahrungen, die im Verlauf dreier Jahre der Perestroika, der revolutionären Erneuerung des Landes und der Demokratisierung des Lebens der Partei und der Gesellschaft, gewonnen wurden, machen die radikale Reform des politischen Systems zu einem vordringlichen Punkt der Tagesordnung.

Der sowjetische Staat entstand im Dienst der Diktatur des Proletariats und wurde in einer späteren Etappe der sozialen Entwicklung zum Staat des gesamten Volkes. Jetzt besteht die Aufgabe darin, das sowjetische Staatswesen zur vollen Dekkung mit diesem Konzept zu bringen. Alle Angelegenheiten müssen vom Volk und den vom Volk beauftragten Vertretern entschieden und unter vollständiger und wirksamer Kontrolle des Volkes abgewickelt werden.

Die Konferenz vertritt die Auffassung, daß die bevorstehende Reform des politischen Systems die folgenden Aufgaben lösen muß:

– den größtmöglichen Spielraum für die Selbstverwaltung der Gesellschaft und günstige Bedingungen für die größtmögliche Stimulierung des Engagements des Individuums, der Staatsorgane, der Partei- und anderer gesellschaftlicher Organisationen und Arbeitskollektive schaffen;

– einen reibungslos funktionierenden Mechanismus in Gang setzen, der demokratisch die Interessen und den Willen aller Klassen und gesellschaftlichen Gruppen ermittelt und formt und sie im Rahmen der sowjetischen Innen- und Außenpolitik harmonisch aufeinander abstimmt und realisiert;

– die notwendigen Bedingungen für die weitere freie Entwicklung aller sowjetischen Nationen und Völkerschaften, für die Festigung ihrer Freundschaft und für die gleichberechtigte Zusammenarbeit auf der Basis des Internationalismus sicherstellen;

– die sozialistische Gesetzlichkeit und Rechtsordnung umfassend stärken, um die Usurpation oder den Mißbrauch der Macht unmöglich zu machen, bürokratische und formalistische Einstellungen wirkungsvoll zu bekämpfen, zuverlässige Garantien für den Schutz der konstitutionellen Rechte und Freiheiten des Volkes zu schaffen und zu gewährleisten, daß die Bürger ihren Verpflichtungen gegenüber Staat und Gesellschaft nachkommen;

– die Aufgaben der Partei- und der Staatsorgane klar voneinander abgrenzen in Übereinstimmung mit dem Leninschen Konzept von der Rolle der Partei als politischer Avantgarde der Gesellschaft und der Rolle des Staates als Organisator und Vollstrecker der Macht des Volkes;

– einen effektiven Mechanismus schaffen, der unter gebührender Berücksichtigung der sich verändernden innen- und außenpolitischen Bedingungen für eine rechtzeitige Selbsterneuerung des politischen Systems sorgt, für die Entwicklung und Förderung der Prinzipien der sozialistischen Demokratie und für die Selbstverwaltung in allen Bereichen der Gesellschaft.
Die Reform des politischen Systems muß alle Teile des Staats erfassen, mit der wirtschaftlichen und gesellschaftlichen Umgestaltung des Landes koordiniert und so schnell wie möglich durchgeführt werden.

2. Die Reform des politischen Systems zielt vorrangig darauf, die volle Autorität der Sowjets der Volksdeputierten als der Grundlage des sozialistischen Staatswesens und der Selbstverwaltung unseres Landes zu gewährleisten.
Die Konferenz erachtet es für notwendig, die Funktionen der Sowjets in der Legislative, Verwaltung und Kontrolle zu verstärken, den Sowjets die Entscheidungsgewalt in allen wichtigen Fragen des staatlichen, wirtschaftlichen, sozialen und kulturellen Lebens zu übertragen und den Vorrang der gewählten Organe vor der Exekutive und deren Apparat wiederherzustellen. Die Politik der Partei mit ihren wirt-

schaftlichen, sozialen und nationalen Zielsetzungen muß in erster Linie über diese Organe abgewickelt werden.
Die Führung örtlicher Angelegenheiten muß nach den Prinzipien der Selbstverwaltung, Eigenfinanzierung und Selbstversorgung neu organisiert werden, regionale Interessen müssen mit den Interessen des Staates abgestimmt werden. Es ist dafür Sorge zu tragen, daß die Sowjets die Probleme der Gebiete, für die sie zuständig sind, eigenverantwortlich und selbständig lösen können. Die Sowjets müssen über feste Einnahmequellen auf der Grundlage langfristiger Normative verfügen, darunter Einnahmen aus allen Wirtschaftsbetrieben ihres Zuständigkeitsbereichs. Sie müssen Mittel für die Sicherung der wirtschaftlichen Entwicklung, die Verbesserung des Lebensstandards, den Umweltschutz und die Bewältigung anderer dringender Aufgaben akkumulieren und außeretatmäßige Entwicklungsfonds einrichten, die aus zusätzlichen Einnahmen, etwa Mitteln der Bevölkerung, gespeist werden. Zugleich muß zuverlässig garantiert sein, daß die örtlichen Sowjets über die durch effektive Wirtschaftsführung und sozialistischen Unternehmergeist erwirtschafteten Mittel frei verfügen können.
Die Arbeit der Sowjets muß neu organisiert werden. Der Umfang der Probleme, die sie auf ihren Sitzungen selbständig entscheiden, muß ausgedehnt werden. Damit die Deputierten ihre Verpflichtungen im Sowjet, den ständigen Kommissionen und den Wahlkreisen erfüllen können, muß dafür Sorge getragen werden, sie regelmäßig von ihren dienstlichen Verpflichtungen und ihren Pflichten in der Produktion freizustellen. Allgemein ist vom Grundsatz auszugehen, daß jeder Sowjet das Recht hat, im Rahmen des Gesetzes Arbeitsformen und -methoden entsprechend den örtlichen Gegebenheiten frei zu wählen. Bei der Bildung der Exekutivkomitees und der Ernennung und Bestätigung der Leiter der Sektionen, Abteilungen und Dienste dieser Komitees sollten die Aufstellung mehrerer Kandidaten, die geheime Abstimmung und Ausschreibung die Regel sein. Wir müssen dafür sorgen, daß die Arbeit der Sowjets auf allen Ebenen öffentlich und vor den Augen des Wählers geführt wird.

Die Konferenz tritt dafür ein, in den Organen der lokalen Verwaltung, von denen der Dörfer und Siedlungen abgesehen, ständige Präsidien der Sowjets und in ausnahmslos allen Sowjets Vorsitzende in geheimer Abstimmung zu wählen. Die Rolle dieser Organe kann dadurch gestärkt werden, daß man es zur Regel macht, für das Amt des Vorsitzenden eines Sowjets den ersten Sekretär des jeweiligen Parteikomitees zu empfehlen.
Die Mitglieder der Exekutivkomitees der örtlichen Sowjets aller Ebenen, die Leiter der Sektionen und Abteilungen dieser Komitees, Richter, Mitglieder des staatlichen Schiedsgerichts und Staatsanwälte dürfen nicht zugleich Deputierte des jeweiligen Sowjets sein. Derselbe Grundsatz sollte auch für Mitglieder der Regierung und Leiter wichtiger Behörden auf der Ebene der UdSSR, der Unions- und der Autonomen Republiken gelten.
Ein wichtiger demokratischer Schritt wird die Einführung einer zeitlichen Begrenzung der durch Wahl oder durch Berufung und Bestätigung der Sowjets vergebenen Ämter auf zwei aufeinanderfolgende Amtsperioden sein.
Wesentlich für die Wiederherstellung des Ansehens und Einflusses der Sowjets wird die umfassende Modernisierung des bestehenden Wahlsystems sein. Während die Konferenz die hier seit dem XXVII. Parteitag der KPdSU gesammelten Erfahrungen positiv bewertet, hält sie es zugleich für notwendig, weitere Schritte in dieser Richtung zu unternehmen. Gewährleistet werden muß die uneingeschränkte Aufstellung von Kandidaten und die freie und ausgiebige Diskussion dieser Kandidaturen. Die Stimmzettel müssen mehr Kandidaten enthalten, als Mandate zu vergeben sind, das demokratische Wahlverfahren ist strikt einzuhalten. Deputierte müssen regelmäßig über ihre Arbeit berichten, und es muß die reale Möglichkeit ihrer Abberufung bestehen. Den Wählerversammlungen müssen umfassende Kompetenzen eingeräumt werden. Sie sollten zu demokratischen Foren werden, auf denen im Wettbewerbsverfahren die Kandidaten ausgewählt werden. Die Arbeit der Sowjets wird dann wirklich effektiv sein, wenn die in die Sowjets gewählten Deputierten

prinzipienfeste Menschen sind, die wie Staatsmänner denken, unbeirrbar für die sozialistische Erneuerung eintreten, ihre Wähler angemessen vertreten und die ihnen übertragenen Rechte aktiv nutzen.

Die Konferenz tritt dafür ein, für alle Sowjets der Volksdeputierten eine Amtszeit von fünf Jahren festzulegen.

In Übereinstimmung mit den Kernpunkten der Diskussion über die Thesen des ZK der KPdSU und mit der Diskussion auf der Konferenz selbst halten die Delegierten es für notwendig, die höchsten Organe der Staatsgewalt umzugestalten. Sie sind der Ansicht, daß ein Kongreß der Volksdeputierten der UdSSR das höchste Machtorgan des Landes sein sollte. In ihm sollen zusätzlich zu den Deputierten der territorialen und national-territorialen Wahlkreise Deputierte der wichtigsten Elemente unseres politischen Systems – der Partei, der Gewerkschaften, des Komsomol, anderer gesellschaftlicher Massenorganisationen und der Genossenschaften und Künstler- und Wissenschaftlerverbände – vertreten sein, die alle demokratisch auf Kongressen oder Plenarsitzungen ihrer leitenden Organe gewählt werden. Der Kongreß der Volksdeputierten der UdSSR könnte auf jährlich stattfindenden Tagungen über die wichtigsten konstitutionellen, politischen, sozialen und wirtschaftlichen Probleme des Landes entscheiden. Der Kongreß bestellt den vergleichsweise kleinen, aus zwei Kammern bestehenden Obersten Sowjet der UdSSR – ein ständig arbeitendes Organ der Legislative, Verwaltung und Kontrolle – und wählt in geheimer Abstimmung den Präsidenten des Obersten Sowjets. Die mangelnde funktionelle Definition der Kammern muß beseitigt, die Arbeit der ständigen Komitees und der Deputierten neu organisiert werden.

Bei der Entwicklung und Organisation der Tätigkeit der Sowjets aller anderen Ebenen müssen neue Methoden eingesetzt werden. Die neuen Methoden müssen auf eine legale Basis gestellt werden.

3. Die Konferenz hält die Dezentralisierung der Verwaltung und die Umverteilung von Funktionen und Kompetenzen, die die größtmögliche Entfaltung von Initiative und Selbständig-

keit auf lokaler Ebene sicherstellen soll, für eine zentrale Aufgabe der Reform des politischen Systems. Dadurch soll Ressortdenken und Lokalpatriotismus ein Riegel vorgeschoben und das Funktionieren der zentralen Organe gewährleistet werden, ohne das es unmöglich wäre, die Vorteile des Sozialismus geltend zu machen und die gesamtstaatlichen Interessen unseres riesigen, multinationalen Landes zu wahren.

Die Konferenz stellt fest, daß durch die Wirtschaftsreform und die Reform des politischen Systems die Rolle des Ministerrats der UdSSR als höchstem, dem Obersten Sowjet der UdSSR rechenschaftspflichtigen Exekutiv- und Verwaltungsorgan gestärkt und seine Verantwortung für die Führung der Innen- und Außenpolitik und die Gestaltung und Verwirklichung von Plänen und langfristigen Programmen der wirtschaftlichen, sozialen und kulturellen Entwicklung erhöht wird.

Im Zuge der Demokratisierung der Gesellschaft ist es notwendig, die Struktur des gesamten Staatsapparates systematisch zu vereinfachen und seine Arbeitsmethoden zu perfektionieren. Überflüssige Struktureinheiten müssen abgeschafft, der Apparat auf die optimale Größe reduziert werden. Wir brauchen den Apparat eines neuen Typs, dessen Beschäftigte eine hohe fachliche Kompetenz aufweisen, mit modernen Informationstechniken umgehen können, der demokratischen Kontrolle des Volkes unterliegen und den wirtschaftlichen und sozialen Fortschritt vorantreiben. Die Konferenz weist auf die positive Wirkung der bisher geleisteten Arbeit hin und tritt dafür ein, die Arbeit zu beschleunigen, bis die Perestroika alle Teile der Verwaltung erfaßt. Nützlich wäre die Schaffung eines einheitlichen, von den gewählten Organen beaufsichtigten Systems der gesellschaftlichen und staatlichen Kontrolle.

Besondere Aufmerksamkeit bei der Reform des politischen Systems hat der Entwicklung der sowjetischen sozialistischen Föderation zu gelten. Die auf Gleichheit und Brüderlichkeit beruhende Vereinigung aller Nationen und Völkerschaften der UdSSR muß weiter gefestigt werden.

4. Die Konferenz mißt der Errichtung eines sozialistischen Rechtsstaats als wahrhaft sozialistischer Form der Organisation politischer Macht grundlegende Bedeutung zu. Die Lösung dieser Aufgabe ist untrennbar verbunden mit der Gewährleistung der größtmöglichen Rechte und Freiheiten der Sowjetbürger, der Verantwortung des Staates gegenüber dem Bürger und des Bürgers gegenüber dem Staat, mit der Stärkung der Autorität der sowjetischen Gesetze und ihrer strikten Befolgung durch alle Partei- und Staatsorgane, gesellschaftliche Organisationen, Kollektive und Bürger und mit der effektiven Arbeit der Behörden des Gesetzesvollzugs. Die Konferenz ist der Auffassung, daß eine radikale Umgestaltung der Tätigkeit dieser Organe Kernpunkt der Reform des Rechtswesens sein muß und in einer relativ kurzen Zeit durchgeführt werden sollte.

5. Voraussetzung für die Reform des politischen Systems ist die Umgestaltung der gesellschaftlichen Organisationen, die wichtige Elemente dieses Systems sind. Gewerkschaften, Komsomol, Genossenschaften, Frauen-, Veteranen- und andere Organisationen verkörpern die Interessen und Bestrebungen verschiedener Bereiche der sowjetischen Gesellschaft und helfen Partei und Staat bei der Aufgabe, die Innen- und Außenpolitik so zu gestalten, daß sie die Interessen des gesamten Volkes organisch verbindet.
Als positive Entwicklung muß die Entstehung verschiedener neuer gesellschaftlicher Vereinigungen und Verbände in der letzten Zeit betrachtet werden, die bei der sozialistischen Erneuerung helfen wollen. Die Konferenz verurteilt zugleich alle Aktivitäten, die darauf zielen, die sozialistischen Fundamente unserer Gesellschaft zu untergraben, den Haß zwischen den Nationen und Rassen zu schüren und Krieg, Gewalt und Unmoral zu predigen.
Die Konferenz bewertet die Arbeit der gesellschaftlichen Organisationen hoch. Sie hält es zugleich für notwendig, die Abwicklung der Arbeit dieser Organisationen zu demokratisieren, den Organisationen mehr Selbständigkeit und Verantwortung einzuräumen und Unzulänglichkeiten wie Bürokra-

tismus, Formalismus und mangelnde Initiative mit aller Entschiedenheit zu überwinden. Die KPdSU ihrerseits wird den gesellschaftlichen Organisationen nach Kräften helfen, eine Neubewertung ihrer Rolle in der Gesellschaft vorzunehmen und ihr Potential noch aktiver in den Dienst der Erneuerung zu stellen. Ziel dabei ist, die patriotische Bewegung des ganzen Volkes zur Unterstützung der Perestroika weiter zu kräftigen.
In Anbetracht des Einparteiensystems, daß sich in unserem Land geschichtlich entwickelt hat, ist die permanente Existenz eines Systems zur Sicherung des freien Dialogs, der Kritik, Selbstkritik, Selbstkontrolle und Selbsteinschätzung sowohl innerhalb der Partei als auch in der Gesellschaft von lebenswichtiger Bedeutung.

6. Die Partei ist fest entschlossen, für die Stärkung der sozialen Rechte der Werktätigen einzutreten, aus denen die Vorzüge der sozialistischen Gesellschaftsordnung deutlich hervorgehen. Diesbezügliche Fortschritte hängen von der beharrlichen Verwirklichung der Wirtschaftsreform und der Beschleunigung der sozial-ökonomischen Entwicklung des Landes ab. In diesem Zusammenhang betont die Konferenz die Notwendigkeit, die Arbeitsdisziplin zu verbessern und die Werktätigen dazu zu ermutigen, engagiert und kreativ an ihre Arbeit heranzugehen. Niveau und Qualität der Vergünstigungen, die die Gesellschaft ihren Mitgliedern anbieten kann, hängen letzten Endes von der Einstellung jedes Kollektivs und jedes sowjetischen Menschen zu seiner Arbeit ab.
Das Gesetz muß festlegen, wie diese konstitutionellen Rechte und Pflichten wahrgenommen werden können. Die Art, in der diese Festlegung erfolgt, wird von großer Bedeutung für die Erweiterung der politischen Rechte und persönlichen Freiheiten der Bürger sein. Besonders wichtig sind das Recht des Menschen, sich an der Regierung zu beteiligen, das Recht, zu jeder Frage seine Meinung zu äußern, und die Gewissensfreiheit. Das Gesetz muß die persönliche Würde des Bürgers, die Unverletzlichkeit seiner Wohnung, das Brief- und das Telefongeheimnis usw. wirksam schützen. Die Rechte und Frei-

heiten der sowjetischen Bürger sind untrennbar mit ihren staatsbürgerlichen Pflichten und dem bedingungslosen Gehorsam gegenüber den Gesetzen verbunden, der für alle in gleicher Weise gilt. Die sozialistische Demokratie ist unvereinbar mit willkürlichem und verantwortungslosem Handeln.

7. Die Konferenz vertritt die Auffassung, daß die Arbeit der Partei eine wesentliche Bedingung für den Erfolg der Reform des politischen Systems ist. Sie macht es allen Parteiorganisationen und allen Kommunisten zur Auflage, aktiv und schöpferisch für die Lösung der anstehenden Probleme zu arbeiten. Die Partei ist der Initiator und Katalysator der Reform und erfüllt so ihre Mission als politische Avantgarde der Arbeiterklasse und aller Werktätigen.

Das herausragende Wesensmerkmal der historischen Situation, in der wir uns befinden, ist die Anforderung an die KPdSU, nicht nur inhaltlich, sondern auch mit den Methoden ihrer Arbeit in vollkommener Übereinstimmung mit Lenins Konzept von der Führungsrolle der Partei in der Gesellschaft zu stehen. Es ist deshalb vor allem wichtig, mit der Praxis der Parteikomitees Schluß zu machen, an Stelle von Staats- und Wirtschaftsorganen zu handeln. Es muß verhindert werden, daß Parteibeschlüsse gefaßt werden, die direkte Anweisungen an diese Organe enthalten. Das Prinzip, daß die KPdSU ihren politischen Kurs über die in den verschiedenen Bereichen der Gesellschaft arbeitenden Kommunisten verwirklicht, ist strengstens einzuhalten.

Die Konferenz erklärt, daß gegenwärtig das Ziel ist, den autoritären Stil in den Parteiorganen abzuschaffen und die strikte Beachtung der demokratischen Prinzipien, der Verfassung der UdSSR und anderer Gesetze zu gewährleisten. Die Qualifikation einer Parteiorganisation und die Reife eines Parteiarbeiters sollten nach der Fähigkeit beurteilt werden, die Parteipolitik auf neue Art, durch ideologische, politische und organisatorische Arbeit im Volk abzuwickeln.

8. Die KPdSU kann die Rolle der Avantgarde bei der Umgestaltung und Erneuerung der Gesellschaft nur erfüllen, wenn

die Tätigkeit der Partei von Grund auf demokratisiert wird. Die vordringliche Aufgabe ist dabei, die Leninsche Vorstellung eines demokratischen Zentralismus in vollem Umfang wieder zu verwirklichen. Dazu gehören die freie Diskussion aller zur Erörterung stehenden Fragen und vereintes Handeln, wenn ein mehrheitlicher Beschluß gefaßt worden ist. Maßnahmen zur Ausdehnung der innerparteilichen Demokratie müssen geplant und durchgeführt werden, damit die verschiedenen Ebenen der KPdSU in parteilicher Kameradschaft zusammenwirken und die aktuellen Fragen der Politik und Praxis frei und in einer Atmosphäre der Kritik und Selbstkritik, des Gemeinschaftsgeistes, der bewußten Disziplin und persönlichen Verantwortung diskutieren können.
Die Konferenz mißt der Demokratisierung der Arbeit der Grundparteiorganisationen große Bedeutung zu. Wir müssen damit anfangen, deren Selbständigkeit zu stärken und sie von der pedantischen Reglementierung durch übergeordnete Organe zu befreien. Wir müssen das Ansehen der gewählten Parteiorgane und der Sekretäre der Grundparteiorganisationen vergrößern, stimulierende Arbeitsbedingungen schaffen und die Trägheit eines Teils der Parteimitglieder überwinden. Die Konferenz stellt fest, daß das Engagement der Kommunisten in der Arbeit der Parteikomitees nicht den Anforderungen gerecht wird, die eine grundsätzliche Umgestaltung der Parteiarbeit, die Entwicklung der innerparteilichen Demokratie und die Festigung der sozialistischen Selbstverwaltung des Volkes stellen. Jeder Kommunist muß ein Kämpfer für die Perestroika, für die revolutionäre Erneuerung unserer Gesellschaft werden.
Die Demokratisierung muß sich auch auf die wichtige Frage der Aufnahme neuer Mitglieder in die KPdSU erstrecken. Wir müssen Schluß machen mit der Regulierung der Aufnahme nach bestimmten Quoten, durch die oft künstliche Hindernisse für die Aufnahme intelligenter, fortschrittlich denkender Menschen geschaffen werden. Die wichtigsten Kriterien, nach denen die Qualifikation eines neuen Bewerbers beurteilt werden sollte, sind seine politische Einstellung, sein Beitrag zur Perestroika, seine Arbeitseinstellung und sein

Charakter. Dabei sollte die Meinung des Arbeitskollektivs objektiv berücksichtigt werden. Alle Fragen bezüglich der Aufnahme in die Partei sollten auf öffentlichen Parteisitzungen erörtert werden.

9. Als einen entscheidenden Faktor bei der Demokratisierung der Partei betrachtet die Konferenz die umfassende Wiederherstellung des Leninschen Prinzips der kollektiven Beratung und Beschlußfassung. Der Parteiapparat darf keinesfalls die Funktionen der gewählten Organe an sich ziehen. Die Rolle der Kommunisten darf sich nicht auf den Besuch der Parteiversammlungen und die routinemäßige Abstimmung über Kandidatenlisten und bereits fertig ausgearbeitete Resolutionen beschränken. Der Charakter der Parteiversammlungen und der Plenarsitzungen der Parteikomitees muß verändert und versachlicht, Probleme der politischen Führung und ideologischen Erziehung müssen auf ihnen kritisch und konstruktiv erörtert werden.
Die Konferenz tritt für die stärkere Beteiligung der Mitglieder des ZK der KPdSU an der Arbeit des Politbüros des ZK ein. Das Politbüro soll regelmäßig auf den Plenarsitzungen des ZK berichten, außerdem sollen Kommissionen aus ZK-Mitgliedern eingerichtet werden, die sich mit verschiedenen Aspekten der Innen- und Außenpolitik befassen.
Die Demokratisierung des Parteilebens erfordert die größtmögliche Offenheit der Arbeit aller Parteiorganisationen und Führungsorgane der Partei. Die Konferenz unterstützt den Vorschlag, Protokolle von Plenarsitzungen der Parteikomitees und Entwürfe von Beschlüssen zu wichtigen Problemen der Partei und der Gesellschaft zu veröffentlichen.
Die gewählten Organe der Partei spielen bei der Erneuerung der innerparteilichen Beziehungen eine besondere Rolle. Die Konferenz hält es für notwendig, daß die Büros der Rayon-, Stadt-, Bezirks-, Gebiets- und Regionskomitees und die Zentralkomitees der Kommunistischen Parteien der Unionsrepubliken regelmäßig vor ihren Komitees Bericht erstatten und die Parteikomitees und Parteibüros regelmäßig den Grundparteiorganisationen berichten. Kommunisten müssen das

Recht haben, Mitglieder gewählter Organe, die ihre Pflicht nicht erfüllt oder sich kompromittiert haben, vorzeitig abzuberufen und notfalls ein ganzes Gremium neu zu wählen.
Die Demokratisierung macht eine drastische Erneuerung der Personalpolitik der Partei unumgänglich. Das formalistische Verfahren des Nomenklatursystems bei Auswahl und Plazierung wichtiger Parteifunktionäre ist überholt. Die Parteikomitees müssen hier nach einer anderen Methode vorgehen. Das Schwergewicht sollte auf der Schulung der Kader, ihrer Weiterbildung und Erziehung liegen. Bei der Empfehlung von Kandidaten für eine Führungsposition muß demokratisch vorgegangen werden. Die Wahlergebnisse sollen bei Personalfragen letztlich den Ausschlag geben.

10. Die Konferenz hält die Demokratisierung des Wahlverfahrens in der Partei für eine Aufgabe von zentraler Bedeutung. Bei den Wahlen der Mitglieder und Sekretäre der Parteikomitees aller Ebenen einschließlich des ZK der KPdSU sollten die offene Diskussion der Kandidaten, die geheime Abstimmung und die Möglichkeit, mehr Kandidaten zu nominieren, als Mandate zur Verfügung stehen, gewährleistet sein. Dabei sollte das Recht der Parteiorganisationen anerkannt werden, gleichzeitig mit der Wahl der Delegierten einer Konferenz oder eines Parteitags Kandidaten für ein höheres Parteiorgan vorzuschlagen. Die endgültige Entscheidung treffen dann die Delegierten der Konferenz oder des Parteitags.
Die Konferenz unterstützt den Vorschlag, die Amtszeit der gewählten Parteiorgane, vom ZK der KPdSU bis hinunter zum Bezirksparteikomitee, einheitlich auf fünf Jahre festzulegen. Da dies eine relativ lange Zeit ist, sollte die Partei die Abhaltung von Parteikonferenzen alle zwei bis drei Jahre einführen, die berechtigt sind, bis zu zwanzig Prozent der Mitglieder der Parteikomitees neu zu wählen. Das gilt auch für die Unionsparteikonferenz der KPdSU.
Die zeitliche Begrenzung der Wahlämter ist eine wichtige Garantie dafür, daß im Kader der Partei keine Stagnation eintritt. Die Konferenz hält es für sinnvoll, mit Beginn der nächsten Berichtswahlkampagne der KPdSU die folgende

Regelung einzuführen: Alle Mitglieder der Büros und die Sekretäre der Parteikomitees, einschließlich der Mitglieder des Politbüros des ZK und des Generalsekretärs des ZK der KPdSU, können nur zweimal hintereinander in dasselbe Amt gewählt werden.

11. Um die Kontroll- und Revisionstätigkeit in der Partei zu verbessern und einen wirksamen Schutz gegen Subjektivismus, Willkür und den Einfluß persönlicher Ambitionen oder des Zufalls auf die Parteipolitik zu schaffen, schlägt die Konferenz vor, ein einheitliches Kontrollorgan – die Zentrale Kontroll- und Revisionskommission der KPdSU – und entsprechende Organe auf lokaler Ebene einzurichten und das Komitee für Parteikontrolle beim ZK der KPdSU und die Zentrale Revisionskommission der KPdSU sowie die Kontroll- und Revisionskommissionen der Partei auf lokaler Ebene abzuschaffen. Die neuen Organe sollen auf den Parteitagen und -konferenzen gewählt werden und diesen rechenschaftspflichtig sein.

12. Im Zusammenhang mit der Perestroika und der Begrenzung der Funktionen von Parteikomitees, Staatsorganen und Wirtschaftsbehörden ist die Frage der Veränderungen im Parteiapparat von großer Bedeutung. Die Konferenz vertritt die Auffassung, daß die Struktur des Apparats der Parteikomitees in jeder Hinsicht der Aufgabe der Stärkung der politischen Führung entsprechen und sich an den Zielen der neuen Etappe der Perestroika ausrichten muß. Der Parteiapparat muß so schnell wie möglich neu organisiert, verkleinert und effektiver gemacht werden. Das Prinzip der unbedingten Unterordnung und Rechenschaftspflicht des Parteiapparats gegenüber den gewählten Organen der Partei ist dabei strikt einzuhalten.

13. Die Reform des politischen Systems ist eine umfassende, alle Kräfte fordernde Aufgabe. Zu ihrer Verwirklichung müssen verantwortliche Parteibeschlüsse und wichtige gesetzgeberische Akte verabschiedet werden, darunter wesentliche

Änderungen der Verfassung der UdSSR, der Verfassungen der Unions- und Autonomen Republiken und des Statuts der KPdSU.
Die Konferenz empfiehlt den Kommunisten, die in den entsprechenden Staats- und Verwaltungsorganen und den gesellschaftlichen Massenorganisationen arbeiten, alle Maßnahmen zu treffen, die für die Durchführung der von der XIX. Unionsparteikonferenz der KPdSU verabschiedeten Programme zur Demokratisierung der sowjetischen Gesellschaft und zur Reform des politischen Systems erforderlich sind.

Über den Kampf gegen die Bürokratie

1. Die Konferenz stellt fest, daß durch die Beschlüsse des Aprilplenums 1985 des ZK der KPdSU und des XXVII. Parteitags eine wirksame Offensive gegen die Auswüchse der Bürokratie eingeleitet wurde, gegen Diktat und willkürliches Administrieren in der Wirtschaft und auf sozialem und geistigem Gebiet, gegen die Gleichgültigkeit der Bürokratie gegenüber den Rechten und Bedürfnissen der Menschen und gegen die überhebliche Mißachtung der öffentlichen Meinung und der sozialen Erfahrungen der Werktätigen. In einer Zeit der Stagnation und der Lähmung der demokratischen Institutionen hat die Bürokratie gefährliche Ausmaße angenommen. Sie behindert den gesellschaftlichen Fortschritt. Bürokratische Deformationen, besonders in der politischen Führung, sind unvereinbar mit dem Sozialismus als dem kraftvollen, schöpferischen Wirken der Massen.
Die radikale Wirtschaftsreform, die Reform des politischen Systems, die Demokratisierung der Partei und der Gesellschaft, Glasnost, die Förderung von Kritik und Selbstkritik und die wirkliche Beteiligung des Volkes an der Führung des Landes untergraben die Positionen des Bürokratismus nachhaltig. Aber die eigentliche Auseinandersetzung steht uns noch bevor.
Der Verwaltungsapparat ist immer noch über Gebühr aufge-

bläht. Viele Funktionäre haben bei ihrer Arbeit keinen Kontakt mit den Bedürfnissen und Interessen der Gesellschaft. Die von der Partei entwickelten Maßnahmen zur Umgestaltung der Wirtschaft und anderer Lebensbereiche werden oft durch bürokratische Akte von Ministerien, Staats- und Wirtschaftsorganen und durch die Trägheit vieler Parteiorganisationen und Sowjets der Volksdeputierten lahmgelegt. Ressortdenken und Lokalpatriotismus grassieren nach wie vor, Desinformation, Willkürmaßnahmen und Übertretungen der sowjetischen Gesetze sind noch nicht ausgemerzt. Kritik und Initiative der Werktätigen werden vielfach unterdrückt.

Es ist die Pflicht aller Parteiorganisationen und Kommunisten, unter voller Ausnutzung der durch die Perestroika geschaffenen Bedingungen konsequent und kompromißlos den Kampf gegen das soziale Übel der Bürokratie und für einen hohen Standard des sozialistischen Verwaltungsapparates aufzunehmen.

In der Wirtschaft muß dieser Kampf durch die strikte Einhaltung der Gesetze über den Betrieb und das Genossenschaftswesen, die Respektierung der Befugnisse der Räte der Arbeitskollektive und die umfassende Förderung der wirtschaftlichen Rechnungsführung der Betriebe, ihrer Selbständigkeit und Rechenschaftspflicht, der Vertrags-, Pacht- und Genossenschaftsformen des Wirtschaftslebens und der Demokratie in den Produktionsstätten geführt werden. Außerdem müssen die Organisationsstrukturen der Wirtschaftsführung vervollkommnet werden.

Im sozialen Bereich muß der Kampf durch entschiedeneres Eintreten für die Befriedigung der täglichen materiellen und geistigen Bedürfnisse der Werktätigen, durch die konsequente und strenge Einhaltung des Prinzips der sozialen Gerechtigkeit und durch die Achtung der Gesetze geführt werden.

Im gesellschaftlichen und politischen Bereich muß der Kampf durch unermüdliches Eintreten für die Ausweitung der Demokratie geführt werden. Umfassende Formen der sozialistischen Selbstverwaltung sind zu entwickeln, die Befugnisse der Sowjets müssen erweitert und gefestigt werden. Die direkte Beteiligung der Werktätigen an der Abfassung und

Durchführung von Beschlüssen der Regierung muß gewährleistet sein, die Öffentlichkeit muß besser über den Stand der Dinge in den verschiedenen Lebensbereichen informiert werden, die Kontrolle des Volkes über die Tätigkeit der Staatsorgane ist zu intensivieren. Alle Versuche, den demokratischen Zentralismus durch einen bürokratischen Zentralismus zu ersetzen, müssen entschieden zurückgewiesen werden.
Im geistigen und moralischen Bereich ist die Offensive gegen die Bürokratie gleichbedeutend mit der Wiederbelebung der relevanten Leninschen Traditionen und Kriterien, der schöpferischen Verwendung und Weiterentwicklung der Ideologie des Marxismus-Leninismus, der Aneignung und Perfektionierung des neuen politischen Denkens und dem beharrlichen Kampf gegen alle Erscheinungen des Dogmatismus, der Spießbürgermoral, des sozialen Schmarotzertums und des Amtsmißbrauchs. Wir müssen eine den freien Meinungsaustausch begünstigende Atmosphäre schaffen und kleinliche Bevormundung und die Reste autoritären Administrierens in Wissenschaft und Kultur entschlossen überwinden.
Die Partei kann nur dann alle gesellschaftlichen Kräfte für den Kampf gegen die Bürokratie mobilisieren und spürbare Erfolge erringen, wenn sie selbst mit überzeugendem Beispiel vorangeht, ihre eigene Arbeit und Organisation demokratisiert und von allen bürokratischen Auswüchsen befreit.

2. Die Konferenz bewertet die aufgrund der Beschlüsse des XXVII. Parteitags und des Juniplenums 1987 des ZK getroffenen Maßnahmen zur Umstrukturierung des Führungssystems, zur Beseitigung überflüssiger Strukturelemente und zur Verkleinerung des Apparates positiv. Diese Arbeit darf nicht hinausgezögert werden, und sie darf sich nicht auf eine einmalige Kampagne oder routinemäßige Veränderungen beschränken. Sie muß in kontinuierlicher Anstrengung die Anpassung des Führungssystems an die fortwährend in der Gesellschaft eintretenden Veränderungen bewirken.
Mehr Verwaltungsfunktionen und -kompetenzen müssen nach unten delegiert werden, damit die zentrale Führung sich auf die wichtigsten Prozesse konzentrieren kann. Besonders

wichtig ist es, die Leitung auf der Ebene der Produktion zu vervollkommnen, die Leiter aller Ebenen zur strikten Beachtung der gesetzlichen Rechte der Arbeitskollektive anzuhalten und die Tätigkeit der Räte der Arbeitskollektive zu verstärken.

Die Parteiorganisationen und alle Kommunisten sind zur unerschütterlichen Einhaltung des Prinzips verpflichtet, daß der Verwaltungsapparat den gewählten Organen, dem sowjetischen Staat und dem Volk zu dienen hat und ihnen voll rechenschaftspflichtig ist. Jede Handlung des Apparats, die den Inhalt von Gesetzen oder Regierungsbeschlüssen verzerrt oder aushöhlt, ist verfassungswidrig. Zugänglichkeit und Offenheit für die Kontrolle und Überprüfung durch die Werktätigen und die Öffentlichkeit müssen für die Arbeit des Apparats zur Regel werden.

Vorrangige Aufgabe des Apparats ist die sachkundige Organisation der Arbeit. Dies erfordert durchgreifende Veränderungen bei der Ausarbeitung und Verabschiedung von Beschlüssen der Verwaltung. Das Verfahren ist soweit wie möglich zu vereinfachen und der Teufelskreis übervorsichtiger Rückversicherung jedes Beschlusses zu durchbrechen. Die Angewohnheit der Verwaltung, von den lokalen Organen zu jeder Lappalie Berichte anzufordern, muß abgelegt, die Schreiberwirtschaft drastisch verringert werden. Bei wichtigen wirtschaftlichen und sozialen Problemen sollten jeweils mehrere Lösungsvorschläge zur Begutachtung durch Experten und die Öffentlichkeit und zur landesweiten Diskussion oder für Referenden eingereicht werden.

Funktionen und Verantwortungen jeder Verwaltungsstelle und ihrer Mitarbeiter müssen klar definiert und voneinander abgegrenzt werden. Lenins Rat, daß das Prinzip der kollektiven Führung unter allen Umständen mit der präzisen Definition der persönlichen Verantwortung *jedes* einzelnen für eine *präzise* bestimmte Aufgabe einhergehen muß, ist nachdrücklich zu beherzigen.

Die Konferenz tritt dafür ein, radikale Maßnahmen zur Verbesserung des Zustands zu unternehmen, daß Leitungsorgane so gut wie keine finanzielle Verantwortung für negative Fol-

gen ihrer Tätigkeit tragen, während diejenigen, die ihre Beschlüsse ausführen – die Arbeitskollektive –, keine wirkliche Möglichkeit der Einflußnahme auf diese Organe haben. Der Führungsapparat muß in das System der neuen wirtschaftlichen Verbindungen und Beziehungen integriert werden. Die Nivellierung der Gehälter der Führungskader ist zu überwinden, ihre Entlohnung muß von den kostenwirksamen Arbeitsergebnissen der einzelnen Industrien, Betriebe, Organisationen und Territorien abhängig gemacht werden.
Im Kampf gegen die Bürokratie muß zugleich auch die Autorität der leitenden Funktionäre auf jede erdenkliche Weise geschützt und gefestigt werden. Die Führungskader müssen umfassend aus- und weitergebildet, die Führungsqualitäten der Funktionäre und Experten deutlich gesteigert werden. Erst ein gut organisierter, reibungslos funktionierender und flexibler Verwaltungsapparat ist ein effektives Instrument der Perestroika.

3. Staatliche und gesellschaftliche Institutionen und Parteikomitees müssen den Werktätigen in vollem Umfang zugänglich sein. Verschleppungstaktiken, formalistisches Denken und Rechtsverdrehungen im Verwaltungsapparat müssen ausgemerzt werden. Es darf nicht zu Situationen kommen, in denen der Bürger der Gleichgültigkeit und Sturheit eines Bürokraten hilflos ausgeliefert ist. Jeder Versuch, die legitimen Rechte der Bürger durch sture Befolgung behördlicher Anweisungen und bürokratische Schikanen zu beschneiden, muß im Keim erstickt werden.
Der Umgang der Ämter, Betriebe, Parteikomitees, Sowjets und Gewerkschaften mit den persönlichen Beschwerden der Menschen muß durchgreifend verbessert werden. Unterbleibt die Bearbeitung gerechtfertigter Bitten und legitimer Forderungen der Werktätigen, so muß dies als schwere Pflichtverletzung eingestuft und mit entsprechenden disziplinarischen Maßnahmen bis hin zur Entlassung geahndet werden. Minister und andere hohe Funktionäre der Union, der Republiken und der örtlichen Organe müssen sich die Menschen persönlich in ihren Arbeitskollektiven anhören, rasche

Maßnahmen zur Lösung der anstehenden Fragen treffen und Abhilfe bei den die Öffentlichkeit beunruhigenden Problemen schaffen. Rechenschaftsberichte der Leiter dieser Organe in Arbeitskollektiven und Wohngebieten sollten zur festen Regel werden.
Die Leiter der Parteiorgane einschließlich der Sekretäre des ZK der KPdSU müssen sich regelmäßig mit Kommunisten und anderen Werktätigen treffen, um aktuelle Probleme der Tätigkeit der Parteiorganisationen und Arbeitskollektive zu lösen.

4. Die Konferenz fordert alle Parteiorganisationen dazu auf, die Kaderpolitik zu einem wichtigen Bestandteil des Kampfes gegen die Bürokratie zu machen. Auswahl und Plazierung der Kader müssen öffentlich und im Wettbewerbsverfahren durchgeführt werden. In vollem Umfang wiederbelebt werden muß eine Atmosphäre der Prinzipientreue, der Kameradschaft und der Verantwortung der Führungskader gegenüber den Kollektiven, von denen sie gewählt worden sind. Kommunisten, die auf wichtigen Posten sitzen, ihre Arbeit aber mit formalistischer Sturheit verrichten und den Bedürfnissen der Bürger mit gefühlloser Gleichgültigkeit begegnen, dürfen nicht mehr von den Parteiorganisationen unterstützt werden; sie sind vielmehr sofort zu entlassen. Versuche, sie auf andere einflußreiche Positionen abzuschieben, sind zu verhindern.

5. Die entscheidenden Faktoren bei der Beseitigung des Bürokratismus sind die umfassende Ausübung der Macht durch das Volk und die breite Beteiligung der Bürger an der Führung des Staates und der Gesellschaft.
Die Konferenz betont, wie wichtig es ist, ein einheitliches System der öffentlichen und staatlichen Kontrolle zu schaffen, das den gewählten Staatsorganen unterstellt ist. Die Parteiorganisationen müssen dafür sorgen, daß das System sich auf Initiative und Aktivität der breiten Volksmassen, der Künstler-, Veteranen- und Frauenverbände und anderer unabhängiger gesellschaftlicher Organisationen stützt, die die Interessen verschiedener Bereiche und Gruppen der Bevölkerung vertreten.

Die KPdSU hält es für ihre Pflicht, eine Atmosphäre zu schaffen, in der jeder Bürger darauf vertrauen kann, daß er im Kampf gegen die Bürokratie das Gewicht der Sowjets und der Kontrollorgane des Volkes hinter sich hat, daß seine Arbeits- und sozialen Rechte von den Gewerkschaften gewahrt werden, daß der Komsomol die Interessen der jungen Generation verteidigt und daß die Rechtsbehörden ihn wirksam vor administrativer Willkür und der Verletzung seiner Rechte und Freiheiten schützen.
Die Konferenz ist der Ansicht, daß rechtliche Voraussetzungen für die Verschärfung des Kampfes gegen die Bürokratie geschaffen und in die Gesetzesvorlagen aufgenommen werden müssen, die gegenwärtig ausgearbeitet werden. Die Anwendungspraxis des Gesetzes der UdSSR über die Anfechtung der Handlungen von Amtspersonen vor Gericht, die Rechte von Bürgern verletzt haben, ist zu verbessern.
Die Arbeit des Apparats sollte regelmäßig auf Bürgerversammlungen und auf von Arbeitskollektiven und gesellschaftlichen Organisationen abgehaltenen Sitzungen diskutiert und bewertet werden.
Die Massenmedien haben die Aufgabe, konkrete Ursachen und Erscheinungsformen des Bürokratismus aufzudecken und Beispiele für deren erfolgreiche Beseitigung zu nennen. Eine nützliche Waffe im Kampf gegen negative Erscheinungen ist die Satire.

6. Die Konferenz fordert alle Parteiorganisationen dazu auf, aktiv für die Beseitigung der Elemente des Bürokratismus in ihrer Arbeit zu kämpfen und sich zum Leninschen Arbeitsstil zu bekennen. Die Überprüfung der tatsächlichen Verwirklichung der Beschlüsse und politischen Richtlinien der Partei muß radikal verbessert und auf eine neue Stufe gestellt werden. Dieser für den Kampf gegen die Bürokratie eminent wichtigen Frage muß die besondere Aufmerksamkeit der Kommunisten gelten, die in den Ministerien und anderen Staatsorganen sowie den Ämtern und Organisationen arbeiten, die direkt mit der Befriedigung der Wünsche und Bedürfnisse des Volkes zu tun haben.

Das Prinzip, daß alle Kommunisten in Führungspositionen den Grundparteiorganisationen Rechenschaft abzulegen haben und in vollem Umfang verantwortlich sind, muß konsequent eingehalten werden. Jeder Funktionär ist verpflichtet, enge Verbindung zu den Massen zu halten und ein Beispiel an Sachkunde, Arbeitsdisziplin, Bescheidenheit, Aufgeschlossenheit und der Achtung vor dem Volk zu geben.
Jede Parteiorganisation hat ihre Arbeit in Übereinstimmung mit dem Grundsatz der kollektiven Führung zu organisieren. Sie muß für die regelmäßige Berichterstattung der gewählten Parteiorgane auf den Plenarsitzungen der Parteikomitees und den Parteiversammlungen sorgen, Kritik und Selbstkritik fördern und Funktionäre, die gegen Normen der innerparteilichen Demokratie verstoßen haben, zur Verantwortung ziehen. Keine Parteiorganisation, kein Funktionär darf dieser Kontrolle entzogen sein.
Der Kampf gegen die Bürokratie muß sich auf schöpferische, aktive Menschen stützen, die nicht bereit sind, Trägheit und Stagnation zu dulden, und die bewiesen haben, daß sie demokratische Arbeitsmethoden anwenden können. Solche Menschen müssen mit aller Kraft unterstützt und für die Parteiarbeit empfohlen werden.
Die XIX. Unionsparteikonferenz der KPdSU ruft alle Kommunisten und Werktätigen dazu auf, den Kampf gegen den Bürokratismus auf allen Ebenen der Verwaltung und in allen Bereichen des gesellschaftlichen Lebens zu verstärken.

Über die Beziehungen zwischen den sowjetischen Nationen

1. Der von W. I. Lenin begründete sozialistische Sowjetstaat verkörpert den revolutionären Willen und die revolutionären Ziele einer multinationalen Familie gleichberechtigter Völker. Fundament der internationalistischen, sozialistischen Brudergemeinde ist das gemeinsame geschichtliche Schicksal. Die Union der Republiken ist das einzigartige Ergebnis der Arbeit vieler Generationen sowjetischer Menschen. Die Uni-

on hat die internationalistische Einheit der Werktätigen aller sowjetischen Nationen und Völkerschaften auf ihre Fahnen geschrieben, das Recht der Nationen auf Selbstbestimmung, die Wiederbelebung und Stärkung nationaler Kulturen, die Beschleunigung des Fortschritts vormals rückständiger nationaler Regionen und die Beseitigung des Haders zwischen den Nationen. Der daraus entstandene einheitliche Wirtschaftskomplex bildet das materielle Fundament für die Einheit der Völker der Sowjetunion. Das wirtschaftliche, kulturelle und menschliche Potential aller Republiken und autonomen Einheiten ist unermeßlich gewachsen. Eine neue historische Gemeinschaft – das sowjetische Volk – ist entstanden. Das Wachstum des nationalen Bewußtseins ist unaufhaltsam.

Zugleich wurde die Dynamik der Anfangsphase beim Aufbau des multinationalen Sowjetstaates ernsthaft gefährdet durch das Abweichen von den Leninschen Grundsätzen der Nationalitätenpolitik, durch Brüche der Gesetzlichkeit in der Zeit des Personenkults und durch die Ideologie und Psychologie der Stagnation. Man hat die bei der Lösung der Nationalitätenfrage erzielten Ergebnisse verabsolutiert und behauptet, es gebe keine Probleme mehr in den Beziehungen der Nationalitäten. Die Bedürfnisse bestimmter Republiken, autonomer Einheiten und Volksgruppen nach sozialer, wirtschaftlicher und kultureller Entwicklung wurden nicht gebührend berücksichtigt. Viele der aus der Entwicklung dieser Nationen und Völkerschaften unmittelbar herrührenden akuten Probleme wurden nicht schnell genug gelöst. Das Ergebnis war Verdrossenheit in der Gesellschaft, die sich zuweilen in Konflikten entlud. Nationaler Egoismus und Hochmut, Schmarotzertum und Lokalpatriotismus sind immer noch nicht ausgemerzt. Die negativen Erscheinungen, die sich im Laufe der Jahrzehnte angesammelt haben, sind lange vernachlässigt und ignoriert und von der Partei nicht richtig erkannt worden. Perestroika, Demokratisierung und Glasnost haben diese Erscheinungen aufgedeckt und zugleich die Bedingungen für ihre Überwindung auf demokratischem Wege geschaffen.

2. Die Parteikonferenz hält es für eine Aufgabe von historischer Bedeutung, Lenins Normen und Prinzipien der Nationalitätenpolitik beharrlich zu verfolgen und schöpferisch zu entwickeln und Verkrustungen und Deformationen unbarmherzig auszumerzen. Dies sollte auf der Grundlage des vom XXVII. Parteitag der KPdSU ausgearbeiteten politischen Kurses erfolgen, der die Befriedigung der Interessen aller Nationen und Völkerschaften mit den allgemeinen Interessen und Bedürfnissen des Landes verbindet, und auf der Grundlage unserer internationalistischen Ideologie, die unvereinbar ist mit jeder Art von Chauvinismus und Nationalismus.
Die Partei sieht die größere Selbständigkeit der Unionsrepubliken und autonomen Einheiten in unlösbarem Zusammenhang mit der Verantwortung dieser Länder für die Festigung und den Fortschritt unseres multinationalen Staates. Das Ideal des Sozialismus ist nicht Vereinheitlichung durch Nivellierung der Unterschiede, sondern lebendige und dynamische Einheit inmitten nationaler Vielfalt.

3. Die Parteikonferenz erachtet es als notwendig, im Zusammenhang mit der Umgestaltung des politischen Systems auch entsprechende Maßnahmen zur weiteren Festigung und Entwicklung der sowjetischen Föderation auf der Grundlage demokratischer Prinzipien zu ergreifen. Damit ist vor allem gemeint die Ausdehnung der Rechte der Unionsrepubliken und autonomen Einheiten durch die Abgrenzung der Rechtsprechung der UdSSR von jener der Sowjetrepubliken, durch die Dezentralisierung und die Übertragung einer Reihe von staatlichen Funktionen an lokale Behörden und die Bekräftigung von deren Selbständigkeit und Verantwortung im wirtschaftlichen, sozialen und kulturellen Bereich und im Naturschutz.
Eine zentrale Aufgabe besteht darin, die Voraussetzungen für die verstärkte Selbständigkeit der Regionen zu schaffen und die Zusammenarbeit so zu verbessern, daß jede Republik an der Verbesserung der Endergebnisse ihres Wirtschaftens als der Basis des eigenen Wohlstands und des Reichtums und der Macht der Sowjetunion insgesamt interessiert ist. Die radika-

le Wirtschaftsreform und Demokratisierung eröffnen der optimalen Verbindung der Interessen der einzelnen Nationalstaaten einerseits mit denen des ganzen Landes andererseits einen breiten Spielraum. Wesentlich ist, daß die Werktätigen wissen, wieviel ihre Republik oder Region produziert, welchen Beitrag diese zur Wirtschaft des Landes leistet und wieviel sie bekommt. Sorgfältig zu überlegen ist der Gedanke des Übergangs der Republiken und Regionen zu Prinzipien der wirtschaftlichen Rechnungsführung, wobei klar definiert sein muß, welcher Beitrag zu den Programmen auf Unionsebene von ihnen erwartet wird.

Die Internationalisierung der Wirtschaft und aller anderen Bereiche der Gesellschaft ist ein gesetzmäßiger Prozeß. Jede Tendenz zu nationaler Isolierung führt zu wirtschaftlicher und kultureller Verarmung.

Gesetzlich verankert werden muß ein grundsätzlich neuer Mechanismus zur Erstellung des Haushalts der Republiken und auf lokaler Ebene. Die Beteiligung der Republiken und Regionen an der sozialen und wirtschaftlichen Entwicklung der jeweiligen Gebiete ist zu verstärken. Dabei ist es von entscheidender Bedeutung, die effektive Zusammenarbeit zwischen den lokalen Verwaltungsorganen, den Ministerien und Behörden der UdSSR und den von der Union geleiteten Betrieben zu gewährleisten. Die Verantwortung der Führungsorgane der Republiken und der Union für die umfassende Entwicklung einer Region muß gesteigert werden. Die Frage direkter Beziehungen zwischen den Unionsrepubliken erfordert eine eingehende juristische Untersuchung und praktische Lösungen.

Die Arbeit derjenigen Institutionen des politischen Systems, durch die die Interessen der Nationalitäten ermittelt und aufeinander abgestimmt werden, ist zu beleben. Unbedingt erforderlich ist in dieser Hinsicht, die Rolle der Sowjets der Volksdeputierten, insbesondere des Nationalitätensowjets des Obersten Sowjets und seiner ständigen Kommissionen, und die Rolle der Regierung der UdSSR zu stärken. Wünschenswert ist die Einrichtung ständiger Kommissionen für die Beziehungen zwischen den Nationalitäten im Obersten

Sowjet der UdSSR, den Obersten Sowjets der Unions- und Autonomen Republiken und, wo nötig, den lokalen Sowjets. Zu erwägen ist die Schaffung eines speziellen Staatsorgans für die Probleme der Nationalitäten und die nationalen Beziehungen.

Die Konferenz empfiehlt, die gesetzlichen Bestimmungen über die Unions- und Autonomen Republiken und die Autonomen Gebiete und Kreise im Hinblick auf die neuen Realitäten zu bearbeiten und zu aktualisieren, wobei deren Rechte und Pflichten im Detail zu definieren und die Prinzipien der Selbstverwaltung und der Repräsentation der Nationalitäten in den zentralen und lokalen Staatsorganen näher auszuführen sind. Dies wird entsprechende Veränderungen der Verfassung der UdSSR und der Verfassungen der Unions- und der Autonomen Republiken erforderlich machen.

4. Der wirtschaftliche und soziale Fortschritt muß in jeder nationalen Region vom geistigen Fortschritt auf der Grundlage der kulturellen Identität der Nationen und Völkerschaften begleitet werden. Die sozialistische Kultur, die sich als multinationale Kultur entwickelt, muß weiterhin ein mächtiger Faktor der ideologischen und moralischen Festigung unserer Gesellschaft sein.

Wir müssen dafür sorgen, daß die Nationalitäten, die außerhalb ihrer nationalen Territorien leben oder keine eigenen Territorien besitzen, mehr Möglichkeiten zur Erfüllung ihrer nationalen kulturellen Bedürfnisse erhalten, besonders auf den Gebieten der Erziehung, der Kommunikation und der Volkskunst. Sie sollten außerdem die Möglichkeit haben, nationale Kulturzentren einzurichten, die Massenmedien zu nutzen und ihre religiösen Bedürfnisse zu befriedigen.

Das wichtigste Prinzip unseres multinationalen Staates ist die freie Entwicklung und der gleichberechtigte Gebrauch der Muttersprachen durch alle sowjetischen Bürger und die Beherrschung der russischen Sprache, die das sowjetische Volk freiwillig als Verständigungsmittel zwischen den Nationen angenommen hat. Es sind die Voraussetzungen zu schaffen, daß die Zweisprachigkeit aus Nationalsprache und Russisch sich harmonisch und natürlich entwickeln kann, ohne Formalismus und unter Berücksichtigung der Eigenarten der jeweiligen Region. Mehr Wert gelegt werden muß auf den aktiven Gebrauch der Nationalsprachen in den verschiedenen Bereichen der Politik, Gesellschaft und Kultur. Bürger anderer Nationalitäten sollten zur Erlernung der Sprache derjenigen Republik ermutigt werden, in der sie leben. Dies gilt besonders für Kinder und Jugendliche. All das darf dem demokratischen Prinzip der freien Wahl der Unterrichtssprache nicht widersprechen.

5. Jede Generation sowjetischer Menschen durchläuft die Schule des Patriotismus und Internationalismus auf ihre eigene Weise. Entscheidend ist, daß die Werte des Patriotismus und Internationalismus schon in den ersten gesellschaftlichen Erfahrungen des Menschen zu Hause und in der Schule, bei den Jungen Pionieren und im Komsomol eine organische und unlösbare Einheit bilden, damit weder nationaler Nihilismus noch nationale Absonderung entstehen können. Wir müssen die Freundschaft der sowjetischen Völker zu ihren Ursprüngen zurückverfolgen, aktiv die Kultur der Verständigung zwischen den Nationen pflegen und die Achtung vor den Traditionen, der Sprache, der Kunst und der Geschichte der Völker der UdSSR und der anderen Völker der Welt fördern. Der Dienst in den Streitkräften der Sowjetunion muß eine wahrhafte Schule des Internationalismus sein.
Größere gesellschaftliche und politische Bedeutung sollte dem Jahrestag der Gründung der UdSSR als einem Feiertag des ganzen Landes zugemessen werden.
Die Erfahrung hat gezeigt, daß dort, wo die Praxis des sowjetischen Patriotismus und des sozialistischen Internationalismus zur oberflächlichen Routine geworden ist, nationale Engstirnigkeit und chauvinistische Überheblichkeit zum Vorschein kommen. Es ist die staatsbürgerliche Pflicht jedes Sowjetmenschen, diese häßlichen Entartungserscheinungen zu bekämpfen und ihre Ursachen auszumerzen. Alles Tun, das darauf hinausläuft, die Nationen und Völkerschaften zu spalten und die Rechte der Bürger einer Nationalität zu

beschneiden, hat als moralisch unannehmbar und den Interessen der Sowjetunion zuwiderlaufend zu gelten.
Die Menschen müssen lernen, zwischen echten nationalen Interessen und deren nationalistischer Perversion zu unterscheiden. Jeder Anspruch auf nationale Exklusivität ist eine unerträgliche Beleidigung, nicht zuletzt für die Nation, in deren Namen er geäußert wurde. Im Sinne der Leninschen Tradition ist zuerst der »eigene« Nationalismus und Chauvinismus zu bekämpfen, und dieser Kampf muß hauptsächlich von den Mitgliedern der jeweiligen Nationalität geführt werden.

6. Die Konferenz stellt fest, daß die Existenz vieler Nationen und Völkerschaften in unserem Land eine mächtige Quelle des Wachstums und der gegenseitigen geistigen Bereicherung ist. Die Gestaltung einer sozialistischen, internationalistischen Lebensweise ist die Aufgabe der ganzen Partei, aller sowjetischen Menschen. Für dieses Ziel müssen wir die politischen Erfahrungen, die Arbeitsmoral und das sittliche Potential der Arbeiterklasse, der Bauern und der Intelligenz und deren tiefverwurzeltes Engagement für die gutnachbarlichen Beziehungen der verschiedenen Völker aktivieren. Eine besondere Rolle kommt dabei der sowjetischen Intelligenz zu. Das allgemeine Klima der nationalen Beziehungen hängt wesentlich von deren staatsbürgerlicher Reife und ihrem Verständnis der lebenswichtigen Interessen des eigenen Volkes und der Gesellschaft insgesamt ab.
Die Konferenz betont, daß man an alle Nationalitätenprobleme mit einer durchdachten und umfassenden Methode auf der Grundlage einer gründlichen Analyse und der objektiven Einschätzung der konkreten Situation herangehen muß. Die Lösung dieser Probleme muß überlegt und höchst verantwortlich im Rahmen der sozialistischen Demokratie und Legalität erfolgen, durch Aufeinanderzugehen, unter Berücksichtigung des fortwährenden Prozesses der revolutionären Erneuerung und ohne Schaden für die internationalistische Einheit des sowjetischen Volkes. Von entscheidender Bedeutung ist die Schaffung eines gesellschaftlichen Klimas, in dem

sich die Menschen jeder Nation in jedem Teil der sozialistischen Heimat zu Hause fühlen können.

7. Die gegenwärtige Nationalitätenpolitik bedarf einer tiefen, wissenschaftlich-theoretischen Analyse. Dies ist eine verantwortliche gesellschaftliche Aufgabe für Forschungsinstitute und Experten. Für ihre erfolgreiche Durchführung müssen die entsprechenden organisatorischen Einrichtungen geschaffen, das erforderliche wissenschaftliche Personal gefunden und die Bemühungen der Wissenschaftsgemeinde koordiniert werden. Geprüft werden sollte die Frage der Gründung eines gesamtsowjetischen Forschungszentrums, das die aktuellen Probleme der nationalen Beziehungen umfassend untersucht und die Forschung und Information auf diesem Gebiet verstärkt.

8. Die Parteiorganisationen und Kommunisten aller Nationen sind dazu aufgerufen, der Zement, das Herz und die Seele des sozialistischen Staatenbundes zu sein und den Internationalismus aktiv weiterzutragen. Ihre ganze Tätigkeit muß sich darauf richten, die Werktätigen zur Mitarbeit an der Perestroika zu mobilisieren, eine gesunde öffentliche Meinung zu schaffen und die Menschen vorwärts zu führen. Es ist im Sinne des Leninismus streng darauf zu achten, daß in den Partei-, Regierungs-, Gewerkschafts-, Komsomol- und Wirtschaftsorganen, einschließlich derer auf Unionsebene, alle Nationen und Völkerschaften repräsentiert sind, damit die Zusammensetzung der Organe der staatlichen Führung die multinationale Struktur der sowjetischen Gesellschaft so umfassend wie möglich spiegelt.
Die Konferenz unterstützt den Vorschlag des Politbüros des ZK der KPdSU, ein Plenum des ZK zu den nationalen Beziehungen abzuhalten.
Die Konferenz ist der festen Überzeugung, daß unsere Gegenwart und Zukunft von der Konsolidierung und Einheit der sowjetischen Völker abhängen. Jeder Bürger und jeder Kommunist hat die patriotische und internationalistische Pflicht, die Einheit der sowjetischen Gesellschaft als Basis der freien

Entwicklung und des Wohlstands aller Völker der UdSSR nach Kräften zu pflegen und zu fördern und unsere gemeinsame Heimat zu stärken. Das ist eine Forderung Lenins, und es ist der Weg, den die Kommunistische Partei geht.

Über Glasnost

1. Geleitet von den Interessen des Sozialismus und der Perestroika, sieht die XIX. Unionsparteikonferenz der KPdSU in der Weiterentwicklung von Glasnost ein entscheidendes politisches Ziel.
Die ersten drei Jahre der Perestroika haben überzeugend gezeigt, daß Glasnost in der Arbeit der Partei, des Staates, der gesellschaftlichen Organisationen und der Massenmedien, die Entfaltung von Kritik und Selbstkritik und die Durchsetzung von Offenheit und Aufrichtigkeit in der Politik die Partei und das Volk insgesamt in die Lage versetzt haben, die eigene Vergangenheit und Gegenwart besser zu verstehen, die Bremsfaktoren zu erkennen und mächtige patriotische Kräfte für die aktive und zielbewußte Arbeit zum Wohle des Landes und des Sozialismus zu wecken. Die Einführung von Glasnost in die öffentlichen Angelegenheiten hat uns ermöglicht, die Situation des Landes fundiert und objektiv und unter Beteiligung der gesamten Öffentlichkeit zu beurteilen, gemeinsam die grundsätzlichen Richtlinien zur Beschleunigung der sozialen und wirtschaftlichen Entwicklung auszuarbeiten und die aktive, engagierte Unterstützung der Werktätigen für die Umgestaltungspolitik der KPdSU zu sichern.
Glasnost ist nach Auffassung der Konferenz ein fortgesetzter Prozeß. Die Konferenz betont, daß die konsequente Entwicklung von Glasnost eine unerläßliche Bedingung ist, um das demokratische Wesen des Sozialismus, sein Engagement für die Menschen und für die Beteiligung des Individuums an den Angelegenheiten der Gesellschaft, des Staates und des Kollektivs zum Ausdruck zu bringen. Zugleich ist dadurch auf der Grundlage der gesellschaftlichen Kontrolle über die Tä-

tigkeit aller gesellschaftlichen Institutionen und staatlichen Machtorgane ein wirksamer Schutz vor Entstellungen des Sozialismus gewährleistet.

Die Konferenz sieht in Glasnost eine notwendige Voraussetzung für die sozialistische Selbstverwaltung des Volkes und die Verwirklichung der konstitutionellen Rechte, Freiheiten und Pflichten. Durch Glasnost können die vielfältigen Interessen und Meinungen, die der sozialistische Pluralismus unserer Gesellschaft hervorbringt, gesammelt und verglichen werden. Der Internationalismus wird dadurch wirksam gestärkt, der sozialistische Patriotismus gefördert. Das menschliche Antlitz des Sozialismus wird gefestigt. Glasnost in allen Lebensbereichen ist eine entscheidende Bedingung für die weitere Ausbreitung der Umgestaltungsprozesse und für die Unumkehrbarkeit der Perestroika.

Auf der Bühne der internationalen Politik drückt Glasnost die Positionen der Regierungen und Völker aus und trägt damit zum Frieden und zur Zusammenarbeit bei. Glasnost fördert die Idee einer kernwaffenfreien, gewaltlosen Welt und hilft beim Aufbau fortschrittlicher und zivilisierter internationaler Beziehungen. Als Mittel für die Führung einer offenen Außenpolitik hilft Glasnost den gesellschaftlichen Organisationen und den Arbeitskollektiven, den Werktätigen, Wissenschaftlern und Kulturschaffenden bei der Knüpfung internationaler Kontakte und persönlicher Beziehungen. Glasnost trägt zur Lösung komplizierter internationaler Probleme im zwischenstaatlichen Bereich durch den Austausch zwischen den Regierungen bei.

Glasnost, Kritik und Selbstkritik dienen letztlich den Interessen des Volkes. Sie spiegeln die Offenheit des politischen Systems der Gesellschaft und sind Ausdruck von deren Stärke, politischer Lebensfähigkeit und moralischer Gesundheit.

2. Zugleich vertritt die Konferenz die Auffassung, daß Glasnost als mächtige Waffe der Perestroika vertieft und gestärkt werden muß. Noch immer wird ein großer Teil der Informationen der allgemeinen Öffentlichkeit vorenthalten und nicht für die Beschleunigung der sozialen, wirtschaftlichen und

geistigen Entwicklung und zur Förderung der politischen Kultur des Volkes und der Führungskader genutzt. Belegt sind Versuche, Glasnost in der Partei, den staatlichen und gesellschaftlichen Organisationen, den Arbeitskollektiven und den Massenmedien zu unterdrücken. Vielfach wird Glasnost durch Barrieren aus Ressortdenken und Lokalpatriotismus behindert. Das Bestreben, die Öffentlichkeit über Fehler, Amtsmißbrauch, Bürokratismus und Borniertheit unter den Kommunisten und andere negative Praktiken zu unterrichten, stößt auf den Widerstand der Verwaltung. Der Strom der Briefe, in denen Bürger die unterschiedlichsten Klagen über Partei und Massenmedien vorbringen, reißt nicht ab. Kritik ist immer noch der Verfolgung und sogar Repressalien ausgesetzt. Es kommt immer noch vor, daß Glasnost für persönliche Ambitionen oder Gruppeninteressen eingespannt wird, was den normalen Umgang der Menschen miteinander unmöglich macht und den Geist anspruchsvoller Kameradschaft zerstört. Nicht immer wird das unveräußerliche Prinzip des wirklichen Glasnost beachtet, dem zufolge die freie Meinungsäußerung der Entwicklung der Persönlichkeit und dem Schutz ihrer Würde zu dienen hat und nicht demütigende Anschuldigungen und Beschimpfungen nach sich ziehen darf.

Die Konferenz betont, daß die kontinuierliche Ausdehnung von Glasnost eine notwendige Bedingung für die Demokratisierung aller gesellschaftlichen Bereiche und die Erneuerung des Sozialismus ist. Die Partei folgt mit diesem Kurs dem Gedanken Lenins, daß die Volksmassen alles wissen und darüber hinaus die Möglichkeit haben sollten, sich ein eigenes Urteil zu bilden und bewußt zu erkennen, zu was sie ihre Zustimmung geben. Die Kommunistische Partei und das Volk der Sowjetunion wollen die Wahrheit. Sie wollen die umfassende und objektive Information über alles, was in der Gesellschaft vor sich geht. Glasnost muß dem Ziel dienen, alle gesellschaftlichen Kräfte im Dienst an den Ideen und Prinzipien der Perestroika zu vereinen.

3. Die Konferenz betrachtet es als dringende Aufgabe der Partei, die Grundsätze von Glasnost nach Kräften zu festigen und zu verbreiten: das unveräußerliche Recht jedes Bürgers auf umfassende und wahrheitsgemäße Information über jede Frage des gesellschaftlichen Lebens, von Staats- oder Militärgeheimnissen abgesehen, und das Recht, über jede Frage von gesellschaftlicher Bedeutung offen und frei zu diskutieren.
Die Konferenz weist darauf hin, daß die Partei bei der Entwicklung von Glasnost mit gutem Beispiel vorangehen muß. Kommunisten und die gesamte Öffentlichkeit müssen gründlich über die Arbeit der Parteiführung, der lokalen Parteiorganisationen und ihrer Komitees und Führungskader informiert werden. Parteiforen und -versammlungen müssen öffentlich sein, Fragen des Parteilebens und der Führung des sozialistischen Aufbaus durch die Partei müssen offen erörtert werden. Kritik, Meinungen und Vorschläge der Öffentlichkeit sind sorgfältig zu prüfen, wichtige anstehende Beschlüsse zu veröffentlichen und öffentlich zu erörtern. All dies bewirkt die Offenheit der Parteipolitik und trägt zur Stärkung ihrer Verbindungen mit der Gesellschaft bei.
Die Parteiführer aller Ebenen und die Mitglieder der gewählten Parteiorgane sind verpflichtet, die Parteiorganisationen, Arbeitskollektive und die ganze Bevölkerung regelmäßig über ihre Arbeit zu unterrichten. Die Parteiorganisationen haben die Pflicht, die Kultur des Glasnost und die Fähigkeit zu demokratischer Diskussion und kameradschaftlicher Erörterung zu fördern.
Die Konferenz hält es für notwendig, die bestehenden Anweisungen und Richtlinien für die Arbeit der Parteikomitees und -organisationen mit den Erfordernissen der Demokratisierung des Parteilebens abzustimmen. Die Mitglieder der gewählten Parteiorgane sollten freien Zutritt zu den Sitzungen der ihnen rechenschaftspflichtigen Büros der Parteikomitees haben, das Politbüro des ZK der KPdSU eingeschlossen. Außerdem muß ihnen das Recht eingeräumt werden, Dokumente, Informationen und Daten zu nutzen, die sich in den Händen der Parteikomitees und ihres Apparates befinden.
Besondere Bedeutung mißt die Konferenz dem Prinzip Glas-

nost in der Kaderpolitik bei. Für die Besetzung der Führungskader muß ein demokratischer Mechanismus geschaffen werden, der sich auf die Meinung der Öffentlichkeit stützt.

4. Die Konferenz unterstreicht, daß Glasnost und öffentliche Kontrolle und Kritik durch die Massen eine notwendige Voraussetzung für das gute Funktionieren der Staatsorgane sind. Glasnost muß auf alle Stadien der Arbeit dieser Organe ausgedehnt werden, auf Pläne ebenso wie auf deren Realisierung. Die öffentliche Meinung muß geprüft und berücksichtigt werden, gesamtstaatliche und regionale Probleme der Wirtschaft, der Volksgruppen, der Jugend, der Ökologie, der Gesellschaft und anderer Bereiche sind öffentlich zu erörtern. Die Leiter der Betriebe und Ämter, die Vorstände von Kolchosen und Genossenschaften und die Räte der Arbeitskollektive sind dazu aufgefordert, in ihrer Arbeit Offenheit zu praktizieren. Die Werktätigen müssen über Beschlüsse zur Produktion und zu Sozialfragen auf dem laufenden gehalten werden. Sie müssen die Arbeitsergebnisse und die finanzielle Lage ihres Kollektivs kennen. Die Verwaltung muß das Kollektiv rechtzeitig über anstehende Entscheidungen informieren, die die Interessen der Menschen berühren, und die Meinung der Werktätigen zu den geplanten Maßnahmen berücksichtigen.
Glasnost ist ein unverzichtbarer Bestandteil der Arbeit der Volkskontrolle und der Rechtsschutzorgane. Informationen zur Arbeit dieser Organe müssen systematisch veröffentlicht werden, dasselbe gilt für Verbrechensstatistiken und Maßnahmen der Verbrechensbekämpfung.
Jede ungerechtfertigte Einschränkung der Nutzung sozialwirtschaftlicher und politischer Statistiken und von Informationen zur okologischen Situation ist aufzuheben. Auf der Grundlage moderner Kommunikationstechnologien muß ein System der Erfassung, Verarbeitung und Verbreitung solcher Daten geschaffen werden. Die Bibliotheken müssen der Öffentlichkeit uneingeschränkt offenstehen, die Nutzung von Archivmaterial ist gesetzlich zu regeln.
Die Konferenz fordert alle gesellschaftlichen Organisationen

auf, ihrer gesetzlich geregelten Arbeit in aller Öffentlichkeit nachzugehen und umfassend über die Arbeit ihrer Kongresse, Konferenzen und gewählten Organe und die von diesen gefaßten Beschlüsse zu informieren.

5. Die Konferenz weist auf die wichtige Rolle der Medien bei der Ausbreitung von Glasnost hin. Die Medien sind aufgerufen, umfassend über die Arbeit der Partei, der Regierung und der gesellschaftlichen Organisationen zu berichten, die Konsolidierung der sozialistischen Gesellschaft voranzutreiben, die bisher gesammelten Erfahrungen aktiv zu verbreiten und als Instrument der Volkskontrolle über das Geschehen in unserem Land zu wirken. Nach Auffassung der Konferenz ist es absolut unzulässig, die Veröffentlichung kritischer Kommentare durch die Presse zu verhindern. Auch die Veröffentlichung nicht objektiver Informationen, die Ehre und Würde eines Bürgers beeinträchtigen, ist zu verhindern. Glasnost setzt die soziale, rechtliche und moralische Verantwortlichkeit der Massenmedien voraus.
Unerläßliche Bedingungen sind in diesem Zusammenhang ideologisches Engagement und eine gefestigte Moral, Sachkenntnis, strikte Wahrung des Berufsethos, die ausschließliche Verwendung gesicherter Informationen und das Recht jedes kritisierten Bürgers auf Veröffentlichung einer wohlbegründeten Erwiderung in demselben Presseorgan. Offenheit und Kritik dürfen nicht für Gruppenambitionen, Demagogie oder nationalen, regionalen oder betrieblichen Egoismus ausgenutzt werden. Die Massenmedien müssen über die verschiedenen Standpunkte einer Kontroverse unparteiisch und ohne Verzerrung berichten. Keiner hat ein Monopol auf die Wahrheit, und auch auf Glasnost darf es kein Monopol geben.
6. Glasnost hat sich nach Ansicht der Konferenz auf der ganzen Linie bewährt und muß auch in Zukunft nach Kräften gefördert werden. Es ist daher notwendig, für Glasnost gesetzliche Garantien zu schaffen. Das Recht der Bürger der UdSSR auf Information muß in der Verfassung verankert werden. Gesetzesentwürfe sind auszuarbeiten, die die Rechte und Pflichten des Staats, der Amtsträger und der Bürger bei

der Verwirklichung der Prinzipien von Glasnost definieren. Wir müssen ein System der ständigen und umfassenden Information über die Situation in den Betrieben, Dörfern und Städten, Gebieten, Republiken und im ganzen Land schaffen. Das Gesetz muß Bürgern, Massenmedien, Arbeitskollektiven und gesellschaftlichen Organisationen das Recht auf alle Informationen zusichern, die sie interessieren. Die Grenzen der notwendigen Geheimhaltung und des Dienstgeheimnisses sind eindeutig festzulegen. Zur Verantwortung gezogen werden muß, wer Informationen weitergibt, die Staats- oder Militärgeheimnis sind bzw. die legitimen Rechte der Bürger verletzen, die öffentliche Ordnung und Sicherheit stören oder Gesundheit und Moral der Bevölkerung beeinträchtigen. Ebenfalls klar geregelt werden muß die Haftung derjenigen, die Bürger an der Wahrnehmung des Rechts auf Information hindern oder Informationen zurückhalten, entstellen oder mißbrauchen.

Glasnost darf nicht die Interessen der UdSSR und der sowjetischen Gesellschaft oder die Rechte des Individuums schädigen. Glasnost darf nicht dazu benutzt werden, Krieg, Gewalt, Rassismus, nationale oder religiöse Intoleranz zu predigen, Grausamkeit zu propagieren oder Pornographie zu verbreiten. Glasnost darf nicht manipuliert werden.

Partei und sowjetische Gesellschaft haben mit der Durchsetzung und Ausweitung von Glasnost in den Angelegenheiten der Partei, des Staates und der Gesellschaft und in den Massenmedien das mächtige Potential des sozialistischen Systems und seine riesigen Ressourcen aktiviert. Ohne Glasnost kann es keine Perestroika und keine Demokratie geben. Glasnost ist das natürliche Klima, in dem der demokratische und menschliche Sozialismus existieren und gedeihen kann.

Die Konferenz ruft alle Kommunisten und Parteiorganisationen dazu auf, die Wahrheit in die Massen zu tragen, aktiv an der Entwicklung der sozialistischen Demokratie und der Kultur der Diskussion mitzuwirken und günstige Bedingungen für die lebhafte und freimütige Erörterung jeder Frage und für die Initiative und das schöpferische Denken der sowjetischen Bevölkerung zu schaffen.

1. Die Unionsparteikonferenz stellt fest, daß seit dem Aprilplenum 1985 des ZK der KPdSU bedeutende Maßnahmen zur gesetzlichen Verankerung der Perestroika getroffen worden sind. Diese Maßnahmen dürfen jedoch nur als Anfang des umfassenden Unternehmens gelten, einen sozialistischen Rechtsstaat zu schaffen. Innerhalb der nächsten Jahre muß eine Rechtsreform im großen Maßstab durchgeführt werden, die die Vorherrschaft des Gesetzes in allen Lebensbereichen der Gesellschaft sichern und den Mechanismus der sozialistischen Rechtsordnung auf der Grundlage der Entwicklung der Volksmacht stärken soll.

2. Von großer Bedeutung ist in diesem Zusammenhang die Verbesserung der gesetzgeberischen Tätigkeit der obersten Behörden der UdSSR und der Unions- und Autonomen Republiken, mit dem Ziel, die Autorität der Verfassung im Land zu festigen, die Rolle der sowjetischen Gesetze zur Regulierung der wichtigsten Bereiche der gesellschaftlichen Beziehungen zu verstärken und konsequent das Prinzip anzuwenden: Erlaubt ist alles, was das Gesetz nicht verbietet. Besonders wichtig ist die Demokratisierung des legislativen Prozesses, der auf Glasnost, dem Urteil kompetenter Wissenschaftler und der Diskussion der Gesetzesvorlagen unter Beteiligung des ganzen Volkes basieren muß.

3. Unverzichtbarer Bestandteil der Rechtsreform müssen die durchgreifende Überarbeitung, Kodifizierung und Systematisierung der Gesetzgebung sein. Angesichts der neuen Bedingungen der Wirtschaftsführung, der Humanisierung und Demokratisierung des gesellschaftlichen Lebens und der stärkeren Betonung vorbeugender Maßnahmen gegen den Rechtsbruch müssen wir wesentliche Veränderungen an der Gesetzgebung zum sozialistischen Eigentum, zur Planung, zu Finanz- und Wirtschaftsbeziehungen, zur Steuergesetzgebung und zum Umweltschutz und an den Normen zur Regulierung des vermögensrechtlichen Verkehrs, der Probleme des Arbeitsrechts, der Wohnungsvergabe, der Renten und anderer Probleme des täglichen Lebens vornehmen. Straf-,

Verwaltungs-, Prozeß- und Strafvollzugsgesetzgebung müssen einer radikalen Revision unterzogen werden. Im Zentrum der Aufmerksamkeit müssen der Rechtsschutz des Individuums und die Stärkung der Garantien für die politischen, wirtschaftlichen und sozialen Rechte und Freiheiten der sowjetischen Menschen stehen. Ebenso wichtig ist es, die Verantwortung jedes Bürgers gegenüber dem Arbeitskollektiv, dem Staat und der ganzen Gesellschaft zu vergrößern. Um die strikte Übereinstimmung der Gesetze und Beschlüsse der Regierung mit der Verfassung der UdSSR zu gewährleisten, empfiehlt es sich, ein Komitee für Verfassungskontrolle einzurichten und verschärft zu überwachen, daß die normativen Akte der Behörden den gesetzlichen Bestimmungen genügen. Die Zahl solcher Akte sollte drastisch verringert werden.

4. Die Konferenz sieht in der Vergrößerung der Rolle des Gerichts im System der sozialistischen Demokratie eine der zentralen Aufgaben der Perestroika. Bedeutsam gestärkt werden müssen die Garantien für die Durchsetzung solcher Prinzipien der sowjetischen Prozeßordnung wie kontradiktorisches Verfahren, Öffentlichkeit, Unschuldsvermutung, Unzulässigkeit von Voreingenommenheit der Anklage oder ungerechtfertigter Milde gegenüber denen, die sowjetische Gesetze verletzt haben. Die Autorität des Gerichts muß gestärkt werden, die absolute Unabhängigkeit der nur dem Gesetz untergeordneten Richter ist sicherzustellen. Für die Störung der richterlichen Tätigkeit und die Mißachtung des Gerichts sind konkrete Strafen festzusetzen. Die Unabhängigkeit der Richter soll durch die Wahl der Stadtbezirks-, Stadt-, Bezirks-, Gebiets- und Regionsgerichte durch die jeweils übergeordneten Sowjets der Volksdeputierten und durch die Verlängerung ihrer Amtszeit gestärkt und garantiert werden. Um die Unvoreingenommenheit der Rechtsprechung zu verbessern und Rolle und Verantwortung der Volksschöffen zu stärken, sollte ihre Zahl bei der Verhandlung besonders komplizierter Fälle erhöht werden.

5. Unter den Bedingungen der Wirtschaftsreform, der Einführung der wirtschaftlichen Rechnungsführung, der Selbstverwaltung und der Eigenfinanzierung ist es notwendig, die

Vollmachten des staatlichen Schiedsgerichts bei der Stärkung der Vertragsdisziplin und beim Schutz der Rechte der Betriebe und Genossenschaften zu erweitern, die Rolle der Justizbehörden deutlich aufzuwerten und die Rechtsabteilungen in den Sowjets der Volksdeputierten, den Ministerien, Behörden und Wirtschaftsorganisationen zu festigen.

6. Die Verantwortung der Staatsanwaltschaft ist zu erhöhen, damit die Leninschen Prinzipien der Aufsichtspflicht des Staatsanwalts wieder in vollem Umfang Geltung erlangen können. Der Staatsanwalt hat den Vollzug und die einheitliche Auslegung und Anwendung der Gesetze im ganzen Land genauestens zu überwachen und unbeirrbar gegen Verletzungen der sozialistischen Gesetzlichkeit zu kämpfen, ganz gleich, wer dafür verantwortlich ist. Zu diesem Zweck ist es erforderlich, die Unabhängigkeit der Staatsanwälte weiter zu stärken und zu verhindern, daß Druck auf sie ausgeübt wird oder sie in ihrer Arbeit behindert werden.

7. Unausgesetzte Aufmerksamkeit hat der Verbesserung der Arbeit der Miliz zu gelten, der Hebung des kulturellen Niveaus und der beruflichen Ausbildung der in den Organen des Inneren Beschäftigten, der strikten Einhaltung der sozialistischen Gesetzlichkeit durch sie, der Stärkung ihrer Beziehungen zu den Arbeitskollektiven und der Bevölkerung und der Beseitigung des Amtsmißbrauchs. Um das Potential der Organe des Inneren besser für die Verbrechensbekämpfung nutzbar zu machen, empfiehlt es sich, die Untersuchung der meisten Kriminalfälle den Ermittlungsbehörden des Innenministeriums zu übertragen, diese zu einer selbständigen Struktureinheit zu machen, die nicht der Kontrolle der Organe des Inneren auf lokaler Ebene und auf der Ebene der Republiken untersteht, die Verantwortung der Untersuchungsrichter zu erhöhen, die rechtlichen Garantien für die Gesetzlichkeit ihrer Arbeit zu stärken und die Überwachung der Voruntersuchungen durch die Staatsanwaltschaft zu intensivieren.

8. Für überaus wichtig hält die Konferenz die Verstärkung der Rolle der Anwaltschaft als einer sich selbst verwaltenden Vereinigung, die Bürgern, staatlichen Betrieben und Genos-

...nschaften Rechtshilfe gewährt und vor Gericht und anderen Staatsorganen und gesellschaftlichen Organisationen deren Interessen vertritt. Die Teilnahme der Verteidiger an den Voruntersuchungen und am Gerichtsverfahren muß ausgedehnt werden.

9. Eine dringende Aufgabe ist die Schaffung der zur Stützung der Rechtsreform notwendigen Kader. Voraussetzung dafür ist ein geschlossenes System der Auswahl, Erziehung, Aus- und Weiterbildung von Juristen für die Arbeit in den Sowjets der Volksdeputierten, in der Volkswirtschaft, der Miliz und anderen Rechtsschutzorganen. Wir müssen deshalb die Ausbildung der in der Forschung und im Unterricht tätigen hochqualifizierten Kader reorganisieren, ihre Praxisferne überwinden und ihre Kompetenz bei der Lösung rechtlicher Probleme im Zusammenhang mit der Wirtschaftsreform erhöhen.

10. Die Bildung eines sozialistischen Rechtsstaats, die Reform des politischen Systems und die Anwendung neuer Methoden der Wirtschaftsführung machen eine durchgreifende Reorganisation der Rechtserziehung der Bevölkerung notwendig. Sie muß auf der Grundlage eines national einheitlichen Programms der Partei erfolgen, das für alle Schichten der Werktätigen und die Führungskader auf zentraler wie lokaler Ebene gilt. Die juristische Literatur muß jedem Sowjetbürger zugänglich sein und in entsprechender Auflagenhöhe veröffentlicht werden. Eine wichtige Rolle bei der Erziehung zur Achtung der Gesetze, der Festigung der sozialistischen Demokratie und der Stärkung staatsbürgerlicher Aktivität und Verantwortung spielen die allgemeinbildenden Oberschulen, die Berufs- und Hochschulen, die Massenmedien, die Künstlerverbände und die anderen gesellschaftlichen Organisationen.

11. Die Konferenz hält es für zweckmäßig, daß das ZK der KPdSU, der Oberste Sowjet der UdSSR und der Ministerrat der UdSSR zusammen mit den gesellschaftlichen und wissenschaftlichen Organisationen in nächster Zukunft einen konkreten Aktionsplan zur Durchführung der Rechtsreform in unserem Land ausarbeiten und verwirklichen.

Anmerkungen

1. Die Revolution begann nach dem Julianischen Kalender, der in Rußland bis Februar 1918 gültig war, am 25. Oktober 1917. Der Julianische Kalender weicht vom Gregorianischen um dreizehn Tage ab. Deshalb feiern wir jetzt den Jahrestag der Revolution am 7. November.
2. *Politbüro des Zentralkomitees der KPdSU;* das kollektive Führungsorgan des Zentralkomitees der KPdSU, das vom Plenum des Zentralkomitees gewählt wird, um die Parteiarbeit zwischen den Plenarsitzungen des ZK der KPdSU zu leiten.
3. *Sekretariat des Zentralkomitees der KPdSU;* Organ des Zentralkomitees der KPdSU, das vom Plenum des Zentralkomitees gewählt wird, um die tägliche Arbeit der Partei zu überwachen. Es kontrolliert vor allem die Auswahl der Kader und wacht darüber, daß die gefaßten Beschlüsse ausgeführt werden.
4. Die *Plenarsitzung des Zentralkomitees der KPdSU im April 1985* legte das Konzept zur Beschleunigung der sozialökonomischen Entwicklung in der UdSSR vor, konkretisierte es und lieferte damit die Grundlage für die Neufassung des Parteiprogramms, das später vom XXVII. Parteitag als allgemeine politische Richtlinie gebilligt wurde.
5. *Wirtschaftliche Rechnungsführung;* Arbeitsmethode eines Betriebes im Rahmen des nationalen Wirtschaftsplans. Gilt für Betriebe, die mit öffentlichen Produktionsmitteln arbeiten und deren Kosten und Zahlungen über den Staatshaushalt bestritten werden, an den auch die Gewinne aus Verkäufen von Erzeugnissen, wissenschaftlichen Ideen und Technologien, Dienstleistungen usw. fließen. Dafür finanziert der Staat die Erweiterungs- und Moder-

ierungsprogramme des Betriebes. Bei der vollständigen ...schaftlichen Rechnungsführung, die 1987 eingeführt wurde, finanziert ein Betrieb alle seine Ausgaben selbst, seine Abgaben an den Staatshaushalt fallen entsprechend geringer aus.

6. *Häuser und Paläste der Jungen Pioniere;* Einrichtungen außerhalb der Städte, die in den Schülern die Liebe und das Interesse zu kreativem Arbeiten und Lernen wecken wollen und kreative Fähigkeiten, berufliche Orientierung und soziale Aktivitäten der jungen Generation fördern.
7. *Newskij-Prospekt;* Hauptdurchgangsstraße in Leningrad. Sie verläuft schnurgerade und dient im Russischen als Methapher für Menschen, die meinen, die gesellschaftliche Entwicklung könnte einen ähnlichen Verlauf nehmen.
8. *Bürgerkrieg und die ausländischen Interventionen* (1918-1922); Kampf der Sowjetrepublik gegen die Konterrevolution und die Invasion in Teile ihres Territoriums durch britische, französische, US-amerikanische, deutsche, japanische, polnische und andere ausländische Truppen (insgesamt vierzehn Nationen waren an der Invasion beteiligt).
9. Der *XX. Parteitag der KPdSU* wurde vom 14. bis 25. Februar 1956 in Moskau abgehalten. Der Parteitag verabschiedete den 6. Fünfjahresplan zur wirtschaftlichen Entwicklung des Landes für die Jahre 1956-1960, schrieb das Prinzip der friedlichen Koexistenz zwischen Staaten unterschiedlicher Gesellschaftsordnung fest, das der gegenwärtigen Epoche angemessen ist, und verurteilte Stalins Personenkult und dessen Folgen.
10. Diese *Plenarsitzung*, abgehalten am 14. Oktober 1964, entband Nikita Chruschtschow von seinen Pflichten als Generalsekretär des Zentralkomitees der KPdSU. Leonid Breschnew wurde in dieses Amt gewählt.
11. Die *Wirtschaftsreform von 1965* zielte darauf ab, die Mechanismen der wirtschaftlichen Aktivitäten in Industrie und Bauwesen vor allem, was die Gewinne betraf, zu verbessern.
12. *Extensive Wirtschaft;* eines der Symptome der extensiven Wirschaftsführung, bei der Wachstum hauptsächlich

durch den Bau neuer Fabriken und Produktionsstätten und die Beschäftigung zusätzlicher Arbeiter erzielt wird. Dabei steigen die Produktionskosten, ohne daß die Qualität der Erzeugnisse verbessert wird.

13. *Methode des Bruttoausstoßes;* unausgewogene Produktion und Planung, die besonderen Wert legt auf »Gewicht« und »Quantität« der Erzeugnisse, anstatt deren Qualität zu verbessern und sich nach dem tatsächlichen Bedarf zu richten.

14. Die *Bürgerlich-demokratische Februarrevolution* von 1917 stürzte den Zarismus. Eine Provisorische Regierung wurde eingerichtet, die sich die Macht mit den Vertretern der Arbeiter-, Bauern- und Soldaten-Sowjets teilen mußte.

15. Der *Vertrag von Brest-Litowsk*, der Friedensvertrag zwischen Sowjetrußland und den Mittelmächten (Deutschland, Österreich-Ungarn, Türkei und Bulgarien), der am 3. März 1918 in Brest-Litowsk unterzeichnet und von der Sowjetregierung im November 1918 für nichtig erklärt wurde.

16. *Staatliche Qualitätskontrolle;* System zur Kontrolle der Qualität von Erzeugnissen. Es ist unabhängig von der Leitung eines Betriebes und untersteht dem Staatlichen Komitee für Qualitätsstandards. Es wurde am 1. Januar 1987 in 1500 Industriebetrieben eingeführt. Seine Erweiterung ist geplant.

17. Der *XXVII. Parteitag der KPdSU* wurde vom 25. Februar bis 6. März 1986 in Moskau abgehalten.

18. Die *Statuten der KPdSU;* Parteisatzung, die Rechte und Pflichten der Mitglieder, die Organisationsstruktur und die Prinzipien der innerparteilichen Demokratie festlegt.

19. Das *Programm der KPdSU;* das wichtigste Dokument der Partei, in der ihre theoretischen und ideologischen Grundlagen festgeschrieben sind, die Prinzipien ihrer Arbeit, und die Ziele, für die sie sich einsetzt.

20. *Die Außerordentliche Plenarsitzung des Zentralkomitees der KPdSU* fand am 11. März 1985 statt und wählte Michail Gorbatschow zum Generalsekretär der KPdSU.

‾ ist eine große technische Betriebsanlage in Lettland.
…n; Gebiet im westlichen Teil des Nördlichen Kaukasus, dessen Bevölkerung aus Nachfahren der Kosaken besteht, die sich vor einigen Jahrhunderten dort angesiedelt haben.

23. *Weiße Emigration;* allgemeiner Begriff für diejenigen, die Rußland nach der Oktoberrevolution von 1917 und während des Bürgerkriegs 1918-1922 verließen. Eine große Zahl von ihnen kämpfte im Bürgerkrieg aktiv gegen die Sowjetregierung und war in subversive Tätigkeiten gegen die sowjetische Republik verwickelt. Viele Emigranten nahmen später die sowjetische Staatsbürgerschaft an, manche kehrten in ihre Heimat zurück.
24. *Kulturrevolution;* Ausmerzung des Analphabetimus in der Sowjetunion in den zwanziger und dreißiger Jahren und Aneignung moderner Kultur durch die breiten Massen des Volkes.
25. *Künstlerverbände;* Vereinigungen, in denen sich Schriftsteller, Archtitekten, Komponisten, Schauspieler, bildende Künstler, Journalisten, Filmemacher usw. auf freiwilliger Basis zusammenschließen.
26. *Gosplan* (Staatliches Plankomitee der UdSSR); ein Regierungsorgan, dem die langfristige und laufende Planung der wirtschaftlichen und sozialen Entwicklung sowie die Kontrolle der Erfüllung dieser Pläne obliegt.
27. *Gossnab;* Staatliches Komitee der UdSSR für materialtechnische Beschaffung; ein Regierungsorgan.
28. *Minfin; Finanzministerium der UdSSR.*
29. *Gosbank;* Staatsbank und wichtigste Bank der UdSSR.
30. *Gosagroprom* (Staatliches Agar-Industrie-Komitee der UdSSR); das zentrale staatliche Leitungsorgan für den Agrar-Industrie-Komplex; eingerichtet 1985.
31. Das *zwölfte Planjahrfünft;* die gegenwärtige Entwicklungsperiode (1986-1990).
32. *SIL:* die Moskauer I.A. Lichatschow Motorenwerke.
33. *Kollektiver Leistungsvertrag;* Arbeitsmethode, bei der eine Gruppe von Arbeitern unter einem Vertrag mit der Führung ihres eigenen Betriebs oder mit irgendeiner

anderen Organisation eine Arbeit verrichtet. Dabei hängt der Verdienst jedes beteiligten Arbeiters von seiner Effizienz ab. Ein *Familienvertrag* ist ein kollektiver Leistungsvertrag, den eine Familie abschließt.

34. *Kolchosen* sind landwirtschaftliche Kooperativen; *Sowchosen* sind staatliche landwirtschaftliche Betriebe.

35. Der *Agrar-Industrie-Komplex der UdSSR (AIK)* ist eine Struktureinheit der Volkswirtschaft, in der alle Zweige zusammengefaßt sind, die mit der Produktion landwirtschaftlicher Erzeugnisse, deren Verarbeitung, Transport, Lagerung und Verkauf zu tun haben.

36. Der *Komsomol* ist der Leninsche Kommunistische Allunions-Jugendbund; eine öffentliche Organisation der sowjetischen Jugend, die 1918 gegründet wurde.

37. Die *Provisorische Regierung* war das zentrale Machtorgan des Bürgertums und der Grundbesitzer in Rußland, das nach der Februarrevolution gebildet wurde. Sie amtierte vom 2. (15.) März bis zum 25. Oktober (7. November) 1917.

38. Die *Neue Ökonomische Politik (NEP)* war eine von Lenin im Jahr 1921 eingeleitete Politik. Ihr Hauptanliegen war, den »Kriegskommunismus« zu beenden, d.h. das Requirieren von Nahrungsmitteln bei den Bauern für den Bedarf der Städte und der Armee während des Bürgerkriegs, als die Existenz des Sowjetstaats einer tödlichen Bedrohung ausgesetzt war. An die Stelle von Beschlagnahmungen sollte eine »Naturalsteuer« treten, bei der die Bauern einen bestimmten Teil ihrer Ernte als Steuern entrichteten. Das Nahziel der NEP war, den Warenaustausch zwischen Stadt und Land auf der Basis der Geld-Ware-Beziehung wieder in Gang zu setzen, um so rasch zu einer Normalisierung in der Produktion und bei der Nahrungsmittelversorgung zu gelangen. Ausländische Firmen erhielten Konzessionen, aber in diesem Bereich blieben Erfolge aus. Privatunternehmen im Kleingewerbe und Kleinhandel wurden ebenfalls erlaubt. Staatsbetriebe gingen zur wirtschaftlichen Rechnungsführung über. Man begriff die NEP als relativ lange Übergangsperiode, während der eine Umformung der Gesellschaft bis hin zum

alismus vorbereitet und in Angriff genommen werden

... 19. *Unionsparteikonferenz der KPdSU* wird nach dem Beschluß des Zentralkomitees der KPdSU am 28. Juni 1988 in Moskau stattfinden.

40. Der *Unionsparteizentralrat der Gewerkschaften (AUCCTU)* ist das führende Organ der sowjetischen Gewerkschaften zwischen ihren Kongressen.

41. Der 20. Kongreß des Komsomol wurde im April 1987 abgehalten.

42. *KGB;* das Komitee für Staatssicherheitsdienst, untersteht der Regierung der UdSSR.

43. Die sozialistischen Nationen Europas haben diesen Kurs entschlossen eingeschlagen. Am 29. Mai 1987 wurde auf einer Tagung des Politisch Beratenden Ausschusses in Berlin ein Dokument von grundsätzlicher Bedeutung angenommen, »Über die Militärdoktrin der Teilnehmerstaaten des Warschauer Paktes«. Das Dokument legt den Grundgedanken des ausschließlich denfensiven Charakters dieser Doktrin fest. »Die Teilnehmerstaaten des Warschauer Paktes«, so heißt es, »werden niemals und unter keinen Umständen mit militärischen Handlungen gegen einen beliebigen Staat oder ein Staatenbündnis beginnen, wenn sie nicht selbst einem bewaffneten Überfall ausgesetzt sind. Sie werden niemals als erste Kernwaffen einsetzen. Sie erheben keinerlei territoriale Ansprüche, weder gegenüber einem europäischen noch außereuropäischen Staat. Sie betrachten keinen Staat und kein Volk als ihren Feind. Sie sind bereit, mit ausnahmslos allen Ländern der Welt die Beziehungen auf der Grundlage der gegenseitigen Anerkennung der Sicherheitsinteressen und der friedlichen Koexistenz zu gestalten.«
Die Staaten des Warschauer Paktes streben nicht nach mehr Waffengattungen und Truppenteilen, als für die Zwecke der Verteidigung notwendig sind. Sie werden sich streng an das Prinzip halten, daß ihre Ziele mit dem Schutz ihrer Sicherheit erfüllt sind. Sie haben den Ländern der NATO vorgeschlagen, in einem gemeinsamen Treffen die militärischen Doktrinen der beiden

Bündnisse zu vergleichen, um die Absichten des anderen besser zu verstehen. Die Antwort auf diesen Vorschlag war Schweigen.

44. Wir sehen die grundlegenden Prinzipien dieses Systems wie folgt:

1. Im militärischen Bereich

a) Verzicht der Atommächte, Krieg – sowohl einen nuklearen als auch einen konventionellen – gegeneinander oder gegen Drittländer zu führen.

b) Verhinderung eines Wettrüstens im Weltraum, Einstellung aller Atomwaffentests und die völlige Vernichtung solcher Waffen, ein Verbot sowie die Vernichtung von chemischen Waffen und Verzicht auf die Entwicklung anderer Massenvernichtungsmittel.

c) Eine streng überwachte Verringerung des Umfangs von militärischen Kapazitäten der einzelnen Länder auf ein vernünftiges Maß.

d) Auflösung von militärischen Bündnissen und, als erster Schritt in diese Richtung, Verzicht auf deren Ausweitung und die Bildung von neuen.

e) Eine ausgewogene und anteilmäßige Kürzung von Militäretats.

2. Im politischen Bereich

a) Strikte Beachtung des Rechts eines jeden Volkes, die Art und die Richtung seiner Entwicklung frei zu wählen.

b) Eine gerechte politische Regelung von internationalen Krisen und regionalen Konflikten.

c) Ausarbeitung einer Reihe von Maßnahmen, die darauf ausgerichtet sind, Vertrauen zwischen den Staaten aufzubauen, und die Schaffung effektiver Garantien gegen Angriffe von außen und für die Unverletzlichkeit der Grenzen.

d) Ausarbeitung effektiver Methoden zur Unterbindung des internationalen Terrorismus, darunter solcher, die die Sicherheit internationaler Verbindungswege zu Land, zu Wasser und in der Luft sicherstellen.

3. Im wirtschaftlichen Bereich

a) Ausschluß aller Arten von Diskriminierung aus der internationalen Praxis; Verzicht auf eine Politik wirtftlicher Blockaden und Sanktionen, sofern dies nicht t in den Empfehlungen der Weltgemeinschaft vorge- ist.

b) Die gemeinsame Suche nach Wegen zur Beseitigung des Schuldenproblems.

c) Einrichtung einer neuen Weltwirtschaftsordnung, die allen Ländern die gleiche wirtschaftliche Sicherheit garantiert.

d) Ausarbeitung von Prinzipien zur Nutzung eines Teils der Gelder, die als Folge einer Kürzung der Militäretats freigesetzt werden, zum Wohle der Weltgemeinschaft, in erster Linie für Entwicklungsländer.

e) Gemeinsames Bemühen um die Erforschung und die friedliche Nutzung des Weltraums und um die Lösung globaler Probleme, von denen das Schicksal der Zivilisation abhängt.

4. Im humanitären Bereich

a) Zusammenarbeit bei der Verbreitung von Ideen über den Frieden, die Abrüstung und die internationale Sicherheit; eine breitere Streuung von allgemeinen, objektiven Informationen und mehr Kontakte zwischen den Völkern, damit sie einander besser kennenlernen; Stärkung des Geistes der gegenseitigen Verständigung und Eintracht in ihren Beziehungen.

b) Abschaffung von Völkermord, Apartheid, Faschismus und jeder Form von rassischer, nationaler oder religiöser Sonderstellung, ebenso wie der Diskriminierung von Menschen auf dieser Grundlage.

c) Ausweitung – unter Wahrung der Gesetze der einzelnen Länder – der internationalen Zusammenarbeit bei der Durchsetzung politischer, sozialer und persönlicher Rechte für die Menschen.

d) Die humane und positive Lösung von Fragen im Zusammenhang mit Familienzusammenführung und Ehe sowie die Förderung von Kontakten zwischen einzelnen Menschen und Organisationen.

e) Stärkung von und Suche nach neuen Formen der Zusammenarbeit im Bereich der Kultur, der Kunst, der Wissenschaft, der Erziehung und der Medizin.